Was bei einem Blackout geschieht

AF001950

33 Studien des Büros für
Technikfolgen-Abschätzung
beim Deutschen Bundestag

Das Büro für Technikfolgen-Abschätzung beim Deutschen Bundestag (TAB) berät das Parlament und seine Ausschüsse in Fragen des gesellschaftlich-technischen Wandels. Das TAB ist eine organisatorische Einheit des Instituts für Technikfolgenabschätzung und Systemanalyse des Karlsruher Instituts für Technologie (KIT).

Die „Studien des Büros für Technikfolgen-Abschätzung" werden vom Leiter des TAB, Professor Dr. Armin Grunwald, und seinem Stellvertreter, Dr. Thomas Petermann, wissenschaftlich verantwortet.

Thomas Petermann
Harald Bradke
Arne Lüllmann
Maik Poetzsch
Ulrich Riehm

Was bei einem Blackout geschieht

Folgen eines
langandauernden und
großflächigen Stromausfalls

Bibliografische Information der Deutschen Nationalbibliothek

Die Deutsche Nationalbibliothek verzeichnet diese Publikation in der Deutschen Nationalbibliografie; detaillierte bibliografische Daten sind im Internet über http://dnb.d-nb.de abrufbar.

ISBN 978-3-8360-8133-7

2. Aufl. 2013
© Copyright 2011 by edition sigma, Berlin.

Alle Rechte vorbehalten. Dieses Werk einschließlich aller seiner Teile ist urheberrechtlich geschützt. Jede Verwertung außerhalb der engen Grenzen des Urheberrechtsgesetzes ist ohne schriftliche Zustimmung des Verlags unzulässig und strafbar. Das gilt insbesondere für Vervielfältigungen, Mikroverfilmungen, Übersetzungen und die Einspeicherung in elektronische Systeme.

Umschlaggestaltung: Joost Bottema, Stuttgart.

Druck: Rosch-Buch, Scheßlitz   Printed in Germany

INHALT

ZUSAMMENFASSUNG	7

I.	EINLEITUNG	33
	1. Verletzbarkeit moderner Gesellschaften	33
	2. Stromausfall als Auslöser einer »nationalen Katastrophe«	35
	3. Beauftragung, Vorgehen, Aufbau des Berichts	37

II.	DAS SYSTEM DES KRISENMANAGEMENTS IN DEUTSCHLAND	43
	1. Rechtsgrundlagen der Katastrophenbewältigung	45
	2. Krisenmanagement in Deutschland: Akteure, Strukturen und Verfahren	50

III.	FOLGEN EINES LANGANDAUERNDEN UND GROSSRÄUMIGEN STROMAUSFALLS	63
	1. Einleitung	63
	1.1 Anmerkungen zu den Ursachen eines langandauernden und großräumigen Stromausfalls	63
	1.2 Kosten	65
	2. Folgenanalysen ausgewählter Sektoren Kritischer Infrastrukturen	68
	2.1 Informationstechnik und Telekommunikation	70
	2.2 Transport und Verkehr	93
	2.3 Wasserversorgung und Abwasserentsorgung	121
	2.4 Lebensmittelversorgung	141
	2.5 Das Gesundheitswesen	154
	2.6 Finanzdienstleistungen	167
	2.7 Öffentliche Einrichtungen – Fallbeispiel »Gefängnis«	187
	3. Verhaltensbezogene Folgen eines Stromausfalls und ihre Bestimmungsfaktoren	195
	3.1 Psychologische Bestimmungsfaktoren	196
	3.2 Thesen zu den verhaltensbezogenen Folgen eines langandauernden Stromausfalls	200
	3.3 Informations- und Forschungsbedarf	205

IV.	VERLETZBARKEIT, BEWÄLTIGUNGSOPTIONEN UND HANDLUNGSBEDARF – SCHLUSSFOLGERUNGEN	207
	1. Informationstechnik und Telekommunikation	207
	2. Transport und Verkehr	209
	3. Wasser und Abwasser	211
	4. Versorgung mit Lebensmitteln	216
	5. Gesundheitswesen	218
	6. Finanzdienstleistungen	221
	7. Fallbeispiel »Gefängnisse«	222
	8. Bereichs- und organisationsübergreifendes Katastrophenmanagement	224
	9. Vernetzte Katastrophenbewältigung – ohne Netz	227
	10. Krisenkommunikation ohne Strom	232
	11. Versorgung mit Treibstoff, Sicherstellung einer robusten Notstromversorgung	233
	12. Inselnetze als Option zur Steigerung der Resilienz der Stromversorgung nach einem Stromausfall	235
	13. Information und Sensibilisierung der Bevölkerung	237
	14. Fazit	239
V.	LITERATUR	241
	1. In Auftrag gegebene Gutachten	241
	2. Weitere Literatur	241
	3. Internetadressen	254
VI.	ANHANG	257
	1. Tabellenverzeichnis	257
	2. Abbildungsverzeichnis	257
	3. Abkürzungsverzeichnis	258

ZUSAMMENFASSUNG

In modernen, arbeitsteiligen und hochtechnisierten Gesellschaften erfolgt die Versorgung der Bevölkerung mit (lebens)notwendigen Gütern und Dienstleistungen durch ein hochentwickeltes, eng verflochtenes Netzwerk »Kritischer Infrastrukturen«. Dazu zählen u.a. Informationstechnik und Telekommunikation, Transport und Verkehr, Energieversorgung oder das Gesundheitswesen. Diese sind aufgrund ihrer internen Komplexität sowie der großen Abhängigkeit voneinander hochgradig verletzbar. Terroristische Anschläge, Naturkatastrophen oder besonders schwere Unglücksfälle haben nicht erst im zurückliegenden Jahrzehnt offenkundig gemacht, welche weitreichenden Folgen die Beeinträchtigung oder der Ausfall Kritischer Infrastrukturen für das gesellschaftliche System insgesamt haben können.

Aufgrund der nahezu vollständigen Durchdringung der Lebens- und Arbeitswelt mit elektrisch betriebenen Geräten würden sich die Folgen eines *langandauernden und großflächigen Stromausfalls* zu einer Schadenslage von besonderer Qualität summieren. Betroffen wären alle Kritischen Infrastrukturen, und ein Kollaps der gesamten Gesellschaft wäre kaum zu verhindern. Trotz dieses Gefahren- und Katastrophenpotenzials ist ein diesbezügliches gesellschaftliches Risikobewusstsein nur in Ansätzen vorhanden.

Mit einem Beschluss des Ausschusses für Bildung, Forschung und Technikfolgenabschätzung wurde das Büro für Technikfolgen-Abschätzung beim Deutschen Bundestag (TAB) beauftragt, die Folgen eines langandauernden und großflächigen Stromausfalls systematisch zu analysieren. Zugleich sollten die Möglichkeiten und Grenzen des nationalen Systems des Katastrophenmanagements zur Bewältigung einer solchen Großschadenslage aufgezeigt werden.

KATASTROPHENMANAGEMENT IN DEUTSCHLAND

Das hochentwickelte deutsche System des Katastrophenmanagements ist durch eine im Grundgesetz verankerte Aufgabenteilung zwischen Bund und Ländern geprägt. Als Folge einer Zweiteilung von Zivilschutz im Verteidigungsfall (Bund) und friedenszeitigem Katastrophenschutz (Länder) ergibt sich ein Politikfeld mit mehreren Ebenen sowie einer Vielzahl von Behörden (Bund, Länder, Kreise, Kommunen), Hilfsorganisationen und Unterstützungskräften.

In zahlreichen Gesetzen und Verordnungen sind Zuständigkeiten und Maßnahmen definiert. Eine wichtige Grundlage für das operative Katastrophenmanagement ist das Gesetz über den Zivilschutz und die Katastrophenhilfe des Bundes.

Mit dessen Neufassung vom 29. Juli 2009 wurde eine stärkere Verflechtung der Kapazitäten des Bundes und der Länder angestrebt. Der Bund ergänzt die Strukturen des Katastrophenschutzes der Länder in zahlreichen Bereichen. Zugleich sind die Einrichtungen und Kräfte der Länder auch zur Abwehr verteidigungsbezogener Gefahren einsetzbar. Mehrere Sicherstellungs- und Vorsorgegesetze eröffnen umfangreiche Optionen zur Steuerung knapper Strukturen, Waren und Dienstleistungen, beispielsweise in den Bereichen Ernährung, Verkehr, Post und Telekommunikation. Von besonderer Bedeutung sind zudem die Hilfeleistungs- und Katastrophenschutzgesetze der Bundesländer. Sie regeln insbesondere die Organisation und die Aufgaben der Katastrophenschutzbehörden und benennen die zu ergreifenden Maßnahmen bei der Katastrophenbekämpfung. Da nach Schätzungen 80 % der Kritischen Infrastrukturen in Privateigentum sind, wird eine Sicherheitspartnerschaft von Staat und Unternehmen angestrebt.

Für die Katastrophenbewältigung kann zusätzlich die Einbindung Deutschlands in das 2002 etablierte Gemeinschaftsverfahren zur Förderung einer verstärkten Zusammenarbeit bei Katastrophenschutzeinsätzen im Rahmen der Europäischen Union (EU) relevant werden. Auch hat Deutschland eine Vielzahl bilateraler Abkommen zur Katastrophenhilfe abgeschlossen.

Beim Eintritt eines Stromausfalls obliegt die Bewältigung der Folgen zunächst den örtlichen Behörden, Einrichtungen und Organisationen. Entsprechend der Lage (regional übergreifend) und der Entwicklung (langandauernd mit erheblichen Folgen) werden sukzessive die nächsthöheren Ebenen bis hin zu den Bundesministerien tätig. Somit liegt die Zuständigkeit bei der oberen Katastrophenschutzbehörde, die mit der (operativen) Durchführung der erforderlichen Maßnahmen die (lokalen) unteren Katastrophenschutzbehörden beauftragt.

Zur Abstimmung dieser heterogenen Akteurskonstellation mit ihren unterschiedlichen Führungs- und Kommunikationsstrukturen müssen im Fall eines regional ausgedehnten und langandauernden Stromausfalls auf allen Ebenen (Kommune, Land, Bund) Krisenstäbe einberufen werden. Eine länderübergreifende Koordination ist erforderlich, um die unterschiedlichen Aktivitäten der Hilfsorganisationen (z. B. Deutsches Rotes Kreuz, Malteser Hilfsdienst, Feuerwehren) und Unterstützungskräfte (Bundesanstalt Technisches Hilfswerk, Bundespolizei und Bundeswehr) zu koordinieren. Voraussichtlich wären aber auch zumindest koordinierende Aktivitäten des Bundes unabweisbar.

Dazu stehen unterstützend verschiedene Systeme und Verfahren der Informationsgewinnung, -verarbeitung und -verbreitung zur Verfügung – so etwa das internetbasierte deutsche Notfallvorsorge-Informationssystem (deNIS), das der Information der Bevölkerung (deNIS I) wie auch dem direkten (Informations-) Management von Großkatastrophen (deNIS II plus) dient. Ergänzend ermöglicht das »Satellitengestützte Warnsystem« (SatWaS) die bundesweite Verbreitung von Warnmeldungen an alle Lagezentren, Zivilschutzverbindungsstellen, Rundfunkanstalten und weitere Medien. Das gemeinsame Melde- und Lagezentrum von Bund und Ländern (GMLZ) dient wesentlich der Gewinnung eines einheitlichen Lagebilds.

FOLGEN EINES LANGANDAUERNDEN UND GROSSFLÄCHIGEN STROMAUSFALLS

Als Ursachen für einen langandauernden und regional übergreifenden Stromausfall kommen u. a. technisches und menschliches Versagen, kriminelle oder terroristische Aktionen, Epidemien, Pandemien oder Extremwetterereignisse infrage. Vielfach wird erwartet, dass künftig die Ausfallwahrscheinlichkeit größer wird, u. a. deshalb, weil die Gefahr terroristischer Angriffe und klimabedingte Extremwetterereignisse als Ursachen eines Netzzusammenbruchs zunehmen werden. Aufgrund der Erfahrungen mit bisherigen nationalen und internationalen Stromausfällen sind erhebliche Schäden zu erwarten. Bisherige Stromausfälle dauerten höchstens einige Tage, einige verursachten jedoch geschätzte Kosten von mehreren Mrd. US-Dollar. Für den Fall eines mehrwöchigen Stromausfalls sind Schäden zu erwarten, die um Größenordnungen höher liegen.

Die verschiedenen Sektoren Kritischer Infrastrukturen sind umfassend von einer kontinuierlichen Stromversorgung abhängig. Unterstellt man das Szenario eines mindestens zweiwöchigen und auf das Gebiet mehrerer Bundesländer übergreifenden Stromausfalls, kämen die Folgen einer Katastrophe nahe. Dies wird im Folgenden des Näheren beschrieben.

INFORMATIONSTECHNIK UND TELEKOMMUNIKATION

Die Folgen eines großräumigen, langfristigen Stromausfalls für Informationstechnik und Telekommunikation müssen als dramatisch eingeschätzt werden. Telekommunikations- und Datendienste fallen teils sofort, spätestens aber nach wenigen Tagen aus.

In der komplexen Topologie der Informations- und Telekommunikationsnetze gibt es unterschiedliche Grade der Abhängigkeit von einer externen Stromversorgung: Bei der Festnetztelefonie fallen sofort das (digitale) Endgerät und der Teilnehmeranschluss aus, danach die Ortsvermittlungsstellen. Bei den Mobilfunknetzen sind es weniger die Endgeräte, die im aufgeladenen Zustand und bei mäßigem Gebrauch einige Tage funktionstüchtig sein können, sondern die Basisstationen, die die Einwahl in die Netze ermöglichen. Diese sind zumeist, bedingt durch das erhöhte Gesprächsaufkommen, binnen weniger Minuten überlastet oder fallen wegen nur kurzfristig funktionierender Notstromversorgung ganz aus.

Massenmedien sind für die Krisenkommunikation mit der Bevölkerung von besonderer Bedeutung. Zeitungsverlage und -druckereien verfügen teilweise über Notstromkapazitäten, sodass sie in gewissem Umfang zur Information der Bevölkerung beitragen können. Besser sind die öffentlich-rechtlichen Sendeanstalten auf einen Stromausfall vorbereitet und in der Lage zu senden. Jedoch können die Bürger ohne Strom mit ihren Fernsehgeräten keine Sendungen empfangen. Dadurch wird der Hörfunk, der über millionenfach in der Bevölkerung vorhandene akku- und batteriebetriebene Geräte empfangen werden kann, zu einem der wichtigsten Kanäle für die Information der Bevölkerung im Krisenfall.

Im Bereich der Kommunikation von Behörden ist aufgrund des gegenwärtigen Informationsstandes keine für alle Akteure und Netze gleichermaßen zutreffende Einschätzung möglich. Beispielsweise können die Kommunikationsnetze des Bundes, etwa der Informationsverbund Berlin-Bonn (IVBB) oder der Informationsverbund der Bundesverwaltung (IVBV), in der Regel zwei bis drei Tage mit NSA weiterbetrieben werden. Für eine funktionierende Kommunikation in der Breite ist dies allerdings nicht ausreichend.

VERLETZBARKEIT UND BEWÄLTIGUNGSKAPAZITÄTEN

Die durch Bundeswehr, Technisches Hilfswerk (THW) oder Telekommunikationsunternehmen im Ereignisfall einsetzbaren mobilen notstromversorgten Funktechniken und leitungsgebundenen Kommunikationsmittel sind vermutlich in erster Linie für die eigenen Erfordernisse vorgesehen; für die Gewährleistung der Kommunikation von Behörden, Bevölkerung und Unternehmen in einem Großraum sind sie nicht ausgelegt.

Bereits in den ersten Tagen zeigt sich, dass das für einen Katastrophenfall vorgesehene und gesetzlich geforderte Mindestangebot an Telekommunikationsleistungen bei einem langandauernden und großflächigen Stromausfall durch die Telekommunikationsanbieter nicht erbracht werden kann. Die für zentrale Kommunikationseinrichtungen vorgehaltenen Reservekapazitäten wie »Unterbrechungsfreie Stromversorgung« (USV) und Notstromaggregate (NSA) sind nach wenigen Stunden oder Tagen erschöpft bzw. aufgrund ausgefallener Endgeräte wirkungslos.

Damit entfällt innerhalb sehr kurzer Zeit für die Bevölkerung die Möglichkeit zur aktiven und dialogischen Kommunikation mittels Telefonie und Internet. Die Vielzahl der strombetriebenen Netzwerkknoten, Vermittlungsstellen und Funkantennen der Festnetz- und Mobiltelefonie sowie des Internets macht deren flächendeckende Wiederinbetriebnahme praktisch unmöglich, da Tausende von Batteriespeichern geladen und Treibstofftanks versorgt werden müssten. Allenfalls an den Rändern des vom Stromausfall betroffenen Gebiets ist eine teilweise Reaktivierung einzelner Infrastrukturelemente denkbar. Darüber hinaus betrifft der Ausfall der Kommunikationsinfrastrukturen auch die Behörden und Einsatzkräfte, die verbleibende bzw. punktuell wieder hergestellte Möglichkeiten zur Kommunikation prioritär in Anspruch nehmen.

Eine nachhaltige Absicherung der Kommunikationsnetze, die es ermöglicht, über Wochen ein umfassendes Angebot an Dienstleistungen für die Kunden stabil zu halten, dürfte zurzeit wirtschaftlich und technisch nicht zu realisieren sein. Konzepte, die im Fall eines länger andauernden Stromausfalls zumindest ein definiertes minimales Versorgungsniveau bieten, sind – soweit ersichtlich – noch nicht entwickelt.

INFORMATIONS- UND HANDLUNGSBEDARF

Die vorstehende Einschätzung der Verletzbarkeit sowie der Bewältigungskapazitäten des Sektors »Informationstechnik und Telekommunikation« im Fall eines langandauernden großflächigen Stromausfalls ist mit zahlreichen Unsicherheiten behaftet. Weiterer Informations- und Forschungsbedarf ist deshalb offensichtlich.

> Grundsätzlich wäre eine Abschätzung des für den zugrundegelegten Fall minimalen Kommunikationsniveaus erforderlich, um darauf aufbauend die technischen Randbedingungen verschiedener Versorgungsniveaus ermitteln zu können. Entsprechende Teilfragen würden eine Abschätzung der üblicherweise anfallenden Kommunikations- und Datenströme sowie die Erhebung von vorhandenen Redundanzen und betriebskritischen Netzabschnitten und -knoten umfassen.
> Ferner könnten vorhandene Konzepte zur Notversorgung im Bereich von Informationstechnik und Telekommunikation überprüft und neue, verbesserte Ansätze entwickelt werden. Hierzu müsste ein Überblick über die Notstromversorgung bei den verschiedenen Kommunikationsnetzen und -diensten erarbeitet werden. Gleiches gilt für die Kapazitäten und Einsatzoptionen mobil einsetzbarer und mit Notstrom zu versorgenden Netzersatzanlagen der Telekommunikation (TK). Hierdurch wären die technischen Randbedingungen spezifizierbar, die beispielsweise für ein auf größere Städte und zentrale Knotenpunkte reduziertes Netz zur Krisenkommunikation erforderlich sind.
> Darüber hinaus wären mögliche Anpassungen der gesetzlich vorgeschriebenen Vorsorgemaßnahmen zu prüfen. Ziel entsprechender rechtswissenschaftlicher Analysen sollte die Identifikation von Ansätzen zur Erhöhung der Resilienz des Sektors Informationstechnik und Telekommunikation bei einem Ausfall der Stromversorgung sein.
> Schließlich wären prospektive Analysen der Rahmenbedingungen des Sektors zu erwägen. Thematisiert werden sollten technologische Innovationen (Elektromobilität, »intelligente« Netze), aber auch politische (Liberalisierung, Privatisierung und Deregulierung), ökonomische (Vielfalt der konkurrierenden Anbieter, schneller Produktwechsel) oder soziokulturelle Veränderungen (wie veränderte Formen der Kommunikation und Mediennutzung in der Bevölke-

rung). Dabei wäre zu untersuchen, ob Forschungs- und Entwicklungsprozesse gefördert werden könnten, um vom Stromnetz weniger abhängige informationstechnische und telekommunikative Anwendungen zu realisieren.

TRANSPORT UND VERKEHR

Im Sektor »Transport und Verkehr« fallen die elektrisch betriebenen Elemente der Verkehrsträger Straße, Schiene, Luft und Wasser sofort oder nach wenigen Stunden aus. Dies betrifft sowohl die Transportmittel als auch die Infrastrukturen sowie die Steuerung und Organisation des entsprechenden Verkehrsträgers. Zu Brennpunkten werden der abrupte Stillstand des Schienenverkehrs und die Blockaden des motorisierten Individual- und öffentlichen Personennahverkehrs in dichtbesiedelten Gebieten. Während der Betrieb in Häfen weitestgehend zum Stillstand kommt, erweisen sich die Flughäfen als relativ robust und durchhaltefähig.

Der *Straßenverkehr* ist unmittelbar nach dem Stromausfall besonders in großen Städten chaotisch. Kreuzungen ebenso wie zahlreiche Tunnel und Schrankenanlagen sind blockiert, es bilden sich lange Staus. Es ereignen sich zahlreiche Unfälle, auch mit Verletzten und Todesopfern. Rettungsdienste und Einsatzkräfte haben erhebliche Schwierigkeiten, ihren Aufgaben, wie Versorgung und Transport von Verletzten oder Bekämpfung von Bränden, gerecht zu werden. Durch den Ausfall der meisten Tankstellen bleiben zunehmend Fahrzeuge liegen, der Motorisierte Individualverkehr (MIV) nimmt nach den ersten 24 Stunden stark ab. Der Öffentliche Personennahverkehr (ÖPNV) kann wegen knappen Treibstoffs allenfalls rudimentär aufrechterhalten werden. Der Verkehr auf Autobahnen ist über die gesamte Dauer des Stromausfalls weniger betroffen.

Der Stromausfall bringt den stromversorgten *Schienenverkehr* abrupt zum Stillstand. Viele Menschen sind in U-Bahnen und Zügen der Bahn eingeschlossen. Leitstellen, Stellwerke und Sicherungstechnik sind in ihren Funktionen drastisch eingeschränkt. Die Beeinträchtigung des Schienenverkehrs bedeutet eine massive Behinderung der Mobilität der Bevölkerung.

Im Bereich des *Luftverkehrs* wird der Grundbetrieb von größeren Flughäfen durch Netzersatzanlagen und Treibstoffvorräte über die gesamte Dauer des Stromausfalls sichergestellt. Starts und Landungen können deshalb in begrenztem Umfang noch abgewickelt werden.

Die weitreichenden Folgen des Stromausfalls für den *Schiffsverkehr* zeigen sich insbesondere in den Häfen. Dort unterbricht der Stromausfall das Be- und Entladen der Schiffe, da z. B. Förderbänder oder die strombetriebenen Kräne nicht mehr funktionieren. Sämtliche Abläufe stocken, der gesamte Hafenbetrieb kommt zum Stillstand, Güterstaus entstehen. Während der Ausfall der Binnenhäfen sich vor allem regional auswirken wird, sind die Ausfälle der Seehäfen als Umschlagplätze nationaler und internationaler Güter deutschland- und sogar europaweit zu spüren.

VERLETZBARKEIT UND BEWÄLTIGUNGSKAPAZITÄTEN

Die Folgen eines Stromausfalls treten abrupt auf und sind massiv. Aus einer Vielzahl von Unfällen, liegengebliebenen Zügen und U-Bahnen, umzulenkenden Flügen sowie Lkw- und Güterstaus in Häfen ergeben sich erhebliche Einschränkungen der Mobilität und des Gütertransports. Insbesondere in Metropolen und Ballungsräumen führen Staus und Unfälle im Straßenverkehr zu chaotischen Zuständen. Brandbekämpfung, Notrettung und Krankentransporte, Einsätze zur Sicherstellung der Notstromversorgung sowie eine Vielzahl weiterer Maßnahmen zur allgemeinen Schadensbewältigung werden erheblich behindert. Da alle Tankstellen ausgefallen sind, wird der Treibstoff für die Einsatzfahrzeuge knapp. Darüber hinaus drohen erhebliche Engpässe bei der Versorgung der Bevölkerung, beispielsweise mit Lebensmitteln oder medizinischen Bedarfsgütern.

Dementsprechend sind die Behörden und Hilfsorganisationen mit komplexen Herausforderungen konfrontiert. So muss vor Ort eine ausreichende Versorgung der Einsatzkräfte sowie der NSA von besonders sensiblen Komponenten der Kritischen Infrastrukturen (wie Einsatzleitstellen, Wasserwerke, Krankenhäuser) mit Treibstoff sichergestellt werden. Auch müssen durch Räumungen, Sperrungen und Fahrverbote wichtige Trassen des Straßen- und Schienenverkehrs für die Einsatzkräfte freigemacht und freigehalten werden. Schließlich gilt es, (überregionale) Transportachsen einzurichten sowie Transportkapazitäten bereitzustellen, um die Versorgung mit essenziellen Gütern, insbesondere über die Schiene, zu ermöglichen. Dazu müssen die zuständigen Behörden im Verlauf des Stromausfalls zusammen mit Logistikunternehmen und den Bahnbetreibern entscheiden, welche Strecken offen gehalten werden sollen und welche Maßnahmen für einen Notbetrieb umgesetzt werden müssen.

Im Teilsektor »Luftverkehr« können aufgrund einer aufwendigen Notstromversorgung aktuelle An- und Abflüge noch teilweise realisiert werden. Die Deutsche Flugsicherung wird aber schon bald Flugbewegungen reduzieren oder untersagen, und die Fluglinien leiten Flüge in das vom Stromausfall nichtbetroffene Gebiet um. In Flughäfen müssen noch ein Grundbetrieb aufrechterhalten, die Sicherheit auf dem Gelände gewährleistet sowie die noch wartenden Fluggäste versorgt werden. Zudem wird geprüft, inwiefern Versorgungsflüge, ggf. als Sichtflug, für die betroffene Bevölkerung möglich sind.

Angesichts der schwerwiegenden Beeinträchtigungen der Binnen- und Seehäfen im Teilsektor »Wasser« versuchen die jeweiligen Hafenbehörden den Hafenbetrieb zu reduzieren, Staus aufzulösen, Schiffe sowie nichtbetroffene Häfen in Deutschland und Europa zu kontaktieren und mit den verantwortlichen Behörden zu kommunizieren, um den Güterverkehr umzulenken und über Straße und Schiene abzuwickeln. Die Feuerwehr und das THW kommen ggf. zum Einsatz, beispielsweise um eine temporäre Stromversorgung mit mobilen Aggregaten aufzubauen oder wenn es zu Gefahrenlagen im Zusammenhang mit gefährlichen Gütern kommt. Aufgrund der Ausfälle im Bereich der Informations- und Kommunikationstechnologie wird es dabei zu erheblichen Schwierigkeiten kommen.

WASSERVERSORGUNG UND ABWASSERENTSORGUNG

Wasser ist als nichtsubstituierbares Lebensmittel und Garant für hygienische Mindeststandards eine unverzichtbare Ressource zur Deckung menschlicher Grundbedürfnisse. Wasser ist aber auch für Gewerbe, Handel, Industrie und öffentliche Einrichtungen von substanzieller Bedeutung. Die Wasserinfrastruktursysteme können ohne Strom bereits nach kürzester Zeit nicht mehr betrieben werden. Die Folgen ihres Ausfalls, insbesondere für die Versorgung der Bevölkerung mit Trinkwasser, wären katastrophal.

Im Bereich der *Wasserversorgung* wird elektrische Energie in der Wasserförderung, -aufbereitung und -verteilung benötigt. Besonders kritisch für die Gewährleistung der jeweiligen Funktion sind elektrisch betriebene Pumpen. Fallen diese aus, ist die Grundwasserförderung nicht mehr möglich, die Gewinnung von Wasser aus Oberflächengewässern zumindest stark beeinträchtigt. Zudem können Aufbereitungsanlagen und das Verteilsystem nur noch durch natürliche Gefälle gespeist werden, sodass erheblich weniger Wasser bereitgestellt und höher gelegene Gebiete gar nicht mehr versorgt werden können.

Die reduzierte Wasserversorgung wirkt sich auch auf die *Abwasserentsorgung* aus: So sinkt die anfallende Schmutzwassermenge, und es ändert sich die Zusammensetzung des Schmutzwassers. Deshalb besteht die Gefahr, dass sich durch das stark konzentrierte Abwasser in der Kanalisation Ablagerungen bilden und zu Verstopfungen und Geruchsbildung führen. Da die Abwasserhebepumpen oftmals nicht notstromgepuffert sind, kann anfallendes Abwasser aus den Kanälen austreten. *Kläranlagen* sind in der Regel mit Notstromerzeugungskapazitäten ausgerüstet, die einen Volllastbetrieb erlauben. Sollte die Notstromversorgung versagen, müssen die Abwassermengen vor dem Klärwerk abgeschlagen und in die Oberflächengewässer geleitet werden. Damit sind unmittelbare Umweltschäden verbunden.

Eine Unterbrechung der Wasserversorgung wirkt sich umfassend auf *das häusliche Leben* aus: Die gewohnte Körperpflege ist nicht durchführbar; für die Mehrzahl der Haushalte gibt es kein warmes Wasser. Das Zubereiten von Speisen und Getränken ist nur reduziert möglich, und die Toilettenspülung funktioniert nicht. Mit fortschreitender Dauer des Ausfalls ist mit einer Verschärfung der Probleme zu rechnen. Saubere Kleidung gibt es bald nicht mehr, und die hygieni-

ZUSAMMENFASSUNG

schen Zustände werden prekär. Toiletten sind verstopft. Es wächst die Gefahr der Ausbreitung von Krankheiten. Eine weitere, mittelbare Folge des Stromausfalls ist ein wachsendes Risiko von Bränden – im industriellen Bereich etwa durch den Ausfall von Kühlungen und Prozessleitsystemen oder durch Versuche in den Haushalten, ohne Strom zu kochen, zu heizen oder zu beleuchten. Da als Folge der reduzierten oder ausgefallenen Wasserversorgung die Brandbekämpfung beeinträchtigt ist, besteht insbesondere in Städten wegen der hohen Besiedelungsdichte die Gefahr der Brandausbreitung auf Häuserblöcke und möglicherweise sogar auf ganze Stadtteile.

VERLETZBARKEIT UND BEWÄLTIGUNGSKAPAZITÄTEN

Die Auswirkungen eines Stromausfalls auf die Wasserinfrastruktursysteme sind in Deutschland örtlich sehr heterogen. Dennoch lässt sich sagen, dass ein Großteil der in den Netzen und auf Anlagen vorhandenen Trink- und Abwasserspeicher sowie Notstromkapazitäten allenfalls auf die Überbrückung wenige Stunden dauernder Versorgungsstörungen ausgelegt ist.

Zur Bewältigung der unmittelbaren und mittelbaren Folgen eines Stromausfalls sind Maßnahmen mit hohem personellem, organisatorischem, zeitlichem und materiellem Aufwand erforderlich. Dazu gehören die Versorgung der Bevölkerung durch Rückgriff auf Notbrunnen (5.200 in Deutschland) und der Einsatz mobiler Sanitärwagen. Weitere Maßnahmen betreffen die Aufrechterhaltung eines Betriebszustands der Ver- und Entsorgungsnetze auf einem niedrigen Leistungsniveau durch Überbrückung und funktionellen Ersatz einzelner stromabhängiger Komponenten und Anlagen. Dies erfordert insbesondere den mobilen Einsatz von NSA. Diese müssen an wechselnden Positionen betrieben werden, wie z. B. an Hebeanlagen in der Kanalisation oder bei den elektrischen Pumpen der Wasserversorgung. Solange eine Notstromversorgung verfügbar ist, kann die Wasserversorgung mit begrenzter Leistung, eingeschränkter Verfügbarkeit im Leitungsnetz und/oder reduzierter Trinkwasserqualität betrieben werden. Die Trinkbarkeit des Wassers lässt sich dann auf Abnehmerseite, z. B. durch Entkeimungsmittel, herstellen. Ob diese Maßnahmen zur Katastrophenbewältigung – insbesondere angesichts der knappen Kapazitäten bei NSA – für einen längeren Zeitraum tragfähig sind, ist zweifelhaft.

INFORMATIONS- UND HANDLUNGSBEDARF

Angesichts der überragenden Bedeutung der Wasserinfrastruktursysteme für die Versorgung der Bevölkerung sollten *Sicherheitskonzepte* fortentwickelt werden. Zwar enthält das Regelwerk des Deutschen Verbands für das Gas- und Wasserfach bereits zahlreiche Elemente des Trinkwassersicherheitskonzepts der Weltgesundheitsorganisation (WHO). Da aber der Aspekt der Risikoabschätzung in den Bereichen Wassergewinnung, -aufbereitung, -speicherung und -verteilung noch kaum implementiert ist, besteht Bedarf an Analysen, um Priorisierungen hinsichtlich zu entwickelnder Maßnahmen zu ermöglichen. Bezüglich vorliegender *Vulnerabilitätsanalysen* ist festzustellen, dass Auswirkungen eines langanhaltenden Stromausfalls auf die Wasserinfrastruktur bisher nicht modellgestützt untersucht worden sind. Als besonders geeignet könnten sich Modelle erweisen, die das Wasserinfrastruktursystem als einen Bestandteil eines Geflechts von interagierenden Infrastrukturen auffassen. Ergebnisse könnten beim Aufbau eines vorbeugenden Katastrophenmanagementsystems hilfreich sein.

Aspekte der Vulnerabilität und Resilienz sollten verstärkt in Planungen für zukünftige Systeme integriert werden. Zum Beispiel wird im Bereich der *Abwasserbehandlungsanlagen* bereits verstärkt Forschung und Entwicklung mit dem Ziel einer Steigerung der Energieeffizienz und der Eigenenergieproduktion durch Faulgasverstromung in Blockheizkraftwerken (BHKW) betrieben. Durch deren weiteren Ausbau wäre schon bei heutigem Stand der Technik eine autarke Energieeigenversorgung denkbar. Eine Inselnetztauglichkeit der dezentralen Stromerzeuger könnte einen Beitrag zu einer verbesserten Resilienz des Sektors nach dem Stromausfall leisten. Ziel solcher Systeme sollte sein, die Kläranlagen sicher und unkompliziert in einen autarken Betriebszustand zu versetzen. Energieautarkie und Inselnetztauglichkeit wären auch für die Wasserwerke als zentrale Elemente der Infrastruktur anzustreben.

Kurzfristig besteht Bedarf, Verbesserungen an *nichtsystemischen* Sicherheitskonzepten vorzunehmen. So gibt es bei Kläranlagen noch erhebliche Defizite in der Ausstattung mit Systemen zur unterbrechungsfreien Stromversorgung, bei Notstromaggregaten und in der Ausstattung mit Betriebsmitteln (z. B. Diesel) für einen längeren Zeitraum.

Im Bereich *Brandschutz* ergeben sich Möglichkeiten der Vulnerabilitätssenkung beispielsweise durch die Entwicklung und den Einsatz neuer Technologien, die durch effektiveren Löschwassereinsatz zu einer Senkung des Wasserbedarfs führen.

LEBENSMITTEL

Der Sektor Lebensmittel umfasst die komplexe Versorgungskette von der Rohstoffproduktion bis zur Abnahme von Fertigerzeugnissen durch den Endverbraucher. Als Folge des Stromausfalls ist die Versorgung mit Lebensmitteln erheblich gestört; deren bedarfsgerechte Bereitstellung und Verteilung unter der Bevölkerung werden vorrangige Aufgaben der Behörden. Von ihrer erfolgreichen Bewältigung hängt nicht nur das Überleben zahlreicher Menschen ab, sondern auch die Aufrechterhaltung der öffentlichen Ordnung.

Aufgrund fehlender Klimatisierung und Durchlüftung kommt es innerhalb der ersten Tage zu Schäden in der Unterglasproduktion von Obst und Gemüse sowie an Lagergut. In der Tierhaltung werden die für Leben und Gesundheit der Tiere wichtigen Funktionen in der Stalltechnik zunächst durch (vorgeschriebene) NSA aufrechterhalten. Der Ausfall der weiteren Stall- und Melktechnik beeinträchtigt jedoch das Wohlbefinden der Tiere und kann bei Milchvieh zu Euterentzündungen und in der Folge zum Tod führen. Sobald der Treibstoffvorrat für die NSA erschöpft ist, was zumeist nach 24 Stunden der Fall ist, leiden die Tiere unter der manuell nicht zu leistenden Versorgung mit Futter, Wasser und Frischluft. Am problematischsten ist die Versorgung von Schweinen und Geflügel in Beständen mit mehreren Tausend Tieren. Unter diesen Bedingungen überleben die Tiere oft schon die ersten Stunden nicht.

Die weiterverarbeitende Lebensmittelindustrie fällt zumeist sofort aus, sodass die Belieferung der Lager des Handels unterbrochen wird. Diese halten zwar umfangreiche Lebensmittelbestände vor, allerdings überwiegend in Form von (Tief-)Kühlprodukten. Nur wenige Lager können die erforderliche Notstromversorgung länger als zwei Tage aufrechterhalten. Dadurch werden auch der Warenumschlag und damit die Versorgung der Filialen massiv beeinträchtigt. Dort leeren sich die Regale innerhalb weniger Tage.

VERLETZBARKEIT UND BEWÄLTIGUNGSKAPAZITÄTEN

Der Lebensmittelhandel erweist sich angesichts der erhöhten Nachfrage als das schwächste Glied der Lebensmittelversorgung. Schon nach wenigen Tagen ist mit ernsthaften Engpässen bei der Lebensmittelversorgung zu rechnen. Mit dem Ziel der Katastrophenbewältigung könnten die Behörden u.a. folgende Maßnahmen ergreifen:

> Auf Grundlage des Ernährungsvorsorgegesetzes wird die rationierte Freigabe der Bestände der »Zivilen Notfallreserve« und der »Bundesreserve Getreide« veranlasst. Diese werden, wo möglich, weiterverarbeitet und über sogenannte Sammelverpflegungseinrichtungen ausgegeben.
> Auf der Basis des Verkehrsleistungsgesetzes (VerkLG) werden Transportkapazitäten bereitgestellt. Ergänzend wird eine intensivierte übergebietliche Belieferung der betroffenen Region durch den Handel in Gang gesetzt.
> In ausgewählten Filialen des Lebensmittelhandels werden Ausgabestellen für Lebensmittel eingerichtet. Diese werden mit NSA ausgestattet und bei der Treibstoffzuteilung berücksichtigt. Die entsprechenden Unternehmen koordinieren in Abstimmung mit den Behörden die erforderliche Logistik.
> Da ein großer Teil der Bevölkerung über keine Möglichkeit zur Zubereitung warmer Mahlzeiten verfügt, werden, z.B. durch THW, Deutsches Rotes Kreuz (DRK) und Bundeswehr, Großküchen errichtet bzw. warme Mahlzeiten ausgegeben.

Trotz größter Anstrengungen kann aber mit hoher Wahrscheinlichkeit die flächendeckende und bedarfsgerechte Verteilung der Lebensmittellieferungen nur ungenügend gewährleistet werden. Eine Kommunikation über Vorrat und Bedarf zwischen Zentrale, Lager und Filiale ist wegen des Ausfalls der Telekommunikationsverbindungen erheblich erschwert. Das behördliche Katastrophenmanagement leidet erheblich unter dem Fehlen eines einheitlichen Lagebilds, sodass auch eine länderübergreifende Planung und Koordinierung von Maßnahmen drastisch erschwert sind.

INFORMATIONS- UND HANDLUNGSSBEDARF

Ansatzpunkte für eine vorsorgende Stärkung der Resilienz des Sektors wären vor allem die regionalen Zentrallager des Handels sowie u. U. ausgewählte Filialen. Diese könnten mit einer robusten Notstromversorgung ausgestattet werden. Sind Stromeinspeisepunkte vorhanden, wäre der Einsatz mobiler Aggregate eine Option, die dann aber für längere Zeit sichergestellt werden müsste. Eine weitere Handlungsperspektive läge in einer auf regenerativen Energien basierten *Eigenstromversorgung der Zentrallager*, die ein hohes Maß an Autarkie ermöglichen würde.

Geprüft werden könnten *öffentlich-private Sicherheitspartnerschaften* zur Stärkung der Resilienz des Sektors. Ausgangspunkt könnte beispielsweise ein Konzept sein, bei dem im Rahmen einer Absprache mit dem Handel angestrebt würde, je 10.000 Einwohner eine katastrophentaugliche Filiale und in jedem Bundesland ein Lebensmittellager vorzusehen, die mit umfassenden Beständen, Kommunikationsmitteln und NSA ausgestattet werden. An geeigneten Standorten kämen auch inselnetzfähige dezentrale Stromerzeuger, die regenerative Energiequellen nutzen, infrage. Diese würden in eine zentrale Datenbank aufgenommen, mit deren Hilfe im Katastrophenfall Behörden und Unternehmen Lieferungen koordinieren.

GESUNDHEITSWESEN

Nahezu alle Einrichtungen der medizinischen und pharmazeutischen Versorgung der Bevölkerung sind von Elektrizität unmittelbar abhängig. Das dezentral und hocharbeitsteilig organisierte Gesundheitswesen kann den Folgen eines Stromausfalls daher nur kurz widerstehen. Innerhalb einer Woche verschärft sich die Situation derart, dass selbst bei einem intensiven Einsatz regionaler Hilfskapazitäten vom weitgehenden Zusammenbrechen der medizinischen und pharmazeutischen Versorgung auszugehen ist.

Bereits nach 24 Stunden ist die Funktionsfähigkeit des Gesundheitswesens erheblich beeinträchtigt. Krankenhäuser können mithilfe von NSA noch einen eingeschränkten Betrieb aufrechterhalten, Dialysezentren sowie Alten- und Pflegeheime aber müssen zumindest teilweise geräumt werden und Funktionsbereiche schließen. Die meisten Arztpraxen und Apotheken können ohne Strom nicht mehr weiterarbeiten und werden geschlossen.

Arzneimittel werden im Verlauf der ersten Woche zunehmend knapper, da die Produktion und der Vertrieb pharmazeutischer Produkte im vom Stromausfall betroffenen Gebiet nicht mehr möglich sind und die Bestände der Krankenhäuser und noch geöffneten Apotheken zunehmend lückenhaft werden. Insbesondere verderbliche Arzneimittel sind, wenn überhaupt, nur noch in Krankenhäusern zu beziehen. Dramatisch wirken sich Engpässe bei Insulin, Blutprodukten und Dialysierflüssigkeiten aus.

VERLETZBARKEIT UND BEWÄLTIGUNGSKAPAZITÄTEN

Der dezentral strukturierte Sektor ist schon nach wenigen Tagen mit der eigenständigen Bewältigung der Folgen des Stromausfalls überfordert. Die Leistungsfähigkeit des Gesundheitswesens wird nicht nur durch die zunehmende Erschöpfung der internen Kapazitäten, sondern auch durch Ausfälle anderer Kritischer Infrastrukturen reduziert. Defizite bei der Versorgung, beispielsweise mit Wasser, Lebensmitteln, Kommunikationsdienstleistungen und Transportdienstleistungen, verstärken die Einbrüche bei Umfang und Qualität der medizinischen Versorgung.

Die Rettungsdienste können nur noch begrenzt für Transport- und Evakuierungseinsätze eingesetzt werden. Sie sind durch die Beeinträchtigungen der Kommunikationsinfrastruktur von Notrufen der Bevölkerung weitgehend abgeschnitten. Auch ist die Koordination der Einsätze erheblich erschwert. Probleme bereitet auch die schwindende Verfügbarkeit von Treibstoff. Die präklinische medizinische Versorgung ist deshalb massiv beeinträchtigt.

Der Zusammenbruch der in Krankenhäusern konzentrierten Versorgung droht. Einige Krankenhäuser können zunächst eine reduzierte Handlungsfähigkeit bewahren und sind dadurch zentrale Knotenpunkte der medizinischen Versorgung. Sie verfügen meistens noch über einen gewissen Bestand an Medikamenten sowie ausreichend Personal und Treibstoff. Medizinisches Personal der ambulanten Versorgung unterstützt die Arbeit der Krankenhäuser. Jedoch führt diese verhältnismäßig gute Ausstattung auch dazu, dass dann, wenn andere Einrichtungen (wie Alten- und Pflegeheime, Dialysezentren) geräumt werden müssen, auf Krankenhäuser ausgewichen wird, sodass der Zusammenbruch der noch vorhandenen Kapazitäten droht. Zwar ist in den Notfallplänen der Krankenhäuser die Entlassung möglichst vieler Patienten vorgesehen. Doch können wegen der katastrophalen Zustände außerhalb der Kliniken allenfalls Patienten entlassen werden, die sich selbstständig versorgen können. Auch erste Hilfeleistungen seitens der Bundeswehr im Rahmen der »Zivil-Militärischen Zusammenarbeit« (ZMZ) sorgen allenfalls punktuell für Entlastung.

Spätestens am Ende der ersten Woche wäre eine Katastrophe zu erwarten, d. h. die gesundheitliche Schädigung bzw. der Tod sehr vieler Menschen sowie eine mit lokal bzw. regional verfügbaren Mitteln und personellen Kapazitäten nicht mehr zu bewältigende Problemlage. Ohne weitere Zuführung von medizinischen Gütern, Infrastrukturen und Fachpersonal von außen ist die medizinisch-pharmazeutische Versorgung nicht mehr möglich.

INFORMATIONS- UND HANDLUNGSBEDARF

Krankenhäuser spielen als Ankerpunkte der medizinischen Versorgung der Bevölkerung eine zentrale Rolle. Zwar kann ihnen eine gewisse Robustheit zugebilligt werden, diese wird aber nicht ausreichen, um die Ausfälle aller weiteren Einrichtungen – insbesondere der dezentralen ambulanten Versorgung – zu kompensieren. Für die zumeist vorhandenen NSA muss deshalb eine kontinuierliche Nachführung von Treibstoff sichergestellt werden. Dazu kämen in begrenztem Umfang die Vorhaltung von Treibstoff auf dem Gelände oder Vereinbarungen mit Lieferanten (die Lieferungen angesichts der allgemeinen Folgen des Stromausfalls wahrscheinlich kaum realisieren könnten) infrage. Einspeisepunkte für die Notstromversorgung wären grundsätzlich bereits bei der Planung vorzusehen. Schließlich sollten Krankenhäuser als prioritär Berechtigte für die Zuteilung von Treibstoff durch die Katastrophenschutzbehörde bestimmt werden. Ein weiter gehender Ansatzpunkt ist die Gewinnung eines möglichst hohen Grades an Energieautarkie und Inselnetzfähigkeit, wie in Kliniken im Ansatz bereits vielfach im Rahmen von Umweltschutzbemühungen und Maßnahmen zur Senkung des Energieverbrauchs realisiert. Zur Sicherstellung der Trinkwasserversorgung von Krankenhäusern sollten verstärkt Möglichkeiten zur Aufbereitung bzw. zum Transport des Wassers aus Notbrunnen zu den Krankenhäusern bzw. Behelfskrankenhäusern geprüft werden.

Eine verbesserte Bevorratung von Sanitätsmitteln könnte zur Stärkung der Widerstandsfähigkeit erheblich beitragen. Es könnte auch erwogen werden, im Arzneimittelgesetz weitere Ausnahmeregelungen für Notfälle und Katastrophen vorzusehen. Ziel müssten praxisnahe Regelungen für den langandauernden Katastrophenfall und die Versorgung der Bevölkerung sein. Schließlich erscheint es unabweisbar, Hersteller und Großhandel sowie Apotheken in die Katastrophenbewältigung einzubeziehen. Voraussetzung wäre dabei, dass die genannten Akteure Vorsorge für Herstellung und Verteilung bei einem längeren Stromausfall zu treffen hätten. Dazu müsste geprüft werden, in welcher (rechtlichen) Form dies umsetzbar sein könnte.

FINANZDIENSTLEISTUNGEN

Selbst bei einem großflächigen und langandauernden Stromausfall zeigt sich das Finanzdienstleistungssystem in einzelnen Teilsektoren als relativ robust. Nach Einschätzungen von Experten sind der Daten- und Zahlungsverkehr zwischen den Banken, den Clearingorganisationen und den Börsen, die Datenhaltung sowie weitere kritische Geschäftsprozesse über eine lange Zeit durch Notstromversorgung gewährleistet bzw. können in ein nichtbetroffenes Gebiet ausgelagert werden. Auch im Börsensystem sind die für einen Katastrophenfall geplanten Maßnahmen in technischer, personeller und organisatorischer Sicht ausreichend, um den Betrieb im Wesentlichen über die gesamte Dauer des Stromausfalls sicherzustellen.

VERLETZBARKEIT UND BEWÄLTIGUNGSKAPAZITÄTEN

Weniger robust sind die Kommunikationswege zwischen den Banken, Clearingorganisationen und Handelsplätzen einerseits und den Personen und Unternehmen, die Finanzdienstleistungen nachfragen, andererseits. Wegen des Ausfalls der Telefonnetze und des Internets besteht im betroffenen Gebiet nach kurzer Zeit keine Möglichkeit mehr, Finanzdienstleistungen abzuwickeln. Viele Banken, die nach dem Eintritt des Stromausfalls noch geöffnet bleiben, schließen nach einigen Tagen. Da auch die Geldautomaten ausgefallen sind, droht die Bargeldversorgung der Bevölkerung zu kollabieren. Es ist anzunehmen, dass es hierdurch und durch den Ausfall elektronischer Zahlungsmöglichkeiten in Geschäften und Banken mit der Zeit zu Unmut und teils zu aggressiven Auseinandersetzungen kommt, da es für die Bevölkerung keine Bezahlmöglichkeiten mehr gibt.

Als Achillesferse des Sektors erweisen sich die fehlenden elektronischen Bezahlmöglichkeiten sowie die versiegende Bargeldversorgung der Bevölkerung. Aus diesem Grund verstärkt sich die Unsicherheit in der Bevölkerung: Die Menschen haben Angst, sich nicht mehr mit Nahrungsmitteln und anderen Gütern des täglichen Bedarfs versorgen zu können. Die Information der Kunden und eine angemessene Risikokommunikation in Abstimmung mit den Katastrophenschutzbehörden werden deshalb immer wichtiger.

INFORMATIONS- UND HANDLUNGSBEDARF

Die Deutsche Bundesbank steht vor der Aufgabe, in Zusammenarbeit mit anderen Organisationen und Einsatzkräften des Bevölkerungsschutzes, zumindest eine rudimentäre Bargeldversorgung der Bevölkerung sicherzustellen. Hierzu müssten die Banken einbezogen werden. Für Anlieferung und Ausgabe von Bargeld wäre ein umfassendes Organisations- und Logistikkonzept erforderlich. Auch müsste ein erweitertes Sicherheitskonzept entwickelt werden, da fraglich ist, ob die privaten Sicherheitsdienstleister die verstärkte Auslieferung von Bargeld ausreichend absichern könnten.

FALLBEISPIEL »GEFÄNGNISSE«

Durch NSA können Justizvollzugsanstalten (JVA) zunächst die Hauptfunktionen des Betriebs aufrechterhalten. Dies sind primär die Sicherung der Gefangenen und die Grundversorgung (Beleuchtung, Lüftung, Heizung). Die erste Phase des Stromausfalls ist am chaotischsten. Besonders problematisch ist ein Stromausfall am Tag, da eine große Zahl von Gefangenen außerhalb der Zellen ist. Sämtliche nicht mit Notstrom versorgte Sicherheitselemente, Anlagen der Gebäudetechnik sowie EDV-Anlagen und Kommunikationsmittel stehen nicht mehr zur Verfügung. Dies macht den Dauereinschluss der Gefangenen erforderlich. Neben der daraus resultierenden psychischen Belastung zeigen sich bei Gefangenen durch schlechter werdende hygienische Verhältnisse, ungenügende Nahrungsmittelversorgung sowie fehlende Heizung gesundheitliche Probleme.

Auch das Personal der JVA ist zunehmend belastet und übermüdet. Zudem kommen Teile des Personals aufgrund der Verkehrsprobleme zu spät oder gar nicht zur Arbeit. Dadurch wächst insgesamt die Gefahr von Gehorsamsverweigerungen und Unruhen. Bedingt durch die Auswirkungen des Stromausfalls auf andere Sektoren ist nicht von einer Entlastung durch Polizeikräfte und andere Unterstützungskräfte auszugehen. Die Sicherstellung der Versorgung der NSA hat nun die höchste Priorität. Nur dadurch sind ein (reduzierter) Betrieb und eine adäquate Überwachung der Gefangenen möglich. Selbst wenn dies gelingt, entsteht zunehmend – insbesondere durch hygienische, medizinische und weitere Versorgungsprobleme – eine kaum zu bewältigende Lage. Die Situation verschärft sich, sollte die Zahl der Häftlinge aufgrund wachsender Kriminalität und Verhaftungen im betroffenen Gebiet steigen.

VERLETZBARKEIT UND BEWÄLTIGUNGSKAPAZITÄTEN

Die Treibstoffreserven der JVA vor Ort reichen voraussichtlich nur für wenige Tage. Für die Sicherstellung der Notstromversorgung sind also die Verfügbarkeit mobiler NSA bzw. die Lieferung zusätzlicher Treibstoffmengen zwingend notwendig. Ist die Notstromversorgung gefährdet, scheint eine Verlegung der Gefangenen in andere JVA, die sich außerhalb des betroffenen Gebiets befinden und deren Belegungskapazität nicht überschritten ist, nahezu unumgänglich.

Selbst bei funktionierendem Notstrom wird die Durchhaltefähigkeit einer JVA aufgrund von Sicherheits- und Gesundheitsproblemen nach wenigen Tagen infrage stehen. Deshalb, und weil die Gefahr von Ausbrüchen droht, muss über eine Räumung der JVA entschieden und diese in die Wege geleitet werden. Dabei könnten massive Koordinationsprobleme aufgrund ausgefallener Festnetz- und

Mobilfunktelefonie auftreten. Es ist ferner fraglich, ob ausreichende und geeignete Transportkapazitäten einschließlich des hierfür erforderlichen Sicherungspersonals abrufbar sind.

INFORMATIONS- UND HANDLUNGSBEDARF

Explizite gesetzliche Regelungen zur Notstromversorgung in JVA sind nicht erkennbar. Ob auf der Ebene der Verwaltungsvorschriften, als Folge der Katastrophenschutz- und Hilfeleistungsgesetze der Bundesländer, einschlägige Maßgaben vorliegen, konnte nicht sicher geklärt werden. Unklar ist ferner, ob ein länger andauernder Stromausfall Teil von Notfallplänen der JVA oder von Alarm- und Einsatzplänen der unteren Katastrophenschutzbehörde ist und ob entsprechende Übungen unter Einbezug externer Unterstützungskräfte stattfinden. Weiterer Informations- sowie rechtlicher Klärungsbedarf ergibt sich für möglicherweise notwendig werdende außergewöhnliche Maßnahmen, wie die Nichtaufnahme von Freigängern oder die gezielte Entlassung (»Hafturlaub«) bestimmter Gruppen von Gefangenen.

Die sektorbezogene Perspektive bei der Folgenanalyse hat offenkundig gemacht, wie begrenzt die Kapazitäten zur Folgenbewältigung sind. Zudem werden durch die signifikante gegenseitige Abhängigkeit der Sektoren die Durchhaltefähigkeit weiter reduziert und die Möglichkeiten für das Hilfeleistungssystem eingeschränkt. Im Folgenden wird diese Einschätzung nochmals untermauert, und es werden einige sektorübergreifende Schlussfolgerungen gezogen.

VERHALTEN

Bricht die Stromversorgung zusammen, sind alltägliche Handlungen infrage gestellt und gewohnte Kommunikationswege größtenteils unbrauchbar. Die damit verbundenen Gefährdungen und Ungewissheiten verunsichern die Bürger und erschüttern ihre Überzeugung von der Kontrollierbarkeit ihrer Lebensbedingungen. Dies wird dadurch verstärkt, dass der Stromausfall die Betroffenen unvorbereitet und unter der Bedingung der zeitlichen Unbestimmtheit trifft. Stockt die Versorgung, fehlen Informationen und beginnt die öffentliche Ordnung zusammenzubrechen, entstehen Ohnmachtsgefühle und Stress.

Die aus Angst und Ungewissheit resultierenden Folgen für das Verhalten der Menschen sind keinesfalls homogen. Vielmehr ist zu erwarten, dass ein breites Spektrum unterschiedlicher und teils widersprüchlicher Reaktionen auftreten wird. Manche Individuen und Gruppen fallen hinter die etablierten Normen des gesellschaftlichen Zusammenlebens zurück. Sie werden rücksichtsloser, aggressiver und gewaltbereiter. Die Bereitschaft zu helfen kann abnehmen. Andererseits werden auch Reaktions- und Verhaltensformen wie Kooperation, Empathie und

Hilfsbereitschaft zutage treten, wodurch die Betroffenen das Gefühl der Bewältigbarkeit der Katastrophe gewinnen.

Die *Mitglieder der Hilfsorganisationen* erleben die Folgen des Stromausfalls als extremen Stress sowie als hohe körperliche und psychische Belastung. Fehlende Ressourcen und unzureichende Koordinierung vor Ort, aber auch unterschiedliche Organisationskulturen können fehlerhaftes Gefahrenverhalten verursachen, eine effiziente Kommunikation und Zusammenarbeit der Einsatzkräfte erschweren oder sich zu Konflikten zwischen den Helfern zuspitzen.

Das Verhalten von Gruppen und Individuen in einem Katastrophenfall ist ein noch nicht ausreichend erschlossener Untersuchungsgegenstand. So fehlen Analysen zum Schutz-, Flucht- und Unterstützungsverhalten der Bevölkerung sowie zur Belastungsakkumulation in langandauernden Bedrohungslagen. Zugleich existiert hierzu aber eine Reihe von weitgehend fragwürdigen Annahmen – insbesondere zu erwartbarem, überwiegend unsozialem, apathischem oder panikartigem Verhalten der Bevölkerung. Deshalb wäre hier weitere Aufklärung – insbesondere zu den möglichen Hilfeleistungspotenzialen der Bevölkerung in Katastrophensituationen – erforderlich. Durch differenzierte Forschungsbemühungen könnte am Beispiel Stromausfall ein Beitrag zur Analyse des in der Katastrophenforschung wenig thematisierten menschlichen Bedrohungs- und Fehlverhaltens und seiner Ursachen geleistet werden. Dabei sollte auch das Verhalten von Helfern Untersuchungsgegenstand sein. Informations- und Forschungsbedarf ist vor allem bei der interorganisatorischen Kommunikation und Kooperation zu sehen. Welches fördernde und hemmende Faktoren der Kommunikation sind, sollte durch verstärkte sozialwissenschaftliche und interdisziplinäre Analysen weiter erhellt werden.

RECHTLICHE ASPEKTE DER KATASTROPHENBEWÄLTIGUNG

Die durch den Stromausfall induzierten Folgen und Folgeketten führen zu einer Situation, in der das Leben, die körperliche Unversehrtheit und Sicherheit der Bevölkerung hochgradig gefährdet sind sowie großer materieller Schaden entsteht. Es entwickelt sich eine Gefahren- und Schadenslage, in der überregionale Ressourcen mobilisiert werden müssen, damit der Staat seiner Schutzpflicht genügen kann. Auf rechtlicher und administrativer Ebene sind durch den Gesetz- und Verordnungsgeber entsprechende Voraussetzungen geschaffen worden.

Beispielsweise könnten auf Basis verschiedener Vorsorgegesetze, Bewältigungskapazitäten zur Unterstützung regionaler Kapazitäten aktiviert werden. Eröffnet würden dann beispielsweise folgende Optionen:

> Im Rahmen der »Zivil-Militärischen Zusammenarbeit« werden Kräfte der Bundeswehr mobilisiert. Dadurch werden neben personeller Unterstützung,

z. B. für Polizeien, Katastrophenschutzbehörden oder Einrichtungen des Gesundheitswesens, auch materielle Ressourcen verfügbar. So können etwa Krankenhäuser und Sammelstellen mit Feldbetten und Zelten ausgestattet, Großküchen eingerichtet oder Fahrzeuge der Bundeswehr für Transport- und Evakuierungsmaßnahmen eingesetzt werden.

> Auf der Basis des Post- und Telekommunikationssicherstellungsgesetzes (PTSG) und einer entsprechenden Rechtsverordnung durch das Bundesministerium für Wirtschaft und Technologie (BMWi) kann bestimmten, im Wesentlichen öffentlichen, Aufgabenträgern ein bevorrechtigter Zugang zu Telekommunikations- und Postdienstleistungen gewährt werden.
> Zur Sicherstellung der Lebensmittelversorgung kann gemäß Ernährungsvorsorgegesetz und entsprechender Landesverordnungen auf die »Zivile Notfallreserve« sowie die »Bundesreserve Getreide« zurückgegriffen werden.
> Das Krisengebiet könnte nach Feststellung der besonderen Notlage durch die Bundesregierung auf Grundlage des VerkLG mit Transportkapazitäten privater Unternehmen unterstützt werden. Durch das Bundesamt für Güterverkehr würden den anfordernden Stellen diese Transportkapazitäten zur Verfügung gestellt.

Zur Sicherstellung der Kraftstoffversorgung kann das BMWi auf Grundlage des Erdölbevorratungsgesetzes eine Verordnung zur Freigabe der Bestände erlassen. Kraftstoff könnte über das Schienennetz mittels dieselbetriebener Fahrzeuge oder durch Tankkraftwagen verfügbar gemacht und verteilt werden.

Zusammen mit weiteren Landesgesetzen und -verordnungen sowie behördlichen Ausführungsbestimmungen sind umfassend und differenziert für spezifische wie sektorenübergreifende Erfordernisse die notwendigen Voraussetzungen für die Mobilisierung von Bewältigungskapazitäten, auch von außerhalb des betroffenen Gebiets, geschaffen worden.

Zugleich erscheint diese Vielfalt der Rechtsmaterien überkomplex und wenig abgestimmt. Beispielsweise sind die rechtlichen Grundlagen für das Katastrophenmanagement im Sektor »Gesundheitswesen« in mindestens elf Bundes- und Landesgesetzen sowie zehn Verordnungen bzw. Verwaltungsvorschriften zu finden. Diese Vielzahl von Instrumenten muss von den zuständigen Akteuren auf den verschiedenen Ebenen sachlich angemessen, zum richtigen Zeitpunkt und aufeinander abgestimmt eingesetzt werden. Dies kann nur gelingen, wenn in den Krisenstäben kompetentes Fachpersonal agiert, ein gemeinsam geteiltes Verständnis der Regelungsmaterien herrscht sowie vorausschauend Vorkehrungen getroffen werden, dass die Gesetze und Verordnungen optimal angewendet werden. Diese Voraussetzungen dürften noch nicht vollständig geschaffen sein.

PRIVATE SICHERHEITSPARTNER

Die Aufgabe eines gutkoordinierten Notfall- und Krisenmanagements wird noch komplexer dadurch, dass relevante nichtbehördliche Akteure einbezogen werden müssen. Dazu zählen neben den Energieversorgungsunternehmen zahlreiche weitere Unternehmen, beispielsweise die Informations- und Kommunikationsunternehmen, die Lebensmittelwirtschaft oder das Sicherheitsgewerbe. Deren Vielzahl und Heterogenität erschweren diese Aufgabe erheblich. So muss man sich vergegenwärtigen, dass es beispielsweise im Sektor »Wasser« 5.200 Versorger und 5.900 Entsorger oder im Sektor »Informationstechnik und Telekommunikation« 3.000 Anbieter von Dienstleistungen gibt. Diese operieren teils lokal, teils überregional und weisen ganz unterschiedliche Kompetenzen und Kapazitäten bezüglich des Krisenmanagements auf. Aufgrund der Vielzahl und Heterogenität der potenziellen Sicherheitspartner der Behörden ist zu vermuten, dass hier noch weiterer Optimierungsbedarf bei der Gewinnung von privaten Sicherheitspartnern auf Kreis- und Landesebene und deren Integration in die Krisenprävention und -bewältigung besteht.

VERNETZTE KATASTROPHENBEWÄLTIGUNG – KOMMUNIKATION UND KOORDINATION

Zur Erstellung eines einheitlichen Lagebilds sowie zur Koordination der zahlreichen regionalen und überregionalen Krisenstäbe und Einsatzleitungen sind moderne Informations- und Kommunikationstechnologien nahezu unentbehrlich. Infolge des Ausfalls der Stromversorgung kann aber kaum noch auf die öffentlichen Kommunikationsinfrastrukturen zugegriffen werden. Auch sind die zur Verfügung stehenden Bewältigungskapazitäten und die behördeneigenen Kommunikationsnetze nicht für einen langandauernden Stromausfall ausgelegt.

> Die Kommunikation der Behörden und Organisationen mit Sicherheitsaufgaben (BOS) erfolgt über das nichtöffentliche Netz des BOS-Funks. Bis 2012 soll flächendeckend ein digitales Funknetz eingeführt werden. Jedoch bedeutet die Modernisierung des BOS-Funks unter dem Gesichtspunkt der Stromabhängigkeit eine Erhöhung der Vulnerabilität bei einem Stromausfall. Während die analogen Relaisstationen noch über eine Notstromversorgung von vier bis acht Stunden verfügten, sind die Basisstationen im neuen System nur noch auf eine batteriebasierte Überbrückung von zwei Stunden ausgelegt.
> Die Bundeswehr operiert mit dem digitalen TETRAPOL-Funk, der mobile Sprach- und Datenkommunikation ermöglicht. Dieser ist nicht direkt mit dem digitalen BOS-Funk kompatibel. Da ein Einsatz der Bundeswehr erst nach einigen Tagen zu erwarten ist, funktioniert der BOS-Funk bereits nicht mehr.

› Die Krisenstäbe vor Ort hätten auch die Option, auf mobile, stromnetzunabhängige Funkstationen zurückzugreifen. Die Telekommunikationsunternehmen sowie THW und Bundeswehr verfügen über eine Netzersatzausstattung, mit der sie in der Lage sind, Sprach- und Datendienste zu etablieren und über NSA zu versorgen. Die NSA-Kapazitäten z. B. des THW sind aber begrenzt. Gedacht sind sie in erster Linie für die Kommunikation der Krisenstäbe und Einsatzleitungen. Welche Kapazitäten bei den Telekommunikationsunternehmen vorhanden sind, ist nicht bekannt.

› Weitere Optionen bei einem Stromausfall sind die Errichtung provisorischer Feldkabelnetze, die Unterstützung durch Funkamateure gemäß § 2 Abs. 2 Amateurfunkgesetz sowie der Rückgriff auf Satellitenkommunikation. Die Kommunikation mittels Feldkabeln erfolgt mithilfe mobiler Stromerzeuger, die nach kurzer Zeit mit Treibstoff versorgt werden müssen. Dagegen sind die energietechnischen Anforderungen an Amateurfunkgeräte sehr gering. Satellitentelefonie und satellitengestützte Internetanbindung bieten ausreichende Übertragungswege, sofern die benötigten terrestrischen Elemente (z. B. die Bodenstationen) mit Strom versorgt sind.

Damit verbleibt den Behörden noch die Möglichkeit der punktuellen Wiederherstellung einzelner Infrastrukturen. Eine Option besteht in der zumindest stundenweisen Versorgung von Basisstationen des Mobilfunks sowie der zugehörigen Fernvermittlungsstelle (Mobile-services Switching Centre, MSC) mit Notstrom. Sofern eine Verbindungskette über weitere MSCs errichtet werden kann, wären Verbindungen zwischen den Teilnehmern in Reichweite sowie in das vom Stromausfall nichtbetroffene Gebiet möglich. Ob jedoch eine dauerhafte Versorgung sowie die Vernetzung mit weiteren MSCs innerhalb und außerhalb des vom Stromausfall betroffenen Gebiets zu leisten wäre, ist fraglich.

Aus den genannten Gründen ist davon auszugehen, dass trotz intensiver Bemühungen zur Wiederherstellung der Kommunikationsinfrastrukturen kein einheitliches Lagebild gewonnen werden kann. Die noch realisierbaren technischen Optionen sind eher von kurzer Reichweite und Zeitdauer, die Versorgung ist problematisch und eine Koordinierung der Kräfte und Maßnahmen ist nur unzureichend zu leisten. Aus all diesen Gründen wird die behördliche Katastrophenbewältigung hochgradig defizitär bleiben.

KRISENKOMMUNIKATION MIT DER BEVÖLKERUNG

Einer dialogischen Krisenkommunikation mit der Bevölkerung wird durch die Ausfälle im Sektor »Informationstechnik und Telekommunikation« weitgehend der Boden entzogen. Da die rudimentär verbleibenden oder wieder aufgebauten Kommunikationsmöglichkeiten von den Behörden zur unmittelbaren Schadensbehebung und Katastrophenbewältigung beansprucht werden, ist die Kommunikation mit der Bevölkerung überwiegend auf örtliche batteriegestützte Warnsysteme, Radiomeldungen sowie Lautsprecherwagen angewiesen. Da Radiosender sich auch zur Ausstrahlung von Warndurchsagen und Informationen über das satellitengestützte Warnsystem des Bundes SatWaS eignen, versuchen die Behörden, ausgewählte Sendestationen als Mittel der Krisenkommunikation mit Notstrom zu versorgen. Eingerichtete Anlaufstellen, wie Bürgermeisterämter, Feuerwehrhäuser oder Gemeindehallen, können sich – wie Erfahrungen zeigen – zu Knotenpunkten der Informationsverteilung entwickeln. Lautsprecherdurchsagen durch Einsatzfahrzeuge oder Streifen der Einsatzkräfte sind weitere Möglichkeiten, dem Bedürfnis der Bevölkerung nach Informationen Rechnung zu tragen.

Es ist aber offensichtlich, dass eine solch fragmentierte (Einweg-)Kommunikation den Ansprüchen an eine kontinuierliche und zielgruppenspezifische Krisenkommunikation nicht gerecht werden kann. Fällt die strombasierte Kommunikation so weitgehend aus wie beschrieben, wird es äußerst schwierig, Glaubwürdigkeit zu vermitteln und Vertrauen zu schaffen. Wie eine solche Krisenkommunikation ohne Strom gestaltbar sein könnte, ist noch weitgehend unklar. Deshalb besteht Bedarf an konzeptionellen und praxisfähigen Überlegungen.

VERSORGUNG MIT TREIBSTOFF UND NOTSTROM

Für das Katastrophenmanagement ist die Verfügbarkeit der Ressource Treibstoff von zentraler Bedeutung. Unabdingbar ist die Versorgung beispielsweise von

> Einsatzfahrzeugen der Hilfsorganisationen und Unterstützungskräfte;
> dieselbetriebenen Schienenfahrzeugen zur Räumung liegengebliebener Züge und für Transportzwecke sowie Busse des ÖPNV zur Aufrechterhaltung minimaler Transportdienstleistungen;
> NSA, die sensible Infrastrukturkomponenten (wie Einsatzleitstellen, Feuerwehrhäuser, mobile Funkstationen) funktionsfähig halten.

Grundsätzlich bieten trotz der ungünstigen Randbedingungen – wie insbesondere der Ausfall von Tankstellen – die existierenden Bewältigungskapazitäten in Form von Treibstoffvorräten notwendige Voraussetzungen für die erforderliche Mobilität der Akteure des Katastrophenmanagements. Beispielsweise stehen durch die gesetzlich vorgeschriebene Erdölbevorratung erhebliche Treibstoffreserven zur Verfügung, die den Bedarf auch während eines langandauernden Stromausfalls decken könnten. Da Benzin und Diesel vor allem in oberirdischen Tanklagern vorgehalten werden, können dort die Tankwagen oder -züge nach dem Schwerkraftprinzip befüllt werden, falls Strom nicht zur Verfügung steht.

Trotz dieses Potenzials ist es fraglich, inwieweit diese Kapazitäten und Ressourcen bei einem Stromausfall aktiviert und genutzt werden können. So dürften angesichts der Beeinträchtigungen der Verkehrsinfrastrukturen die Transportfahrzeuge nicht schnell und umfassend genug einsetzbar sein, um Treibstoffengpässe insbesondere in den urbanen Zentren zu verhindern. Schließlich ist die Koordinierung und bedarfsgerechte Verteilung von Treibstofflieferungen eine äußerst komplexe Aufgabe – selbst wenn es gelänge, ausreichend Tankfahrzeuge von Mineralölkonzernen und Logistikdienstleistern auf der Basis des Verkehrsleistungsgesetzes (VerkLG) einzubinden: Da ein großflächiges Gebiet betroffen ist, sind Probleme bei der Abstimmung von Zuständigkeiten sowie logistische Herausforderungen zu erwarten. Problemverstärkend wirken die defizitären Kommunikationsmöglichkeiten, sodass es vielerorts zu Situationen der Fehl- oder Unterversorgung kommen wird.

Insgesamt wird deutlich, dass umfangreiche Vorkehrungen zur Gewährleistung von Transportdienstleistungen für die Versorgung mit Treibstoff im Krisenfall bestehen. Jedoch wird unter den spezifischen Bedingungen eines Stromausfalls die zeitnahe und gutkoordinierte Aktivierung und Verteilung der Treibstoffreserven ein kritischer Faktor für die Folgenbewältigung sein.

Ein Ansatzpunkt zur Erhöhung der Resilienz des Sektors bestünde in einer Verbesserung der unmittelbar vor Ort verfügbaren Ressourcen. Beispielsweise könnte vorgesehen werden, ausgewählte Tankstellen mit NSA auszustatten und kontinuierlich mit Treibstoff zu versorgen. Unter der Prämisse, dass diese prioritär für die Zwecke der Behörden und der Hilfsorganisationen zur Verfügung stehen, wären der Zeitdruck bei der Zuführung von Treibstoffreserven gemindert und die Mobilität und Handlungsfähigkeit der Einsatzkräfte für eine gewisse Zeit sichergestellt. Zugleich wäre es zum kontinuierlichen Betrieb von NSA erforderlich, an ausgewählten relevanten sicherheitskritischen Standorten zeitgerecht den notwendigen Brennstoff nachzuführen.

ROBUSTE STROMVERSORGUNG NACH EINEM STROMAUSFALL – INSELNETZE ALS OPTION

Die Durchhaltefähigkeit zahlreicher Infrastrukturelemente wird durch die geringen Batterie- und Brennstoffkapazitäten unterbrechungsfreier Stromversorgungs- und netzunabhängiger Eigenstromversorgungsanlagen begrenzt. Selbst ein flächendeckender Ausbau stationärer und mobiler Notstromerzeugungskapazitäten würde aber angesichts des immensen Bedarfs sowie zunehmender Konkurrenz um Treibstoff allenfalls punktuell und zeitlich begrenzt eine verbesserte Durchhaltefähigkeit der Kritischen Infrastrukturen bewirken.

Eine weiter führende Perspektive zur nachhaltigen Steigerung der Robustheit der (Not-)Stromversorgung böten deshalb Konzepte zum Aufbau von Inselnetzen. Unter Nutzung dezentraler vernetzter Stromerzeuger könnten regional begrenzte Inselnetze nach einem Stromausfall weiterhin Strom erzeugen. Bereits ein punktueller, auf öffentliche Einrichtungen mit hoher Bedeutung für die Katastrophenbewältigung beschränkter Auf- und Ausbau von Inselnetzen – insbesondere auf der Basis regenerativer Energien – könnte eine Stärkung der Resilienz der Stromversorgung und damit der Kritischen Infrastrukturen bewirken. Daher wird die Überprüfung der technischen und ökonomischen Machbarkeit in einem Modellprojekt vorgeschlagen.

INFORMATION UND SENSIBILISIERUNG DER BEVÖLKERUNG

Hinsichtlich der Informiertheit und der Einstellung der Bevölkerung ist ein erhebliches Defizit zu konstatieren. Die Stromversorgung als Kritische Infrastruktur ist für die Bevölkerung kein Thema, die Möglichkeit von Stromausfällen und die Folgen einer Unterbrechung der Stromversorgung werden ausgeblendet. Erlebte Stromausfälle werden meist schnell vergessen.

Katastrophen wie Stromausfälle werden meist mit Extremwetterereignissen und Terrorismus assoziiert. Da Naturereignisse als unvermeidbar wahrgenommen werden und dem Terrorismus mit einer Art Fatalismus begegnet wird, meint man, als Privatperson diesen vermeintlich alleinigen Ursachen nicht vorsorgend begegnen zu können. Dementsprechend gibt es keine nennenswerte Vorbereitung der Bevölkerung auf einen Stromausfall, und die Fähigkeiten zur Bewältigung seiner Folgen sind in dieser Hinsicht ungenügend. Angesichts der geringen Sensibilität für das Risiko und die Gefahren eines Stromausfalls sollte darüber nachgedacht werden, wie das Interesse der Bevölkerung durch Informationen und Beratung zu wecken und aufrechtzuerhalten wäre, um in Krisensituationen die Bürger in geeigneter Weise ansprechen zu können. Dazu wäre zunächst eine wissenschaftlich fundierte Strategie für die Risikokommunikation mit der Bevölkerung vor einem Stromausfall zu erarbeiten. Dabei sollten die Bürger nicht als passive Katastrophenopfer, sondern als kompetente und aktiv handelnde Akteure betrachtet werden.

FAZIT

Die Folgenanalysen haben gezeigt, dass bereits nach wenigen Tagen im betroffenen Gebiet die flächendeckende und bedarfsgerechte Versorgung der Bevölkerung mit (lebens)notwendigen Gütern und Dienstleistungen nicht mehr sicherzustellen ist. Die öffentliche Sicherheit ist gefährdet, der grundgesetzlich verankerten Schutzpflicht für Leib und Leben seiner Bürger kann der Staat nicht mehr gerecht werden. Die Wahrscheinlichkeit eines langandauernden und das Gebiet mehrerer Bundesländer betreffenden Stromausfalls mag gering sein. Träte dieser Fall aber ein, kämen die dadurch ausgelösten Folgen einer nationalen Katastrophe gleich. Diese wäre selbst durch eine Mobilisierung aller internen und externen Kräfte und Ressourcen nicht »beherrschbar«, allenfalls zu mildern. Weitere Anstrengungen sind deshalb auf allen Ebenen erforderlich, um die Resilienz der Sektoren Kritischer Infrastrukturen kurz- und mittelfristig zu erhöhen sowie die Kapazitäten des nationalen Systems des Katastrophenmanagements weiter zu optimieren. Der Stromausfall als ein Paradebeispiel für »kaskadierende Schadenswirkungen« sollte deshalb auf der Agenda der Verantwortlichen in Politik und Gesellschaft weiterhin hohe Priorität haben, auch um die Sensibilität für diese Thematik in Wirtschaft und Bevölkerung zu erhöhen. Der vorgelegte TAB-Bericht soll hierzu einen Beitrag leisten.

EINLEITUNG I.

VERLETZBARKEIT MODERNER GESELLSCHAFTEN 1.

Als Lebensadern der modernen, hochtechnisierten Gesellschaften gelten ihre Infrastrukturen wie sichere Energietransportnetze, funktionierende Wasserversorgung, leistungsfähige Verkehrsträger und -wege sowie eine jederzeit zugängliche und nutzbare Informations- und Telekommunikationstechnik. Sie bilden zusammen mit weiteren Sektoren (wie Behörden und Verwaltung, Gesundheitswesen) die »Kritischen Infrastrukturen« moderner Gesellschaften (Abb. 1). Diese stellen die kontinuierliche Versorgung der Bevölkerung mit (lebens)notwendigen Gütern und Dienstleistungen sicher. Von elementarer Bedeutung sind sie zudem für die Standortqualität und Wettbewerbsfähigkeit einer Volkswirtschaft im globalisierten Weltmarkt.

ABB. 1 ÜBERBLICK DER SEKTOREN KRITISCHER INFRASTRUKTUREN

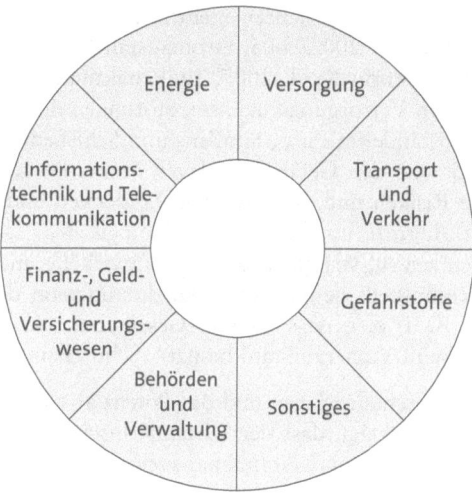

Quelle: BMI 2009; Lenz 2009, S. 19

Alle Sektoren sind mehr oder weniger eng miteinander verflochten und voneinander abhängig (Lenz 2009, S. 20). Aufgrund ihrer hohen internen Komplexität sowie wegen zahlreicher wechselseitiger Abhängigkeiten und Interdependenzen müssen die Kritische Infrastrukturen aufwendig und teilweise global informationell vernetzt sowie auf verschiedenen Stufen kontrolliert und gesteuert werden.

Ihre komplexe Konfiguration ist fehlerunfreundlich; schon kurze Unterbrechungen oder die Störung einer kleineren Komponente gefährden Systeminteraktionen und Prozessabläufe. Dies bedeutet auch, dass sich »mit immer geringeren Mitteln immer komplexere und folgenschwerere Störungen« herbeiführen lassen (Dombrowsky/Brauner 1996, S. 88). Aufgrund ihrer internen Komplexität sowie ihrer (physischen oder logischen) Vernetzung mit weiteren Systemen können Funktionsausfälle als Teil von sogenannten Natur- oder menschengemachten Katastrophen das gesellschaftliche System insgesamt kollabieren lassen: Die Informationsgesellschaft ist ihrer (technisch basierten) Möglichkeiten beraubt, Daten zu generieren, zu bearbeiten, zu speichern und zu kommunizieren, Wissen zu beschaffen und anzuwenden. Die Kommunikation verstummt, Mobilität, Energiezufuhr, Produktion und Konsum fallen auf ein quasi archaisches Niveau zurück.

Die terroristischen Anschläge in New York und Washington am 11. September 2001, in Madrid (2004) oder London (2005) haben die Verletzlichkeit (Vulnerabilität) offener Gesellschaften nachdrücklich gezeigt. Ihre Kritischen Infrastrukturen sind aber auch durch Naturkatastrophen, besonders schwere Unglücksfälle, Betriebsstörungen oder Systemfehler gefährdet. Abhängigkeit und Verletzbarkeit sind auch in Deutschland in der Folge von Naturkatastrophen und technischen Störungen in den letzten Jahren mehrfach offenkundig geworden (z.B. Elbe- und Oderhochwasser 2002/2005, Stromausfall Münsterland 2005 und in Teilen Europas 2006, Sturm Kyrill 2007, Vulkanaktivitäten auf Island 2010). Die dabei erkennbaren Versorgungsengpässe, Störungen der öffentlichen Sicherheit, chaotischen Zustände im Luft-, Straßen- und Schienenverkehr haben auch hier einen Eindruck von den Gefährdungslagen moderner Gesellschaften gegeben. Auch weitere Risiken und Gefahren wie Epidemien und Pandemien, Terroranschläge oder Angriffe mit chemischen, biologischen, radiologischen und nuklearen Agenzien zeigen, wie gefährdet hochentwickelte und technisierte Nationen sind. Zu Recht stellt deshalb die Schutzkommission des Bundesministeriums des Innern (BMI) fest, dass »unsere Gesellschaft ein ernstzunehmendes Maß an Verletzlichkeit (›Vulnerabilität‹) besitzt« (Schutzkommission 2006, S. 9).

Die Empirie von Großschadenslagen und das Potenzial von Risiken wie die genannten haben zudem gezeigt, dass der Schutz Kritischer Infrastrukturen sowie ein leistungsfähiges Krisen- und Notfallmanagement im Katastrophenfall eine Herausforderung ersten Ranges darstellen. Grundsätzlich herrscht weiterhin Einverständnis darüber, wie wichtig für Sicherheit und (präventiven) Schutz der Bevölkerung, die Identifikation und Analyse von Risiken und Gefahren sowie darauf aufbauende Konzepte eines integrierten Schutz-, Risiko- und Krisenmanagements sind.

Es wird deshalb auch verstärkt die Frage diskutiert, ob die tradierten Grundlagen und Strukturen des Zivil- und Bevölkerungsschutzes angesichts der Neuartigkeit vieler Bedrohungen sowie der Komplexität und Interdependenz vernetzter

Systeme, Prozesse und sozialer Handlungen möglicherweise unterkomplex sind (Dombrowsky/Brauner 1996, S. 9) und wenn ja, wie sie zu verbessern wären. Bedenken bestehen beispielsweise, weil bei den beteiligten und betroffenen Akteuren kein einheitliches Risiko- und Krisenmanagement vorliegt, abgestimmte Schutz- und Warnkonzepte fehlen und die Selbsthilfefähigkeit der Bevölkerung nicht sehr weit entwickelt ist (Reichenbach et al. 2008, S. 27; Schutzkommission 2006; s. a. Kap. II).

STROMAUSFALL ALS AUSLÖSER EINER »NATIONALEN KATASTROPHE« 2.

Einen wichtigen Beitrag zur Schärfung des Bewusstseins für die Risiken und Herausforderungen für die öffentliche Sicherheit in Deutschland haben die Autoren des »Grünbuchs« des »Zukunftsforums Öffentliche Sicherheit« geleistet (Reichenbach et al. 2008). Sie haben anhand ausgewählter Szenarien anschaulich gemacht, dass durch Terrorismus, organisierte Kriminalität oder auch durch Seuchen nicht nur erheblicher Schaden zu gewärtigen, sondern auch die öffentliche Sicherheit u. U. nicht mehr zu gewährleisten ist.

Nachdrücklich wurde auch aufgezeigt, dass aufgrund der nahezu vollständigen Durchdringung der Lebens- und Arbeitswelt mit elektrisch betriebenen Geräten sowie elektronischen Steuer- und Regelsystemen und wegen der großen Abhängigkeit nahezu aller Kritischen Infrastrukturen von einer störungsfreien Stromversorgung auch ein großflächiger und längerfristiger Stromausfall massive Funktions- und Versorgungsstörungen, wirtschaftliche Schäden und eine erhebliche Gefährdung der öffentlichen Sicherheit und Ordnung zur Folge haben kann.[1] »Ein solcher Stromausfall wäre ein Paradebeispiel für kaskadierende Schadenswirkungen.« (Unger 2008, S. 91) Sektorspezifische und sektorübergreifende Folgen kämen einer Katastrophe gleich oder zumindest nahe. Für diese Perspektive gibt es einen doppelten Grund: Ein Stromausfall stellt eine Verbundkatastrophe dar, weil die Versorgung mit Elektrizität Interdependenzen mit anderen lebenswichtigen Infrastrukturen aufweist. Nahezu alle Sektoren und Lebensbereiche wären so tiefgreifend betroffen, dass Sicherheit und Versorgung der Bevölkerung wahrscheinlich nicht mehr zu gewährleisten sind (Reichenbach et al. 2008, S. 27). Eine »nationale Katastrophe« wäre ein langandauernder Stromausfall

---

1 Schon 2004 hat die Bund-Länder-Krisenmanagementübung (LÜKEX) die problematischen Folgen und Folgenketten sowie die enormen Schwierigkeiten, eine solche Krisenlage ohne Vorwarnung mit den vorhandenen Kapazitäten zu bewältigen, deutlich gemacht. Das Anfang 2010 vorgelegte »Krisenhandbuch Stromausfall« bestätigt diese Einschätzung (Hiete et al. 2010). Es thematisiert – auf der Basis ausgewählter Sektorenanalysen – Fragen des Krisenmanagements bei einer großflächigen Unterbrechung der Stromversorgung am Beispiel Baden-Württemberg.

aber auch deshalb, weil weder die Bevölkerung noch die Unternehmen, noch der Staat hierauf vorbereitet sind – so das Diktum des »Grünbuchs« (Reichenbach et al. 2008, S. 84).

ABB. 2	BEISPIELE FÜR GROSSE STROMAUSFÄLLE

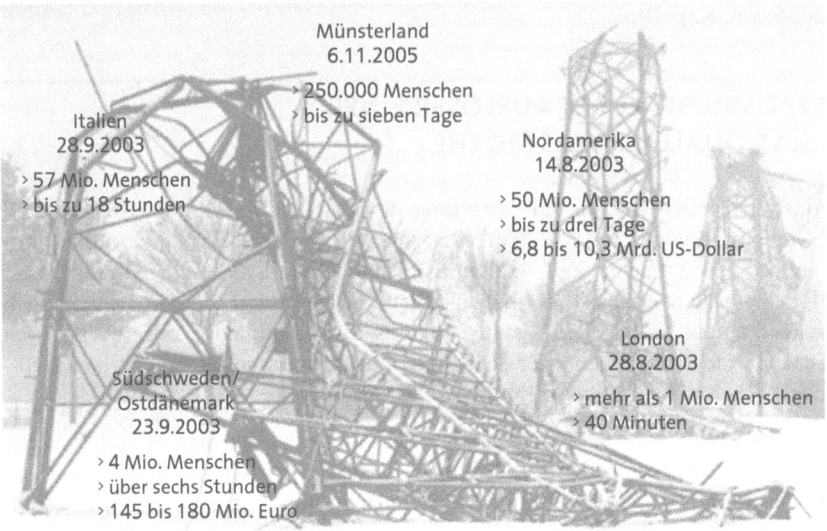

Italien
28.9.2003
> 57 Mio. Menschen
> bis zu 18 Stunden

Münsterland
6.11.2005
> 250.000 Menschen
> bis zu sieben Tage

Nordamerika
14.8.2003
> 50 Mio. Menschen
> bis zu drei Tage
> 6,8 bis 10,3 Mrd. US-Dollar

Südschweden/
Ostdänemark
23.9.2003
> 4 Mio. Menschen
> über sechs Stunden
> 145 bis 180 Mio. Euro

London
28.8.2003
> mehr als 1 Mio. Menschen
> 40 Minuten

Quelle: eigene Darstellung

Gerade weil in den meisten fortgeschrittenen Staaten die Stromversorgung relativ zuverlässig über lange Zeiträume funktioniert und nahezu alle technischen Systeme und sozialen Handlungen auf dieser relativen Verlässlichkeit aufbauen,[2] steigt die Verletzbarkeit. Dieses »Verletzlichkeitsparadox« bedeutet, dass, wenn Versorgungsleistungen zunehmend weniger störanfällig organisiert werden, »sich jede Störung von Produktion, Vertrieb und Konsum der Versorgungsleistungen umso stärker (auswirkt)« (Steetskamp/van Wijk 1994, S. 20; s.a. BMI 2009, S. 11 ff.). Ein gesellschaftliches Bewusstsein dieses Risikopotenzials ist aber allen-

---

2 Im deutschen Stromnetz treten auf verschiedenen Netzebenen immer wieder kleinere Stromausfälle auf. So betrug die durchschnittliche Nichtverfügbarkeit 2007 19,25 Minuten je Letztverbraucher, 2008 16,89 Minuten. Hingegen war die Notwendigkeit, einen Ausfall von Wochen oder sogar Monaten zu überbrücken, bisher nicht gegeben (www.bundesnetzagentur.de/DE/Sachgebiete/ElektrizitaetGas/Sonderthemen/SAIDIWertStrom 2008/SAIDIWertStrom2008_node.html). Dabei ist allerdings in Rechnung zu stellen, dass Ausfälle durch »höhere Gewalt« in der Statistik der Nichtverfügbarkeit nicht berücksichtigt werden. Zahlen und Erläuterungen zu Stromausfällen in Europa liefern Silvast/Kaplinsky (2007).

falls in Ansätzen vorhanden. Nach wie vor gilt, was bereits 1994 eine niederländische Studie herausgearbeitet hat: Bürger, Unternehmen und öffentliche Instanzen begreifen einen Stromausfall nicht als ernsthaftes Risiko, obwohl sich ein solcher Vorfall bereits innerhalb der ersten 24 Stunden »zu einer katastrophenähnlichen Situation auswachsen kann« (Steetskamp/van Wijk 1994, S. 22).

Obwohl einige größere Stromausfälle im In- und Ausland hiervon zumindest ansatzweise eine Vorstellung vermittelt haben (Abb. 2), sind auch in der Katastrophenforschung bis heute – soweit erkennbar – die möglichen Folgen eines solchen Ereignisses noch wenig intensiv und systematisch durchdacht worden. Integrierte Folgenanalysen zu einem Szenario »Stromausfall« liegen noch nicht vor.[3]

BEAUFTRAGUNG, VORGEHEN, AUFBAU DES BERICHTS 3.

BEAUFTRAGUNG

Angesichts des Katastrophenpotenzials eines langandauernden und großflächigen Stromausfalls wurde das Büro für Technikfolgen-Abschätzung beim Deutschen Bundestag (TAB) mit der Durchführung einer systematischen Folgenanalyse beauftragt. Es sollte untersucht werden, wie sich ein langandauernder und großflächiger Stromausfall auf die Gesellschaft und ihre Kritischen Infrastrukturen auswirken könnte. Auch sollten entsprechende Analysen Anhaltspunkte für eine Einschätzung liefern, wie Deutschland auf eine solche Großschadenslage vorbereitet ist.

Das vom TAB hierzu vorgelegte und vom zuständigen Ausschuss für Bildung, Forschung und Technikfolgenabschätzung befürwortete Konzept setzte zunächst einen breiten Rahmen: Es sollten im Schwerpunkt

> die Vulnerabilität exemplarischer Sektoren und Infrastruktureinrichtungen sowie die Bewältigungskapazitäten in spezifischen gesellschaftlichen und behördlichen Teilbereichen,
> die Grenzen und Möglichkeiten von Risikokommunikation, Aufklärung der Bevölkerung sowie Aktivierung ihrer Selbsthilfepotenziale und
> die Handlungsmöglichkeiten der Organisationen des Bevölkerungsschutzes und der Katastrophenhilfe

angesichts eines langandauernden und regionenübergreifenden Stromausfalls geprüft werden.

---

3 Zwei Ausnahmen bestätigen diesen Befund: die zuvor erwähnte Studie von Steetskamp/van Wijk (1994) sowie das aktuelle »Krisenhandbuch Stromausfall« (Hiete et al. 2010).

VORGEHEN UND UNTERSUCHUNGSSCHWERPUNKTE

Aufgrund der komplexen Materie, der ausdifferenzierten Kompetenz- und Akteursstrukturen beim Katastrophen- und Bevölkerungsschutz sowie insbesondere der lückenhaften Literatur-, Dokumenten- und Datenlage wurde zunächst in einer Vorphase eine vertiefende Exploration durchgeführt. Deren Ziel war, erste Ergebnisse zu möglichen Folgen und Folgeketten eines Stromausfalls in ausgewählten Sektoren sowie zu deren Bewältigungskapazitäten zu erarbeiten sowie konzeptionelle und methodische Überlegungen zu einer darauf aufbauenden Hauptphase des TAB-Projekts zu entwickeln.

Folgende Schwerpunkte wurden danach in der Hauptphase bearbeitet:

> Folgenanalysen zu ausgewählten Sektoren der Kritischen Infrastrukturen: Ziel dieser Analysen war es, plausible Folgen und Folgeketten, ausgelöst durch einen Stromausfall, darzustellen und damit erste Hinweise auf die Vulnerabilität bzw. Resilienz des Sektors zu geben.
> Überlegungen zu Einstellungen und Verhalten der Bevölkerung: In diesem Themenschwerpunkt wurde das Anliegen verfolgt, einige Hypothesen zu den Einstellungs- und Verhaltensmustern bezüglich eines Stromausfalls zu entwickeln.
> Akteure und Strukturen des deutschen Katastrophenmanagementsystems: Dieser Untersuchungsgegenstand sollte dahingehend betrachtet werden, welche Akteure und Strukturen des nationalen Systems des Katastrophenschutzes in Friedenszeiten im Falle einer stromausfallinduzierten Großschadenslage von Relevanz sind.

SEKTOREN UND HERAUSFORDERUNGEN

Auf der Basis der in der ersten Phase gewonnenen Erkenntnis wurden folgende Gefährdungslagen des Näheren analysiert:

> Versorgung der Bevölkerung mit Nahrungsmitteln (Sektor »Landwirtschaft/ Lebensmittelhandel«)
> Sicherstellung einer medizinischen und pharmazeutischen Mindestversorgung (Sektor »Gesundheitswesen«)
> Aufrechterhaltung der (Trink-)Wasserversorgung und Abwasserentsorgung (Sektor »Wasser und Abwasser«)
> Gewährleistung angepasster Mobilität bzw. Transportkapazitäten (Sektor »Transport und Verkehr«)
> Ermöglichung ausreichender Finanzdienstleistungen (Sektor »Finanzdienstleistungen«)
> Aufrechterhaltung bzw. Wiederaufbau ausreichender Kommunikationswege (Sektor »Informationstechnik und Telekommunikation«)
> Gewährleistung öffentlicher Sicherheit – Fallbeispiel »Gefängnisse«

3. BEAUFTRAGUNG, VORGEHEN, AUFBAU DES BERICHTS

Diese Auswahl lag in der Einsicht begründet, dass Schutz, Sicherheit und Leben der Bevölkerung sowie die Tragfähigkeit gesellschaftlicher Strukturen nur dann gewährleistet werden können, wenn es gelingt, insbesondere in diesen Sektoren eine ausreichende Versorgung der Bevölkerung mit den notwendigen Gütern und Dienstleistungen sicherzustellen, die öffentliche Sicherheit so weit wie möglich zu wahren sowie Gefährdungen von Leib und Leben der Bürgern abzuwenden.

EINSTELLUNGEN UND VERHALTEN

Grundsätzlich kann gelten, dass die »Reaktionen des Menschen« die Katastrophe ausmachen, »nicht die Trümmer, Zerstörungen oder Funktionsausfälle« (Dombrowsky/Brauner 1996, S. 119). Ein weiterer Untersuchungsschwerpunkt war deshalb die Frage nach Verhalten und Verhaltensmustern, die als Folge und im Verlauf eines Stromausfalls auftreten könnten. Ein langandauernder Stromausfall wird die Bevölkerung in Unsicherheit und Angst versetzen sowie Gefährdungen von Leib und Leben mit sich bringen. Die Forschung zum Verhalten von Individuen und Gruppen in Katastrophensituationen legt die Erwartung nahe, dass auch bei einem Stromausfall sowohl unsoziale, illegale und aggressive Aktionen als auch Mitgefühl und Hilfsbereitschaft, rationales und entschlossenes Handeln zutage treten werden. Das Wissen über die sozialen und sozialpsychologischen Dimensionen einer solchen Katastrophe ist aber ungenügend (z. B. BBK 2008a, S. 155; Schutzkommission 2006, S. 90).

Es dürfte insgesamt zutreffen, dass manche Annahmen über das Verhalten und die »Lenkbarkeit der Bevölkerung« in extremen Lagen einer Prüfung bedürfen, wenn man die Rolle der Bevölkerung sowie der professionellen und freiwilligen Helfer wirklichkeitsnah einschätzen und hieran bei der Katastrophenbewältigung anknüpfen will (Dombrowsky/Brauner 1996, S. 24). Deshalb erschien es angezeigt, auch die Dimension des Verhaltens in die Folgenanalyse einzubeziehen. Hierzu wurde – in begrenztem Umfang – eine Literaturanalyse durchgeführt. Dabei wurden – da es entsprechende wissenschaftliche Studien zum Verhalten von Individuen und Gruppen beim Katastrophentypus »Stromausfall« kaum gibt – Quellen zu anderen Katastrophentypen hinsichtlich der Übertragbarkeit auf die Situation eines Stromausfalls ausgewertet. Ziel war es nicht, eigene Forschungsfragen zu verfolgen oder selbst Daten zu erheben, sondern Forschungslücken und Forschungsdesiderate zu identifizieren und zur Diskussion zu stellen.

MANAGEMENT UND BEWÄLTIGUNG VON KATASTROPHEN

Das deutsche nationale System der Hilfeleistung im friedenszeitigen Katastrophenfall war ein weiterer Untersuchungsgegenstand. Hierzu wurden die wichtigsten relevanten Strukturen, Kräfte und Einrichtungen auf Landes-, Bundes- und kommunaler Ebene im Überblick erfasst. Der Fokus lag dabei auf deren

Kapazitäten und Handlungsmöglichkeiten für den Fall eines langandauernden und großräumigen Stromausfalls. Ergänzend wurden die einschlägigen Rechtsgrundlagen geprüft. Dabei wurden weder Systematik und Vollständigkeit noch eine rechtswissenschaftliche Analyse angestrebt. Im Licht der Resultate der Folgenanalyse erfolgte dann eine erste Einschätzung der Bewältigungskapazitäten des nationalen Krisenmanagementsystems.

ZUSAMMENARBEIT MIT GUTACHTERN, EXPERTENGESPRÄCHE

Zur Erarbeitung dieses TAB-Berichts auf einer soliden wissenschaftlichen Grundlage wurden folgende Gutachten vergeben:

> Vierboom & Härlen Wirtschaftspsychologen GbR (2009): Kurzgutachten für den Themenbereich »Risiko- und kommunikationspsychologische Bestimmungsfaktoren des Umgangs mit einem großräumigen Ausfall der Stromversorgung in der Bevölkerung«. Köln
> Prognos AG (2009): Konzeptstudie »Gefährdung und Verletzbarkeit moderner Gesellschaften – am Beispiel eines großräumigen Ausfalls der Stromversorgung«. Basel
> Vierboom & Härlen Wirtschaftspsychologen GbR (2010): Kurzgutachten zu einer Literaturstudie über Faktoren und Maßnahmemöglichkeiten der Katastrophenbewältigung auf der Verhaltensebene. Köln
> Ernst Basler + Partner AG (2010): Folgen eines Stromausfalls für die Sektoren/kritischen Strukturen Verkehr, Finanzdienstleistungen, IuK-Technologien sowie Gefängnisse. Zollikon

Den Verfassern der Gutachten sei an dieser Stelle herzlich gedankt. Sie haben sich darauf eingelassen, eine solch schwierige und noch kaum untersuchte Thematik innerhalb sehr kurzer Zeit zu bearbeiten. Diese Herausforderung haben die Gutachter bestens bewältigt und somit für diesen Bericht eine tragfähige Grundlage bereitgestellt. Die Unzulänglichkeiten, die der Bericht aufweist, sind von den Verfassern zu verantworten.

Als Basis des Berichts dienten auch eine Vielzahl von schriftlichen und fernmündlichen Auskünften von Einrichtungen, Organisationen und Unternehmen auf gezielte Anfragen des Projektteams, ferner ausführliche Gespräche mit Experten aus den Sektoren Kritischer Infrastrukturen. Hierbei handelte es sich um Fachleute aus Wirtschaft, Behörden, Wissenschaft und Politik, die durch die vom TAB beauftragten Gutachter sowie durch die Projektbearbeiter um ein Gespräch gebeten wurden. Es soll nicht unterschlagen werden, dass es auch manche Experten gab, die auf eine Anfrage abschlägig oder gar nicht reagierten. Da nicht alle Gesprächspartner wünschten oder einverstanden waren, im Bericht genannt zu werden, wird davon abgesehen, die befragten Experten namentlich zu nennen.

3. BEAUFTRAGUNG, VORGEHEN, AUFBAU DES BERICHTS 41

Wertvolle Unterstützung erhielt das Projektteam auch seitens des Bundesamtes für Bevölkerungsschutz und Katastrophenhilfe (BBK) sowie des Bundesamtes für die Sicherheit (BSI) in der Informationstechnik. Für die geleistete Hilfe sei den Kolleginnen und Kollegen aus BBK und BSI sehr gedankt.

Das Projekt und die Erstellung des Abschlussberichts wurden auch durch die Kollegen Dr. Harald Hiessl sowie Peter Zoche aus dem Fraunhofer-Institut für System- und Innovationsforschung, Karlsruhe, sowie Dr. Reinhard Grünwald vom TAB-Team in Berlin unterstützt. Bei ihnen bedanken sich die Verfasser ebenso wie bei Ulrike Goelsdorf, Leiterin des TAB-Sekretariats, die sich intensiv und erfolgreich mit der Durchsicht des Manuskripts beschäftigt und um das äußere Erscheinungsbild, insbesondere Grafiken und Layout, gekümmert hat.

AUFBAU DES BERICHTS

Der hiermit vorgelegte Bericht ist folgendermaßen aufgebaut: Im Anschluss an diese Einführung (Kap. I) werden in Kapitel II die wesentlichen Strukturen, Akteure, Verfahren und Kapazitäten des deutschen Krisenmanagementsystems bezogen auf einen großen Stromausfall dargestellt. Kapitel III bildet den Kern des Berichts. Es umfasst Folgenanalysen zu ausgewählten Sektoren Kritischer Infrastrukturen (Kap. III.2.1 bis III.2.7). Diese werden ergänzt durch Überlegungen zu möglichen Einstellungs- und Verhaltensmustern der Bevölkerung, wie sie im Falle eines Stromausfalls zutage treten könnten (Kap. III.3).

In Kapitel IV wird ein Fazit gezogen. Es werden – vor dem Hintergrund der Vulnerabilitätsanalysen in Kapitel III – die wesentlichen Schwachstellen der Sektoren sowie die sektorübergreifenden Verletzbarkeiten resümiert. Zudem werden eine Einschätzung der Bewältigungskapazitäten des deutschen Krisenmanagementsystems gegeben sowie Ansatzpunkte zur Stärkung der Resilienz Kritischer Infrastrukturen für den Katastrophentyp »Stromausfall« benannt und zur Diskussion gestellt. Schließlich werden Informations-, Forschungs- und Handlungsperspektiven aufgezeigt.

Abschließend soll nochmals betont werden, dass der Untersuchungsgegenstand des TAB-Projekts auftragsgemäß die »Folgen« eines Stromausfalls waren und ausdrücklich nicht seine Ursache(n). Berechtigung und Sinn dieser Fokussierung ergeben sich zum Ersten daraus, dass bislang die Ausfallursachen sowie Empfehlungen für Sicherheits- und Abwehrkonzepte häufig und intensiv bearbeitet worden sind.[4] Dagegen ist – zum Zweiten – bei der Antizipation der Konsequenzen in Form sorgfältiger sektoraler Folgenanalysen nahezu Fehlanzeige zu vermelden. In diesem Sinn wird auch in BMI/BBK (2007, S. 188 ff.) unterstrichen, dass

---

4 Untersuchungen zu Stromausfällen (Münsterland, Emsland) fokussieren auf die Genese des Ausfalls sowie auf Prävention im Sinne von Ausfallvermeidung – nicht aber auf die Minderung von Schadensfolgen.

anders als im gutuntersuchten Fall der Vulnerabilität des Sektors »Energie-/Stromerzeugung« – weitgehend unklar ist, wie genau sich die Verwundbarkeit anderer Kritischer Infrastrukturen infolge eines Stromausfalls bzw. die Kritikalität *zwischen* den Kritischen Infrastrukturen darstellen und ob in »wirksamer verbraucherseitiger Schutz überhaupt möglich ist« (BMI/BBK 2007, S. 190). Hier – bei den Folgen eines Stromausfalls – besteht also Untersuchungsbedarf.[5]

Dieser TAB-Bericht betritt damit aber auch weitgehend Neuland. Literaturlage und Forschungsstand zum Untersuchungsgegenstand bieten nur wenig Halt. Daten zu den Akteuren und Ressourcen des Katastrophenschutzes sowie einschlägige Statistiken (z. B. über Schäden) oder systematische Auswertungen von Katastropheneinsätzen auch für diesen Katastrophenfall sind, falls überhaupt vorhanden, lückenhaft, schwer zu verifizieren und deshalb auch kaum zu bewerten (Dombrowsky/Brauner 1996, S. 23; Schutzkommission 2006, S. 9). Deshalb kann dieser Bericht nur eine Vorstudie zu dieser Thematik sein.

---

5 In der Konsequenz bedeutet diese Festlegung auch, dass identifizierte Problemlösungsstrategien nicht der Vorbeugung in dem Sinne dienen, das Eintreten an sich zu verhindern. Vielmehr geht es bei den zu findenden technischen und politischen Optionen um die Vorbeugung bzw. die Reduktion problematischer Folgen und die Limitierung der Schäden (Kap. IV).

DAS SYSTEM DES KRISENMANAGEMENTS
IN DEUTSCHLAND   II.

In Deutschland hat sich im Rahmen einer historisch gewachsenen »Sicherheitsarchitektur« auch ein »Hilfeleistungssystem« (Weinheimer 2008) für den Katastrophenschutz in Friedenszeiten entwickelt. Von diesem wird erwartet, dass es vielfältigen Bedrohungen (Kap. I) gewachsen ist (BBK 2008a, S. 9). Die durch die Länder getragene Katastrophenschutzvorsorge und -bekämpfung soll auch national bedeutsame Gefahren- und Schadenslagen (wie schwere radiologische und biologische Störfälle, Störungen Kritischer Infrastrukturen, Terrorismus, aber auch Naturkatastrophen oder Seuchen) bewältigen. Die Länder werden hierbei vom Bund unterstützt. In einem »gesamtgesellschaftlichen Netzwerk« (BBK 2008a, S. 76) bilden die Kräfte und Einrichtungen auf Bundes-, Landes- und kommunaler Ebene unter Einbeziehung der Feuerwehren, der Hilfsorganisationen und der Bundesanstalt Technisches Hilfswerk ein auch im internationalen Vergleich »einmalige(s) Kräftedispositiv«, das »allerdings zu mehr als 80 % aus ehrenamtlichen Mitgliedern« besteht (Weinheimer 2008, S. 165).[6]

Im Blick auf die hochgradige Verletzbarkeit Kritischer Infrastrukturen und die mit ihrer Beeinträchtigung oder ihrem Ausfall verbundenen großflächigen und möglicherweise langandauernden Katastrophenlagen scheint »das deutsche System des Krisenmanagements« (BMI 2008) manchen Beobachtern noch nicht ausreichend vorbereitet. Kritisch hinterfragt werden u. a. die Zweiteilung von Zivil- und Katastrophenschutz sowie die damit einhergehende Vielfalt der Behörden, Hilfsorganisationen und Organisationen mit Sicherheitsaufgaben (BOS). Daraus ergeben sich weitere Zuständigkeits- und Kompetenzprobleme, wie bei der polizeilichen, nichtpolizeilichen und militärischen Aufgabenwahrnehmung oder bei der Trennung bzw. Abstimmung von Zivilschutz und Katastrophenschutz. Sollen die entsprechenden Akteure erfolgreich zusammenarbeiten, muss die Vielzahl unterschiedlicher Führungs- und Kommunikationsstrukturen auf Bundes- und Landesebene bestmöglich abgestimmt sein. Ob dies in übergreifenden und extrem instabilen Lagen gelingen kann, wenn der Bevölkerungsschutz nicht »in einer Hand« liegt, wird teilweise bezweifelt.

Schätzungen zufolge sollen etwa 80 % der Kritischen Infrastrukturen in Privateigentum sein. Deshalb wird zur Erreichung der Ziele des Katastrophenschutzes in Friedenszeiten eine »Sicherheitspartnerschaft« von Staat und privaten Unternehmen als erforderlich erachtet (BBK 2008a, S. 89 ff.; BMI 2009), um den

---

6 Nach Weinheimer (2008, S. 165) beläuft sich das Personal der genannten Organisationen auf insgesamt 1,8 Mio. Bürger; die Zahl der operativ tatsächlich einsetzbaren Personen liege aber »deutlich« darunter.

Schutz der Bürger gewährleisten zu können.[7] Gleichwohl bleiben Bund und Länder hinsichtlich dieser Kernaufgabe staatlicher Sicherheitsvorsorge in einer besonderen Verantwortung. Durch eine Reihe von Aktivitäten in konzeptioneller, planerischer, gesetzgeberischer und organisatorischer Hinsicht haben die verantwortlichen staatlichen Akteure auf Bundes- und auf Landesebene, vielfach in Zusammenarbeit mit Vertretern aus Wirtschaft und Gesellschaft, in den letzten Jahren Maßnahmen ergriffen, dieser Verantwortung noch besser gerecht zu werden. Dazu gehört – als eine Folge der Verabschiedung der »Neuen Strategie«[8] – die Gründung des BBK im Jahr 2004. Als Bundesoberbehörde im Geschäftsbereich des BMI arbeitet sie insbesondere an Analyse- und Schutzkonzepten für Kritische Infrastrukturen. Zu den Aufgaben in diesem Bereich zählen auch, »über die Bedeutung von KRITIS für Staat und Gesellschaft zu informieren, Behörden, Unternehmen und Öffentlichkeit zu sensibilisieren, Aufgaben, Funktionsweisen und Verknüpfungen (Interdependenzen) von Kritischen Infrastrukturen darzustellen, Kooperationen zwischen Behörden und Unternehmen aufzubauen und zu intensivieren, ... kurz-, mittel- und langfristige Maßnahmen zum Schutz Kritischer Infrastrukturen vorzuschlagen« (BBK o.J.).

Als wichtige gesetzgeberische Aktivität ist die Novellierung des Zivilschutzgesetzes zu nennen. Durch das Zivilschutzneuordnungsgesetz (ZSNeuOG) vom 29. Juli 2009 wurde die Aufgabenteilung zwischen Bund und Ländern beim Katastrophenschutz neu definiert. Ziel ist es, das gemeinsame Hilfeleistungssystem effizienter und flexibler zu gestalten. Das vormalige Nebeneinander der Strukturen des Katastrophenschutzes der Länder und der vom Bund vorgegebenen Strukturen für die Erweiterung des Katastrophenschutzes wurde so umgestaltet, dass die Ergänzung des Katastrophenschutzes auf den Strukturen der Länder aufbaut. Dadurch können Bundesmittel auch bei Schadensereignissen im Frieden eingesetzt werden, und die Strukturen des Katastrophenschutzes der Länder sind auch zur Abwehr von verteidigungsbezogenen Katastrophen einsetzbar.

---

7   Ausgehend vom 2005 beschlossenen »Nationalen Plan zum Schutz der Informationsstrukturen« (NPSI) (BMI 2005b) haben das BMI und das BSI beispielsweise den »Umsetzungsplan KRITIS« erarbeitet – gemeinsam mit etwa 30 großen deutschen Infrastrukturunternehmen und deren Interessenverbänden (BMI 2007).
8   Bund und Länder haben sich auf der Innenministerkonferenz Anfang Juni 2002 auf eine neue Rahmenkonzeption für den Bevölkerungsschutz verständigt: die »Neue Strategie zum Schutz der Bevölkerung in Deutschland«. Grundsatz ist die gemeinsame Verantwortung von Bund und Ländern für außergewöhnliche, großflächige oder national bedeutsame Gefahren- und Schadenslagen. Ziele der neuen Rahmenkonzeption waren u. a. die bessere Verzahnung der Hilfspotenziale des Bundes (insbesondere des THW) und der Länder (Feuerwehren und Hilfsorganisationen) sowie die Schaffung neuer Koordinierungsinstrumente für ein effizienteres Zusammenwirken. Punktuell wird die Frage aufgeworfen, ob die »Neue Strategie« unter heutigen und zukünftig absehbaren Bedingungen noch adäquat ist.

Bezüglich der Verbesserung der Informationsgrundlagen sowie der Warnmöglichkeiten sei an die Einführung des Notfallvorsorge-Informationssystems (deNIS I und deNIS II plus), das SatWaS sowie das GMLZ erinnert (Kap. II.2).

Seit 2004 werden das deutsche Krisenmanagementsystem und die Kooperation zwischen Bund und Ländern mittels ressort- und länderübergreifenden Krisenmanagementübungen beübt. Das Ziel dieser sogenannten LÜKEX-Übungen sind die kritische Analyse und entsprechende Maßnahmen zur Fortentwicklung von Konzepten und Strukturen der Krisenbewältigung. Diese Übungen sind bewusst auch als gemeinsame Aktivität von Staat und Wirtschaft konzipiert. Die Bemühungen um Fortentwicklung der Strukturen für eine Bewältigung außergewöhnlicher Gefahrenlagen haben sich u. a. auch in Plänen und Schutzkonzepten niedergeschlagen (beispielsweise »Basisschutzkonzept«, »Nationaler Plan zum Schutz der Informationsinfrastrukturen«, »Nationale Strategie zum Schutz Kritischer Infrastrukturen« und »Schutz kritischer Infrastrukturen – Risiko- und Krisenmanagement«).

Schließlich leistet mittlerweile auch die öffentlich geförderte Forschung vermehrt Beiträge nicht nur zu einem besseren und praxisrelevanten Verständnis der Risiken und Gefährdungen moderner Industrie- und Wissensgesellschaften. Vielmehr rücken auch technologische und gesellschaftliche Optionen zur Stärkung der Resilienz Kritischer Infrastrukturen in den Fokus. Hier ist vor allem das Sicherheitsforschungsprogramm der Bundesregierung zu nennen, das Forschung mit dem Ziel fördert, praxisbezogene Lösungen zu entwickeln, die die Sicherheit der Bürger erhöhen sollen.

Im Folgenden werden ausgewählte rechtliche Grundlagen des Katastrophenschutzes in Friedenszeiten skizziert (Kap. II.1). Danach erfolgt ein Überblick der Strukturen, Akteure und Verfahren, die im Falle eines länger andauernden Stromausfalls zum Einsatz kämen (Kap. II.2).

RECHTSGRUNDLAGEN DER KATASTROPHENBEWÄLTIGUNG 1.

Die rechtlichen Grundlagen zur Bewältigung der Folgen eines großflächigen Stromausfalls finden sich in einem breiten Spektrum von Regelwerken, sowohl auf internationaler als auch auf nationaler Ebene. Im nationalen Kontext spannen sich die Rechtsmaterien von der grundrechtlichen Ebene bis hin zu Durchführungsbestimmungen für Behörden.

INTERNATIONAL

Auf internationale Ebene ist die Hilfeleistung im Katastrophenfall im Rahmen der EU und der NATO sowie durch bilaterale Verträge geregelt.

Die EU verfügt mit dem 2002 eingerichteten Gemeinschaftsverfahren für den Katastrophenschutz über ein Instrument, um Katastrophen durch gegenseitige Hilfeleistung zu begegnen.[9] Die Grundlage hierfür bildet eine Entscheidung des Europäischen Rates vom 23. Oktober 2001 (2001/792/EG, Euratom in der Neufassung 2007/779/EG, Euratom). Weiterhin sieht Artikel 18 des Vertrags über die Vertiefung der grenzüberschreitenden Zusammenarbeit, insbesondere zur Bekämpfung des Terrorismus, der grenzüberschreitenden Kriminalität und der illegalen Migration vom 23. Juni 2008 (2008/615/JI) die gegenseitige Unterstützung der zuständigen Behörden der Vertragsstaaten bei Katastrophen und schweren Unglücksfällen vor. Operatives Organ des Gemeinschaftsverfahrens ist das Monitoring and Information Centre (MIC). Jeder Mitgliedstaat kann über das MIC Unterstützung anfordern.[10] Auf der Ebene des Generalsekretariats des Rates der EU wurde die »Lenkungsgruppe für Krisenfälle der EU« geschaffen. Diese ist zuständig für Krisen und Notfälle mit weitreichenden Auswirkungen und von erheblicher politischer Bedeutung. Zum Zwecke des Kommunikationsmanagement zwischen den deutschen Vertretern und den zuständigen Akteuren in Deutschland sind auf Ebene der Ministerien Absprachen getroffen worden (BMI 2010, S. 17).

Der »Vertrag über die Arbeitsweise der Europäischen Union« thematisiert in Artikel 196 den Katastrophenschutz. Dort werden als Ziele der Union genannt die Unterstützung und Ergänzung der Maßnahmen der Mitgliedstaaten beim Katastrophenschutz sowie bei Einsätzen im Katastrophenfall. Die hierzu erforderlichen Maßnahmen sollen gemäß dem ordentlichen Gesetzverfahren erlassen werden – unter Ausschluss jeglicher Harmonisierung der Rechtsvorschriften der Mitgliedstaaten.

Die NATO-Katastrophenhilfe bietet nach einem Beschluss des Nordatlantikrates vom 29. Mai 1998 die Möglichkeit, Unterstützungsleistungen von Mitgliedstaaten anzufordern und deren Bereitstellung zentral zu koordinieren (Geier et al. 2009, S. 100).

Daneben gibt es zahlreiche Abkommen über bilaterale Hilfeleistung bei Katastrophen oder schweren Unglücksfällen, so mit Belgien, Dänemark, Frankreich,

---

9 In einer Studie der Generaldirektion Umwelt wurde herausgearbeitet, dass der EU-Mechanismus augenblicklich zwar Unterstützung erleichtern, aber nicht garantieren kann (ECORYS Research and Consulting 2009, S. 10).

10 Lüder (2009, S. 119 ff.) wirft hierzu die Frage auf, wie das Gemeinschaftsverfahren mit »der Verortung der nichtpolizeilichen Gefahrenabwehr in der Fläche der Mitgliedsstaaten und den dort vorgehaltenen Einsatzformationen in Einklang zu bringen ist«.

Litauen, Luxemburg, den Niederlanden, Österreich, Polen, der Russischen Föderation, Schweiz, Tschechien und Ungarn. Ferner besteht zwischen Deutschland und Frankreich ein Rahmenabkommen über die grenzüberschreitende Zusammenarbeit im Gesundheitsbereich, das insbesondere den grenzüberschreitenden Rettungsdienst ermöglicht (Paul/Ufer 2009, S. 118). Das BBK hat mit verschiedenen Nachbarstaaten Kooperationsabkommen geschlossen (BBK 2008a, S. 93).

BUND

Das Grundgesetz (GG) regelt die Aufgabenteilung zwischen Bund und Bundesländern. Zivilschutz ist Aufgabe und Verantwortung des Bundes (Art. 73 Nr. 1 GG). Nach den Artikeln 30 und 70 Abs. 1 GG liegt die Zuständigkeit für den Katastrophenschutz[11] im Frieden bei den Ländern. Ein Land kann aber gemäß Artikel 35 Abs. 2 Satz 2 GG in den Fällen einer Naturkatastrophe oder bei einem besonders schweren Unglücksfall zu seiner Unterstützung Polizeikräfte anderer Länder, Kräfte und Einrichtungen anderer Verwaltungen sowie der Bundespolizei und der Streitkräfte anfordern. Geht eine Gefährdung über das Gebiet eines Bundeslandes hinaus, kann die Bundesregierung den Landesregierungen nach Artikel 35 Abs. 3 GG Weisung erteilen, Polizeikräfte bereitzustellen. Auch kann die Bundesregierung Einheiten der Bundespolizei (vor 2005 des Bundesgrenzschutzes) und der Streitkräfte zur Unterstützung der Polizeikräfte einsetzen (Paul/Ufer 2009, S. 118 u. 120). Unabhängig von diesen beiden Fällen eröffnet Artikel 35 Abs. 1 die Möglichkeit der gegenseitigen Unterstützung der Behörden des Bundes und der Länder (Amtshilfe).

Im Gesetz über den Zivilschutz und die Katastrophenhilfe des Bundes[12] (ZSKG) sind neben den Aufgaben des Zivilschutzes auch der Katastrophenschutz im Zivilschutz sowie die Katastrophenhilfe des Bundes geregelt. Dabei ist die Nutzung von Einrichtungen des Bundes nach § 12 von besonderer Bedeutung. Der Bund stellt danach seine für den Verteidigungsfall vorgehaltenen Einrichtungen den Ländern für ihre Aufgaben im Bereich des Katastrophenschutzes zur Verfügung. Umgekehrt nehmen die Einheiten und Einrichtungen der Länder für den Katastrophenschutz auch Aufgaben im Verteidigungsfall wahr (§ 11 Abs. 1). Der Bund ergänzt deren Ausstattung in den Bereichen Brandschutz, ABC-Schutz und Betreuung (§ 13 Abs. 2 ZSKG).

Mit dem Gesetz wurde die Möglichkeit für den Bund geschaffen, auf Ersuchen eines betroffenen Landes oder mehrerer betroffener Länder die Hilfsmaßnahmen im Einvernehmen mit diesen zu koordinieren (§ 16 Abs. 2 ZSKG). Die Einrichtungen des BBK stehen bei Bedarf auch den Ländern zur Verfügung, insbeson-

---

11 Für den Begriff Katastrophenschutz gibt es keine bundesweit einheitliche Legaldefinition (Weinheimer 2008, S. 143).
12 Zivilschutz- und Katastrophenhilfegesetz vom 25. März 1997 (BGBl. I, S. 726), durch Artikel 2 Nr. 1 des Gesetzes vom 29. Juli 2009 (BGBl. I, S. 2350) geändert.

dere die Bereiche Lageerfassung und -bewertung sowie Nachweis und Vermittlung von Engpassressourcen (§ 16 Abs. 1 ZSKG) unter Rückgriff auf das GMLZ sowie die Datenbank deNIS (Kap. II.2). Die Leitung und Koordinierung aller Hilfsmaßnahmen obliegt aber den für Katastrophenschutz zuständigen Landesbehörden. Sie sind zuständig für das operative Krisenmanagement und beaufsichtigen die Einheiten und Einrichtungen des Katastrophenschutzes bei der Durchführung ihrer Aufgaben.

Vorsorgegesetze

Mit mehreren Sicherstellungs- und Vorsorgegesetzen (Kasten) sowie zahlreichen zugehörigen Verordnungen hat sich der Bund ein breites Spektrum an Handlungsmöglichkeiten geschaffen. Knappe und kritische Ressourcen können hierdurch mobilisiert werden. In den Vorsorgegesetzen ist neben der vorsorglichen Bevorratung von zentralen Gütern, wie Lebensmitteln oder Treibstoffen, ein Katalog von Maßnahmen niedergelegt, der eine umfangreiche Steuerung knapper Waren und Dienstleistungen sowie der entsprechenden Infrastrukturen in den Bereichen Energie, Ernährung, Verkehr, Post- und Telekommunikation ermöglicht.

SICHERHEITS- UND VORSORGEGESETZE

> *Erdölbevorratungsgesetz*
  Erdölbevorratungsgesetz in der Fassung der Bekanntmachung vom 6. April 1998 (BGBl. I, S. 679), das zuletzt durch Artikel 165 der Verordnung vom 31. Oktober 2006 (BGBl. I, S. 2407) geändert worden ist.
> *Energiesicherungsgesetz*
  Energiesicherungsgesetz vom 20. Dezember 1974 (BGBl. I, S. 3681), das zuletzt durch Artikel 164 der Verordnung vom 31. Oktober 2006 (BGBl. I, S. 2407) geändert worden ist.
> *Ernährungsvorsorgegesetz*
  Ernährungsvorsorgegesetz vom 20. August 1990 (BGBl. I, S. 1766), das zuletzt durch Artikel 186 der Verordnung vom 31. Oktober 2006 (BGBl. I, S. 2407) geändert worden ist.
> *Post- und Telekommunikationssicherstellungsgesetz*
  Post- und Telekommunikationssicherstellungsgesetz vom 14. September 1994 (BGBl. I, S. 2325, 2378), das zuletzt durch Artikel 2 Nummer 3 des Gesetzes vom 2. April 2009 (BGBl. I, S. 693) geändert worden ist.
> *Verkehrsleistungsgesetz*
  Verkehrsleistungsgesetz vom 23. Juli 2004 (BGBl. I, S. 1865), das durch Artikel 304 der Verordnung vom 31. Oktober 2006 (BGBl. I, S. 2407) geändert worden ist.

Normen und Regelwerke

Weitere Vorkehrungen für einen Stromausfall liegen in Form von Standards, Normen und Regelwerken vor. So definiert beispielsweise das DIN Deutsche Institut für Normung e.V. vielfältige technische Anforderungen an die Sicherheit (z. B. von Geräten, Verfahren, Gebäuden).[13] Auch existieren zahlreiche verbandliche Regelwerke wie – für den Bereich Wasser/Abwasser – die der Deutschen Vereinigung des Gas- und Wasserfaches (DVGW) und der Deutschen Vereinigung für Wasserwirtschaft, Abwasser und Abfall (DWA) (Kap. III.2.3). Entsprechende Normen können bei der Gesetzgebung, in der Verwaltung und im Rechtsverkehr herangezogen werden.

LÄNDER

Den Bundesländern obliegt die Gesetzgebung für den Katastrophenschutz in Friedenszeiten, den Rettungsdienst und den Öffentlichen Gesundheitsdienst.[14] Hinzu kommt unter Beachtung der konkurrierenden Gesetzgebungskompetenz des Bundes das Krankenhausrecht (Paul/Ufer 2009, S. 126).

Von besonderer Bedeutung sind die *Katastrophenschutzgesetze* der Bundesländer: Acht Bundesländer haben spezielle Katastrophenschutzgesetze, fünf Bundesländer haben kombinierte Gesetze für den Brand- und Katastrophenschutz in Kraft gesetzt. In Bremen und Sachsen ist der Katastrophenschutz in Hilfeleistungsgesetzen verankert, die zugleich den Brandschutz und den Rettungsdienst regeln. In Nordrhein-Westfalen beispielsweise umfasst das Feuerschutz- und Hilfeleistungsgesetz die Bekämpfung von Notständen, die durch Naturereignisse, Explosionen oder ähnliche Vorkommnisse verursacht werden.[15] In Verwaltungsvorschriften werden wichtige Aspekte des Katastrophenmanagements (wie Stabsarbeit oder Gefahrendurchsagen im Rundfunk) des Näheren geregelt (Paul/Ufer 2009, S. 129). In den *Polizeigesetzen* der Länder sind die Belange der polizeilichen Gefahrenabwehr geregelt. In Polizeidienstvorschriften werden die Grundsätze der Polizeiarbeit sowie polizeiliche Maßnahmen in spezifischen Situationen festgelegt.

Darüber hinaus existieren *Katastrophenschutzpläne*, die von den zuständigen Behörden erlassen werden. Diese sind nur zum Teil öffentlich zugänglich. In ihnen sind insbesondere das Alarmierungsverfahren, die im Katastrophenfall zu treffenden Sofortmaßnahmen sowie die Einsatzkräfte und -mittel auszuweisen.

---

13 Dazu gehören auch die DIN-EN-Normen zur Notstromversorgung und zur Notbeleuchtung in bestimmten Gebäuden oder zur technischen Ausstattung von Rettungsfahrzeugen.
14 Die Länder tragen auch die materiellen Ressourcen – gemeinsam mit den Gemeinden und den Hilfsorganisationen. Dazu tritt die Ausstattung des Bundes für den Zivilschutz, die er auch für Zwecke des Katastrophenschutzes zur Verfügung stellt.
15 Der Begriff Katastrophe wird nicht verwendet, stattdessen der des Großschadensereignisses.

Auf Grundlage dieser Gesetze und Pläne erfolgt auf Ebene der unteren Katastrophenschutzbehörden die Organisation des Katastrophenschutzes, der Katastrophenhilfe durch andere Behörden und nationale Hilfsorganisationen sowie die Aufstellung von Einheiten des Katastrophenschutzes.

KRISENMANAGEMENT IN DEUTSCHLAND: AKTEURE, STRUKTUREN UND VERFAHREN 2.

Die zuvor skizzierte Regulierung von Katastrophenvorsorge und Katastrophenschutz reflektiert das föderale System der Bundesrepublik und die damit einhergehende Organisationshoheit der Länder bzw. Kommunen. Eine Folge ist, dass Führung, Koordination und Zusammenwirken einer Vielzahl von Akteuren auf mehreren Ebenen nicht einheitlich erfolgen. Dieser Umstand ist vielfach kritisiert worden – beispielsweise als »schutzpolitische Zersplitterung«.

Insbesondere in den letzten fünf Jahren wurde das System des Krisenmanagements unter Berücksichtigung der veränderten Bedrohungslage aber kontinuierlich fortentwickelt (Unger 2008). Zugleich wurde auf europäischer Ebene die Möglichkeit der Verzahnung der nationalen Krisenmanagementsysteme vorangetrieben. Dabei sind u. a. zahlreiche Maßnahmen mit dem Ziel ergriffen worden, eine gewisse Vereinheitlichung insbesondere auf der Ebene der Führung voranzubringen. Zur Vereinheitlichung der Führungsstrukturen auf den unterschiedlichen Ebenen ihres Krisenmanagements haben die Länder sich darauf verständigt, im Rahmen ihres Gesamtführungssystems auf vereinheitlichende Grundsatzempfehlungen zurückzugreifen. So sollen auf der operativ-taktischen Ebene organisationsübergreifend die »Feuerwehr-Dienstvorschrift 100« (FwDV 100) und im administrativ-organisatorischen Bereich die »Hinweise zur Bildung von Stäben der administrativ-organisatorischen Komponente« als Grundlage dienen. Darüber hinaus wurde ein Verfahren zur länderübergreifenden Katastrophenhilfe vereinbart.

Im Folgenden soll das Krisenmanagementsystem in Deutschland – unter Berücksichtigung des Zusammenwirkens seiner Akteure bei einem überregionalen und langandauernden Katastrophenfall – dargestellt werden.

KRISENMANAGEMENT AUF BUNDES- UND LÄNDEREBENE

Beim Eintritt eines Stromausfalls läge die Bewältigung der Folgen zunächst bei den örtlichen Einrichtungen und Organisationen sowie Behörden (Bürgermeisterämter). Je nach Lage und Lageentwicklung werden sukzessive die nächst höheren Ebenen (Regierungspräsidium, Landesministerien, Bundesministerien) tätig. Die oberste Katastrophenschutzbehörde eines Landes ist in der Regel das Innenministerium. Die unteren Katastrophenschutzbehörden sind in den Flächenländern überwiegend die Landkreise und kreisfreien Städte und in den Stadtstaaten die Behörden für Inneres (Paul/Ufer 2009, S. 131 ff.). Bei einem großflächigen Stromausfall werden auf allen Ebenen Verwaltungsstäbe zur Bewältigung der anfallenden Aufgaben tätig (Hiete et al. 2010, D4).

Den zuständigen unteren Katastrophenschutzbehörden obliegt es, unmittelbar alle zur Abwehr oder Bekämpfung der Schadensereignisse notwendigen Maßnahmen einzuleiten. Sie sind auch für Lagemeldungen »nach oben« zuständig, um sicherzustellen, dass die notwendigen Lageinformationen und -berichte unverzüglich auch dem Innenministerium übermittelt werden.

Bei einem regional übergreifenden Stromausfall läge die Zuständigkeit bei der oberen Katastrophenschutzbehörde, die mit der (operativen) Durchführung der erforderlichen Maßnahmen die (lokalen) unteren Katastrophenschutzbehörden beauftragt. Diese leitet die Katastrophenabwehr als »Örtliche Einsatzleitung Katastrophenschutz« (ÖEL). Sie kann bei einer drohenden oder eingetretenen Katastrophenlage den Einsatzkontingenten des Katastrophenschutzes (bspw. Polizei, Feuerwehr, THW) sowie allen weiteren Katastrophenhilfeleistenden Weisungen erteilen. Die einzelnen Bundeskontingente entsenden Fachberater, Verbindungsbeamte oder Verbindungsoffiziere in die örtlichen Stäbe. Gemäß dem »Konzept für eine landesübergreifende Katastrophenhilfe«, auf das sich die Länder 2004 geeinigt haben, wird die oberste Innenbehörde an die Innenbehörden der benachbarten Bundesländer ein Hilfeersuchen richten und Hilfeleistungskräfte anfordern. Die entsandten Kräfte werden den Führungsstellen des anfordernden Landes unterstellt; über die Abläufe der länderübergreifenden Hilfe werden die zuständigen nachgeordneten Behörden der beteiligten Länder informiert.

Daneben würde aufgrund der bundesweiten Bedeutung des Schadensfalls auch der Bund zumindest koordinierend tätig. Parallel zu den Länderstrukturen würde beim Innenministerium ein Krisenstab einberufen.[16] Dort laufen die vorhandenen Informationen zusammen. Eingebunden sind u.a. die zuständigen Fachabteilungen Krisenmanagement und Bevölkerungsschutz, Öffentliche Sicherheit und Informationstechnik sowie das BBK, das BSI, das Bundeskriminalamt (BKA) und die Bundesanstalt Technisches Hilfswerk. Andere Ressorts und Geschäftsbereichsbehörden können bei Bedarf hinzugezogen werden (BBK 2008a, S. 91). Die grundlegenden administrativen Strukturen des *ressortbezogenen* Krisenmanagements sind in Abbildung 3 dargestellt.

Aufgrund des regional übergreifenden Charakters des Stromausfalls würden Koordinierungsgruppen von Bund und Ländern gebildet. Die länderübergreifende Koordination innerhalb Deutschlands erfolgt über die Lagezentren der Innenministerien sowie zwischen deren Fachreferaten.

---

16 Dem BMI obliegt die Koordination bei Naturkatastrophen oder besonders schweren Unglücksfällen. Gemäß Verfassung bleibt die Gefahrenabwehr in der Hoheit der Bundesländer.

II. DAS SYSTEM DES KRISENMANAGEMENTS IN DEUTSCHLAND

ABB. 3 SYSTEM DES KRISENMANAGEMENTS VON BUND UND LÄNDERN

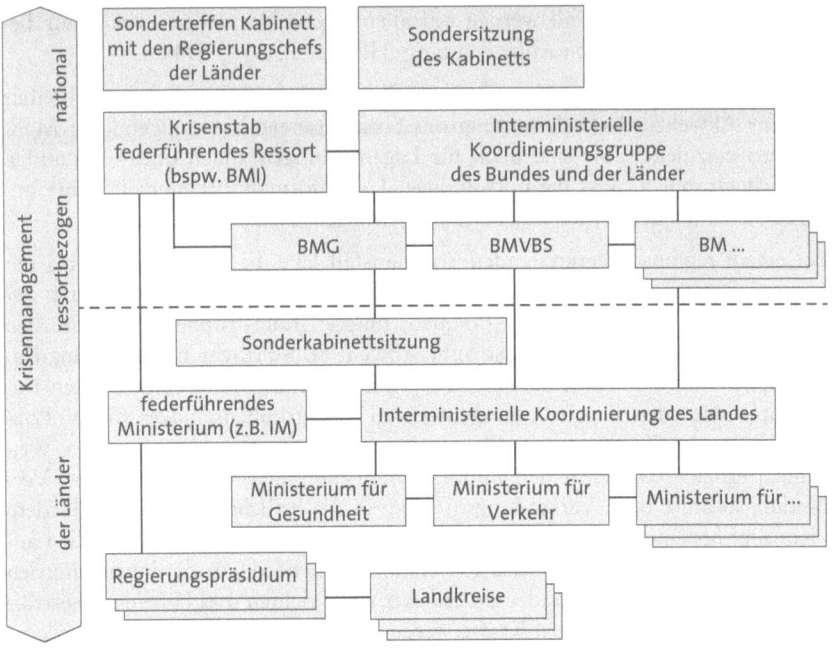

Quelle: BMI 2010, S. 18

Die Zusammenarbeit der *Bundeswehr* mit den Bundes- und Landesbehörden sowie mit den Bezirken, Kreisen und kreisfreien Städten ist in einer Weisung des BMVg ebenengerecht geregelt (BMVg 2008).

Eine besondere Rolle käme dem GMLZ zu. Dieses betreibt einen ständig erreichbaren Meldekopf für großflächige Gefahrenlagen von nationaler Bedeutung und hilft bei der Vermittlung von Ressourcen. Das Lagezentrum wird als »Herzstück des nationalen und polizeilichen Informationsverbundes und des Ressourcenmanagements im Katastrophen- und Krisenfall« charakterisiert (BBK 2008a, S. 80). So könnte der Bund im Verfahren einer länderübergreifenden Katastrophenhilfe zur Bewältigung der Folgen eines Stromausfalls mitwirken, indem er ein nationales Lagebild erstellt.

Müsste eine Katastrophenhilfe nicht nur national koordiniert werden, stehen im Rahmen des Nordatlantikpakts (NATO) mit dem Euro-Atlantischen Katastrophenansprech- und -koordinierungszentrum (Euro-Atlantic Disaster Response Coordination Centre) sowie der EU mit dem Überwachungs- und Informationszentrum MIC spezifische Kapazitäten zur Verfügung. Hier können In-

2. KRISENMANAGEMENT IN DEUTSCHLAND: AKTEURE, STRUKTUREN UND VERFAHREN

formationen unter den Mitgliedern ausgetauscht und der Kräfteeinsatz koordiniert werden (NATO 2001, S. 21).

Zurückgegriffen würde auch auf das internetbasierte Notfallvorsorge-Informationssystem (deNIS). Dieses dient der Verknüpfung, Aufbereitung und Bereitstellung von Informationen sowohl für die Bevölkerung (deNIS I) als auch dem direkten (Informations-)Management von Großkatastrophen (deNIS II plus[17]). Das satellitengestützte Warnsystem des Bundes SatWaS könnte zur bundesweiten Verbreitung von Warnmeldungen genutzt werden. Es ermöglicht die Übertragung von Meldungen mit hoher Priorität an alle Zivilschutzverbindungsstellen, Rundfunkanstalten und weitere Medien, wie große Presseagenturen und Internetanbieter, sowie an die Lagezentren des BMI und der Innenministerien der Länder. Eine an den Rundfunk übertragene Warndurchsage würde dann die Aufforderung enthalten, die laufende Sendung zu unterbrechen und einen bestimmten Text sofort über den Sender weiterzugeben.

Von besonderer Bedeutung sind die Krisenstäbe auf *Ressortebene*. Abbildung 4 zeigt die Krisenstäbe, die auf Bundesebene eingerichtet worden sind und die Krisenbewältigung der Länder durch spezifische Ressortkompetenzen unterstützen sollen.

ABB. 4	KRISENSTÄBE DER RESSORTS AUF BUNDESEBENE
Bundesministerium für Ernährung, Landwirtschaft und Verbraucherschutz (BMELV)	> Krisenstab Lebensmittelsicherheit > Nationaler Krisenstab Tierseuchenbekämpfung
Bundesministerium der Verteidigung (BMVg)	> Einsatzführungsstab
Bundesministerium für Gesundheit (BMG)	> interner Krisenstab
Bundesministerium für Verkehr, Bau und Stadtentwicklung (BMVBS)	> interner Krisenstab
Bundesministerium für Umwelt, Naturschutz und Reaktorsicherheit (BMU)	> Stab für Reaktorsicherheit und Strahlenschutz

Quelle: BMI 2010, S. 14 f.

---

17 Erstmals stand deNIS II plus bei der Übung LÜKEX 2007 zur Verfügung. Es sollte den angeschlossenen Lagezentren ein aktuelles Lagebild bieten (www.bbk.bund.de/nn_40 1590/DE/02__Themen/11__Zivilschutztechnik/04__Warnsyst/01__SatWas/SatWas__no de.html__nnn=true; abgerufen am 10.5.2010).

Bei einem langanhaltenden und großflächigen Stromausfall könnte der Interministeriellen Koordinierungsgruppe des Bundes und der Länder (IntMinKoGr) eine zentrale Rolle zukommen. Diese kann – wenn das System des Zusammenwirkens der Krisenstäbe angesichts der Lage nicht ausreicht – u. a. vom BMI einberufen werden, um zu gemeinsamen Lagebeurteilungen und Handlungsempfehlungen sowie einer abgestimmten Bund-Länder-Kommunikation zu kommen (BMI 2010, S. 16).

Das ressortübergreifende Krisenmanagement soll fortlaufend im Ressortkreis »Nationales Krisenmanagement« unter Federführung des BMI optimiert werden. Darüber hinaus wurden Vereinbarungen getroffen, um in ausgewählten Lagen ressortübergreifende gemeinsame Krisenstäbe im BMI aufrufen zu können.

Allgemeingültige Aussagen über die Strukturen der *Krisen- oder Führungsstäbe auf Landesebene* sind aufgrund der vielfältigen föderalen Ausprägungen nur bedingt zu treffen. In Abbildung 5 wird die Struktur des Führungsstabes Katastrophenschutz (FüStab-KatS) nach dem Katastrophenschutzplan Schleswig-Holsteins dargestellt. In übergreifenden Lagen sind von besonderer Bedeutung die Verbindungsgruppe und die Ansprechgruppe. Die Verbindungsgruppe übernimmt Koordinations- und Kommunikationsfunktionen im Blick auf andere Ressorts und nachgeordnete Behörden auf Landesebene. Die Ansprechgruppe setzt sich aus Verbindungspersonen weiterer Katastrophenschutzakteure, wie bspw. Verbindungsoffiziere der Bundeswehr oder Vertreter von THW, Feuerwehren oder DRK, zusammen. Ihre Aufgabe besteht in der Aufrechterhaltung und Abstimmung des operativen Einsatzes, ggf. unter Hinzuziehung weiterer Kräfte und Ressourcen.

Der Führungsstab wird lagebedingt vom Innenministerium einberufen. Zu seinen Aufgaben zählt in erster Linie die Beobachtung der Lage. Im Rahmen der Fachaufsicht greift er ggf. in die Maßnahmen der unteren Katastrophenschutzbehörden ein, unterstützt diese, ohne aber die einheitliche Leitung zu übernehmen (IMSH 2010, S. 11).

HILFSORGANISATIONEN UND UNTERSTÜTZUNGSKRÄFTE

Auf der operativen Ebene der Gefahrenabwehr und -bewältigung werden im Katastrophenfall zahlreiche Akteure auf Bundes- und Landesebene tätig (Abb. 6). Im Folgenden wird auf die Polizeien, das THW, die Bundeswehr sowie die Feuerwehren und ihre Bewältigungskapazitäten eingegangen.

2. KRISENMANAGEMENT IN DEUTSCHLAND: AKTEURE, STRUKTUREN UND VERFAHREN

ABB. 5 FÜHRUNGSSTAB KATASTROPHENSCHUTZ DES INNENMINISTERIUMS SCHLESWIG-HOLSTEIN

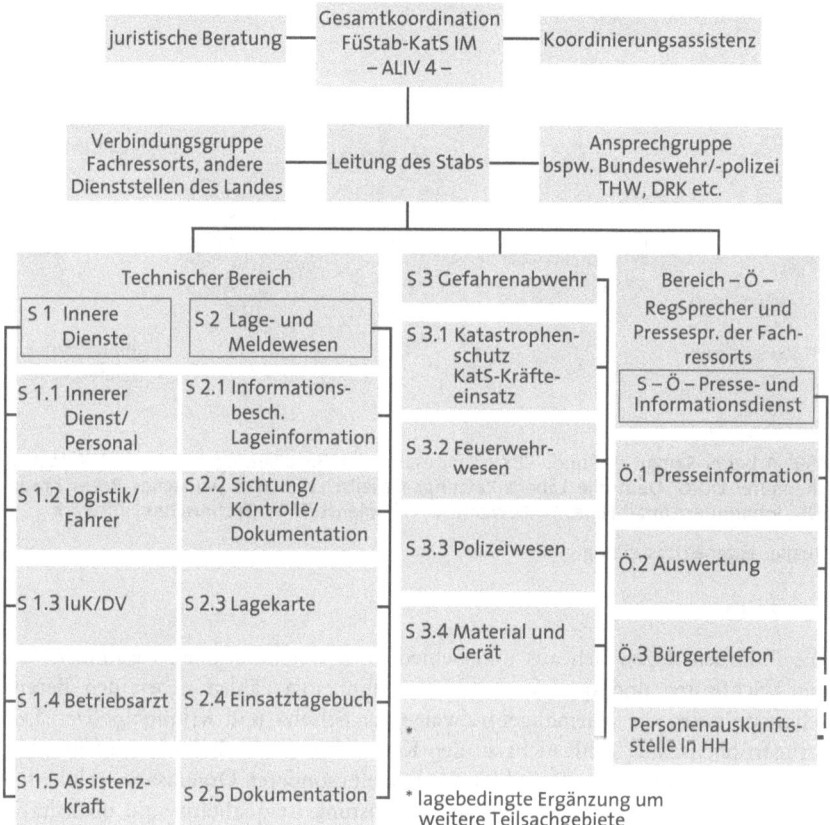

Quelle: nach IMSH 2010, S. 11

ABB. 6   HILFSORGANISATIONEN UND UNTERSTÜTZUNGSKRÄFTE

Zuständigkeit
Bundesländer

Leitung
Innenministerien der Bundesländer/
Gemeinden

Hilfsorganisationen
ASB
DLRG
DRK
JUH
MHD
Feuerwehren

Unterstützung
Polizei

Zuständigkeit
Bund

Leitung
BBK

Hilfsorganisation
THW

Unterstützung
Bundespolizei
Bundeswehr

ASB: Arbeiter-Samariter-Bund; BBK: Bundesamt für Bevölkerungsschutz und Katastrophenhilfe; DLRG: Deutsche Lebens-Rettungs-Gesellschaft; DRK: Deutsches Rotes Kreuz; JUH: Johanniter-Unfall-Hilfe; MHD: Malteser Hilfsdienst; THW: Technisches Hilfswerk

Quelle: eigene Darstellung

POLIZEIEN

Die Polizeien setzen sich aus unterschiedlichen Organisationen zusammen. Zu den wichtigsten und quantitativ größten Einheiten zählen neben den Bereitschaftspolizeien die (ehemaligen) Zweige der Schutz- und Kriminalpolizei. Der Katastrophenschutz zählt nicht zu den Kernaufgaben der Polizeien auf Bundes- und Landesebene. Deshalb sind hierfür keine besonderen Organisationseinheiten eingerichtet, und auch die technische Ausrüstung ist qualitativ und quantitativ nicht auf die Anforderungen des Katastrophenschutzes ausgerichtet.[18] Allerdings kommt ihr in Gefahren- und Großschadenslagen die Aufgabe der Gefahrenabwehr und der Aufrechterhaltung von Sicherheit und Ordnung zu. Dabei wirken die polizeilichen und nichtpolizeilichen Führungsstäbe zusammen.

Die Aufgaben der Bundespolizei (BPOL) umfassen u. a. den Grenzschutz, Aufgaben der Bahnpolizei, Schutz vor Angriffen auf die Sicherheit des Luftverkehrs, polizeiliche Aufgaben im Spannungs- und Verteidigungsfall, Unterstützung der Polizeien der Bundesländer insbesondere bei Großeinsätzen sowie Hilfeleistungen bei einem großflächigen und langandauernden Stromausfall einschließlich

---

18 In begrenztem Umfang sind z. B. Beleuchtungsanlagen, Transport-Lkw und Stromerzeuger vorhanden.

des Luftrettungsdienstes. Gegenwärtig hat die BPOL ca. 40.000 Beschäftigte, davon sind etwa 30.000 Polizeivollzugsbeamte.

Die Zusammenarbeit der BPOL mit den Bundesländern bei Katastrophen oder besonderen Unglücksfällen erfolgt gemäß Artikel 35 Abs. 2 GG in Verbindung mit § 11 Bundespolizeigesetz (Hiete et al. 2010, D 20).

BUNDESANSTALT TECHNISCHES HILFSWERK

Das THW ist für die technische Hilfe im Zivil- und Katastrophenschutz (Bevölkerungsschutz) zuständig. Sie leistet auf Anforderung der für die Gefahrenabwehr zuständigen Stellen Amtshilfe gemäß § 1 Abs. 2 Satz 2 Nr. 3, in erster Linie in der örtlichen Gefahrenabwehr in Städten und Gemeinden. Neben den Feuerwehren werden auch Rettungsdienste oder die Polizeien bei Massenanfällen von Verletzten unterstützt.[19] Die THW-Einheiten werden der örtlichen Einsatzleitung unterstellt.

Zur Bewältigung eines Stromausfalls stehen u. a. folgende Einheiten und Stromerzeuger zur Verfügung:

> 89 Einheiten in der Fachgruppe Elektroversorgung
> 83 Einheiten in der Fachgruppe Infrastruktur
> 140 Einheiten in der Fachgruppe Beleuchtung:
> 5.000 Stromerzeuger mit je 5 bis 9 kW
> 570 Stromerzeuger mit je 10 bis 99 kW
> 140 Stromerzeuger/Netzersatzanlagen mit je ca. 100 bis 400 kW (Homepage THW a u. b)

Das THW hat mehr als 80.000 ehrenamtliche Helfer und etwa 850 hauptamtliche Mitarbeiter. Es setzt sich aus acht Landesverbänden und 668 Ortsverbänden zusammen. Die Landesverbände sind die Ansprechpartner der obersten Landesbehörden sowie der Landesverbände anderer Organisationen und Stellen. Jedem Ortsverband steht der Ortsbeauftragte als ehrenamtlicher Behördenleiter vor. Die Dienststellen des THW stehen auf den einzelnen Organisationsebenen in Verbindung mit den Dienststellen von Bundeswehr und Bundespolizei. Der überregionale Einsatz der THW-Kontingente wird von einem Leitungs- und Koordinierungsstab in der THW-Leitung koordiniert. Der im operativen Einsatz notwendige Kontakt zu anderen eingesetzten Bundeskontingenten wird von dort aus gehalten (BBK 2008b, S. 101).

---

19 Dies war der Fall beim G8-Gipfel in Heiligendamm (2007), wo zu den THW-Aufgaben die Sicherstellung der Stromversorgung, das Ausleuchten von Kontrollflächen und der Betrieb von Bereitstellungsräumen für Sicherheitsbehörden und Rettungskräfte zählten.

BUNDESWEHR

Das Grundgesetz sieht den Einsatz der Bundeswehr vorrangig zur Außenverteidigung der Bundesrepublik Deutschland vor. Artikel 35 Abs. 1 GG eröffnet aber die Möglichkeit der (technischen) Amtshilfe, allerdings nicht unter Nutzung der spezifischen (militärischen) Mittel der Streitkräfte. Nach Artikel 35 Abs. 2 GG ist ferner der Einsatz beispielsweise zur Hilfe bei Naturkatastrophen oder in einem besonders schweren Unglücksfall auf Anforderung eines Landes möglich. Es handelt sich dabei um ergänzende Hilfe und keine auf Dauer ausgelegte Zusammenarbeit. Betrifft eine Gefährdung mehr als ein Bundesland kann die Bundesregierung gemäß Artikel 35 Abs. 3 GG Einheiten der Streitkräfte zur Unterstützung der Polizeikräfte einsetzen.

Die Bundeswehr umfasst derzeit etwa 188.000 Berufs- und Zeitsoldaten, 38.700 Grundwehrdienstleistende und 26.500 freiwillig länger Wehrdienstleistende, darüber hinaus stehen etwa 90.000 Reservisten zur Verfügung, die zu einem wesentlichen Teil im Rahmen der »Zivil-Militärischen Zusammenarbeit« auch für Aufgaben im Katastrophenschutz eingesetzt werden sollen. Vorbereitet werden soll der Einsatz im Katastrophenfall durch regelmäßige Zusammenarbeit bzw. Beziehungen zwischen den militärischen Kommandobehörden und den zivilen Behörden auf allen Ebenen des föderalen Systems.

Angesichts der im Falle eines Stromausfalls sich ergebenden erheblichen Probleme könnte die Bundeswehr u. a. in folgenden Bereichen Unterstützungsleistungen[20] für die zivilen Behörden erbringen (BMI 2005a, S. 6 ff.):

> Bewältigung eines Massenanfalls von Verletzten, vor allem mit ihren Lufttransportkapazitäten;
> Kommunikationsunterstützung für die helfenden Organisationen und deren Führung;
> Pionier- und weitere Unterstützung, dabei auch Lufttransport von Personen und Material.

Leistungen wie diese bauen fast durchgehend auf sogenannten »robusten Mitteln« auf. Sie können autark betrieben werden und sollten auf längere Einsatzzeiträume ausgerichtet sein.

Zur Kommunikationsunterstützung zählen die Bereitstellung von mobilen Arbeitsräumen, der Aufbau und Betrieb von netzunabhängigen Kommunikationsstrukturen (Satelliten- und Funkkommunikation) durch die Fernmeldetrupps sowie die Bereitstellung von Verbindungspersonal zu den Entscheidungsträgern und den unterstützenden Organisationen. Im Katastrophenfall stünde dem BMI

---

20 In welchem Umfang dies angesichts zunehmender Verpflichtungen der Bundeswehr bei internationalen Missionen möglich ist, kann hier nicht beantwortet werden (hierzu beispielsweise Rechenbach 2005, S. 159).

2. KRISENMANAGEMENT IN DEUTSCHLAND: AKTEURE, STRUKTUREN UND VERFAHREN

(2005a, S. 9) zufolge eine verlegbare, mehrstufige Führungsorganisation (Personal und Material) mit netzunabhängigen Kommunikationsverbindungen zur Steuerung des militärischen Kräfteeinsatzes bei ihrer Unterstützung der zuständigen Katastrophenschutzbehörden auf lokaler Ebene bereit.

Die Zivil-Militärische Zusammenarbeit (ZMZ) im Inland und die Katastrophenhilfe bilden wichtige Aufgaben der Streitkräftebasis (SKB). Die SKB ist keine Teilstreitkraft wie Heer, Marine und Luftwaffe, sie bildet aber einen eigenständigen militärischen Organisationsbereich. Zur Erfüllung der nationalen territorialen Aufgaben hat die SKB eine territoriale Wehrorganisation mit vier Wehrbereichen.

ABB. 7　　　　　　　　　TERRITORIALES NETZWERK DER BUNDESWEHR
　　　　　　　　　　　　　ZUM ZIVILEN KATASTROPHENSCHUTZ

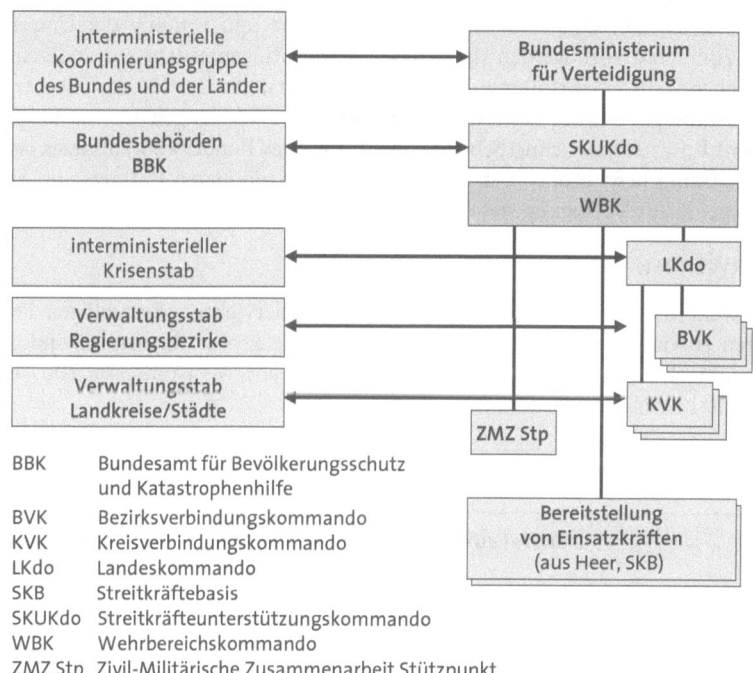

BBK	Bundesamt für Bevölkerungsschutz und Katastrophenhilfe
BVK	Bezirksverbindungskommando
KVK	Kreisverbindungskommando
LKdo	Landeskommando
SKB	Streitkräftebasis
SKUKdo	Streitkräfteunterstützungskommando
WBK	Wehrbereichskommando
ZMZ Stp	Zivil-Militärische Zusammenarbeit Stützpunkt

Quelle: Streitkräftebasis 2007

In einem durch einen Stromausfall induzierten Katastrophenfall könnte das Streitkräfteunterstützungskommando (SKUKdo) das nationale einsatzführende Kommando für die auf dem Gebiet der Bundesrepublik Deutschland eingesetzten Bundeswehrkräfte sein. Das Landeskommando (LKdo), das die Landesregierungen in Fragen des Katastrophenschutzes berät, arbeitet im Krisenstab des betroffenen Bundeslandes mit. Zusätzlich bestehen auf den unteren Ebenen (Regierungsbezirke, Land- und Stadtkreise) Verbindungskommandos im Rahmen der ZMZ.[21] Diese kommunizieren mit Behörden und Organisationen über mögliche Unterstützungsleistungen der Bundeswehr. Sie werden ausschließlich durch regional ansässige Reservisten besetzt, die im Einsatzfall unverzüglich einberufen werden können. Der Leiter eines Verbindungskommandos fungiert auch außerhalb des Einsatzes als Ansprechpartner für die örtlichen Behörden in Fragen des Katastrophenschutzes. Damit ist konzeptionell eine »räumliche Deckungsgleichheit ziviler und militärischen Strukturen erreicht« (Lüder 2009, S. 144).

Die Bundeswehr leistet Hilfe erst aufgrund eines Ersuchens durch die zuständigen zivilen Behörden. Dabei entscheiden die höheren Kommandobehörden (SKUKdo, WBK) in Abstimmung mit den Führungskommandos der für den Einsatz vorgesehenen Organisationsbereiche über Art und Umfang der Unterstützung. Am Einsatzort werden die Bundeswehrkontingente dem zuständigen Befehlshaber WBK zur Erfüllung der Aufgaben unterstellt. Der für den Einsatz vor Ort zuständige Offizier unterliegt den fachlichen Weisungen der zuständigen (zivilen) Katastrophenschutzbehörde. Die Dauer des Bundeswehreinsatzes ist auf den Zeitraum beschränkt, in dem keine sonstigen adäquaten Einsatz- und Hilfskontingente zur Verfügung stehen (BMVg 2008).

FEUERWEHREN

Feuerwehren setzen sich zusammen aus Berufsfeuerwehren, Freiwilligen Feuerwehren sowie Betriebsfeuerwehren. Sie bilden die größte flächendeckende Gefahrenabwehrorganisation. Allein die Freiwillige Feuerwehr umfasste 2007 etwa 1.039.000 aktive Mitglieder (Tab. 1).

TAB. 1	ANZAHL UND MITGLIEDER DER FEUERWEHREN IN DEUTSCHLAND (2007)		
	Berufsfeuerwehr	Freiwillige Feuerwehr	Werkfeuerwehr
Feuerwehren	100	24.410	982
Mitglieder	27.816	1.039.737	32.752

Quelle: Deutscher Feuerwehrverband 2009

---

21 Es sind 31 Bezirks- und 426 Kreisverbindungskommandos aufgestellt worden, die mit etwa 5.500 Reservisten besetzt sind (BBK 2008a, S. 33).

2. KRISENMANAGEMENT IN DEUTSCHLAND: AKTEURE, STRUKTUREN UND VERFAHREN

Die Ausrüstung der Feuerwehren ist weitgehend auf die Anforderungen des Katastrophenschutzes ausgerichtet. Sie verfügen über wesentliche materielle Ressourcen in Form von Fahrzeugen, Rettungsgerätschaften sowie Kommunikationseinrichtungen, um ihre Einsatzfähigkeit vor Ort auch unter erschwerten Bedingungen sicherzustellen. Allerdings wird teils beklagt, dass die materielle Ausstattung aufgrund ungenügender Investitionen vonseiten der Träger des Brandschutzes bei einigen Feuerwehren nur noch unzureichend sei (Rechenbach 2005, S. 162). Aufgrund veralteter Gerätschaften und langer Reaktionszeiten sei eine wirkungsvolle Aufgabenwahrnehmung mitunter erschwert.

Vom vorstehend beschriebenen System des Krisenmanagements in Deutschland wird gesagt, es sei »bisher nie an seine Grenzen gestoßen« (Unger 2008, S. 100). Ob dies auch bei einem langandauernden und großflächigen Stromausfall der Fall wäre, soll in den beiden folgenden Kapiteln III und IV so gut wie möglich ausgeleuchtet werden.

FOLGEN EINES LANGANDAUERNDEN UND GROSSRÄUMIGEN STROMAUSFALLS III.

EINLEITUNG 1.

Das zentrale Anliegen des TAB-Projekts war eine Analyse der Verletzbarkeit Kritischer Infrastrukturen für den Fall eines langandauernden und sich auf das Gebiet von mehreren Bundesländern erstreckenden Stromausfalls. Diese wurde in Form von Folgenanalysen ausgewählter Kritischer Infrastruktursektoren umgesetzt (zur Auswahl und Begründung Kap. I.3). Zu den möglichen Einstellungen und Verhaltensweisen der betroffenen Bevölkerung werden einige Hypothesen entwickelt. Die Ergebnisse sind in diesem Kapitel dokumentiert (Kap. III.2 u. III.3). Vorangestellt sind einige Anmerkungen zu Möglichkeit und Wahrscheinlichkeit eines langandauernden und regional übergreifenden Stromausfalls sowie zu dessen Kosten (Kap. III.1.1 u. III.1.2).

ANMERKUNGEN ZU DEN URSACHEN EINES LANGANDAUERNDEN UND GROSSRÄUMIGEN STROMAUSFALLS 1.1

Der Untersuchungsgegenstand in diesem TAB-Projekt waren auftragsgemäß die »Folgen« eines langandauernden und großräumigen Stromausfalls – nicht seine Ursachen. Trotz dieser Eingrenzung wurden Möglichkeiten und Wahrscheinlichkeiten des Eintritts eines solchen Ausfalls[22] einer Betrachtung unterzogen, um abzuklären, ob ein so gravierender Stromausfall, wie in der Aufgabenstellung für das TAB angenommen, tatsächlich eintreten kann.

Welches wären also mögliche und plausible Ursachen? Die Liste möglicher naturverursachter oder menschengemachter Gefährdungen ist lang, aber nicht alle führen zu einem langandauernden Stromausfall. In Reichenbach et al. (2008, S. 20 ff.) werden als Ursache u. a. technisches und/oder menschliches Versagen, kriminelle oder terroristische Aktionen, eine Epidemie/Pandemie oder klimatisch bedingte Ereignisse wie Stürme, Schnee und Eis oder Hochwasser genannt:

> Durch technisches/menschliches Versagen könnten gravierende Beeinträchtigungen der Netzsteuerungs- und Netzkontrollprozesse eintreten.
> Durch eine Aktion der organisierten Kriminalität werden technische Infrastrukturen im Verteilernetz erheblich gestört.

---

22 BMI/BBK (2007) haben bis zu 300 mögliche Gefährdungen als potenzielle Ursachen identifiziert.

> Ein schweres Naturereignis (Starkregen mit Hochwasser, Sturm, hohe Schneelast, Blitzeis) könnte einen Stromausfall erheblichen Umfangs zur Folge haben.
> Eine Pandemie bedingt einen extrem hohen Krankenstand; Mitarbeiter bleiben zuhause, um ihre Angehörigen zu pflegen. Auch hier ist in der Folge ein länger dauernder Stromausfall möglich.

Diese Risikoeinschätzung ist nicht nur mit Blick auf aktuelle Rahmenbedingungen der Stromerzeugung und -versorgung, sondern auch auf deren zukünftig mögliche Veränderungen durchaus plausibel. Dazu zählen u.a. die folgenden Entwicklungen (BMI/BBK 2007, S. 92 f.):

> Durch Zunahme dezentraler und stochastischer Stromeinspeisung in Verbindung mit der Ausweitung der Handelsaktivitäten steigt das Risiko des Netzversagens und höherer Ausfallraten.
> Deutschland könnte zunehmend Angriffsziel von terroristischen Gruppen werden, die einen gutvorbereiteten Angriff auf Einrichtungen der Stromversorgung ins Auge fassen.
> Der Klimawandel könnte zu mehr und stärkeren Extremwetterereignissen führen.

Insgesamt ist mit guten Gründen davon auszugehen, dass *künftig* die Ausfallwahrscheinlichkeit zunehmen wird (BMI/BBK 2007, S. 180).

Angesichts der *aktuellen* Rahmenbedingungen und Strukturen der Elektrizitätsversorgung sowie der relativ hohen Ausfallsicherheit des Gesamtsystems ist aber davon auszugehen, dass ein länger dauernder und regional übergreifender Stromausfall zur Voraussetzung haben müsste, dass nur schwer ersetzbare Schlüsselkomponenten in mehreren Kraftwerken (z.B. der Turbosatz) oder im Transportnetz (z.B. Transformatoren) physikalisch zerstört werden (Prognos 2009, S. 7). Auch aus Sicht der Elektrizitätsversorger müssen »mehrere, ganz bestimmte Elemente ausfallen oder gestört werden«, damit es zu erheblichen oder gar katastrophalen Schäden kommt (BMI/BBK 2007, S. 94 u. 178).

Ein fiktives, aber hinreichend plausibles Ursachenszenario sei zur Illustration angeführt: Durch gezielte und überraschende Aktionen würde zeitgleich am Standort mehrerer Kraftwerke in Deutschland im Maschinentransformator[23] ein Brand ausgelöst; zahlreiche Transformatoren würden zerstört und funktionsuntüchtig.[24] In großen Teilen Deutschlands fiele in der Folge der Strom aus. Nach

---

23 Ein Maschinentransformator als Teil eines Kraftwerks transformiert die im elektrischen Generator erzeugte Spannung in Hochspannung, die dann über eine Fernleitung in das Verbundnetz eingespeist wird. Transformatoren befinden sich in der Regel im Außenbereich der Kraftwerksanlage.
24 Der gemeinsame Bericht von BMI/BBK (2007, S. 78) nennt unter den »kritischen Elementen«, die eine maßgebliche Gefährdung der Elektrizitätswirtschaft bewirken können, den Ausfall »mehre(rer) Großkraftwerke gleichzeitig«.

etwa 24 Stunden wäre den Verantwortlichen vor Ort und in den zentralen Krisenstäben der Versorgungsunternehmen wie den Behörden[25] bewusst, dass der Stromausfall einige Wochen dauern könnte.[26]

Hinsichtlich der Detaillierung des Stromausfalls an sich werden für die Folgeanalysen keine weiteren Rahmen- und Randbedingungen definiert. Es wird aber in den Sektoranalysen fallweise dann auf spezifische Parameter des Ereigniskontextes eingegangen, wenn diese für eine differenzierte Einschätzung der Situation oder Abschätzung von Geschehens- und Handlungsverläufen relevant sind. Dies gilt beispielsweise für Kontextfaktoren wie Tageszeit (Tag oder Nacht als Zeitpunkt des Stromausfalls), Jahreszeit (Sommer, Winter) sowie regionale Besonderheiten (ländliche Gebiete, dichtbesiedelte Gebiete, Topografie).

KOSTEN 1.2

Vor dem Hintergrund der Erfahrung mit bisherigen nationalen wie internationalen Stromausfällen lässt sich sagen, dass ein langandauernder Stromausfall erhebliche Kosten verursachen wird: durch primäre Personen- und Sachschäden sowie weitere betriebswirtschaftliche und volkswirtschaftliche Folgeschäden aufgrund von Verzögerungen und Ausfällen bei Dienstleistungen und produzierendem Gewerbe. Diese werden weit über das eigentliche Schadensereignis hinausreichen.

Die durch einen Stromausfall verursachten Schäden sind allerdings ökonomisch schwer zu bewerten. So bestimmt eine Vielzahl von Faktoren die Höhe der entstehenden Kosten eines Stromausfalls. Nach Böske (2007, S. 46 ff.) sind folgende Faktoren für die Höhe der Kosten eines Stromausfalls maßgeblich:

> Art und Umfang betroffener Verbrauchergruppen, z. B. Haushalte oder Industrie,
> Häufigkeit und Vorhersehbarkeit von Stromausfällen,
> Dauer des Stromausfalls,
> Umfang des Leistungsausfalls,
> regionale Bedingungen, z. B. Klima, Industriestruktur,
> Zeitpunkt der Störung, z. B. Tag oder Nacht, Sommer oder Winter,
> Quelle des Ausfalls, z. B. ein Kraftwerk oder das Leitungsnetz.

---

25 In einer solchen Situation sind für die Bekämpfung der Gefahren infolge der genannten Aktivitäten bis zur Feststellung der Katastrophe Polizei und Feuerwehr, danach die Katastrophenschutzbehörden zuständig. Diese Akteure der nichtpolizeilichen Gefahrenabwehr werden aber in Fällen wie diesem eng mit der Polizei zusammenarbeiten (Paul/Ufer 2009, S. 128 f.).
26 Im Rahmen von LÜKEX 2004 wurde der Übung ein Stromausfall auf dem Gebiet der Bundesländer Bayern und Baden-Württemberg mit einer Dauer von mehreren Wochen zugrunde gelegt (Grambs et al. 2006).

Die gängigen Methoden erfassen allerdings nur einige dieser Parameter. Als monetäres Maß für die durch einen Stromausfall verursachten Schäden wird häufig der Preis je nichtgelieferten Kilowattstunde (kWh) verwendet (Bliem 2005, S. 6; Böske 2007, S. 45). Die auf Erzeugerseite entstehenden Kosten ergeben sich direkt aus den Schäden an technischen Anlagen und aus der Strommenge, die dadurch nicht abgesetzt werden kann. Demgegenüber sind aufseiten der Verbraucher anfallende Kosten erheblich schwieriger zu beziffern, denn sie ergeben sich nur zum Teil unmittelbar aus der nicht gelieferten Menge Strom. So entstehen in den Haushalten direkte Kosten durch Schäden an Anlagen und elektrischen Geräten sowie durch den Verderb von Waren. Ferner entstehen nichtmonetäre Folgen durch den entgangenen Nutzen der Freizeit. In den Unternehmen sind finanzielle Verluste Folge aus der Unterbrechung der Wertschöpfung (Bliem 2005, S. 7 f.; Bothe/Riechmann 2008, S. 32 u. 34).

Zur Abschätzung der Kosten eines Stromausfalls werden verschiedene Methoden verwendet:

> Blackoutstudien ermitteln die Kosten nach einem Stromausfall durch die monetäre Bewertung aller eingetretenen Effekte und deren Summierung. Die Fokussierung auf ein Fallbeispiel erschwert aber die Verallgemeinerbarkeit und Übertragung der Ergebnisse.
> Makroökonomische Ansätze verwenden stark vereinfachende Annahmen zu den Ausfallkosten entgangener Produktion und vermindertem Freizeitwerts auf Grundlage statistischer Daten. Jedoch werden direkte Schäden, zum Beispiel an Anlagen, nicht erfasst.
> Erhebungen mittels Fragebogen oder Interview sollen die Zahlungsbereitschaft der Endverbraucher zur Vermeidung eines Stromausfalls ermitteln (z. B. Carlsson et al. 2009). Alternativ wird nach der Kompensationsforderung der Endverbraucher für eine aufgetretene Störung gefragt. Nachteile liegen u. a. in den Schwierigkeiten für Endverbraucher, mögliche Schäden zu beziffern, und dem Antwortverhalten der Befragten (Bliem 2005, S. 6; Böske 2007, S. 45; Bothe/Riechmann 2008, S. 34).

Bisherige Studien zu realen oder angenommenen Stromausfällen stützen sich in der Regel auf eine der oben genannten Methoden und kommen beispielsweise zu folgenden Einschätzungen:

> Am 14. August 2003 ereignete sich in Nordamerika ein Stromausfall, der sich auf acht Bundesstaaten der USA und Teile Kanadas erstreckte, über 50 Mio. Personen betraf und bis zu drei Tage andauerte (Public Safety Canada 2006). Die finanziellen Folgen ermittelte eine Studie auf Grundlage einer Erhebung zur Zahlungsbereitschaft der Endverbraucher für die Vermeidung eines Stromausfalls. Die Zahlungsbereitschaft wurde mit dem hundertfachen Preis 1 kWh Strom veranschlagt. Durch Multiplikation mit der Anzahl betroffener

1. EINLEITUNG

Personen und der durchschnittlichen Ausfalldauer ergab sich ein Betrag zwischen 6,8 und 10,3 Mrd. US-Dollar (ICF Consulting 2003, S. 2). Zu einem vergleichbaren Ergebnis kommt eine Blackoutstudie, die die Kosten auf 4,5 bis 8,2 Mrd. US-Dollar schätzt (Anderson/Geckil 2003, S. 3).[27]

> Zur Abschätzung der Kosten eines möglichen Stromausfalls in Österreich wurde eine makroökonomische Analyse durchgeführt. In dieser wurde der Wert einer nichtgelieferten kWh durch die Verhältnisbildung von Stromverbrauch und Wertschöpfung berechnet, wobei Arbeits- und Freizeit gleichermaßen erfasst wurden. Hieraus errechnete sich ein Wert von 8,6 Euro je nichtgelieferten kWh. Davon ausgehend ergaben sich für einen einstündigen Stromausfall in Österreich, je nach Wochentag und Uhrzeit, Kosten von 40,6 bis 60,1 Mio. Euro (Bliem 2005, S. 2, 7 u. 17).

> Die wirtschaftlichen Folgen eines Stromausfalls in Deutschland wurden ferner mittels einer Metastudie kalkuliert. Diese leitete die Kosten eines Stromausfalls aus 25 internationalen Studien unter Berücksichtigung der Stromintensität der deutschen Wirtschaft ab. Demnach verursacht jede ausgefallene kWh Kosten von acht bis 16 Euro. Auf einen einstündigen deutschlandweiten Stromausfall an einem Werktag im Winter übertragen, entstünde ein wirtschaftlicher Schaden zwischen 0,6 und 1,3 Mrd. Euro (Bothe/Riechmann 2008, S. 33 u. 35).[28]

Angaben wie diese und die bisherigen Studien zu den Kosten eines Stromausfalls geben Hinweise auf den erheblichen monetären Schaden, der in der Folge eines Stromausfalls (z. B. Silvast/Kaplinsky 2007, S. 32 f.) entstehen kann. Es darf vermutet werden, dass für ein mehrwöchiges Stromausfallszenario mit einer Vielzahl von Nebenfolgen sowie Auswirkungen auf andere Kritische Infrastrukturen weitere unmittelbare Kosten zu erwarten sind, wobei diese wahrscheinlich nach kurzer Zeit exponentiell ansteigen (Steetskamp/van Wijk 1994, S. 8). Ferner müssen die späteren Kosten für die Beseitigung von Schäden und die sukzessive Wiederinbetriebnahme aller Abläufe in Wirtschaft und Gesellschaft in Rechnung gestellt werden. Auch sollten die immateriellen Schäden, wie der Vertrauensverlust der Bevölkerung in die Energieversorgungsunternehmen (EVU) oder die Behörden, nicht vernachlässigt werden.

---

27 Die Herleitung dieser Werte ist jedoch nicht schlüssig und Teilwerte weichen von denen im Rechenweg ab. Trotz weiterer Kosten übersteigen allein die mit 4,2 Mrd. US-Dollar angegebenen Einkommensverluste und die auf mindestens 1 Mrd. US-Dollar geschätzten Anlagenschäden der Stromversorger die Mindestschätzung (Anderson/Geckil 2003, S. 2 ff.).

28 Kostenangaben sind auch in zahlreichen weiteren Quellen zu finden: Der mehrtägige Stromausfall im Münsterland im Jahr 2005 soll laut »Grünbuch« Schäden in Höhe von rund 130 Mio. Euro ausgelöst haben. Hinweise darauf, wie dieser Betrag ermittelt wurde, fehlen allerdings (Reichenbach et al. 2008, S. 19).

Über die ökonomische Perspektive hinaus sollten aber auch die *gesellschaftlichen Kosten* eines in seinen Folgen katastrophalen Stromausfalls bedacht werden. Diese liegen im Versagen des politisch-administrativen Systems sowie dem Kollaps gesellschaftlicher Organisation und Solidarität – wenn die Bewältigung der Katastrophe als »krasse Form sozialen Wandels« nicht gelingt (Clausen 2008, S. 15).

FOLGENANALYSEN AUSGEWÄHLTER SEKTOREN KRITISCHER INFRASTRUKTUREN 2.

In diesem Kapitel werden die Ergebnisse der Folgenanalysen von sieben Sektoren Kritischer Infrastrukturen präsentiert und zur Diskussion gestellt. Dabei wurden mit den Sektoren »Informationstechnik und Telekommunikation«, »Transport und Verkehr« sowie »Wasserversorgung und Abwasserentsorgung« drei »technische Basisinfrastrukturen« und mit »Lebensmittelversorgung«, »Gesundheitswesen«, »Finanzdienstleistungen« und Fallbeispiel »Gefängnisse« vier »sozioökonomische Dienstleistungsinfrastrukturen« (BMI 2009, S. 8) bearbeitet (Abb. 8).

Das Maß der Verletzbarkeit und der Grad der Resilienz der Kritischen Infrastrukturen werden sich in einer Katastrophenlage wie der eines langandauernden und regional übergreifenden Stromausfalls daran erweisen, ob die elementaren Bedürfnisse der Menschen wie Essen und Trinken befriedigt werden können, ob notwendige medizinische Versorgung und ein hygienischer Mindeststandard zu sichern sind, aber auch daran, ob zumindest rudimentäre Möglichkeiten zur Mobilität, zum Bezahlen von unabweisbaren Einkäufen oder Dienstleistungen und – von überragender Bedeutung – zur Information und Kommunikation eröffnet werden können (Kap. III.2.1 bis III.2.6). Schließlich sind auch Einrichtungen und Gebäude der öffentlichen Hand und deren Funktionen im Gemeinwesen gefährdet. Gelänge es beispielsweise nicht, die öffentliche Sicherheit weitgehend zu gewährleisten, wäre das Vertrauen der Bevölkerung in den Staat und seine Organe tiefgehend erschüttert. Hierzu wird das Fallbeispiel »Gefängnisse« analysiert (Kap. III.2.7).

In Ergänzung dieser Analysen wird die Frage erörtert, wie sich Individuen und Gruppen im Fall eines (langandauernden) Stromausfalls verhalten würden. Da hierzu kaum wissenschaftliche Literatur vorliegt, werden hierzu – teilweise unter Rückgriff auf Erkenntnisse zu Verhaltensformen bei anderen Katastrophentypen – Hypothesen entwickelt und zur Diskussion gestellt (Kap. III.3).

Die sektoralen Einzelanalysen sind weitgehend gleich strukturiert: Nach einer einführenden Charakterisierung des Sektors in struktureller und rechtlicher Hinsicht werden die Folgen und Folgeketten dargestellt, die durch einen Stromausfall ausgelöst werden könnten.

| ABB. 8 | UNTERSUCHTE SEKTOREN UND HERAUSFORDERUNGEN |

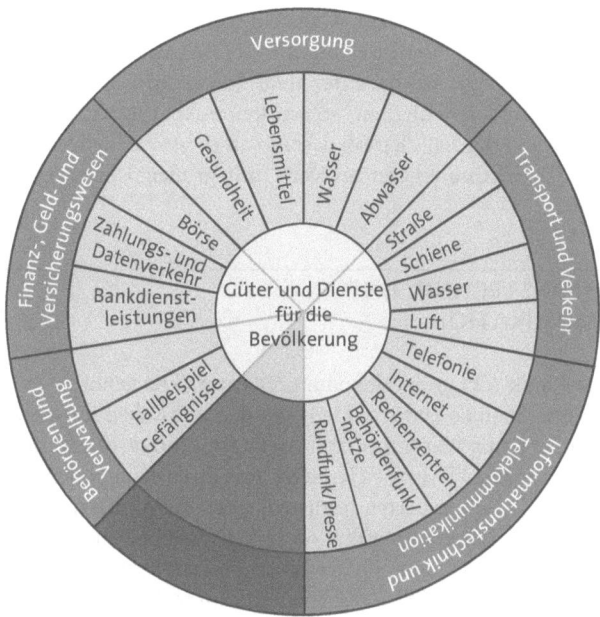

Quelle: eigene Darstellung

Diese Darstellung der Folgen erfolgt weitgehend entlang von Zeitabschnitten (z. B. null bis zwei, zwei bis acht, acht bis 24 Stunden). Sie erstreckt sich dabei zumeist auf einen Zeitraum von längstens acht bis zehn Tagen und gibt teilweise einen Ausblick bis in die zweite Woche nach Stromausfall. Sie bricht danach ab, weil die Akkumulation der internen Probleme in Verbindung mit den Folgen von Ausfällen in interdependenten Sektoren bereits zu einem katastrophischen Zustand geführt hat.

In teilweise narrativer Form – wie beispielsweise für den Verkehrssektor sowie die Lebensmittel- und Gesundheitsversorgung – werden exemplarisch mögliche Folgen und Nebenfolgen erschlossen und beschrieben. Andere Konstellationen und Effekte sind gleichermaßen möglich und wären hinsichtlich ihrer Wahrscheinlichkeit und Plausibilität zu diskutieren. Die Beschreibung eines möglichen Entwicklungspfades erfasst nicht die Gesamtheit des jeweiligen Sektors und zeigt deshalb nur einen Ausschnitt des Untersuchungsobjekts, d. h., es werden weder Systematik noch Vollständigkeit erreicht.

Auf diesem Wege sollen Antworten zu verschiedenen Fragen zutage gefördert werden: Wie sind die Strukturen des jeweiligen Sektors? Wer sind Beteiligte und

Betroffene? Welche Abläufe sind denkbar und möglich? Wo liegen die Verantwortlichkeiten? Auf Grundlage welcher Gesetze, Verordnungen und Pläne wird gehandelt? Welche Ressourcen zur Katastrophenbewältigung stehen zur Verfügung (und welche nicht)? Wie ist es um die Resilienz der einzelnen Sektoren bestellt? Einsichten zu gewinnen bedeutet auch, Informationslücken und Nichtwissen zu entdecken und festzuhalten, sofern keine Abhilfe zu schaffen war. Dies war durchaus häufig der Fall. Es soll deshalb an dieser Stelle betont werden, dass die Resultate der Sektoranalysen teilweise mit großen Unsicherheiten behaftet sind.

INFORMATIONSTECHNIK UND TELEKOMMUNIKATION 2.1

Informationstechnik (IT) und Telekommunikation (TK) gehören – auch in vielen anderen Ländern (Schulze 2006, S. 114) – zu den Kritischen Infrastrukturen. Das BSI versteht unter Kritischen Informationsinfrastrukturen sowohl den IT/TK-Sektor an sich (die großen IT- bzw. TK-Netze mit ihren Komponenten und Betreibern) als auch die IT/TK-basierten Infrastrukturen der anderen Sektoren: »Informationstechnik und Telekommunikation bilden einen eigenen Infrastruktursektor, beschreiben aber auch eine Querschnittsinfrastruktur, von der alle anderen Sektoren abhängig sind.« (BSI o. J.) Die Strukturen, Netze und Komponenten des Sektors ermöglichen ortsunabhängige Kommunikation, schnelle Datenübertragung sowie Prozesssteuerung und -optimierung. Zu den wichtigsten Informationsübertragungsmittel zählen Festnetztelefonie, Funk, Rundfunk, Mobilfunkdienste und Internet (BSI o. J.).

Im Folgenden werden zunächst einige Strukturmerkmale des Sektors »Informationstechnik und Telekommunikation« diskutiert. Danach folgen Ausführungen zu den rechtlichen Grundlagen und politischen Zuständigkeiten. Es wird dann der Frage nachgegangen, ob es sich bei Informationstechnik und Telekommunikation um eine besondere Infrastruktur handelt. Schließlich wird der Wissensstand zu den Folgen eines großräumigen und langfristigen Stromausfalls für Informationstechnik und Telekommunikation dargestellt. Ein Fazit beschließt das Kapitel. Alle Ausführungen gelten der Nutzung durch Private. Die für die Behörden sowie die Hilfs- und Unterstützungskräfte relevanten Rahmenbedingungen und Technologien werden in Kapitel IV.1 thematisiert.

STRUKTURMERKMALE 2.1.1

Für eine Strukturierung dieses Bereichs bieten sich unterschiedliche Ansätze an, darunter Hard- und Software oder auch die Daten- und Medientypen.

2. FOLGENANALYSEN AUSGEWÄHLTER SEKTOREN KRITISCHER INFRASTRUKTUREN 71

HARD- UND SOFTWARE

Die IT-Infrastruktur (Patig 2009) besteht technisch betrachtet aus Hard- und Software sowie den baulichen Einrichtungen für deren Betrieb. Bei der Hardware sind zu unterscheiden die Rechen- und Speichertechnik, die Netzwerktechnik, die Peripherie- oder Endgeräte sowie die Geräte zum Betrieb der Hardware. Der Bereich der (Telekommunikations-)Netzwerktechnik ist in Bezug auf ihre Störanfälligkeit bzw. der Folgen von Störungen weiter zu differenzieren. Ganz vereinfacht kann man die internationalen und nationalen Weitverkehrsnetze (Backbonenetze) und die Zugangsnetze unterscheiden. Oft sind es mehr als diese zwei Ebenen der Netzhierarchien – Zugangsnetz und Weitverkehrsnetz –, die zusammenwirken müssen, und zwischen denen jeweils Vermittlungsknoten vorhanden sind.

Zu berücksichtigen ist auch, dass für die Inanspruchnahme der Kommunikationsdienstleistung *Rechenzentren* benötigt werden, die nicht nur zur Abwicklung des jeweiligen Kommunikationsdienstes, sondern z. B. auch für die Zugangsauthentifizierung und Nutzungsprotokollierung für Abrechnungszwecke erforderlich sind.

Vermittlung und Übertragung erfolgen einerseits kabelgebunden (z. B. bei der Festnetztelefonie) und andererseits kabellos (z. B. Mobiltelefonie, Richtfunk, Datenübertragung per Satellit). Beide Übertragungstechniken – die wiederum weiter zu differenzieren wären – sind nicht völlig getrennt voneinander, sondern treten gegebenenfalls je nach Zugangs- und Netzebene kombiniert auf.

DATEN- UND MEDIENTYPEN

Eine weitere Strukturierung des Bereichs der informationstechnischen und telekommunikativen Dienste bezieht sich auf den Daten- oder Medientyp. Traditionell wurde eine Unterscheidung zwischen (analogen) Sprach- und (digitalen) Datendiensten vorgenommen. Diese vormals sehr strikte Unterscheidung hat sich im Zuge der allgemeinen Digitalisierung überlebt und Konvergenzphänomenen Platz gemacht. So lassen sich seit rund 20 Jahren über den (mobilen) Sprachtelefondienst auch Textnachrichten (SMS) verschicken und das computerbasierte »Datennetz« Internet eignet sich auch für das Telefonieren (Riehm/Wingert 1995, S. 8 ff.). Zu den wichtigsten Medientypen, die heute in großem Umfang über Informations- und Telekommunikationsnetze übertragen werden, zählen Texte, Grafiken, Fotos, Ton, Musik, Film, Animation, strukturierte Daten (z.B. aus dem Geschäfts- oder Wissenschaftsbereich) sowie Software. Im Prinzip sind alle informationstechnischen und telekommunikativen Infrastrukturen (einschließlich des Internets) in der Lage, jeden (digitalisierten) Medientyp zu übertragen. Trotzdem ist die Entwicklung zur Konvergenz nicht so weit fortgeschritten, dass sich die Konturen der vormals deutlich unterscheidbaren Branchen, Unternehmen und Dienste völlig nivelliert hätten.

In der Abbildung 9, die die im weiteren Verlauf des Kapitels behandelten Teilbereiche des Sektors Informationstechnik und Telekommunikation darstellt, wird zwar an herkömmlichen Unterscheidungen angesetzt, von den Überschneidungen auf der Dienstebene (»Konvergenz«) wird dabei aber weitgehend abstrahiert.

ABB. 9	STRUKTUREN DES SEKTORS »INFORMATIONSTECHNIK UND TELEKOMMUNIKATION«

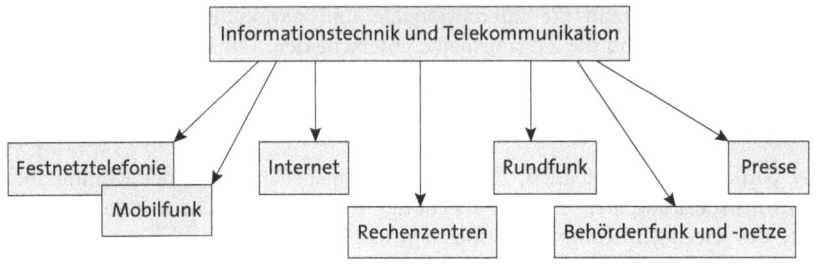

Quelle: eigene Darstellung

RECHTLICHE GRUNDLAGEN UND POLITISCHE ZUSTÄNDIGKEITEN 2.1.2

RECHTLICHE GRUNDLAGEN 2.1.2.1

Das Grundgesetz verlangt in Artikel 87f (1), dass der Bund im Bereich des Postwesens und der Telekommunikation flächendeckend angemessene und ausreichende Dienstleistungen gewährleistet. Darüber hinaus wird argumentiert, dass bereits aus den Grundrechten ableitbar sei, dass der Staat dafür Sorge zu tragen habe, dass von den Grundrechten Gebrauch gemacht werden könne. Da dies aber in einem starken Maße auch vom Funktionieren Kritischer Infrastrukturen abhinge, werde daraus unmittelbar eine staatliche Pflicht zum Schutz dieser Infrastrukturen deutlich (BSI 2005, S. 7 f.).

Auf der einfachgesetzlichen Ebene ist zunächst das Telekommunikationsgesetz (TKG) einschlägig. Es behandelt in seinem siebten Teil insbesondere präventive Betreiberpflichten, etwa zur Gewährleistung eines Telefonnotrufs (§ 108) oder zur Erbringung technischer Schutzmaßnahmen (§ 109, Abs. 2). Danach sind von den Anbietern, die Telekommunikationsdienstleistungen für die Öffentlichkeit erbringen, »angemessene technische Vorkehrungen oder sonstige Maßnahmen zum Schutze gegen Störungen, die zu erheblichen Beeinträchtigungen von Telekommunikationsnetzen führen, und gegen äußere Angriffe und Einwirkungen von Katastrophen zu treffen«.

2. FOLGENANALYSEN AUSGEWÄHLTER SEKTOREN KRITISCHER INFRASTRUKTUREN 73

Weiterhin sind für die Bewältigung der Folgen einer erheblichen Störung der Telekommunikation einschlägig das PTSG, die Telekommunikations-Sicherstellungs-Verordnung (TKSiV) und die Post- und Telekommunikations-Zivilschutzverordnung (PTZSV).

Zweck des *PTSG* ist nach § 1 »die Sicherstellung einer ausreichenden Versorgung mit Post- und Telekommunikationsdienstleistungen bei einer Naturkatastrophe oder bei einem besonders schweren Unglücksfall, im Rahmen der Notfallbewältigung aufgrund internationaler Vereinbarungen, im Rahmen der Zusammenarbeit mit den Vereinten Nationen, im Rahmen von Bündnisverpflichtungen sowie im Spannungs- und im Verteidigungsfall.« Das Gesetz[29] gilt für die ehemals staatlichen Unternehmen der Deutschen Post AG und Deutschen Telekom AG sowie für die sonstigen Unternehmen dieser Branche (§ 2). Es sieht u. a. durch Rechtsverordnungen oder Anordnungen des BMWi einen privilegierten Zugang für bestimmte Aufgabenträger (§ 3 Abs. 3), Auskunfts- und Informationspflichten (§ 4), die Beteiligung an Vorsorgeplanungen (§ 5), die Mitarbeit in Arbeitsstäben und die Teilnahme an Übungen (§ 6) vor.

Die beiden genannten Verordnungen konkretisieren diese gesetzlichen Regelungen. So benennt die *TKSiV* in § 2 das Mindestangebot an Telekommunikationsdienstleistungen, das bei Auftreten einer Krise oder Katastrophe zu gewährleisten ist. Es sind dies:

1. Wählverbindungen im Telefondienst einschließlich Funktelefondienst,
2. Wählverbindungen im Diensteintegrierenden Digitalen Telekommunikationsnetz (ISDN),
3. Einrichtung von Telefonanschlüssen einschließlich Funktelefonanschlüssen,
4. Einrichtung von Basisanschlüssen im ISDN,
5. Einrichtung von Festverbindungen (analog, 64 kbit/s, 2 Mbit/s),
6. Einrichtung von Übertragungswegen zur Übermittlung von Ton- und Fernsehsignalen und
7. Entstörung der unter den Nummern 3 bis 6 genannten Telekommunikationsdienstleistungen.

Zu den Aufgabenträgern, denen ein bevorrechtigter Zugang zu den Telekommunikationsdienstleistungen gewährleistet werden muss, zählen die folgenden (§ 4):

> Bundesbehörden,
> Landes-, Kreis- und Kommunalbehörden,
> Katastrophenschutz- und Zivilschutzorganisationen,
> Aufgabenträger im Gesundheitswesen,

---

29 Im Oktober 2010 hat die Bundesregierung einen Gesetzentwurf zur Neuregelung des Post- und Telekommunikationssicherstellungsrechts und zur Änderung telekommunikationsrechtlicher Vorschriften vorgelegt (Bundesregierung 2010). Ziel ist u. a. eine stärkere Ausrichtung auf Fälle von erheblichen Störungen der Versorgung.

- Hilfs- und Rettungsdienste,
- Dienststellen der Bundeswehr und der Stationierten Streitkräfte,
- Aufgabenträger in Presse und Rundfunk,
- Anbieter von öffentlichen Telefonstellen,
- Betreiber von Telekommunikationsanlagen, soweit dies für die Erfüllung der Verpflichtung nach den §§ 2 und 3 erforderlich ist, und
- Anbieter von Telekommunikationsdienstleistungen, soweit dies für die Erfüllung der Verpflichtung nach den §§ 2 und 3 erforderlich ist.

Außerdem müssen Notrufnummern von öffentlichen Telefonstellen für alle uneingeschränkt zugänglich sein (§ 4 Abs. 2).

Erwähnenswert ist des Weiteren noch das Gesetz über den Amateurfunk (AFuG), das in § 2 als Amateurfunkdienst einen Funkdienst definiert, der u. a. zur Unterstützung von Hilfsaktionen in Not- und Katastrophenfällen wahrgenommen werden *kann*. § 5 sieht für den Not- und Katastrophenfall ausdrücklich eine Ausnahme für das Verbot der Übermittlung von Nachrichten an Dritte (nicht Funkamateure) vor. Eine staatliche Inanspruchnahme des Amateurfunks im Krisenfall lässt sich daraus nicht ableiten, eventuell könnte die allgemeinere Norm des § 323c Strafgesetzbuch (Unterlassene Hilfeleistung) in diesen Fällen greifen und eine Pflicht des Funkamateurs zur kommunikativen Hilfe im Katastrophenfall begründen.

In BSI (2005, S. 33) wird kritisch angemerkt, dass zwar der Schutz vor konventionellen Gefahren im Bereich der Telekommunikation relativ ausführlich und differenziert, der Schutz vor IT-spezifischen Gefahren aber (»Cyberangriffe«) nur sehr allgemein geregelt sei. Außerdem würden im Bereich der Tele- und Multimediadienste entsprechende gesetzliche Betreiberpflichten vollständig fehlen. Als besonders problematisch wird dies für einen der zentralen Vermittlungsdienste des Internets, das Domain-Name-System, angesehen, da dessen reibungsloses Funktionieren für das Internet ähnlich bedeutsam sei wie die Integrität der Telekommunikationsinfrastruktur.

Zu ergänzen wäre diese Kritik an den bestehenden rechtlichen Vorsorgemaßnahmen dahingehend, dass der Fall eines langfristigen und weiträumigen Stromausfalls in den aktuellen Gesetzen und Verordnungen nur ungenügend berücksichtigt wird. Die rechtlichen Anforderungen für die Krisenprävention sind so allgemein und unbestimmt, dass sich für diesen Notfall keine konkreten Auflagen ableiten lassen.

POLITISCHE MASSNAHMEN UND ZUSTÄNDIGKEITEN 2.1.2.2

Auf Initiative des BMI wurde im Jahr 1997 die interministerielle *Arbeitsgruppe Kritische Infrastrukturen* (AG KRITIS) eingerichtet.[30] Auch nach der Auflösung dieser Arbeitsgruppe im Jahr 2000 blieb das BMI federführend für den Schutz Kritischer Infrastrukturen.

Parallel zur Gründung der AG KRITIS wurde im BSI ein *Referat Kritische Infrastrukturen* eingerichtet, das u. a. der AG KRITIS zuarbeitete und 2002 eine Reihe von Studien zu einzelnen Sektoren Kritischer Infrastrukturen vorlegte, die für die Öffentlichkeit allerdings nicht zugänglich sind. Das Referat beschäftigt sich u.a mit der Analyse der Kritikalität der verschiedenen Infrastrukturbereiche – in erster Linie unter dem Aspekt der IT-Sicherheit. Einen weiteren Schwerpunkt bilden die Zusammenarbeit mit der Wirtschaft und die Kooperation mit der Wissenschaft. Nach einer Reorganisation des BSI im Jahr 2005 wurde ein eigener Fachbereich *Sicherheit in Kritischen Infrastrukturen und im Internet* eingerichtet, zu dem sowohl eher technisch ausgerichtete Referate wie das Computer Emergency Response Team der Bundesverwaltung (CERT-Bund) als auch das eher politisch-strategisch ausgerichtete Referat Kritische Infrastrukturen gehören.

Nach den terroristischen Anschlägen in den USA 2001 wurde 2002 die *Projektgruppe Kritische Infrastrukturen* (PG KRITIS) gegründet, an der sowohl mehrere Referate des BMI als auch Vertreter aus dem BSI, des BBK bzw. seiner Vorläuferorganisationen, des BKA und des THW teilnahmen. Die Projektgruppe sollte die Aktivitäten zum Schutz Kritischer Infrastrukturen koordinieren und ein nationales Gesamtkonzept vorbereiten.

Im Jahr 2005 wurden zwei politische Dokumente, jeweils unter Federführung des BMI, veröffentlicht, die die bisherigen Aktivitäten bündelten und eine Grundlage für die weitere Arbeit darstellten. Es handelt sich dabei um den Nationalen Plan zum Schutz der Informationsinfrastrukturen (NPSI) sowie das Basisschutzkonzept zum Schutz Kritischer Infrastrukturen (BMI 2005b u. c). Während das Basisschutzkonzept keinen besonderen IT-spezifischen Schwerpunkt aufweist und in erster Linie die privatwirtschaftlichen Betreiber Kritischer Infrastrukturen für dieses Thema und für erforderliche Maßnahmen sensibilisieren will, stellt der NPSI die Sicherheit der Informationsinfrastruktur in den Mittelpunkt. In dieser Zeit wurde im BMI auch die *Projektgruppe Kommunikation und Sicherheit* (PK KS) eingerichtet (Helmbrecht 2006, Folie 6), die die PG KRITIS ablöste. Das Basisschutzkonzept wurde 2008 aktualisiert und erweitert (BMI 2008). Als Leitfaden richtet es sich an die Betreiber Kritischer Infrastrukturen, seien dies pri-

---

30 Die folgende Darstellung lehnt sich an Schulze (2006, S. 155 ff., 185 f., 205 ff.) an. Erwähnenswert ist in diesem Zusammenhang auch der vierte Bericht der Enquete-Kommission des Deutschen Bundestages »Zukunft der Medien in Wirtschaft und Gesellschaft – Deutschlands Weg in die Informationsgesellschaft« (Enquete-Kommission 1998), der sich ebenfalls mit der IT-Sicherheit der Infrastrukturen beschäftigte.

vatwirtschaftliche Unternehmen oder Behörden, und gibt ihnen Hilfestellung beim Aufbau und der Weiterentwicklung ihres jeweiligen Risiko- und Krisenmanagements.

Zum NPSI wurden 2007 zwei Umsetzungspläne vom Bundeskabinett beschlossen. Zum einen eine interne IT-Sicherheitsrichtlinie für die Bundesverwaltung Umsetzungsplan für die Gewährleistung der IT-Sicherheit in der Bundesverwaltung (UP Bund) und zum anderen der Umsetzungsplan für die Kritischen Infrastrukturen (UP-KRITIS) (BMI 2007), der unter Beteiligung der Wirtschaft die Sicherheitsziele und die weiteren Schritte festlegt. Unter anderem wurden vier Arbeitsgruppen zu den Themen Notfall- und Krisenübungen, Krisenreaktion und -bewältigung, Aufrechterhaltung Kritischer Infrastrukturdienstleistungen sowie nationale und internationale Zusammenarbeit eingerichtet, die teilweise bereits Berichte vorgelegt haben.

Speziell für die Ausfallsicherheit der Telekommunikationsinfrastruktur nimmt die *Bundesnetzagentur* gemäß TKG und PTSG bestimmte Aufgaben im Rahmen der Verordnung über Notrufverbindungen (NotrufV) auf Basis des TKG § 108 oder zur Registrierung von Bevorrechtigten im Telekommunikations- und Postwesen auf Basis der TKSiV wahr (Bundesnetzagentur 2008 u. 2010a). Eine politisch-strategische Befassung der Bundesnetzagentur mit dem Thema Kritischer Infrastrukturen ist nicht zu erkennen.

EINE BESONDERE INFRASTRUKTUR? 2.1.3

Im Folgenden wird zunächst auf einer allgemeinen Ebene nach den besonderen Eigenschaften des Sektors »Informationstechnik und Telekommunikation« gefragt, bevor dann in Kapitel III.2.1.4 den Folgen eines langfristigen und großräumigen Stromausfalls in deren einzelnen Teilsektoren nachgegangen wird.

Der Sektor »IT/TK« unterscheidet sich von anderen Infrastrukturen insbesondere durch die folgenden Aspekte:

> (fast) 100%ige Stromabhängigkeit,
> weitreichende Interdependenzen mit fast allen weiteren Kritischen Infrastrukturen sowie
> hohe Kritikalität.

Bezüglich seiner Rahmenbedingungen sind zu nennen:

> Konvergenz,
> tiefgreifender Wandel der sozioökonomischen Randbedingungen sowie
> hohe Innovationsdynamik.

2. FOLGENANALYSEN AUSGEWÄHLTER SEKTOREN KRITISCHER INFRASTRUKTUREN 77

STROMABHÄNGIGKEIT UND INTERDEPENDENZEN 2.1.3.1

Informationstechnik und Telekommunikation sind ohne Stromversorgung nicht vorstellbar. Die anderen Infrastrukturbereiche, die im Rahmen des TAB-Projekts untersucht wurden, sind zwar auch auf eine Stromversorgung angewiesen, aber nicht in diesem hohen Maße. Der Arzt mag beim Stromausfall in seiner Praxis die Krankenkassenchipkarte nicht mehr einlesen, den Praxiscomputer nicht mehr betätigen oder keine Röntgenbilder mehr aufnehmen können, aber Patienten untersuchen, Diagnosen stellen und Therapien vorschlagen ist in vielen Fällen auch ohne Strom möglich. Auch die Wasserversorgung kann durch Notbrunnen ohne eine Stromversorgung in einem begrenzten Umfang aufrechterhalten werden (selbst wenn die elektrischen Pumpsysteme den benötigten Wasserdruck im Wasserversorgungsnetz nicht mehr herstellen können). Im Verkehrssystem wird zwar der strombetriebene Schienenverkehr nicht mehr funktionieren, dagegen werden der benzin- und dieselgetriebene Kraftverkehr oder der Fahrradverkehr weiterhin für Mobilität zur Verfügung stehen.

Computergestützte Informationsverarbeitung und elektronische Kommunikation, etwa über Rundfunk, Fernsehen, Telefon, Internet, sind dagegen überhaupt nicht ohne eine Stromversorgung möglich. Gewisse Alternativen in Form persönlicher und direkter Gespräche, Melder oder schriftlicher Aushänge können zwar genutzt werden, es ist aber offensichtlich, dass die synchrone und direkte Fernkommunikation ebenso wie die zeitnahe Massenkommunikation durch solche Substitute nicht gewährleistet werden können.

Wie die Abhängigkeitsanalysen des Schweizer Bundesamts für Bevölkerungsschutz (BABS 2009, S. 10) zeigen, führt ein Totalausfall des Teilsektors Stromversorgung von drei Wochen in der ganzen Schweiz zu »sehr großen« – das ist die maximal mögliche Bewertung – Auswirkungen auf alle Teilsektoren des Sektors Informations- und Kommunikationstechnologien (IKT), nämlich Telekommunikation, Internet, Instrumentations-, Automations- und Überwachungssysteme sowie Rundfunk und Medien (Tab. 2).

Die Abhängigkeit des Sektors »Informationstechnik und Telekommunikation« von der Stromversorgung ist allerdings nicht einseitig, sondern wechselseitig. Das System der Stromversorgung (wie auch weitere Kritische Infrastrukturen) ist seinerseits auf funktionstüchtige Informations- und Kommunikationssysteme angewiesen. Wie die Analysen des Schweizer BABS (2009, S. 10) zeigen, weisen die Teilsektoren Telekommunikation und Überwachungssysteme eine »große« direkte Wirkung auf den Teilsektor Stromversorgung aus (Wert »2« auf einer Skala von 0 bis 3). Die Teilsektoren Telekommunikation sowie Informationssysteme und -netze haben mit einem Wert von jeweils 45 Punkten (von maximal 93 möglichen) – nach dem Teilsektor Stromversorgung mit 68 Punkten – die größten direkten Wirkungen auf alle anderen Teilsektoren der Schweizer Kritischen Infrastrukturen.[31]

TAB. 2			DEPENDENZEN DER TEILSEKTOREN
Ausfall des Teilsektors ➔ Auswirkung auf Teilsektor ⬇	Stromver- sorgung	Telekom- munikation	Informations- systeme und -netze
Stromversorgung	–	2	1
Telekommunikation	3	–	3
Informationssysteme und -netze	3	2	–
Internet	3	3	3
Instrumentations-, Automations- und Überwachungssysteme	3	3	3
Rundfunk und Medien	3	2	3
auf alle 31 Teilsektoren	68	45	45

Bewertet wurden auf einer vierstufigen Skala von 0 (keine Auswirkungen) bis 3 (sehr große Auswirkungen) – unter der Annahme eines Totalausfalls während dreier Wochen in der ganzen Schweiz – die Dependenzen der 31 Teilsektoren voneinander.
Quelle: BABS 2009, S. 10, Ausschnitt aus der dortigen Abbildung 4

KRITIKALITÄT 2.1.3.2

Die Kritikalität einer Kritischen Infrastruktur bezeichnet ihre Bedeutsamkeit bezüglich der Konsequenzen, die Störungen, Ausfälle von Funktionen oder Zerstörungen für die (Versorgungs-)Sicherheit der Gesellschaft mit wichtigen Gütern und Dienstleistungen haben. Durch das BABS (2009, S. 8 f.) wurde die (relative) Kritikalität in drei Dimensionen bewertet: Auswirkungen auf andere Teilsektoren (Dependenzen), auf die Bevölkerung sowie auf die Wirtschaft. Sie schließt damit die in Kapitel III.2.1.3.1 dargestellten Dependenzen mit ein, geht aber ü-

---

31 Einen interessanten Versuch, solche mehrseitigen, komplexen Abhängigkeiten zwischen Kritischen Infrastrukturen zu modellieren und empirisch zu fassen, haben Chang et al. (2007) vorgelegt. Sie untersuchen am Beispiel des Eissturms in Kanada im Jahr 1998 und des damit verbundenen, in bestimmten Regionen mehrwöchigen Stromausfalls die Auswirkungen und Wechselwirkungen auf die unterschiedlichen Infrastrukturbereiche. Das Ziel der empirischen Analysen war, den Grad der sozialen Betroffenheit in den einzelnen Bereichen festzustellen. Die Störungen im Telekommunikationsbereich weisen bezüglich des »impact« (Dauer und Intensität der Folgen) eher niedrige bis mittlere Indexwerte auf, während bezüglich des »extent« (Größe der betroffenen Region und Umfang der betroffenen Bevölkerung) sehr hohe Indexwerte vorkommen (Chang et al. 2007, S. 356).

ber diese hinaus. Die Bewertung erfolgte erneut auf einer vierstufigen Skala von 0 (keine Auswirkungen) bis 3 (sehr große Auswirkungen).

Auch hier erhielten drei von fünf Teilsektoren die höchsten Kritikalitätswerte: Telekommunikation den maximal möglichen Wert 9, Informationssysteme und -netze sowie das Internet jeweils den Wert 7. Nur drei weitere Sektoren (von insgesamt 31) erhielten ähnliche hohe Kritikalitätsbewertungen, nämlich die Stromversorgung (9), der Straßenverkehr (8) und die Banken (7).

KONVERGENZ 2.1.3.3

Die technische Entwicklung der letzten 50 Jahre, die oft als Konvergenz beschrieben wird, hat dazu geführt, dass heute zwischen den vormals weitgehend getrennten Kommunikationssystemen, insbesondere der Telefonie, der Datenkommunikation und des Rundfunks, vielfältige Übergänge bestehen. Eine feste Zuordnung von einer Netzinfrastruktur zu einem spezifischen Dienst ist nicht mehr möglich.

Über einen Breitbandkabelanschluss, der über viele Jahre nur für die Verbreitung von Fernsehen und Radio genutzt werden konnte, sind heute auch Telefonie und Datenkommunikation per Internet möglich. Oder, um ein zweites Beispiel zu nennen, moderne Übertragungstechniken erlauben heute über das vormals schmalbandige Telefonkabel breitbandige Internet- und sogar Fernsehübertragungen. Diese weitgehende Vermaschung der Systeme führt einerseits zu einer größeren Komplexität mit mehr beteiligten Betreibern und damit zu einer höheren Störungsanfälligkeit. Andererseits ist eine größere Variabilität der Nutzung entstanden, die gleichzeitig zu einer größeren Dienstezuverlässigkeit in dem Sinne führt, dass prinzipiell mehr alternative technische Varianten für die Nutzung eines Dienstes zur Verfügung stehen. Beim Ausfall des Festnetztelefonanschlusses wäre denkbar, dass alternativ das Mobiltelefon oder die Telefonie über das Internet (z. B. Voice over IP, VoIP) in Anspruch genommen werden könnten. Wo die »Konvergenz« dann wieder zu einer Zusammenführung der getrennten Systeme führt und damit zu neuen »Engpässen« und »Angriffspunkten«, müsste genauer untersucht werden.

PRIVATISIERUNG, DEREGULIERUNG, LIBERALISIERUNG 2.1.3.4

Parallel zur Entwicklung der Konvergenz auf Basis einer umfassenden Digitalisierung haben sich politisch-ökonomische Veränderungen dieses Bereichs ergeben, die mit den Stichworten Privatisierung, Deregulierung und Liberalisierung umschrieben werden können.

Im Zuge der zweiten Postreform wurde der Telekommunikationszweig der Deutschen Bundespost 1994 privatisiert, 1996 an die Börse gebracht und mit dem TKG von 1996 das Monopol für Telekommunikationsdienste, insbesondere bei der Festnetztelefonie, abgeschafft. Heute gibt es fast 3.000 Telekommunikationsdiensteanbieter (Stand: 19.5.2010, Bundesnetzagentur 2010b), während es vor 20 Jahren nur einen staatlichen Monopolisten gab. Im Bereich des Rundfunks gab es bis in die 1980er Jahre nur die öffentlichen Rundfunkanstalten der ARD, des ZDF und des Deutschlandfunks. Das Kabelpilotprojekt in Ludwigshafen 1984 wurde dann zum Ausgangspunkt der Zulassung privater Fernsehsender in Deutschland, seit 1986 auch privater Radiosender. Die Arbeitsgemeinschaft der Landesmedienanstalten (ALM) geht heute von etwa 450 ausgestrahlten privaten wie öffentlich-rechtlichen Fernsehprogrammen (Stand: November 2009; ALM 2009) und 223 privaten Hörfunkangeboten aus (Stand: 2006; ALM o.J.).

Die Folgen dieser einschneidenden Veränderungen sind unter dem Aspekt Kritischer Infrastrukturen eher problematisch, da die Privatisierung ehemals staatlicher Sektoren bzw. die Ausweitung eines privaten Sektors direkte staatliche Vorgaben für Vorsorgemaßnamen für den Krisenfall erschwert. Selbst bei freiwilligen Kooperationen zwischen Staat und Wirtschaft, eine wichtige Komponente der staatlichen Politik zum Schutz Kritischer Infrastrukturen (BMI 2005b, S. 8; BMI 2009, S. 3), macht es einen Unterschied, ob solche Vorsorgemaßnahmen mit nur wenigen oder einigen Hundert Unternehmen abzustimmen und umzusetzen sind.[32]

TECHNISCHE DYNAMIK 2.1.3.5

Informations- und Telekommunikationstechnik sind von einer hohen technischen Innovationsdynamik geprägt. Dies wirkt sich auch auf den Grad der Stromabhängigkeit dieses Sektors aus. Man denke etwa daran, in welchem Ausmaß in den letzten Jahren Mobiltelefone und Laptops durch leistungsfähigere Akkus unabhängiger von einer netzgebunden Stromversorgung geworden sind. In diesen Zusammenhang gehören auch die Diskussionen über eine verstärkte Nachfrage nach Strom durch den Einsatz von Informationstechnik (Baer et al. 2002), zu einer energieeffizienten Informationstechnik (»Green IT«) und über die Möglichkeiten einer dezentralen, netzunabhängigen autonomen Energieversorgung von Informationstechnik und Telekommunikation – etwa durch dezentral erzeugten Solarstrom oder Brennstoffzellen.

> Die fortschreitende Digitalisierung hat aber zunächst die Abhängigkeit von der Stromversorgung erhöht: Während über den analogen Teilnehmeranschluss des Telefonfestnetzes ein analoger Telefonapparat noch genutzt werden konnte, auch wenn im Haus die Stromversorgung ausgefallen war, trifft dies auf digitale ISDN-Anschlüsse und Endgeräte nur noch begrenzt zu. Die

---

32 Andererseits bietet die Vielzahl der Unternehmen im Wettbewerb ähnliche Dienstleistungen an, sodass gegebenenfalls der Nutzer denjenigen Anbieter wählen könnte, von dem er weiß, dass er sich auf den Stromausfall durch Notfallmaßnahmen besonders gut vorbereitet hat. Dies würde aber voraussetzen, dass die Anbieter ihre Vorsorgemaßnahmen öffentlich machen, was bisher nicht geschieht.

sich stark ausbreitenden Telefonanschlüsse über VoIP-Modems oder DSL-Router können nur bei einer funktionierenden Stromversorgung betrieben werden (Kap. III.2.1.4.2).

> Problematisch ist auch die Zunahme von Übergabepunkten – eine neu eingezogene Ebene in der Netzhierarchie zwischen Ortsverteiler und Hausanschluss – im Zuge des DSL-Netzausbaus, da diese Stellen auf eine Stromversorgung angewiesen sind. Bei einem Stromausfall, und falls sie über keine Notstromversorgung verfügen, würden die angeschlossenen Kunden den Telefon- wie Internetanschluss sofort verlieren.[33] Die ohnehin immer bestehende Abhängigkeit von der Strom- und Notstromversorgung der Ortsvermittlungsstelle bleibt davon unberührt.

> Kritisch wird auch die weitere Entwicklung der Telekommunikationssysteme zum sogenannten Next Generation Network (NGN) eingeschätzt. Hier würde verstärkt »vermittlungstechnische Intelligenz in Endgeräte am Netzrand« verlagert, die stromabhängig sind. Auch der Teilnehmeranschluss am Lichtwellenleiter (Glasfaser) bedarf einer externen Stromzuführung (Fickert/Malleck 2008, S. 276).

FOLGEN 2.1.4

Soweit erkennbar gibt es keine aktuelle, systematische und wissenschaftlich solide Datenerhebung zu den möglichen Folgen eines Stromausfalls für den Sektor »Informationstechnik und Telekommunikation«. Im Rahmen der verfügbaren Budgets waren nur begrenzt originäre Recherchen und Erhebungen bei Informationstechnikdienstleistern, Telekommunikationsanbietern sowie anderen einschlägigen Experten möglich. Im Wesentlichen wird im Folgenden, gestützt auf die Gutachten für das TAB und weitere Quellen, das verfügbare Wissen zusammengetragen, systematisiert und bewertet.

Zu den genutzten Quellen gehören auch Einzelfallanalysen von Stromausfällen in der Vergangenheit. Für den weiträumigen und mehrtägigen Stromausfall 2003 an der Ostküste Nordamerikas liegen solche Analysen vor,[34] die zum Auftakt dieses Kapitels referiert werden (Kap. III.2.1.4.1), bevor im Weiteren die möglichen Folgen eines umfassenden Stromausfalls in den Teilsektoren des Sektors »IT/TK« dargestellt werden.

---

33 Nach Fickert/Malleck (2008, S. 276) wird ein Teil dieser Übergabepunkte über das öffentliche Stromnetz versorgt und würde beim Stromausfall entsprechend seinen Betrieb einstellen. Bei anderen Übergabepunkten werden nicht mehr benötigte Kupferdoppeladern vom nächstliegenden Ortsverteiler zur Stromversorgung genutzt und können so von dessen Notstromversorgung profitieren. Wie verbreitet diese Variante der Stromversorgung ist, ist allerdings nicht bekannt.

34 Entsprechende Analysen für Deutschland sind nicht bekannt. Die Sammlung von persönlichen Berichten aus der Bevölkerung über deren Erleben des »Schneechaos im Münsterland« liefert allerdings, wenn auch unsystematisch, einige Hinweise auf die Nutzung oder Nichtnutzung von Telefon, Internet und Massenmedien (Cantauw/Loy 2009).

Aufgrund der nahezu 100%igen Abhängigkeit des Sektors von einer Stromversorgung weicht die Darstellung der Folgen von der in anderen Sektoren ab: Solange die Stromversorgung gewährleistet ist, funktionieren Informationsverarbeitung und Telekommunikation, wenn auch (bei einer Notstromversorgung) nur unter eingeschränkten Bedingungen. Wenn die (Not-)Stromversorgung aber nicht mehr aufrechterhalten werden kann, kommt es zum Totalausfall von Informationstechnik und Telekommunikation. Die Darstellung der Konsequenzen eines Stromausfalls mit differenzierten zeitlichen Abstufungen – wie in anderen Sektoranalysen – kann deshalb für diesen Sektor so nicht vorgenommen werden.

STROMAUSFALL IN NORDAMERIKA (2003) 2.1.4.1

Der größte Stromausfall in der Geschichte Nordamerikas begann am 14. August 2003 und betraf große Teile der Staaten Ontario (Kanada), New York, Ohio, Pennsylvania, New Jersey, Vermont, Michigan, Connecticut und Massachusetts (USA) (Bialek 2010; Stefanini/Masera 2008). Nach einer Woche, am 22. August 2003, wurde der Notstand in Ontario wieder aufgehoben, ab dem 23. August 2003 war die Stromversorgung in den betroffenen Regionen wieder vollständig gewährleistet (Public Safety Canada 2006, S. 14). Insgesamt waren 62 GW elektrische Leistung (Yamashita et al. 2008, S. 856) sowie 50 Mio. Personen betroffen. Es wird geschätzt, dass die Wirtschaft Ontarios einen Verlust von 1 bis 2 Mrd. Kanadische Dollar erlitt. Der Einzelhandel erlebte in den ersten vier Tagen einen Rückgang des Umsatzes um 40 %, während an den Tankstellen der Umsatz um 30 % anstieg (Public Safety Canada 2006, S. 4).

Die folgende Darstellung orientiert sich im Wesentlichen an der Situation in Ontario, Kanada. Es ist zu vermuten, dass man dort wegen des vorangegangenen großen Stromausfalls 1998 (Eissturm) hinsichtlich der Ausstattung mit Notstromgeneratoren und der Notfallplanung besonders gut vorbereitet war (Public Safety Canada 2006, S. 22 f.).

In Bezug auf das *Telefonfestnetz* konnte zwar durch Aktivierung von Notfallprogrammen der Betrieb weitgehend aufrechterhalten werden. Allerdings waren der Nachschub an Treibstoff für die Notstromgeneratoren der allgemeinen Verteilerstationen wie auch die Notrufsysteme (911) ein Problem. Die Bevölkerung wurde aufgerufen, das Telefon (Festnetz- wie Mobiltelefon) nur in Notfällen zu nutzen (Public Safety Canada 2006, S. 21 f.).

Die *Mobiltelefonsysteme* waren stark überlastet.[35] In Bezug auf die Energieversorgung der batteriegepufferten Basisstationen gelang es wohl einigen Mobilfunkunternehmen durch den zusätzlichen Einsatz mobiler Generatoren, die außerhalb von Ontario kurzfristig beschafft werden konnten, deren Batterien wieder aufzu-

---

35 Diese Erfahrung führte dann 2004 zu einer von der Regierung Kanadas initiierten Einführung eines »Wireless Priority Services« (WPS).

laden. Am vierten Tag nach dem Ausbruch der Stromkrise arbeiteten alle Mobilfunkdienste wieder normal (Public Safety Canada 2006, S. 22). Townsend/Moss (2005, S. 10) gehen allerdings davon aus, dass im Nordosten der Vereinigten Staaten die mobilen Telefondienste ernstlich gestört waren, da die örtlichen Antennen und Vermittlungsstellen nur mit Notfallbatterien ausgestattet waren, die eine Kapazität von höchstens vier bis acht Stunden aufwiesen.

Die Verbindungen zum weltweiten *Internet* waren allerdings deutlich gestört. Nach den Analysen von Renesys Corporation (Cowie et al. 2004) wurden zwar die großen Übertragungsstrecken (»backbones«) durch den Stromausfall kaum negativ tangiert, aber bei 3.175 von 9.700 in den betroffenen Gebieten identifizierten Netzwerken traten Verbindungsausfälle auf. Diese dauerten bei 2.000 dieser Netzwerke länger als vier Stunden, bei 1.400 länger als zwölf Stunden, bei einigen sogar länger als zwei Tage. Nach Cowie et al. (2004, S. 1 f.) war das Internet noch keineswegs darauf vorbereitet, die Zuverlässigkeit des Telefonsystems zu erreichen. In den größeren *Rechenzentren* von Unternehmen konnte in der Regel der Betrieb fortgeführt werden (Public Safety Canada 2006, S. 23 f.).

Die *Presseunternehmen* bemühten sich, die Öffentlichkeit mit Informationen zu versorgen, und konnten dazu ihre Technik in den meisten Fällen durch Notstromgeneratoren weiter betreiben. So war der Toronto Star am ersten Tag nach Ausbruch der Krise in der Lage, eine 16-seitige Notausgabe zu produzieren, während der Ottawa Citizen mit gerade neubeschafften NSA eine normale Produktion realisieren konnte.[36] Die Zentrale von Associated Press (AP)O2 in New York wurde wegen des Stromausfalls kurzfristig nach Washington und Dallas verlegt.

Die großen *Fernsehstationen* konnten zwar ihre Programme fortsetzen, die allerdings in den betroffenen Gebieten in der Regel nicht empfangen werden konnten. Die aktuellste und vielleicht wichtigste Informationsquelle (vom Beginn der Krise am Nachmittag des 14. bis zum Morgen des 15. August 2003) war der Hörfunk, der kontinuierlich senden konnte und mit batteriebetriebenen Geräten zu empfangen war. Bei den Radiosendern, Zeitungsverlagen und Fernsehunternehmen kamen in der Regel Notfallpläne zum Einsatz, und man konnte auf ausreichende NSA zurückgreifen.

FESTNETZTELEFONIE 2.1.4.2

Das Telefonfestnetz, das in erster Linie für Sprachtelefonie, Fax und als Zugangsnetz zum Internet – auch breitbandig – zur Verfügung steht, weist insbesondere aufseiten der Endgeräte und der ersten Hierarchieebene im Netz, den

---

36 Deverell (2003) betont die wichtige Rolle der Printmedien während des Stromausfalls in Stockholm im Jahr 2001.

Ortsvermittlungsstellen, eine starke Abhängigkeit von der netzgespeisten Stromversorgung auf.

Endgeräte und Teilnehmeranschlüsse

Während die kaum mehr im Einsatz befindlichen analogen Telefonapparate nicht auf eine externe Stromversorgung angewiesen sind, sondern von der nächsten Ortsvermittlungsstelle über das Telefonkabel mit der benötigten, geringen Energie versorgt werden,[37] sind die Basisstationen für die weitverbreiteten Schnurlostelefone (nach dem DECT-Standard) auf eine externe Stromversorgung angewiesen. Das durch einen Akku weiterhin betriebsbereite Schnurlostelefon nützt nichts, da keine Verbindung zur Basisstation aufgebaut werden kann.

ISDN-Telefone, soweit sie notstromfähig sind, können wie analoge Telefone über die Ortsvermittlungsstelle mit Strom versorgt werden. Dies gilt allerdings nur für ein ISDN-Endgerät pro ISDN-Anschluss, an den üblicherweise mehrere Endgeräte angeschlossen sind.

Der Trend im Bereich der Festnetztelefonie geht allerdings zum Telefonieren mittels VoIP über DSL-Router oder Kabelmodem. Zwar beträgt der Anteil der Telefonanaloganschlüsse an den insgesamt 39 Mio. Telefonfestnetzanschlüssen noch ca. 50 %, verliert aber massiv an Bedeutung zugunsten von VoIP-Anschlüssen über DSL oder die aufgerüsteten Rundfunkkabelnetze. Auch der Anteil der ISDN-Basisanschlüsse stagniert. Über die insgesamt 26 Mio. Analog- oder ISDN-Telefonanschlüsse bei der Telekom AG werden 11 Mio. DSL-Breitbandzugänge abgewickelt, die wiederum für VoIP-Telefonie prinzipiell ausgelegt sind (Bundesnetzagentur 2009, S. 19 ff. – alle Zahlen mit Stand Mitte 2009). Die sich ebenfalls ausbreitende Internettelefonie über Dienste wie Skype ist dabei nicht berücksichtigt.

DSL-Router und Kabelmodems weisen nach den vorliegenden Informationen keine Batteriepufferung auf, sind also alle von einer externen Stromversorgung abhängig und fielen beim Ausfall der Stromversorgung sofort aus. Festnetztelefonie wie Internetzugang wäre in diesem Fall sofort unterbrochen.

Zugangs- und Verbindungsnetze

Das eigentliche Telefonnetz ist durch hierarchisch gegliederte, computerbasierte Vermittlungsstellen strukturiert. Man kann dabei grob die Ortsvermittlungsstellen und die Fernvermittlungsstellen unterscheiden. Beide sind von einer kontinuierlichen Stromversorgung abhängig. Die Zugangsleitung der Endkunden führt direkt zu einer *Ortsvermittlungsstelle*, von denen es nach vorliegenden Schätzungen zwischen 5.000 und 8.000 geben soll und durch die typischerweise 10.000 bis

---

37 In den Erfahrungsberichten zum Stromausfall in Münster 2005 wird wiederholt die Wiederinbetriebnahme analoger Telefonapparate erwähnt (Cantauw/Loy 2009).

100.000 Kunden versorgt werden. Die Ortsvermittlungsstellen sind, nach den Endgeräten beim Endkunden, der zweite wesentliche Engpass beim Stromausfall im Zugang zum Festnetz. Sie verfügen zwar über Anlagen zur USV, diese sind aber auf einen kontinuierlichen Weiterbetrieb bei einem *kurzfristigen* Stromnetzausfall ausgelegt. Ihr Energiepuffer kann bereits nach 15 Minuten oder auch, je nach Standort und Betreiber, erst nach acht Stunden (Reinermann 2009, Folie 15) erschöpft sein. Danach fällt der Zugang zum Festnetz für alle angeschlossenen Kunden aus.

Beim Ausfall der *Fernvermittlungen* wäre ein noch viel größerer Kundenkreis betroffen. Diese sind deshalb mit NSA besser abgesichert und könnten acht bis 48 Stunden (Reinermann 2009, Folie 15) oder sogar drei bis vier Tage (Hiete et al. 2010, F29) ihren Betrieb ohne externe Stromversorgung aufrechterhalten. Im Falle eines großflächigen Stromausfalls spielt die bessere Notstromversorgung der Fernvermittlungsstellen aber keine wesentliche Rolle, da im betroffenen Gebiet alle Ortsvermittlungsstellen ausfallen und die Fernvermittlungsstellen gar nicht mehr zum Zuge kommen. Die bessere Absicherung der Fernvermittlungsstellen kommt nur im – viel häufigeren – Szenario eines kleinräumigen Stromausfalls (etwa eines Stadtteils) zum Tragen. Liegt die Fernvermittlungsstelle im Ausfallgebiet, die Ortsvermittlungsstelle aber außerhalb, kann der Telefonverkehr durch die NSA einige Tage aufrechterhalten werden.

Die Notstromkapazitäten in den Vermittlungsstellen des Festnetzes können auch nach eher ländlichen oder eher städtischen Region unterschieden werden. Im ländlichen Bereich reichen diese gegebenenfalls nur zwei Stunden, im kleinstädtischen Bereich bis zu sechs Stunden und im großstädtischen Bereich bis zu 48 Stunden (Unger 2009, Folie 16), nach Hiete et al. (2010, F29) sogar mehrere Tage. Auch hier sind Netzknoten mit mehr Teilnehmern besser abgesichert als solche mit weniger.

Alle Telefonkunden, die im Gebiet des Stromausfalls ansässig sind und nicht über ein analoges Telefon oder notstromfähiges ISDN-Telefon verfügen, können unmittelbar nicht mehr telefonieren. Solche mit analogen oder notstromfähigen ISDN-Telefonen können dies nur so lange, bis die USV der zugehörigen Ortsvermittlungsstelle ausfällt, was nach wenigen Minuten bis Stunden der Fall sein wird.

Die in § 109 des TKG festgelegte Pflicht zur Erbringung »angemessener« technischer Schutzmaßnahmen gegen Störungen, »die zu erheblichen Beeinträchtigungen von Telekommunikationsnetzen führen«, greift offensichtlich in einem großräumigen, langfristigen Stromausfall kaum. »Angemessen« erscheint gegenwärtig nur die Vorkehrung gegen einen kurzfristigen und kleinräumigen Stromausfall. Die geringe Zuverlässigkeit des Festnetzes beim Stromausfall zeigte sich auch beim »Schneechaos« in Münster 2005. 88 % der befragten 591 Einwohner (in einer Studie zu den Folgen im Ernährungssektor) konnten das Festnetz nicht nutzen (Gardemann/Menski 2008, S. 46).

NOTRUF, NOTRUFSÄULEN, ÖFFENTLICHE TELEFONZELLEN

Die europaeinheitliche Notrufnummer 112 kann von jedem funktionsfähigen Telefon (im Festnetz oder Mobilfunk) kostenlos angewählt werden. Dies gilt auch für Mobiltelefone ohne verfügbare Gesprächsguthaben oder laufenden Vertrag. Auch aus Telefonzellen kann der Notruf immer ohne Münzen oder Telefonkarte getätigt werden. Notrufe werden im Telefonvermittlungssystem privilegiert behandelt, sodass sie in der Situation einer Überlastung der Telefonsysteme weitervermittelt werden.

Allerdings funktioniert der Notruf nur dann, wenn das Endgerät eine Verbindung zum Telefonnetz (über die nächste Ortsvermittlungsstelle oder Basisstation im Funknetz) aufbauen kann. Dies wird im Falle eines großräumigen Stromausfalls nur wenige Minuten bis Stunden der Fall sein.

Notrufsäulen, wie man sie z. B. an Bundesautobahnen, in Tunneln oder an Bahnhöfen findet – allerdings wegen der weiten Verbreitung von Mobiltelefonen mit abnehmender Tendenz – werden teilweise unabhängig vom Stromnetz mit Solarstrom versorgt. Ihre Einsatzfähigkeit wäre damit gewährleistet.

Auch für die öffentlichen Telefonzellen trifft zu, dass sie in der Regel auf eine externe Stromversorgung und eine funktionierende Ortsvermittlungsstelle angewiesen sind. Für den Krisenfall stellen sie so ebenfalls nur sehr bedingt eine Ausweichmöglichkeit dar.

MOBILFUNK 2.1.4.3

Das Mobiltelefon ist bei einem Stromausfall nur bedingt ein Ersatz für das Festnetz. Hier sind zwar – im Gegensatz zum Festnetz – alle Endgeräte mit einer internen Stromversorgung versehen. Allerdings muss man mit relativ schnellen Ausfällen der Basisstationen (in etwa vergleichbar mit den Ortvermittlungsstellen im Festnetz) rechnen, sodass die Teilnehmer, die sich im Einzugsbereich dieser Basisstationen befinden, keinen Anschluss finden. Diese Basisstationen verfügen über eine USV und können – ähnlich wie die Ortsvermittlungsstellen im Festnetz – bereits nach 15 Minuten ausfallen, aber auch, je nach Betreiber und örtlichen Gegebenheiten, bis zu acht Stunden überbrücken.[38]

---

38 Die Einschätzungen bezüglich der Notstromversorgung der Sendeanlagen und Basisstationen sind relativ uneinheitlich. Prognos (2009, S. 81) geht davon aus, dass »wenige« Sendeeinrichtungen mit einer kurzfristigen Notstromversorgung ausgestattet seien. Auch nach Hiete et al. (2010, F29 f.) sind »viele der Basisstationen nicht gegen Versorgungsunterbrechungen gesichert, einige verfügen über USV (ca. 2 h), andere sind über stationäre NSA mehrere Stunden mit Notstrom versorgt«. Weiter gehen Hiete et al. (2010, F29) davon aus, dass beim Neubau von Sendeanlagen heute meist keine USV und NSA mehr vorgesehen« seien. Nach Mansmann (2008, S. 89) ist dagegen das Mobilfunknetz von Vodafone durchgängig notstromversorgt. Notstromdiesel sorgten bei zentralen

2. FOLGENANALYSEN AUSGEWÄHLTER SEKTOREN KRITISCHER INFRASTRUKTUREN

Es wird damit gerechnet, dass die zentralen Vermittlungsstellen in den Mobilfunknetzen mit vorhandenen NSA acht bis 48 Stunden ihren Betrieb aufrechterhalten können (Reinermann 2009, Folie 16; s. a. Mansmann 2008). Hiete et al. (2010, F29) gehen sogar von einem Ausfall dieser Mobile-services Switching Centres (MSC) erst nach etwa vier Tagen aus.

Die Logik der Notstromversorgung der Sende- und Vermittlungsstellen im Mobilfunk folgt derjenigen im Festnetz. Je höher die Vermittlungsstelle in der Netzhierarchie angesiedelt ist, desto besser ist ihre Absicherung gegen den Stromausfall. Dies zielt auf die Minimierung des Netzausfalls bei räumlich begrenzten Stromausfällen, hilft aber wenig bei einem großräumigen und langfristigen Stromausfall, wie schon beim Festnetz festgestellt wurde.

Es gibt allerdings einen Unterschied: Der Mobilfunkteilnehmer ist im Gegensatz zum Festnetzanschluss mobil. Er oder sie könnte sich an einen Ort im Krisengebiet begeben, wo eine für die Einwahl notwendige Basisstation und eine MSC (also eine »Fernvermittlungsstelle«) mit einem Notstromgenerator versorgt werden. Nimmt man an, dass in den großen Städten des Krisengebiets solche »Hotspots« aufrechterhalten würden, dann könnte man zwischen Mobilfunkteilnehmern, die sich innerhalb dieser Zonen befinden sowie zu Mobilfunk- und Festnetzteilnehmern außerhalb des Krisengebiets telefonieren und gegebenenfalls auch das Internet nutzen. Die genauen technischen Randbedingungen eines solchen Szenarios müssten allerdings im Einzelnen überprüft werden. Bewegt man sich nahe genug an den »Rändern« des Stromausfallgebiets und kommt in den Sendebereich von Anlagen, die außerhalb dieses Gebiets liegen, dann ließe sich auch dort telefonieren.

Neben der prekären Stromversorgung kommt als weiterer Gefährdungsfaktor hinzu, dass im Katastrophenfall die Mobilfunknetze wegen der Schwierigkeiten im Festnetz und des erhöhten Kommunikationsbedarfs überlastet werden und viele Telefonate nicht vermittelt werden können. In gleicher Weise sind SMS- oder andere mobile Datendienste betroffen.[39]

Netzkomponenten für die Überbrückung eines längeren Stromausfalls. Einzelne, kleine Basisstationen, die in Großstädten für zusätzliche Kapazitäten sorgten, könnten allerdings sofort ausfallen. Bei den Telekommunikationsunternehmen O$_2$ und E-Plus seien die Basisstationen akkugepuffert und liefen damit rund zwei Stunden weiter. Neue Basisstationen rüste O$_2$ mit Brennstoffzellen aus. Die nächst höhere Ebene des Base Station Controller (BSC) sei auf einen netzunabhängiger Betrieb von vier bis sechs Stunden ausgelegt, die zentralen Vermittlungsstellen (auch zu den anderen Netzen über die MSC) seien mit Notstromdiesel für mehrere Tage eingerichtet. Droht der Ausfall einer strategisch wichtigen Basisstation, wolle man diese mit mobilen Generatoren versorgen.

39 Die bereits erwähnte Studie zum Stromausfall im Münsterland zeigt, dass dort Mobiltelefone, selbst bei einem »nur« tageweise und nicht langfristigen Stromausfall, sehr unzuverlässig waren. Für 73 % der Befragten war die »Handynutzung« nicht mehr möglich (Gardemann/Menski 2008, S. 46).

Notrufe müssen allerdings im Krisenfall privilegiert vermittelt werden. Das PTSG (§ 3 Abs. 3) sieht außerdem einen privilegierten Zugang für bestimmte (behördliche) Aufgabenträger vor. Man hofft damit, in einer Situation, in der das Mobilnetz zwar funktioniert, aber durch überdurchschnittlich viele Anrufe überlastet ist, für bestimmte bevorrechtigte Teilnehmer die Herstellung von Verbindungen weiterhin zu ermöglichen.

SATELLITENFUNK

Satellitentelefone, z. B. über das Inmarsatsystem, die heute auch als mobile Handgeräte angeboten werden und mehrere Tage Stand-by-Betrieb und mehrere Stunden Gesprächszeit bieten, sind ein möglicher Ersatz für Sprach- und Datendienste im hier zugrundegelegten Katastrophenfall. Sie ermöglichen eine Kommunikation zwischen Satellitentelefonen, aber auch zu – erreichbaren – Festnetz- und Mobilfunkteilnehmern.

Die Verbindung wird allerdings ebenfalls über eine Bodenstation vermittelt, die stromversorgt sein muss. Sollte die deutsche Bodenstation nicht mehr mit Strom versorgt werden können, könnte deren Funktion eine andere Bodenstation im Ausland übernehmen. Eine gewisse technische Einschränkung besteht darin, dass das Telefon freie »Sicht« zum Satelliten haben muss. Dies ist z. B. in engen Hochgebirgstälern nicht immer gegeben (Jost 2005, S. 29). Aufgrund der hohen Kosten für die Beschaffung und den Betrieb eines Satellitentelefons stellt diese Kommunikationsmöglichkeit keine Alternative für einen breiten Einsatz im Krisenfall dar.

INTERNET 2.1.4.4

Bei der Nutzung des Internets ist zwischen stromabhängigen Endgeräten (Desktopcomputer, Server) und solchen mit einer internen Energieversorgung (Laptop, Webcomputer, Smartphone etc.) zu unterscheiden. Während die erste Kategorie sofort ausfällt – in Privathaushalten wie Kleinunternehmen ist nicht mit einer Notstromversorgung zu rechnen, bei mittleren und großen Unternehmen schon eher –, können die akkubetriebenen Geräte je nach Ladezustand und Nutzungsweise noch einige Stunden bis Tage genutzt werden. Ob diese Geräte aber einen Zugang zum Internet eröffnen, hängt von der Art des Zugangs und von den Verhältnissen im Zugangs- und Fernübertragungsnetz ab.

Hier gilt dann im Wesentlichen das Gleiche, was schon zum Bereich des Festnetzes, des Rundfunkkabelnetzes und des Mobilfunks – alles mögliche Zugangsnetze zum Internet – gesagt wurde: Alle DSL- und Kabelmodemzugänge zum Internet fallen in der Regel, da sie keine Batteriepufferung aufweisen, sofort aus. In Laptops integrierte Modems oder Mobilfunkzugänge (für das Internet) könnten so lange funktionieren, wie sie durch den Akku des Laptops mit Strom versorgt werden. Dies trifft in gleicher Weise auf Smartphones und ähnliche akkubetriebene, mobile Geräte zu, die für einen Internetzugang geeignet sind.

Allerdings bleibt dann auch hier die Frage, ob das Modem eine funktionierende Orts- bzw. DSL-Vermittlungsstelle (DSLAM) oder Basisstation im Funknetz erreicht. Diese weisen in der Regel eine USV auf, die nach Minuten bis wenigen Stunden ausfällt. Danach wäre das Internet – selbst bei noch funktionierenden, weil gut notstromversorgten zentralen Fernübertragungsnetzen (»Backbonenetze«) – nicht mehr erreichbar.

RECHENZENTREN 2.1.4.5

Als gut vorbereitet für einen Stromausfall gelten die Rechenzentren in großen Unternehmen, Dienstleitungsrechenzentren oder die Serverfarmen, Webhoster etc. für das Internet. Entsprechend ist davon auszugehen, dass die Datenleitungen zwischen diesen Rechenzentren an ihren Endpunkten und Verstärken ähnlich gut abgesichert sind. Große Rechenzentrumsbetreiber verfügen in der Regel auch über verschiedene Standorte, sodass gegebenenfalls der Betrieb eines gefährdeten Rechenzentrums mit seinen geschäftskritischen Prozessen auf ein anderes übertragen werden kann. Die Notfallversorgung ist auf jeden Fall darauf ausgelegt, laufende Prozesse kontrolliert zu beenden, Daten zu sichern und einen Notbetrieb einzurichten. Dies heißt nun nicht, dass im Ernstfall auch alle Vorsorgemaßnahmen greifen.

BEHÖRDENFUNK UND BEHÖRDENNETZE 2.1.4.6

Der BOS-Funk steht in Deutschland vor einem Wechsel von dem alten analogen System zu einem neuen, digitalen System nach dem TETRA-Standard. In absehbarer Zeit soll TETRA für 500.000 Teilnehmer etwa bei der Polizei, den Feuerwehren, Rettungsdiensten, THW und Zoll flächendeckend eingeführt werden. Insgesamt müssen dazu rund 4.300 Antennenstandorte und 62 Vermittlungsstellen installiert werden (Hiete et al. 2010, F28).

Unter dem Aspekt der Stromabhängigkeit scheint die Umstellung auf TETRA eine Verschlechterung zu bringen. Während die alten Relaisstationen im analogen BOS-Funk noch über eine USV von vier bis acht Stunden verfügten, sind die Basisstationen bei TETRA nur noch auf eine batterieversorgte Überbrückung von zwei Stunden ausgelegt (Hiete et al. 2010, F30). Für den Fall eines großflächigen und langfristigen Stromausfalls wäre der Behördenfunk denkbar schlecht vorbereitet. Mobile, stromnetzunabhängig Funkstationen könnten zwar zum Einsatz kommen, es ist aber nicht bekannt, über wie viele solcher Ersatzstationen die TETRA-Betreiber verfügen.

Die »normale« Regierungskommunikation sowie die Kommunikation der Bundesverwaltung erfolgt über gesondert abgesicherte Netze, insbesondere den

IVBB, den IVBV und das Bundesverwaltungsnetz (BVN). Diese sollen in einer gemeinsamen, leistungsfähigeren und sicheren Netzinfrastruktur unter dem Titel »Netze des Bundes« (NdB) (Federführung BMI) zusammengefasst werden. Auch hier handelt es sich wie beim BOS-Funk um ein nichtöffentliches, besonders gegen äußeren Zugriff abgesichertes Daten- und Telekommunikationsnetz. Die zentralen Netze und Netzressourcen von IVBB und IVBV sind mit NSA mit einer Kapazität für in der Regel zwei bis drei Tage ausgestattet. Für die Netzinfrastruktur der NdB werden 72 Stunden Überbrückungskapazität angestrebt. Dabei ist allerdings zu beachten, dass es in gleicher Weise auf die Notstromvorsorge der einzelnen angeschlossenen Behörde ankommt, ob die NdB in Anspruch genommen werden können. Für die größeren Behörden und Institutionen im Raum Berlin und Bonn wird davon ausgegangen, dass diese überwiegend über NSA verfügen, die eine vergleichbare Kapazität wie die Netzinfrastruktur haben.

RUNDFUNK 2.1.4.7

Bei den Endgeräten sind insbesondere Fernsehempfänger in den Privathaushalten überwiegend von einer externen Stromversorgung abhängig. Da hier auch nicht mit einer Notstromversorgung gerechnet werden kann, fällt die Möglichkeit des Fernsehempfangs in der Regel sofort aus.

Radiogeräte gibt es in einer viel größeren Zahl und mit deutlich mehr Varianten, vom Autoradio über den Radiowecker bis zum Mobiltelefon mit Radioempfang. Viele dieser Geräte verfügen über Batterien oder Akkus, die einen Radioempfang in den ersten, oft besonders kritischen Stunden nach Ausbruch der Krise gewährleisten würden. Dies entspricht auch den Erfahrungen des Stromausfalls in Kanada 2003, wo das Radio in den ersten zwölf Stunden die wichtigste Informationsquelle darstellte (Kap. III.4.1; Public Safety Canada 2006, S. 23).[40]

Die öffentlich rechtlichen Rundfunkanstalten müssen einen gesetzlichen Versorgungsauftrag für Notfallkommunikation und -information erfüllen. Entsprechend verfügen die Rundfunkanstalten über Notfallstudios, mit denen ein reduzierter Produktionsbetrieb über mehrere Tage aufrechterhalten werden kann. In gleicher Weise ist die (terrestrische) Sendetechnik abgesichert (Prognos 2009, S. 82). Da die Recherchemöglichkeiten für die Redaktionen von Kommunikationsmitteln wie Telefon und Internet abhängen, kann es diesbezüglich zu Einschränkungen kommen, wenn z. B. Berichterstatter vor Ort ihre Informationen

---

40 Die eher anekdotischen Berichte von Bewohnern des Münsterlands über den Stromausfall 2005 bestätigen die Bedeutung des Radios (Cantauw/Loy 2009), während Prognos (2009, S. 38) – allerdings ohne weitere Quellenangabe – davon ausgeht, dass es in der Bevölkerung kaum noch stromnetzunabhängige Radiogeräte gegeben habe. In einer empirischen Studie zu den Folgen des Stromausfalls im Münsterland im Herbst 2005 für den Ernährungssektor wurde zwar nach der Nutzung von Kommunikationsmitteln gefragt, nicht aber systematisch nach der Nutzung von Radiogeräten (Gardemann/Menski 2008, S. 46 und Fragebogen S. 2 im Anhang).

2. FOLGENANALYSEN AUSGEWÄHLTER SEKTOREN KRITISCHER INFRASTRUKTUREN

in die Sendestudios übermitteln wollen oder wenn die Redaktion sich mit Personen vor Ort (Amtsträger, Einsatzkräfte, Bürger) in Verbindung setzen will.

PRESSE 2.1.4.8

Presse- und Druckunternehmen gehören zu den Großverbrauchern von Energie. Allein für die Zeitungsrotationsdruckmaschinen werden Strommengen in der Größenordnung einiger Hundert bis Tausend Haushalte benötigt. Da der Druck zwischen Redaktionsschluss und Vertrieb in nur wenigen Stunden als enorm zeitkritischer Prozess erfolgen muss, verfügen Zeitungsdruckereien üblicherweise über NSA, mit denen zumindest ein Notbetrieb aufrechterhalten werden kann. Von ähnlichen Vorkehrungen kann für die Redaktionssysteme ausgegangen werden, die viele Ähnlichkeiten mit großen Rechenzentren aufweisen. Die Erfahrungen aus dem großen kanadischen Stromausfall 2003 bestätigen diese Einschätzung (Kap. III.4.1).

Inwieweit die Zeitungsverlage und Großdruckereien über mehrere Tage und Wochen einen Notbetrieb aufrechterhalten könnten, hängt davon ab, wie gut der Nachschub von Diesel für die Notstromgeneratoren gewährleistet werden kann.

FAZIT 2.1.5

Die Folgen eines großräumigen, langfristigen Stromausfalls für Informationstechnik und Telekommunikation müssen als dramatisch eingeschätzt werden. Insbesondere die Telekommunikations- und Datendienste würden nach wenigen Tagen, teilweise bereits nach wenigen Stunden oder auch sofort ausfallen.

SPRACH- UND DATENKOMMUNIKATIONSINFRASTRUKTUR

Die hundertprozentige Elektrizitätsabhängigkeit aller Komponenten und die starke Vernetzung führen insbesondere im Bereich der von der Bevölkerung genutzten öffentlichen Sprach- und Datendienste zu einem schnellen, d.h. sofortigen oder höchstens Minuten bis Stunden verzögerten Ausfall. Somit ist deutlich, dass die Vorsorge für den Stromausfall auf kurzfristige und kleinräumige, nicht aber auf überregionale Stromausfälle über mehrere Tage und Wochen ausgerichtet ist.

Es gibt unterschiedliche Grade der Abhängigkeit von einer externen Stromversorgung in der komplexen Topologie der Informations- und Telekommunikationsnetze mit vielen Endgeräten, Vermittlungsstellen, Netzkomponenten und Netzhierarchien (Tab. 3): Bei der Festnetztelefonie fallen zuerst das (digitale) Endgerät und der Teilnehmeranschluss aus, danach die erste Vermittlungshierarchie, die Ortsvermittlungsstellen. Bei den Mobilfunknetzen sind es weniger die Endgeräte, die im aufgeladenen Zustand und bei mäßigem Gebrauch einige Tage funktionstüchtig sein können, sondern die Basisstationen, die die Einwahl in die Netze ermöglichen. Die Vielfalt der Geräte, Netze, Konfigurationen und Architekturen macht eine genaue Abschätzung schwierig, zu welchem Zeitpunkt bei der jeweiligen Komponente ein Ausfall droht. Letztlich ist das aber auch nicht entscheidend, da in einem Kommunikationsnetz die schwächste oder erste ausgefallene Komponente den gesamten Dienst zum Erliegen bringt.

TAB. 3   ZEITLICH GESTUFTE AUSFÄLLE IM SEKTOR »INFORMATIONSTECHNIK UND TELEKOMMUNIKATION«

	Endgeräte	Vermittlungstechnik	Backbonenetze
Festnetz (mit analogem Endgerät)	**	**	****
Festnetz (DSL-Anschluss, VoIP)	*	**	****
Mobiltelefon	***	**	****
Satellitenfunk	***	****	****
BOS	***	**	**
Internet	*	**	****
Behördennetze	***	***	***
Fernsehen	*	***	***
Hörfunk (batteriebetriebenes Radio, Autoradio)	****	****	****

* sofort; ** binnen Stunden; *** binnen Tagen; **** binnen Wochen

Lesehinweis: Hinsichtlich des Anfalls der jeweiligen Ebene ist zu beachten, dass jeweils das schwächste Glied über die Funktionsdauer entscheidet. Dieses ist unterlegt.

Quelle: eigene Darstellung

Was für die Sprach- und Datenkommunikation der privaten Haushalte festgestellt wurde, trifft nicht in gleicher Weise auf den Bereich der Unternehmen und Behörden zu. Hierzu lässt sich aber auf dem gegenwärtigen Informationsstand nur sagen, dass die Notstromversorgung von Informationstechnik und Telekommunikation in den Wirtschafts- und öffentlichen Bereichen von Fall zu Fall betrachtet werden müsste. Eine für alle Geräte und Netze gleichermaßen gültige Aussage, welche Anteile gut und welche eher schlecht oder gar nicht gegen einen Stromausfall gewappnet sind, ist nicht möglich.

Von den öffentlichen Netzen zu unterscheiden sind private, spezialisierte und nichtöffentliche Datennetze. Man denke etwa an die Zahlungsverkehrsnetze der Banken mit einer guten Vorsorge gegen den Stromausfall (Kap. III.2.6) oder das Deutsche Forschungsnetz (DFN), dessen Funktionsfähigkeit für wenige Stunden oder Minuten gesichert ist und damit die gleiche Vorsorge trifft wie seine »Kunden«, die Rechenzentren der Universitäten und wissenschaftlichen Institute. Bei solchen privaten Netzen können die Auftraggeber (etwa der Bankenverband oder das Deutsche Forschungsnetz) den Dienstleistern (Telekom oder alternative TK-Anbieter) das Niveau der Notstromversorgung vorschreiben. Die Kommunikationsnetze des Bundes, etwa der IVBB oder der IVBV, sind ebenfalls nichtöffentlich. Diese Netze können in der Regel mindestens 48 Stunden mit NSA betrieben werden.

Das sich in der Einführung befindliche digitale BOS-Netz für Polizei, Rettungsdienste, Feuerwehren und THW dagegen verfügt an seinen Antennenstandorten nur über eine netzunabhängige Stromversorgung mit einer Kapazität von zwei Stunden. Es verbleiben im Wesentlichen zwei (elektronische) Kommunikationsmittel – Amateur- und Satellitenfunk –, die wegen des geringen Stromverbrauchs bzw. dem Ausweichen auf Sendestandorte außerhalb des betroffenen Gebiets auch bei einem großräumigen und länger andauernden Stromausfall einsatzfähig bleiben. Es ist unmittelbar einsichtig, dass diese beiden Funktechniken nur für einen minimalen Ersatz der üblichen Kommunikationsströme sorgen können.

MASSENMEDIEN

Der von den Sprach- und Datenkommunikationsdiensten abzugrenzende Bereich der gedruckten (Zeitungen) und elektronischen Massenmedien (Fernsehen, Hörfunk) ist für die »Krisenkommunikation« der Bevölkerung von besonderer Bedeutung. Die öffentlich-rechtlichen Sendeanstalten sind auf einen Stromausfall recht gut vorbereitet. Dies trifft auf die Empfängerseite in den Haushalten nicht zu. Die Rundfunkanstalten können zwar senden, der Bürger kann aber ohne Strom kein Fernsehprogramm empfangen. Dadurch wird der Hörfunk, der über millionenfach in der Bevölkerung vorhandene akku- und batteriebetriebene Geräte empfangen werden kann, zu einem der wichtigsten Kanäle für die Information der Bevölkerung im Krisenfall. Zeitungsverlage und -druckereien mögen eine gewisse Notstromfähigkeit besitzen und zur Information der Bevölkerung beitragen. Die diesbezüglichen Einschätzungen sind aber schwankend und bedürften weiterer Recherchen.

TRANSPORT UND VERKEHR	2.2

Die Analyse des Sektors »Verkehr« erfolgt nach den vier zentralen Verkehrsträgern: Straße, Schiene, Luft, Wasser.

Alle Teilsektoren sind stark von der Stromversorgung abhängig. Dies betrifft sowohl die Transportmittel als auch die Infrastrukturen sowie die Organisation und Steuerung des entsprechenden Verkehrsträgers. Ein zentraler Grund für die in den letzten Jahrzehnten gewachsene Abhängigkeit von der Stromversorgung ist der stark gestiegene Einsatz moderner Informations- und Kommunikationstechnologien insbesondere in Fahrzeugen und bei der Verkehrsleitung, aber auch beim Betrieb verschiedener Baulichkeiten wie Tiefgaragen, Tunnel oder Brücken.

STRUKTUR 2.2.1

STRASSE

Deutschland hat ein Straßennetz mit einer Gesamtlänge von rund 231.000 km. Dieses umfasst die Bundesautobahnen (ca. 12.600 km), die Bundesstraßen (ca. 40.700 km), die Landesstraßen (ca. 86.600 km) sowie die Kreisstraßen (ca. 91.500 km). Es gibt mehr als 330 Straßentunnel mit einer Gesamtlänge von über 250 km.

Auf der Straße werden der gesamte MIV sowie ein großer Teil des Güter- und des ÖPNV abgewickelt. Täglich benutzen über 28 Mio. Menschen Busse und Bahnen und legen dabei jährlich über 90 Mrd. Personenkilometer in Deutschland zurück (Homepage VDV). Die Teile des ÖPNV, die auf vom Straßenverkehr getrennten Schienennetzen verkehren (z. B. Züge der DB AG, U-Bahnen), sind Gegenstand von Kapitel III.2.2.3.2.

Der Teilsektor Straße (Abb. 10) erfüllt eine Vielzahl an Funktionen in Bereichen wie Freizeit, Geschäftsverkehr, Pendlerverkehr, Versorgung mit Gütern sowie Notfall/Rettung.

ABB. 10 STRUKTUREN DES VERKEHRSTRÄGERS STRASSE

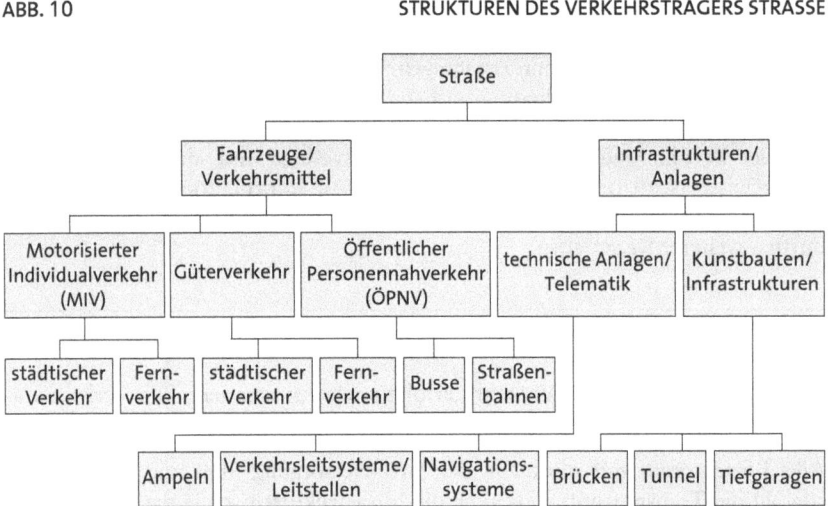

Quelle: EBP 2010, S. 89

SCHIENE

In Deutschland hat das Schienennetz der Deutschen Bahn AG (DB AG) eine Länge von rund 38.000 km, auf denen Züge im Personenverkehr[41] und rund 5.400 Güterzüge von DB Schenker Rail (Logistikunternehmen der DB AG) täglich bewegt werden können. Zudem nutzen deutschlandweit über 300 weitere (private) Bahnen, die nicht zur DB gehören, deren Schienennetz. Diese verfügen über eigene elektrische und dieselbetriebene Wagen. Zu den größten Privatbahnen für den Personenverkehr zählt die Connex-Gruppe. Ein wichtiger Akteur im Güterverkehr ist Rail4Chem Eisenbahnverkehrsgesellschaft. Zum Netz der DB gehören auch weitere Infrastrukturen (Tab. 4).

TAB. 4   INFRASTRUKTUREN DES DB-NETZES

Infrastruktur	Anzahl
Personenbahnhöfe	5.718
Tunnelbauwerke	770
Brücken	27.107
Stellwerke*	4.479
Weichen/Kreuzungen	69.311
Bahnübergänge	18.051
Tankstellen (für Dieselloks und Busse)	188

* Ein Stellwerk ist eine Bahnanlage, von der aus Einrichtungen im und am Schienenfahrweg, wie Weichen und Signale, zur Durchführung von Zugfahrten und beim Rangieren zentral gestellt werden.

Quelle: EBP 2010, S. 105

Im Bereich *Personenverkehr* verfügt die DB AG im Regional- und Stadtverkehr über insgesamt 415 Diesellokomotiven und 3.969 Dieseltriebwagen, die Connex-Gruppe über ca. 118 Diesellokomotiven. Insgesamt stehen also allein bei den beiden großen Unternehmen mindestens 4.500 Diesellokomotiven bzw. Triebwagen zur Verfügung, die bei einem Stromausfall eingesetzt werden könnten. Im Bereich *Güterverkehr* setzt die DB Tochter Rail Deutschland über 1.143 Diesellokomotiven ein. Die Versorgung mit Bahnstrom für den Bahnverkehr erfolgt durch 55 Kraft-, Umformer- und Umrichterwerke. Durch diese wird das bahneigene 110-kV-Netz gespeist. Die DB betreibt kaum eigene Kraftwerke, sondern bezieht den Bahnstrom überwiegend von Dritten.

---

41 Nach eigenen Angaben befördert die Deutsche Bahn AG täglich etwa 5 Mio. Passagiere (BBK 2008a, S. 121).

Die Versorgung von Weichen, Signalanlagen, Sicherungssystemen, Instandhaltungswerken, aber auch von Handel und Gewerbe in den Bahnhöfen und in ihrem Umfeld sowie von Verwaltungsgebäuden erfolgt nicht über das Bahnstromnetz, sondern dezentral über etwa 100 verschiedene 50-Hz-Licht-/Kraftstromnetze. Der 50-Hz-Licht-/ Kraftstrom wird überwiegend dem dezentralen öffentlichen Netz entnommen und nur zu einem geringen Teil von der DB AG selbst produziert. Fällt das öffentliche Netz aus, sind oben genannte Anlagen und Infrastrukturen umgehend betroffen.

Als Schwachstelle könnte sich die zentrale Steuerung des 110-kV-/16,7-Hz-Hochspannungsnetzes erweisen. Hier finden die Energieeinsatzplanung und die Netzbetriebsführung für das Hochspannungsnetz der DB Energie statt, und Bedarfsschwankungen von bis zu 300 MW werden innerhalb weniger Sekunden ausgeglichen. Störungen in der Zentrale können sich insoweit auf die Planung und die Koordinierung der Stromverteilung und damit auf den optimalen Betrieb des Bahnstromnetzes auswirken (BBK 2005a).

DB Energie verfügt in Deutschland über 188 Tankstellen, an denen Dieselschienenfahrzeuge, teilweise auch Busse und Lkw betankt werden können.

ABB. 11	STRUKTUREN DES VERKEHRSTRÄGERS SCHIENE

Quelle: EBP 2010, S. 108

U-Bahnen sind im Gegensatz zu den oberirdischen Bahnen in der Regel Schienenverkehrssysteme, die als eigenständige Systeme kreuzungsfrei und unabhängig

2. FOLGENANALYSEN AUSGEWÄHLTER SEKTOREN KRITISCHER INFRASTRUKTUREN 97

von anderen städtischen Verkehrssystemen konzipiert sind.[42] Sie bilden geschlossene Systeme, die von einem Stromausfall umgehend betroffen sind. Täglich werden in Deutschland mehrere Mio. Menschen mit der U-Bahn befördert.

Der Teilsektor Schiene (Abb. 11) erfüllt primär Funktionen in den Bereichen Pendlerverkehr, Geschäftsverkehr, Freizeit sowie Versorgung.

LUFT

Der Teilsektor Luft lässt sich in Flugplätze[43], Luftfahrzeuge und Flugsicherung unterteilen (Abb. 12).

ABB. 12	STRUKTUREN DES SEKTORS FLUGVERKEHR

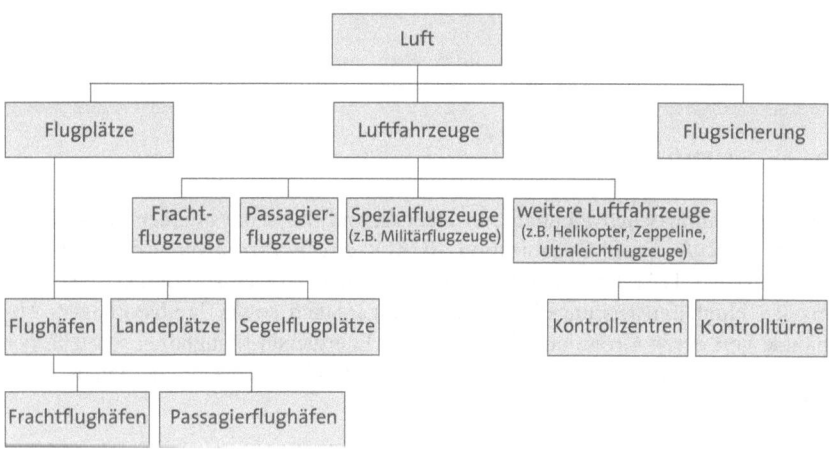

Quelle: EBP 2010, S. 123

Die Funktionen des Teilsektors Luft liegen primär in den Bereichen Reise-/Geschäftsverkehr[44] und Versorgung.

Es gibt in Deutschland zurzeit 38 Flughäfen, davon 32 internationale Verkehrsflughäfen. Die Flughäfen werden als privatrechtliche Unternehmen geführt, an

---

42 Viele deutsche Städte und Ballungsräume haben U-Bahn-ähnliche Systeme, deren Strecken auch außerhalb der Tunnel zum Teil auf unabhängigen Bahnkörpern verlaufen.
43 Flugplatz ist der Oberbegriff für alle Gelände, deren Zweck die Durchführung sicherer Starts und Landungen von Flugzeugen ist. Nach dem Luftfahrtverkehrsgesetz (LuftVG) unterscheidet man innerhalb der Flugplätze zwischen einem Flughafen, einem Landeplatz und einem Segelflugplatz (EBP 2010, S. 121).
44 Das jährliche Passagieraufkommen im Frankfurter Flughafen beträgt etwa 56 Mio. Passagiere.

denen zum Teil die öffentliche Hand (Bund, Länder und Gemeinden) finanziell beteiligt ist. Die folgende Abbildung 13 zeigt die Strukturen eines Flughafens.

ABB. 13 STRUKTUREN EINES FLUGHAFENS

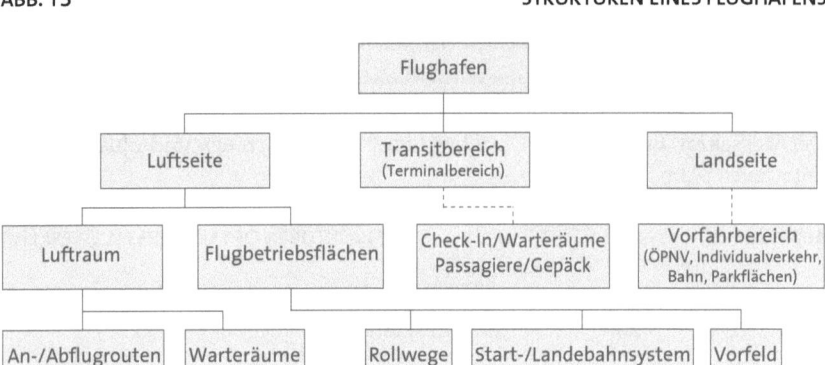

Quelle: EBP 2010, S. 124

Die nichtmilitärischen Flughäfen in Deutschland müssen Vorgaben der International Civil Aviation Organization (ICAO) zur Notstromversorgung erfüllen (EBP 2010, S. 121). Um einen Grundbetrieb[45] sicherstellen zu können, haben die großen Flughäfen leistungsfähige Netzersatzanlagen sowie Treibstofflager. Abhängig von deren Größe und der benötigen Energie sind Flughäfen somit in der Lage, zumindest den Grundbetrieb einige Wochen aufrechtzuerhalten (EBP 2010, S. 122).

NOTSTROMVERSORGUNG IM FLUGHAFEN FRANKFURT AM MAIN

Eine besondere Bedeutung kommt auf einem Flughafen den Einrichtungen der Flugsicherung und der Befeuerung der Start- und Landebahnen zu. Über Schnellbereitschaftsanlagen für höchste Verfügbarkeit wird die Bahnbefeuerung gewährleistet. USV-Anlagen sichern die Einrichtungen der Flugsicherung. Spezielle Batterien speichern hier den Strom für den Notfall.

Rund 50 Notstromdieselanlagen sind über die gesamte Fläche des Frankfurter Flughafens verteilt und mit speziellen Starterbatterien versehen. Sie sichern die Verbraucherversorgung in den verschiedenen Anwendungen und Anlagen. Insgesamt stellen diese Notstromgeneratoren eine elektrische Leistung von 53 MW zur Verfügung. Separate 24-V-Steuerbatterien sichern die Anlagen-

---

45 Grundbetrieb umfasst hier die Sicherstellung der Möglichkeit von Starts und Landungen sowie die Gewährleistung der Abfertigung von Passagieren und Gepäck.

steuerung, Überwachung und Meldung, mit 400-V-USV-Batterien wird die Versorgung von Rechnersystemen gewährleistet.

Weitere Batterien halten die notwendige Reserveenergie für die zentrale Leitwarte und deren Rechnersysteme in Bereitschaft. Von hier wird neben der internen Stromversorgung auch die Klimatechnik des Flughafens überwacht und gesteuert.

Quelle: www.batterieportal.com; geändert

Diese Aufrechterhaltung des Grundbetriebs an Flughäfen ermöglicht jedoch keinen geregelten Flugverkehr während des Stromausfalls.

WASSER

Das Netz der Bundeswasserstraßen umfasst ca. 7.350 km Binnenwasserstraßen, davon entfallen ca. 75 % auf Flüsse und 25 % auf Kanäle. Dazu zählen auch ca. 23.000 km² Seeschifffahrtsstraßen. Zu den Anlagen an den Bundeswasserstraßen gehören u. a. 450 Schleusenkammern und 290 Wehre, vier Schiffshebewerke, 15 Kanalbrücken sowie zwei Talsperren. Zum Hauptnetz mit ca. 5.100 km zählen die Magistralen Rhein (mit Nebenflüssen), Donau, Weser und Elbe sowie die verbindenden Kanalsysteme bis zur Oder und zur Donau (BMVBS 2010). Die deutschen Bundeswasserstraßen sind ein wesentlicher Bestandteil des »nassen« Transeuropäischen Verkehrsnetzes (TEN).

Jährlich werden Gütermengen von bis zu 240 Mio. t transportiert, mit einer Transportleistung von 65 Mrd. tkm. Dies entspricht fast 75 % der Güterverkehrsleistung der Eisenbahnen bzw. rund 14 Mio. Lkw-Fahrten. Im Binnenschiffsverkehr werden etwa 1,5 Mio. Container (TEU)[46] befördert. Von Binnenschifffahrt und Häfen sind ca. 400.000 Arbeitsplätze abhängig. Ferner haben die »Weißen Flotten«[47] und die Flusskreuzfahrtschiffe eine zunehmende wirtschaftliche Bedeutung (BMVBS 2010).

Es gibt mehr als 100 moderne öffentliche See- und Binnenhäfen. 56 von 74 Großstadtregionen in Deutschland haben einen Wasserstraßenanschluss (BMVBS 2010). Als die wichtigsten deutschen Seehäfen gelten Hamburg, Bremen/Bremerhaven, Wilhelmshaven, Lübeck und Rostock, als die wichtigsten deutschen Binnenhäfen Duisburg, Köln, Hamburg, Mannheim, Ludwigshafen. Der Duisburger Hafen ist der größte Binnenhafen Europas (EBP 2010, S. 135).

---

46 TEU = Twenty Foot Equivalent Unit; Container mit der Länge von 20 Fuß
47 Weiße Flotte bezeichnet die Fahrgastschiffe mehrerer deutscher Personenschifffahrtsgesellschaften (auf Binnen- und Küstengewässern).

DER HAMBURGER HAFEN

Der Hamburger Hafen ist der größte Seehafen Deutschlands und der drittgrößte Europas (nach Rotterdam und Antwerpen).

Er bietet 320 Liegeplätze für Seeschiffe an 35 km Kaimauer, davon 38 Großschiffsliegeplätze für Container- und Massengutschiffe, 97 Liegeplätze an Dalben und 60 Landeanleger einschließlich Fähranleger der HADAG Seetouristik und Fährdienst AG.

Durch die Landflächen führen 137 km öffentliche Straßen, 156 km Uferstrecken und 314 km Hafenbahngleise. Es gibt drei Straßen- und Fußgängertunnel und 147 Brücken, davon 53 feste Eisenbahnbrücken, 52 feste Straßenbrücken, fünf Fußgängerbrücken, neun sonstige und elf bewegliche Brücken.

In den deutschen Nord- und Ostseehäfen wurden im Jahr 2007 ca. 312 Mio. t Güter umgeschlagen. Davon entfiel über ein Drittel auf den Containertransport, mit einer Stückzahl von 15,2 Mio. TEU.[48] Im Personenseeverkehr kommen und verlassen über 30 Mio. Fahrgäste jährlich deutsche Seehäfen.

Der Verkehrsträger Wasser (Abb. 14) erfüllt primär Versorgungsfunktionen. Die Bedeutung für die Bereiche Freizeit und Geschäftsverkehr (z. B. Fähren oder Kreuzfahrtschiffe) ist geringer (EBP 2010, S. 136).

ABB. 14	STRUKTUREN DES VERKEHRSTRÄGERS WASSER

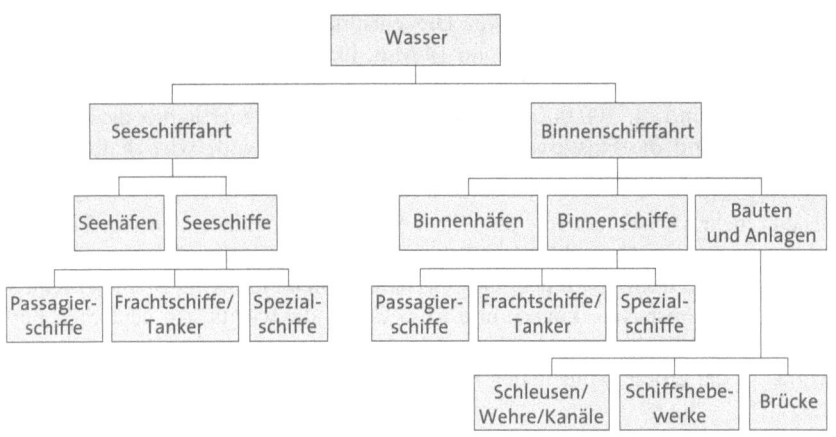

Quelle: EBP 2010, S. 137

---

48 Davon werden rund 10 Mio. TEU im Hamburger Hafen umgeschlagen.

RECHTLICHE GRUNDLAGEN 2.2.2

Im Katastrophenfall spielen Transportmittel eine zentrale Rolle für die Bewältigung der Folgen und Schäden. Deshalb kommt dem VerkLG besondere Bedeutung zu.

Das Gesetz soll ausreichende Verkehrsleistungen – beispielsweise bei einer Naturkatastrophe oder einem besonders schweren Unglücksfall – u. a. im Rahmen der Amtshilfe des Bundes sicherstellen.[49] Dazu gehören die Beförderung von Personen und Gütern, das Überlassen von Verkehrsmitteln und -anlagen sowie die Nutzung der Verkehrsinfrastruktur einschließlich der Kommunikations- und Informationssysteme. Zu Leistungen verpflichtet werden können Verkehrs- und Verkehrsinfrastrukturunternehmen (außer Bergbahnen), Reeder, die unter deutscher Flagge fahren, sowie sonstige Eigentümer und Besitzer von Verkehrsmitteln oder von Verkehrsinfrastrukturen, wenn diese zum Betrieb eines Unternehmens gehören. Verkehrsleistungen im Sinne dieses Gesetzes dürfen nur auf bestimmte Zeit, längstens für die Dauer von drei Monaten, angefordert werden. Anforderungsberechtigte Bundesbehörden sind u. a. das BBK, die Bundesanstalt für Landwirtschaft und Ernährung (BLE) und das THW. Das VerkLG kann seine Wirkung aber erst durch einen Beschluss der Bundesregierung über dessen Anwendung entfalten.

STRASSE

Im gesamten Bereich Straßenverkehr finden sich – mit Ausnahme des Sicherstellungsrechts – praktisch keine gesetzlichen Regeln für die Absicherung kritischer Infrastrukturen. Lediglich im Personenbeförderungsrecht gibt es Anknüpfungspunkte wie im Personenbeförderungsgesetz (PBefG) mit der »Sicherheit und Leistungsfähigkeit des Betriebes« sowie mit der »fachliche(n) Eignung« als Genehmigungsvoraussetzung (§ 13) Darüber hinaus muss der Unternehmer den Betrieb dem »Stand der Technik« (§ 21 Abs. 1) entsprechend führen. Es ist davon auszugehen, dass darunter auch Maßnahmen bei Stromausfällen fallen (EBP 2010, S. 85).

SCHIENE

Nach Artikel 73 Nr. 6a GG steht dem Bund die ausschließliche Gesetzgebungskompetenz für den Verkehr von Eisenbahnen und für Eisenbahninfrastrukturen zu, die ganz oder teilweise im Eigentum des Bundes stehen (Eisenbahnen des Bundes). Im Allgemeinen Eisenbahngesetz (AEG) sind in § 4 Sicherheitspflichten bezüglich des Betriebs genannt, die Steuerungs- und Sicherheitssysteme ebenso

---

49 Auf der Grundlage des VerkLG sind beispielsweise der Deutschen Bahn AG Aufgaben für den Krisen- und Verteidigungsfall übertragen worden, die durch den Bereich zivile Notfallvorsorge umgesetzt werden (BBK 2008a, S. 123).

wie die Versorgung mit Fahrstrom betreffen (BBK 2008a, S. 123). Die Aufgaben der Eisenbahnverkehrsverwaltung des Bundes (BEVVG) werden vom Bundesministerium für Verkehr, Bau und Stadtentwicklung (BMVBS) wahrgenommen (§ 1 Abs. 1 BEVVG). Zur Erfüllung dieser Aufgaben ist das Eisenbahn-Bundesamt errichtet worden. Es ist *Sicherheitsbehörde* für die Eisenbahnen in Deutschland.

Die nichtbundeseigenen Eisenbahnen mit Sitz in der Bundesrepublik werden von dem Land beaufsichtigt, in dem sie ihren Sitz haben. Die jeweilige Landesregierung kann die *Eisenbahnaufsicht* ganz oder teilweise dem Eisenbahn-Bundesamt übertragen (§ 21 Abs. 1 AEG). Hiervon haben die meisten Bundesländer Gebrauch gemacht.

Schließlich besteht eine Vielzahl von sicherheitsbezogenen Normen, sodass hier über die Aufsichtsfunktionen staatliche Einflussnahmemöglichkeiten bestehen (BSI 2005, S. 117).

LUFT

Nach Artikel 73 Nr. 6 GG hat der Bund die ausschließliche Gesetzgebungskompetenz für den Luftverkehr. Die Luftverkehrsverwaltung wird nach Artikel 87d Abs. 1 GG in bundeseigener Verwaltung geführt. Nach Artikel 87d Abs. 2 GG können Aufgaben der Luftverkehrsverwaltung den Ländern als Auftragsverwaltung durch Bundesgesetz mit Zustimmung des Bundesrates übertragen werden. Die Länder regeln dann selbst die Verwaltungsorganisation. Allerdings unterstehen sie der Bundesaufsicht sowohl im Hinblick auf die Recht- als auch auf die Zweckmäßigkeit der Ausführung (BSI 2005, S. 108).

Flugplätze dürfen nur mit Genehmigung der Luftfahrtbehörden der Länder angelegt oder betrieben werden. Hierbei sind unter anderem Aspekte der öffentlichen Sicherheit und Ordnung zu berücksichtigen (§ 6 Abs. 2 Luftfahrtverkehrsgesetz). Als oberste Luftfahrtbehörde stellt das BMVBS fest, ob die Genehmigungen für Flughäfen, die dem allgemeinen Verkehr dienen, die öffentlichen Interessen des Bundes berühren. Dabei werden die technischen Ausrüstungen sowie die Betriebsabläufe auf ihre Übereinstimmung mit den geltenden nationalen wie internationalen Vorschriften geprüft. Jeder Flugplatz muss einen Luftsicherheitsplan erstellen und ihn dem Luftfahrt-Bundesamt vorlegen (§ 16 Abs. 3 LuftSiG). Darin sind Maßnahmen zur Sicherung des Flugplatzes festgehalten. Entsprechende Vorkehrungen sind zu treffen. Flughafenunternehmer haben Vorkommnisse, die den Betrieb des Flughafens wesentlich beeinträchtigen, unverzüglich der Genehmigungsbehörde zu melden.

Die Gefahrenabwehr im Luftverkehr wird von den Luftfahrt- und den Luftsicherheitsbehörden wahrgenommen. Erfasst werden auch betriebsbedingte Gefahren, zu denen ein Stromausfall zu rechnen ist (EBP 2010, S. 86).

WASSER

Für die Schifffahrt finden sich keine expliziten auf die Absicherung der Infrastruktur bezogenen gesetzlichen Vorschriften (BSI 2005, S. 87). Für den Umgang mit gefährlichen Gütern sind aber in den Bundesländern auf Verordnungsebene besondere Sicherungsmaßnahmen vorgesehen.[50] Demnach müssten auch entsprechende Vorkehrungen gegen einen Stromausfall getroffen werden.

FOLGEN 2.2.3

STRASSE 2.2.3.1

NULL BIS ZWEI STUNDEN

MIV

Aufgrund ausgefallener Ampelanlagen, Verkehrsleitsysteme und Straßenbeleuchtungen kommt es unmittelbar zu starken Behinderungen vor allem in städtischen Gebieten. Es ist eine deutliche Zunahme an Verkehrsunfällen zu beobachten – mit Verletzten und vereinzelten Todesopfern. Aufgrund zunehmend verstopfter Straßen (durch Unfälle, aber auch aufgrund des hohen Verkehrsaufkommens) wird es für Polizei und Rettungsdienste schwierig, zu den Unfallstellen zu gelangen. Hinzu kommt, dass aufgrund der Ausfälle in den Telefonnetzen die Alarmierung der Rettungskräfte deutlich erschwert wird (Kap. III.2.1). Wegen ausgefallener Pumpen kann an den Tankstellen nicht mehr getankt werden (Beck/Vannier 2008).

Zu umgehenden Behinderungen kommt es in *Tiefgaragen*: Schranken blockieren die Ausfahrt; Belüftung, Beleuchtung und Aufzüge fallen aus. Allerdings sind bei einigen moderneren Gebäuden Komponenten der Tiefgaragen an eine USV und eine Netzersatzanlage angeschlossen, sodass es hier zunächst noch zu keinen Behinderungen kommt. In Garagen ohne Notstromversorgung werden nach Protesten der Kunden die Schranken geöffnet.

Der Fernverkehr auf den Autobahnen ist vom Stromausfall zunächst kaum betroffen. Verkehrsleitsysteme fallen zwar aus, die Funktion der Autobahnen ist aber nicht grundsätzlich eingeschränkt. Probleme entstehen jedoch bei Autobahntunneln. Diese werden z. T. geschlossen, weil Licht und Belüftung ausfallen.[51]

---

50 Beispielsweise Landeshafenverordnung Brandenburg §§ 31 ff., Hafengefahrgutverordnung Mecklenburg-Vorpommern §§ 13 f., Allgemeine Hafenverordnung Nordrhein-Westfalen §§ 30 ff.

51 Kleine Tunnel (unter 400 m) sind im Hinblick auf Lüftung und Beleuchtung weniger kritisch. Hier gibt es auch keine spezifischen Vorgaben für die Stromversorgung. Tunnel mit einer Länge über 400 m müssen gemäß der »Richtlinien für die Ausstattung und den Betrieb von Straßentunneln« (RABT) ausgestattet sein und verfügen über eine USV, die für die Dauer von mindestens 15 Minuten ausgelegt sein muss. Bei einem Stromausfall werden die Tunnel gesperrt. Dies gilt bei Neubauten für Tunnel schon ab einer Länge von 80 m (EBP 2010, S. 91).

Die Folge sind erste Staus sowie Engpässe im untergeordneten Straßennetz aufgrund von Ableitungen. Auswirkungen hat der Stromausfall auch auf Autofahrer, die innerhalb des vom Stromausfall betroffenen Gebiets tanken müssen und an Tankstellen von der Autobahn abfahren. Da die Treibstoffpumpen an den Tankstellen ausfallen, bleiben Fahrzeuge auf der Weiterfahrt liegen. Teilweise entschließen sich Personen, die Weiterfahrt zu unterbrechen und zu warten, bis der Strom wieder da ist (EBP 2010, S. 90).

ÖPNV

Im Öffentlichen Personennahverkehr bleiben Elektrobusse, die Kontakt mit einer Oberleitung haben, und Straßenbahnen umgehend stehen. Elektrobusse, die mit einem dieselbetriebenen Hilfsmotor ausgerüstet sind, fahren weiter, um den Verkehrsfluss nicht weiter zu behindern. Die Fahrer von stehengebliebenen Fahrzeugen nehmen mit ihren Zentralen Kontakt auf, um den Grund für den Ausfall zu erfahren. Sobald klar ist, dass zur Dauer des Stromausfalls keine Aussagen gemacht werden können, öffnen die Fahrzeugführer die Türen, um den Passagieren das Aussteigen zu ermöglichen. Abhängig vom Ort des Stillstands besteht eine erhöhte Unfallgefahr (EBP 2010, S. 90). Dieselbetriebene Busse können weiterhin fahren. Ihre Tanks ermöglichen einen Einsatz von bis zu 24 Stunden. Das Einhalten der Fahrpläne ist aufgrund der zunehmenden Behinderungen auf den Straßen allerdings kaum noch möglich.

In den Zentralen der ÖPNV-Betriebe herrscht große Anspannung. Abhängig von den noch zur Verfügung stehenden Kommunikationsmitteln wird versucht, von den zuständigen Stellen Informationen über die Dauer des Stromausfalls zu bekommen.

Güterverkehr

Im Güterverkehr auf Straßen in städtischen Gebieten kommt es zu vergleichbaren Behinderungen wie beim MIV. Der Güterfernverkehr ist vom Stromausfall zunächst nicht direkt betroffen. Aufgrund der größeren Tankvolumina sind ein Transit durch das betroffene Gebiet und eine Betankung außerhalb in der überwiegenden Zahl der Fälle möglich. Behinderungen gibt es, wenn Tunnel gesperrt sein sollten. Bei Lieferungen in das vom Stromausfall betroffenen Gebiet kommt es zu Problemen beim Be- und Entladen (z. B. fallen Laderampen aus, Tore schließen oder öffnen nicht, Scanner fallen aus).

ZWEI BIS ACHT STUNDEN

MIV

Beim Motorisierten Individualverkehr lösen sich die Verkehrsprobleme vor allem in den städtischen Ballungszentren gegen Ende dieses Zeitfensters nur allmählich auf – abhängig von der Tageszeit unterschiedlich schnell. Die Fahrer versuchen, mit den ausgefallenen Ampeln und Verkehrsleitsystemen zurechtzukommen. Dennoch kommt es weiterhin zu Unfällen, insbesondere an neuralgischen Punkten. Von den Personen, deren Arbeitsstätten vom Stromausfall betroffen sind und für die ein (Weiter-)Arbeiten nicht möglich ist, kehrt ein Großteil nach Hause zurück. Eltern versuchen vermehrt, Kontakt zu ihren Kindern aufzunehmen, um diese mit dem Auto abzuholen. Dadurch bleibt das Verkehrsaufkommen nach wie vor hoch.

In einigen Tiefgaragen ohne Notstromversorgung demontieren oder öffnen Personen, die hinausfahren möchten, gewaltsam die Schranken, die vom Personal noch nicht geöffnet wurden (EBP 2010, S. 93).

Der Fernverkehr auf den Autobahnen ist weiterhin kaum betroffen. Geschlossene Tunnel bleiben jedoch noch gesperrt.[52] Die Anzahl Personen, die an Autobahnraststätten nicht weiterfahren, da ihre Tanks leer oder nahezu leer sind, nimmt tendenziell zu. Mobilfunk- und Festnetz sind in dieser Phase immer weniger verfügbar. Sich von Verwandten oder Bekannten abholen zu lassen, ist damit kaum noch möglich (EBP 2010, S. 92).

ÖPNV

Der öffentliche Verkehr ist weiterhin stark beeinträchtigt. Die städtischen Verkehrsbetriebe versuchen, liegengebliebene Busse und Straßenbahnen mit zugkräftigem Gerät abzuschleppen. Bei Straßenbahnen ist der Aufwand hoch, da Weichen nicht mehr elektrisch, sondern manuell gestellt werden müssen. Dieselbetriebene Busse sind weiterhin im Einsatz. In dieser Phase werden die Verkehrsbetriebe einen Notfahrplan ins Auge fassen, wodurch Busfahrten auf besonders wichtige Routen begrenzt werden.

Güterverkehr

Auch der Güterverkehr hat in den Städten mit Problemen zu kämpfen. Lkw müssen vermehrt zu ihrem Ausgangsort zurückkehren, da sie ihre Waren nicht abliefern können. Dies ist dann der Fall, wenn die für die Anlieferung notwendige stromabhängige Infrastruktur am Zielort (z. B. Laderampen, Rolltore, Kühlräume) nicht über Notstromversorgung verfügt und deshalb ausfällt.

---

52 Die Vorschriften für Tunnelsperranlagen (elektronisch gesteuerte Verkehrszeichen, Ampeln und Schranken) gemäß der »Richtlinien für die Ausstattung und den Betrieb von Straßentunneln« (RABT) verlangen eine Betriebszeit von mindestens 60 Minuten (FGSV 2006, S. 44).

ACHT BIS 24 STUNDEN

MIV

Der Motorisierte Individualverkehr in städtischen Gebieten nimmt tendenziell ab. Die Bevölkerung bleibt zunehmend zuhause, da auch die Arbeitsstätten vom Stromausfall betroffen sind. Auch versucht man, die deutlicher werdenden Folgen des Stromausfalls im eigenen Haushalt in den Griff zu bekommen (z. B. Auftauen von Tiefkühltruhen, Ausfall weiterer Küchengeräte, Störung der Wasserversorgung). Es kommt weiterhin zu Unfällen, da sich die Bevölkerung noch nicht an einen Straßenverkehr ohne Ampeln und Beleuchtung gewöhnt hat. Viele Straßen und Kreuzungen sind immer noch blockiert. Tankstellen bleiben geschlossen. Die meisten Fahrzeughalter haben ihre Autos aus den Tiefgaragen geholt.

Der Fernverkehr auf den Autobahnen ist – abgesehen von den immer noch geschlossenen Tunneln – weiterhin kaum betroffen. Die Lage der an Raststätten und Tankstellen »gestrandeten« (und nicht von Verwandten und Bekannten abgeholten) Personen wird allerdings zunehmend prekärer, da sowohl die Kommunikationsverbindungen weitgehend unterbrochen sind als auch der Betrieb der Raststätten nur noch teilweise aufrechterhalten werden kann (Heizung, sanitäre Anlagen, Küche u. Ä.). Einige versuchen, sich in Eigeninitiative zu organisieren oder Treibstoff zu beschaffen.

ÖPNV

Die Situation im Öffentlichen Personennahverkehr ist unverändert. Weiterhin blockieren liegengebliebene Busse und Straßenbahnen die Verkehrswege. Verstärkt wird versucht, diese abzuschleppen. Aufgrund der Auswirkungen des Stromausfalls auf die Kommunikationsinfrastruktur wird dies jedoch zunehmend schwieriger. Dieselbetriebene Busse sind noch vereinzelt im Einsatz. Notfahrpläne sind noch nicht in Kraft (EBP 2010, S. 93).

Güterverkehr

Der Güterverkehr in städtischem Gebiet geht ebenso wie der MIV kontinuierlich zurück. Der Transitverkehr von Lkw mit ausreichend gefüllten Tanks ist weiterhin wenig betroffen.

24 STUNDEN BIS EINE WOCHE

MIV

Der Motorisierte Individualverkehr geht nun deutlich zurück. Zum einen aufgrund des Treibstoffmangels, da so gut wie alle Tankstellen in Deutschland über keine Notstromversorgung verfügen. Zudem bleiben Arbeits- und Bildungsstätten sowie der stationäre Handel weitgehend geschlossen. Als Folge nimmt die

Zahl der Unfälle deutlich ab (EBP 2010, S. 94). Die Bevölkerung steigt vermehrt auf Fahrräder um. Zum Transport von Lasten kommen zunehmend Fahrradanhänger zum Einsatz. Die Notstromversorgung auch moderner Tiefgaragen funktioniert nicht mehr. Die Garagen werden deshalb geschlossen. Der Fernverkehr auf den Autobahnen bleibt weiterhin kaum betroffen. Einzelne Straßentunnel werden wieder freigegeben, um den Verkehrsfluss zu fördern (EBP 2010, S. 95).

ÖPNV

Liegengebliebene Straßenbahnen und Busse werden nach und nach geborgen. Ein Einsatz elektrisch betriebener Fahrzeuge ist weiterhin nicht möglich. Die Verkehrsbetriebe realisieren einen Notfahrplan mit Dieselbussen.

Güterverkehr

Der Güterverkehr in städtischen Gebieten geht ebenfalls deutlich zurück. Zunehmend werden Lkw mit ausreichend großen Tanks dazu verwendet, um Lieferungen mit existenziellen Gütern in die betroffenen Gebiete zu bringen.[53]

EIN BLICK IN WOCHE 2

Die Straßen sind nur noch wenig befahren. Tiefgaragen bleiben geschlossen. Die Bevölkerung bleibt zumeist zuhause oder begibt sich – wenn die Wohnungen nicht mehr geheizt werden können – zum Teil in zentrale Sammelunterkünfte oder Treffpunkte, die in Turnhallen oder Gemeindezentren eingerichtet wurden (Prognos 2009, S. 39 ff.). Für die zurückzulegenden Strecken geht man zu Fuß oder nutzt das Fahrrad. Andere Teile der Bevölkerung begeben sich in Regionen, die nicht vom Stromausfall betroffen sind und kommen bei Verwandten und Bekannten unter. Der private Fernverkehr auf den Autobahnen geht deutlich zurück. Die Autobahnen werden zwar weiterhin auch für den Transit genutzt. Doch das Risiko, auf offener Strecke liegenzubleiben, hält viele Personen aus den nichtbetroffenen Gebieten von der Fahrt ab. Bleiben Autobahntunnel geschlossen, werden Umleitungen signalisiert, und Umleitungsempfehlungen werden über Autoradio gegeben. Ausgewählte wichtige Straßentunnel werden für den Verkehr freigegeben, auch wenn Belüftung und Beleuchtung weiterhin ausgefallen sind.[54]

Der öffentliche Verkehr beschränkt sich auf wenige Dieselbusse, die vorwiegend auf innerstädtischen Strecken verkehren. Dort, wo eine Notversorgung mit Die-

---

53 Bei einem Stromausfall im Winter müssten zudem Versorgungsachsen bestimmt werden, die bei Schneefall bevorzugt geräumt werden.
54 Dies ist insbesondere bei richtungsgetrennten Tunnel wahrscheinlich, da hier aufgrund des nur in eine Richtung fließenden Verkehrs je Tunnelröhre ein Luftstrom entsteht und elektrische Belüftung dadurch nicht unbedingt erforderlich ist. Zudem ist das Risiko von Unfällen in den Tunneln aufgrund des gesunkenen Verkehrsaufkommens zurückgegangen (EBP 2010, S. 96).

sel nicht sichergestellt werden kann, kommt der öffentliche Verkehr vollständig zum Erliegen.

Der Güterverkehr konzentriert sich auf die Belieferung von zentralen Punkten mit lebensnotwendigen Gütern und wird von den Behörden und Organisationen des Bevölkerungsschutzes organisiert.

FAZIT

In den ersten Stunden kommt es im Straßenverkehr aufgrund ausgefallener Ampeln, Beleuchtung und Verkehrsleitsysteme sowie des erhöhten Verkehrsaufkommens zu vielen Unfällen mit Verletzten und Todesopfern. Straßen sind verstopft, zahlreiche Kreuzungen sind blockiert. Es gibt Lieferengpässe und Schwierigkeiten bei der Auslieferung von Gütern aller Art. Vereinzelt kann es zu panikartigen Reaktionen kommen (z. B. bei Stau in einem Tunnel, in dem das Licht ausgegangen ist). Generell ist aber anzunehmen, dass die Bevölkerung zunächst gefasst reagiert, auch weil man mit einem baldigen Ende des Stromausfalls rechnet (EBP 2010, S. 103). Danach passt sich die Bevölkerung aktiv an die neue Situation an. Man weicht auf alternative Verkehrsmittel aus, bildet Fahrgemeinschaften und lässt sich Güter, z. T. auch Treibstoff, aus nichtbetroffenen Gebieten bringen.

Mit der Fortdauer des Stromausfalls wird die Nutzung von Verkehrsmitteln zunehmend eingeschränkt. Die meisten Tankstellen fallen dauerhaft aus. MIV entsteht in der ersten Woche hauptsächlich noch dadurch, dass Personen von außerhalb in das betroffene Gebiet fahren und Verwandte und Bekannte mit dem Nötigsten versorgen oder diese abholen. An den Rändern des betroffenen Gebiets liegende Tankstellen mit Stromversorgung werden verstärkt frequentiert. Durch den Ausfall von Bussen und Straßenbahnen, vor allem durch die Einschränkungen im MIV, ist die Grundmobilität zunehmend eingeschränkt.

Tiefgaragen werden nach einigen Tagen geschlossen. Tunnel, deren Sicherheit (vor allem Belüftung) nicht gewährleistet ist, werden zunächst geschlossen. Wenn absehbar ist, dass der Stromausfall länger andauert und die Tunnel nötig sind, um zentrale Verkehrs- und Versorgungsachsen offen zu halten, werden sie geöffnet und abgesichert.

Aufgrund der teilweise chaotischen Phase in den ersten Stunden gelangen auf der Straße transportierte Güter z. T. nur verzögert an ihr Ziel. Kommen diese doch an, gibt es Probleme mit Entladung und Lagerung, da Infrastrukturen wie Schleusen, Laderampen, Rolltore oder Kühlhäuser ausgefallen sind.

Solange nicht klar ist, dass es sich um einen langanhaltenden Stromausfall handelt, werden die für den Straßenverkehr verantwortlichen Unternehmen, wie z. B. städtische Verkehrsbetriebe, versuchen, die entstandenen Probleme eigenständig zu lösen. Lkw sowie Zugfahrzeuge kommen in den ersten Tagen zum Einsatz, um liegengebliebene Straßenbahnen und Elektrobusse abzuschleppen.

Für einen rudimentären Notfahrplan beim ÖPNV stehen Dieselbusse zur Verfügung. Diese in Betrieb zu halten, gelingt nur, wenn auch die Versorgung mit dem entsprechenden Treibstoff sichergestellt ist.

SCHIENE 2.2.3.2

NULL BIS ZWEI STUNDEN

Der Personen- und Güterverkehr auf dem Schienennetz wird sofort unterbrochen: Züge bleiben auf offener Strecke, auf Brücken oder in Tunneln stehen. Züge, die mit Dieselloks bzw. -triebwagen gezogen werden, fahren noch bis zur nächsten Haltestelle; viele werden durch einen liegengebliebenen elektrifizierten Zug blockiert. Da zunächst nicht klar ist, wie lange der Stromausfall anhält, ordnen die Verantwortlichen vorerst noch keine Evakuierungen an. Allerdings wird gegen Ende der ersten beiden Stunden – auch da nach und nach das öffentliche Mobilfunknetz ausfällt – in einigen Zügen Unruhe bei den Fahrgästen aufkommen, vor allem dann, wenn der Zug an einem ungünstigen Ort stehengeblieben sein sollte (z. B. Tunnel, Brücke oder offenes Feld).

In den Bahnhöfen im betroffenen Gebiet wird über USV und später Netzersatzanlagen ein reduzierter Betrieb sichergestellt: Beleuchtung oder elektrische Türen und Tore sind weiterhin funktionsfähig. Rolltreppen, Anzeigetafeln, Heizungen, Ticketschalter und -automaten sowie EDV in den Büros funktionieren jedoch nicht mehr (EBP 2010, S. 109).

In den Rangierbahnhöfen können mit Dieselloks noch Arbeiten verrichtet werden. Allerdings brauchen Stellwerke und Weichen Strom. Hier wird – sofern systembedingt überhaupt möglich – sehr bald auf manuelle Einstellungen zurückgegriffen. Die Kommunikation ist eingeschränkt. Ebenso fallen Lichtquellen aus. Containerterminals, in denen die Container von der Schiene auf die Straße verladen werden, sind in vergleichbarer Form wie Rangierbahnhöfe betroffen, da sie ebenfalls vom öffentlichen Stromnetz abhängig sind: Kräne und das Ticketing[55] fallen aus, sodass die Container nicht mehr ordnungsgemäß umgeschlagen werden können (EBP 2010, S. 109).

Betriebszentralen, die für die Steuerung des Bahnverkehrs verantwortlich sind, Stellwerke, über die Weichenstellungen ausgeführt werden, und Außenanlagen wie Signale oder Gleisfreimeldeanlagen sind trotz des Stromausfalls größtenteils über USV und später Netzersatzanlagen zunächst noch funktionsfähig. In den ersten Stunden nach dem Stromausfall ist die Kommunikation des Zugpersonals mit der Leitstelle über das Mobilnetz der Bahn (GSM-R) noch möglich. Das Schienennetz und die Weichen sind zunächst vom Stromausfall nicht betroffen.

---

55 Möglichkeit, die verschiedenen Güter über IT-Systeme zu erfassen und ihren Transport zu verfolgen.

In den Eisenbahntunneln hingegen fallen Lüftungen und Signale aus. Einige Tunnel werden daraufhin gesperrt.

U-Bahnen bleiben stehen. Durch USV und NSA werden Belüftung und Beleuchtung in den U-Bahnstationen zunächst sichergestellt. Dennoch entstehen in der Folge Unruhen und erfolgen teilweise panikartige Reaktionen. Passagiere verlassen die stehengebliebenen Bahnen und werden über die notbeleuchteten U-Bahnschächte evakuiert (EBP 2010, S. 110).

ZWEI BIS ACHT STUNDEN

Die meisten liegengebliebenen Züge sind verlassen worden. Da es sich im betroffenen Gebiet um eine große Zahl an Zügen handelt und Polizei, Rettungskräfte und THW im gesamten betroffenen Gebiet im Einsatz sind, können die vielen aus den Zügen ausgestiegenen Fahrgäste nur unzureichend betreut werden[56]. Zudem verläuft nicht neben jeder Bahntrasse auch eine Straße. Manche Fahrgäste sind somit gezwungen, längere Wege zu Fuß in Kauf zu nehmen und/oder sind auf die Hilfe in naheliegenden Gemeinden angewiesen. Kontakt zu Familie und Bekannten ist durch die zunehmende Beeinträchtigung des Mobilfunknetzes deutlich eingeschränkt (Kap. III.2.1).

An der Situation bei den liegengebliebenen Güterzügen ändert sich zunächst nichts. Wird verderbliche Ware transportiert, kann diese je nach Jahreszeit in Mitleidenschaft gezogen werden. Steckengebliebene Gefahrguttransporte stellen eine besondere Gefahrenquelle dar (EBP 2010, S. 111).

Die Situation in den Bahnhöfen entspannt sich gegen Ende dieses Zeitraums wieder. Die DB AG kann noch keine Aussagen machen, wie lange der Stromausfall andauert. Eine größere Verunsicherung ist nicht zu bemerken. Menschen, die in den Bahnhöfen warten, versuchen, mit Fahrgästen in den liegengebliebenen Zügen Kontakt aufzunehmen.

An der Situation in den Rangierbahnhöfen und den Terminals ändert sich vorerst nichts, da nicht absehbar ist, wie lange der Stromausfall andauern wird. Die DB AG beginnt, freie Dieselloks bereitzustellen, um liegengebliebene Züge zu bergen.

Betriebszentralen, Stellwerke und Außenanlagen sind durch Netzersatzanlagen weiterhin funktionsfähig, drohen jedoch zunehmend auszufallen. Das Schienennetz ist in diesem Zeitraum nur im Winter betroffen. Dann könnten Netzteile wie Weichen, die nicht mehr beheizt werden können, beginnen einzufrieren. Die Situation auf Brücken und in den Tunneln ist unverändert.

---

56 Die DB AG verfügt zwar über eine Vielzahl an Bussen, ob diese jedoch aufgrund der eingeschränkten Kommunikationsmöglichkeiten (Koordination) sowie der entstandenen Verkehrsprobleme überhaupt eingesetzt werden können, ist unklar.

2. FOLGENANALYSEN AUSGEWÄHLTER SEKTOREN KRITISCHER INFRASTRUKTUREN

Die Kommunikation mit liegengebliebenen Zügen über das Mobilfunknetz der Bahn oder das öffentliche Mobilfunknetz ist weitgehend nicht mehr möglich.[57]

ACHT BIS 24 STUNDEN

Einige der liegengebliebenen Züge sind evakuiert und die betroffenen Passagiere erstversorgt oder mit Bussen weitertransportiert. Dieselloks konnten erste Züge abschleppen. Probleme gibt es aber beim Abstellen auf Nebengleisen. Da elektrische Weichen ausgefallen sind, müssen solche Arbeiten per Hand durchgeführt werden. Aufgrund ausgefallener Kommunikationsmittel ist die erforderliche Koordination jedoch massiv eingeschränkt (EBP 2010, S. 112).

Die Passagierbahnhöfe sind nahezu leer. Die Personen vor Ort sind informiert, dass es sich um einen längeren Stromausfall handeln könnte und warten nicht mehr auf Fahrgäste. Die Läden in den Bahnhöfen sind geschlossen. Ein Großteil der Bahnhöfe wird ebenfalls geschlossen.

In den Rangierbahnhöfen und Terminals wird versucht, mit Dieselloks liegengebliebene Züge zu bergen. Entsprechende Weichenstellungen werden manuell vorgenommen. Betriebszentralen, Stellwerke und Außenanlagen sind weitgehend ausgefallen. Einige Stellwerke können manuell bedient werden.

Die betroffenen U-Bahnnetze bleiben funktionsunfähig. Die Zugänge zu den Stationen und Bahnhöfen werden geschlossen.

24 STUNDEN BIS EINE WOCHE

Die liegengebliebenen Personenzüge werden nach und nach durch Dieselloks geborgen. Selbst ein ausgedünnter Fahrplan kann aufgrund der Ausfälle in Leitstellen und Stellwerken nicht aufgenommen werden, auch weil weiterhin Züge manche Strecken blockieren. Es wird aber ein eingeschränkter Güterverkehr angestrebt, um die Bevölkerung im betroffenen Gebiet mit den wichtigsten Gütern zu versorgen (EBP 2010, S. 112). Nachdem die liegengebliebenen Güterzüge mit Dieselloks geborgen worden sind, werden Züge eingesetzt, um wichtige Güter in die vom Stromausfall betroffenen Gebiete zu transportieren. Teilweise findet der Güterverkehr mit Dieselloks auf festen Routen statt, sodass es möglich ist, Weichen entsprechend zu verschrauben.

Der Betrieb von Rangierbahnhöfen und Terminals ist weitgehend eingestellt. Einige Stellwerke können noch per Hand bedient werden, es kann damit aber nur ein sehr geringes Schienenverkehrsaufkommen bewältigt werden. Betriebszentralen und Außenanlagen fallen weiterhin aus (EBP 2010, S. 113). Örtlich

---

57 Die Vorgaben für die Akkus der in Zügen eingebauten GSM-R-Geräte verlangen nur eine Funktionsdauer von einer Stunde (Stand-by), wobei das Gerät 15 Minuten genutzt werden kann (EBP 2010, S. 111).

werden gesperrte Tunnel wieder freigegeben, wenn absehbar ist, dass der Stromausfall länger anhalten wird, um eine Weiterfahrt unter besonderen Vorsichtsmaßnahmen zu ermöglichen. Die wenigen Züge, die in der vom Stromausfall betroffenen Region noch fahren, müssen ohne moderne Kommunikationsmittel auskommen. Von einem großflächigen Einsatz von Satellitentelefonen ist nicht auszugehen.

Die Zugänge zu den Stationen und Bahnhöfen der U-Bahnen bleiben geschlossen. Die Betreiber informieren die Bevölkerung mittels Aushängen an den Eingängen zu den U-Bahnen, dass diese auf unbestimmte Zeit nicht mehr zur Verfügung stehen (EBP 2010, S. 113).

EIN BLICK IN WOCHE 2

Durch die DB AG werden in Zusammenarbeit mit den zuständigen Stellen der Länder Hauptversorgungsachsen festgelegt, über die aus den nichtbetroffenen Gebieten wichtige Güter mit Dieselloks in die vom Stromausfall betroffenen Regionen gebracht werden. Aufgrund der zahlreichen Restriktionen (Ausfall Leitstellen, Stellwerke, Sicherheitssignale, beschränkte Befahrbarkeit Tunnel, verschraubte Weichen) findet der Güterverkehr nur sehr begrenzt statt. Wo möglich, wird ein sehr eingeschränkter Personenverkehr auf festen Strecken wieder aufgenommen. Einige Passagierbahnhöfe öffnen deshalb wieder. Shops bleiben aber geschlossen, Ticketautomaten fallen weiterhin aus.

In Rangierbahnhöfen und Terminals wird versucht, angelieferte Waren für die Versorgung der vom Stromausfall betroffenen Bevölkerung auf Lkw umzuladen. Da Stellwerke und Weichen per Hand betätigt werden müssen, ist dieser Arbeitsvorgang sehr zeitaufwendig (EBP 2010, S. 114). Stellwerke können ebenfalls per Hand bedient werden, es kann damit aber nur ein minimales Schienenverkehrsaufkommen bewältigt werden. Betriebszentralen und Außenanlagen fallen weiterhin aus, dies schränkt aber den Minimalbetrieb für den Gütertransport nicht ein.

Die Tunnel auf den Versorgungsstrecken sind in der Mehrzahl wieder freigegeben. Entsprechende Fahrten werden über den schriftlichen Fahrbefehl geregelt.

Zugänge zu den Stationen und Bahnhöfen der U-Bahnen bleiben geschlossen.

FAZIT

Schienenverkehr, Leitstellen, Stellwerke, Sicherheitssignale und Weichen sind vom öffentlichen Stromnetz abhängig. Für den Bahnstrom (Strom zum Betrieb von Zügen) hat die DB Energie zwar langfristige Bezugsverträge mit Kraftwerken, die direkt ins Bahnnetz einspeisen. Bei einem großflächigen und langanhaltenden Stromausfall werden jedoch die Kraftwerke in nichtbetroffenen Gebieten den Ausfall nicht kompensieren können. Selbst wenn dies teilweise

2. FOLGENANALYSEN AUSGEWÄHLTER SEKTOREN KRITISCHER INFRASTRUKTUREN

möglich wäre, würde es zu massiven Einschränkungen kommen, wenn USV und Netzersatzanlagen nicht mehr funktionieren (EBP 2010, S. 120).

Der stromversorgte Schienenverkehr kommt abrupt zum Stehen. Dies bedeutet, dass Hunderte von Zügen und U-Bahnen liegenbleiben und Zehntausende von Menschen zunächst eingeschlossen sind. Teilweise gibt es Leichtverletzte infolge von panikartigen Reaktionen und Unruhen. Zudem sind Erschöpfungssymptome bei Passagieren zu verzeichnen, die aufgrund eines liegengebliebenen Fernzugs einen längeren Fußmarsch auf sich genommen haben. Herrschen tiefe Temperaturen, sind nach einigen Stunden zahlreiche Passagiere unterkühlt (bedingt auch durch Ausfall der Heizung in den Zügen). Die Benutzung von Tunneln sowie die Funktionen von Leitstellen, Stellwerken und der Sicherungstechnik sind von Beginn an massiv eingeschränkt. Einzelne Tunnel werden gesperrt, die Funktion von Stellwerken wird nach Möglichkeit manuell sichergestellt.

Die Nutzung der meisten Strecken für den Personenverkehr bleibt eingeschränkt. Für Pendler, die mit Bahn oder U-Bahn zur Arbeit fahren, bedeutet der Stromausfall eine massive Beschränkung der Mobilität. Ein Ausweichen auf das Auto ist höchstens zu Beginn eine Alternative (Treibstoffmangel). Allerdings werden nach wenigen Tagen viele Menschen nicht mehr arbeiten können, sodass in dieser Hinsicht auch weniger Bedarf besteht.

Unmittelbar nach dem Stromausfall sind Bahnhöfe durch Notstromversorgung im Grundbetrieb noch funktionsfähig, müssen aber nach ca. einem Tag geschlossen werden, was bei oberirdischen Bahnhöfen aufgrund technischer und baulicher Gegebenheiten teilweise Probleme bereitet. In den ersten Stunden nach dem Stromausfall schließen die Bahnhofsgeschäfte. Verderbliche Ware wird nach einigen Stunden unbrauchbar (ausfallende Kühlung).

Güter können nicht weitertransportiert und weiterbearbeitet werden. Verkehre im betroffenen Gebiet können in großem Umfang nicht mehr abgewickelt werden. Dies hat wirtschaftliche Schäden in ganz Deutschland, aber auch in Teilen von Europa zur Folge.

LUFT 2.2.3.3

NULL BIS ZWEI STUNDEN

Solange die Flugsicherung noch keine Starts und Landungen von *Passagierflugzeugen* unterbindet, hat der Stromausfall nur geringe Auswirkungen auf den Flugbetrieb. Die Notstromversorgung stellt den Grundbetrieb sicher. Bei der Abfertigung der Passagiere und bei der Abwicklung ankommender und abfliegender Maschinen kommt es zu Verzögerungen. Spürbar wird der Stromausfall im Einzelhandelsgeschäft. Hier stehen z. B. die Beleuchtung oder die Kassensysteme nicht mehr im normalen Umfang zur Verfügung. Auch in der Flughafenverwaltung sind die Folgen des Stromausfalls schon in dieser frühen Phase zu spüren: IT-Systeme können durch USV zwar noch geregelt heruntergefahren werden, sodass sich Systemabstürze und Datenverlust in Grenzen halten. Administrative Arbeiten werden aber schon jetzt eingeschränkt.

Der Stromausfall in *Frachtflughäfen* hat zunächst auch nur geringe Auswirkungen auf den Flugbetrieb. Es kommt zu Verzögerungen bei der Logistik. Die Grundfunktionen können jedoch aufrechterhalten werden. Bereiche, die – wie zuvor beschrieben – nicht zum Grundbetrieb gehören, erfahren erste Einschränkungen in der Funktionalität.

Die Kontrolltürme der Deutschen Flugsicherung (DFS) an den Flughäfen werden von den Netzersatzanlagen versorgt. Der Betrieb kann somit zunächst noch sichergestellt werden.[58] Die Flugsicherung versucht, Informationen über die Größe, die Ursachen und die vermutliche Dauer des Stromausfalls zu erhalten, um über mögliche Einschränkungen des Flugverkehrs befinden zu können (EBP 2010, S. 126).

Die Krisenstäbe der betroffenen Flughäfen treten zusammen. Neben den Verantwortlichen der Flughäfen gehören diesen Stäben auch Vertreter der verantwortlichen Behörden aus den Bundesländern an, in denen die betroffenen Flughäfen liegen.

ZWEI BIS ACHT STUNDEN

Der Flugbetrieb geht in dieser Phase deutlich zurück. Die betroffenen Flughäfen sind zwar weiterhin in der Lage, den Flugbetrieb grundsätzlich sicherzustellen, es kommt aber schon nach wenigen Stunden kaum noch zu Flugbewegungen (EBP 2010, S. 126 f.).[59] Zunehmend müssen Flüge gestrichen werden. Direkt vom Stromausfall betroffen sind die Bereiche, die nicht zum Grundbetrieb gehören, wie in Passagierflughäfen der Bereich der Gastronomie, wo die Kühlung von Speisen und Getränken zunehmend schwierig wird. Es kommt zu ersten Umsatzeinbußen (EBP 2010, S. 126 f.).

Die Krisenstäbe der Flughäfen koordinieren die erforderlichen Maßnahmen. Es entsteht ein deutlich erhöhtes Informationsbedürfnis bei Personal, Fluggästen und anderen Personen, die sich in den Flughäfen aufhalten. Panikartige Reaktionen bleiben aus. Die Fluggesellschaften werden aktiv und leiten Flüge zunehmend auf nichtbetroffene Flughäfen um. Es ist nicht klar, ob und wie die Fluggäste

---

58 Für den Flugverkehr über Deutschland sind verschiedene Zentralen der Deutschen Flugsicherung verantwortlich. Zudem betreibt die DFS auf verschiedenen deutschen Flughäfen Kontrolltürme: Berlin-Schönefeld Berlin-Tegel, Bremen, Dresden, Düsseldorf, Erfurt, Frankfurt, Hamburg, Hannover, Köln/Bonn, Leipzig/Halle, München, Münster/Osnabrück, Nürnberg, Saarbrücken, Stuttgart.
59 Teilweise hat die DFS schon jegliche Starts und Landungen untersagt.

2. FOLGENANALYSEN AUSGEWÄHLTER SEKTOREN KRITISCHER INFRASTRUKTUREN

anschließend ihre Zielorte erreichen, da der Verkehr auf den Schienen ebenfalls stark betroffen ist.

Die Flugsicherung hat entschieden, wie stark Flugbewegungen im betroffenen Gebiet eingeschränkt werden. Sie versucht weiterhin, verlässliche Informationen über den Stromausfall zu bekommen. Aufgrund der zunehmend ausfallenden IuK-Technologien ist es gerade für die Kontrolltürme der DFS an den Flughäfen schwierig, in die Krisenbewältigung mit eingebunden zu werden. Überflüge im deutschen Luftraum sowie Starts und Landungen auf nicht vom Stromausfall betroffenen Flughäfen sind weiterhin möglich (EBP 2010, S. 127).

ACHT BIS 24 STUNDEN

Ein reduzierter Betrieb ist sowohl bei Passagier- als auch bei Frachtflughäfen weiterhin möglich. Es finden deutlich weniger Starts und Landungen statt. In Passagierflughäfen werden Shops und Restaurants geschlossen. Die Flughafenbetreiber versuchen, Personal und Fluggäste über den Stand der Entwicklungen zu informieren, da auch sie kaum noch über funktionsfähige Kommunikationsverbindungen verfügen.

Die Flugsicherung versucht weiterhin, sich ein möglichst umfassendes Lagebild zu verschaffen. Da nicht absehbar ist, wie lange der Stromausfall noch anhält, werden zunächst keine weiter gehenden Maßnahmen beschlossen.

24 STUNDEN BIS EINE WOCHE

In Passagierflughäfen schließen nahezu alle Restaurants und Shops, und es entstehen hohe Umsatzausfälle. Die Administration der Flughäfen ist erheblich vom Stromausfall betroffen, und bestimmte computerbasierte Arbeitsprozesse sind nicht mehr möglich. Die Kommunikation nach außen ist nahezu zum Stillstand gekommen. Der Stromausfall wirkt sich auch auf die hygienischen Zustände aus (fehlende Kühlung von Nahrungsmitteln, kein Strom in WCs, in den Wartebereichen und Verwaltungsgebäuden, Wasserversorgung reduziert und Abwasserentsorgung eingeschränkt).

Aufgrund der gestrichenen Flüge halten sich deutlich weniger Menschen in den Flughäfen auf. Es warten aber viele Fluggäste (vor allem ausländische) weiterhin auf die Möglichkeit, über Ersatzflüge ihr Ziel zu erreichen. Für die Verantwortlichen der Flughäfen wird die Information von Personal und Fluggästen zu einer besonderen Herausforderung. Probleme treten beim Flughafenpersonal auf: Nach und nach kommen immer mehr Angestellte nicht mehr zur Arbeit (Schulen geschlossen, Schutz des eigenen Haushalts, Transportprobleme). Trotzdem müssen einige für den Betrieb unverzichtbare Mitarbeiter ständig am Flughafen (d. h. auch über Nacht) bleiben. Entsprechende Infrastrukturen (Feldbetten etc.) sind grundsätzlich vorhanden (EBP 2010, S. 128).

In Absprache zwischen DFS und den verantwortlichen Behörden werden, nachdem absehbar ist, dass es sich um einen langanhaltenden Stromausfall handelt, Flüge in das betroffene Gebiet organisiert, um einen Beitrag zur Versorgung der Bevölkerung zu leisten (EBP 2010, S. 128 f.).

EIN BLICK IN WOCHE 2

In den betroffenen Flughäfen hält sich nur noch das Personal auf, das für den Grundbetrieb unbedingt erforderlich ist. Angestellte der Läden, Mitarbeiter der Fluglinien beim Check-in oder auch Sicherheitspersonal arbeiten nicht mehr. Der Grundbetrieb ist sowohl bei Passagier- wie auch bei Frachtflughäfen so lange möglich, wie die Netzersatzanlagen über ausreichend Treibstoff verfügen bzw. geliefert wird. Es finden nur noch Starts und Landungen für Versorgungsflüge statt (EBP 2010, S. 129). Einige Flughäfen werden vollständig geschlossen. Die Entscheidung darüber trifft die DFS gemeinsam mit der zuständigen Stelle der Landesverwaltung und dem Flughafenbetreiber.

FAZIT

Über die gesamte Dauer des Stromausfalls wird durch Netzersatzanlagen der für den Grundbetrieb des Flughafens (insbesondere alle sicherheitsrelevanten Basisfunktionen) erforderliche Strom erzeugt (EBP 2010, S. 131). Dabei kann auf den auf dem Gelände verfügbaren Treibstoff zurückgegriffen werden. Im Verwaltungsbereich können IuK-Technologien noch über die USV heruntergefahren werden, fallen dann aber nach und nach aus. Schranken und Beleuchtung bei Parkhäusern werden nicht mehr betrieben, sodass hier die Nutzung eingeschränkt ist. Teilweise kommt es zu Schäden aufgrund unterlassener Unterhaltsarbeiten, unzureichender Heizung und niedriger Temperaturen (Frostschäden).

Der Grundbetrieb wird mit dem dafür vorgesehenen Personal des Flughafens sichergestellt. Allerdings ist aufgrund schwieriger Verkehrsverhältnisse mit einer Beeinträchtigung der vorhandenen personellen Ressourcen des Flughafens zu rechnen; ggf. müssen Mitarbeiter längere Zeit im Flughafen bleiben bzw. übernachten. Eintreffende und wartende Reisende müssen längere Zeit versorgt werden. Es wird zudem nach Möglichkeiten des Weitertransports gesucht; ggf. müssen Anreisende abgewiesen werden.

Krisenstäbe sind über die gesamte Dauer des Stromausfalls bemüht, in enger Absprache mit der DFS sowie den Behörden den Grundbetrieb der Flughäfen sicherzustellen sowie die Flughäfen in die Ereignisbewältigung (Versorgungsflüge) einzubinden.

Die wirtschaftlichen Auswirkungen aufgrund von Beeinträchtigung des Einzelhandels in den Flughäfen nehmen mit der Dauer des Stromausfalls zu. Die betroffenen Flughäfen erleiden große finanzielle Einbußen durch entgangene Lande- und

2. FOLGENANALYSEN AUSGEWÄHLTER SEKTOREN KRITISCHER INFRASTRUKTUREN 117

Startgebühren. Erhebliche wirtschaftliche Schäden entstehen auch den Airlines durch die Ausfälle im Personen- und Frachtverkehr. Spürbare Folgen hat der Stromausfall auch deshalb, weil vor allem die Flughafenbetreiber und am Flughafen ansässige Dienstleistungserbringer für die umliegenden Regionen als Arbeitgeber große Bedeutung haben.[60]

WASSER 2.2.3.4

NULL BIS ZWEI STUNDEN

Seehäfen beziehen ihren Strom aus dem 110-kV-Netz. Dementsprechend sind sie umgehend vom Stromausfall betroffen: Das Be- und Entladen der Schiffe muss unterbrochen werden, da die dazu eingesetzten Portalkräne[61] an den Terminals nicht ohne Strom betrieben werden können. Güterumschlag und Fährbetrieb kommen durch den Stromausfall vollständig zum Erliegen. Gleiches gilt für das Pumpen flüssiger Güter (wie Ölprodukte) sowie die Förderbänder für Schüttgüter (z. B. Kohle) (EBP 2010, S. 139; Prognos 2009, S. 66).

Auf dem Hafengelände können dieselbetriebene Hafenbahnen[62] zwar noch Güter verschieben, der Weitertransport auf dem Schienennetz der Bahn ist jedoch kaum noch möglich, da das Bahnnetz vom Stromausfall ebenfalls betroffen ist und somit alle von Oberleitungen abhängigen Züge stillstehen. Lkw mit Gütern können die Häfen noch erreichen und auch verlassen. Allerdings kommt es auch hier zu starken Verzögerungen. Zwar kann mit USV und Netzersatzanlagen der Verladeprozess noch für gewisse Zeit kontrolliert werden, ein Regelbetrieb ist aber nicht mehr möglich, insbesondere da die Kräne ausfallen. Die Abfertigung stockt, es kommt zu massiven Lkw-Staus.[63] Deshalb stoppen die für den Hafen Verantwortlichen umgehend den Transport weiterer Güter in den Hafen. Sie nehmen dazu mit den entsprechenden Unternehmen Kontakt auf. Feuerwehr und Polizei werden vorsorglich informiert. Aufgrund der Ausfälle im Bereich der Informations- und Kommunikationstechnologien wird dies zunehmend schwierig (EBP 2010, S. 139 f.).

Auch die *Binnenhäfen* sind an das öffentliche Netz angeschlossen und somit umgehend vom Stromausfall betroffen. Die Folgen sind mit denen der Seehäfen vergleichbar, auch wenn die Dimensionen bei der Größe der Anlagen sowie der Menge der umgeschlagenen Güter deutlich geringer sind.

---

60 Allein der Frankfurter Flughafen beschäftigt im Flughafen selbst über 70.000 Personen. Hinzu kommt eine deutlich größere Anzahl an Beschäftigten, deren Arbeitsplätze mittelbar vom Flughafen abhängig sind (www.ausbau.fraport.de/cms/default/rubrik/5/58 28.arbeitsplaetze.htm).
61 Ein Portalkran ist ein ortsgebundener, aber beweglicher Kran.
62 Die Hafenbahnen verbinden die Umschlagterminals und das Schienennetz der Bahn.
63 Den Hamburger Hafen beispielsweise erreichen stündlich 150 Lkw mit Containern (EBP 2010, S. 139).

Seeschiffe, die sich auf dem Weg zu den vom Stromausfall betroffenen Häfen befinden, werden von der Leitzentrale des Hafens über die Situation informiert. Die Kommunikation ist zunächst noch über Funk und Satellitentelefon möglich. Um zu vermeiden, dass es Staus bei den Abfertigungen gibt, gehen die Schiffe in der Nord- oder Ostsee auf Reede[64] und warten dort auf das Ende des Blackouts. Die Stromversorgung der Schiffe selbst ist durch eigene Generatoren gewährleistet. Eine Ein- und Ausfahrt in die Häfen ist grundsätzlich weiterhin möglich. In der Radarkette, die der Leitung/Steuerung der Schiffe dient, wird es aber Ausfälle geben, sodass in einigen Fällen eine Navigation auf Sicht erforderlich wird. Insgesamt wird sich der Schiffsverkehr in und vor den Häfen deutlich verlangsamen.

Da das Be- und Entladen der Schiffe umgehend unterbrochen wird, können diese nicht wie geplant die Häfen wieder verlassen. Da zu diesem Zeitpunkt nicht absehbar ist, dass es sich um einen langanhaltenden Stromausfall handelt, nehmen die Reedereien Verspätungen in Kauf und warten ab. Zwar ist für die Güter selbst der Stromausfall zunächst noch unproblematisch (z. B. kühlen spezielle Kühlcontainer noch bis zu 36 Stunden), die Verspätungen verursachen aber schon jetzt wirtschaftliche Schäden (EBP 2010, S. 140).

Auch die *Binnenschiffe* können nicht mehr be- und entladen werden. Zudem kommt es zu Behinderungen bei Ein- und Ausfahrten der Häfen. Die betroffenen Schiffsführer werden über die Probleme informiert, und diese versuchen, die Geschwindigkeit zu reduzieren. In Binnenhäfen bestehen kaum Möglichkeiten, dass Schiffe vor Anker gehen und das Ende des Stromausfalls abwarten (EBP 2010, S. 140).

ZWEI BIS ACHT STUNDEN

In den *Seehäfen* sind der Umschlag von Gütern und auch der Fährbetrieb weiterhin nicht möglich. Die Verantwortlichen der Hafenbehörden entscheiden gemeinsam mit den Zuständigen der Wasser- und Schifffahrtsverwaltung, welche Schiffe die Häfen noch ansteuern und welche in der Nord- oder Ostsee auf Reede gehen sollen. Die Verantwortlichen gehen weiterhin von einem zeitlich begrenzten Stromausfall aus, sodass zunächst dessen Ende abgewartet werden soll.

An den Schnittstellen (Be- und Entladestationen) zum Transport auf der Schiene und auf der Straße nehmen die Stauungen zu.

Die Lage in den *Binnenhäfen* ist vergleichbar mit der in den Seehäfen. Von einigen Häfen erhalten Binnenschiffe die Order, Häfen anzulaufen, die außerhalb des vom Stromausfall betroffenen Gebiets liegen, da die Wartekapazitäten der Häfen

---

64 Eine Reede ist ein Ankerplatz beziehungsweise ein Liegeplatz vor einem Hafen, innerhalb seiner Molen oder vor der Mündung einer Wasserstraße.

erschöpft sind. Binnenschiffe, die abgefertigt waren, konnten die Häfen alle verlassen und in vom Stromausfall nichtbetroffene Gebiete weiterfahren. Alle anderen Schiffe (solche, die zum Zeitpunkt des Stromausfalls be- oder entladen wurden und solche, die auf Reede liegen), warten weiterhin ab (EBP 2010, S. 141).

ACHT BIS 24 STUNDEN

Die Situation in den *Seehäfen* hat sich kaum geändert. Der Güterumschlag ruht weiterhin. Die Stauungen bei den Be- und Entladestationen nehmen nicht mehr so stark zu, da Güterzüge den Hafen nicht mehr erreichen und viele Lkw – solange das Mobilfunknetz noch funktionsfähig war – von den Spediteuren den Auftrag erhalten haben, die Häfen nicht mehr anzufahren.

Auch in den *Binnenhäfen* warten die Schiffe weiter das Ende des Stromausfalls ab (EBP 2010, S. 141).

24 STUNDEN BIS EINE WOCHE

Nachdem zunehmend klar wird, dass es sich um einen langanhaltenden Stromausfall handelt, werden in den Häfen Maßnahmen umgesetzt, die für solche Fälle ausgearbeitet wurden. Kritisch ist vor allem der Umgang mit verderblichen Gütern, die nicht mehr ausreichend gekühlt werden können, oder mit Gefahrgütern. Zunehmend wichtig wird nun die Sicherung des jeweiligen Hafengeländes. Da stromabhängige Sicherungsmaßnahmen wie z. B. elektrische Tore und Zäune oder Überwachungskameras nicht mehr funktionieren, besteht eine erhöhte Gefährdung durch Diebstahl.

Den auf Reede liegenden Schiffen teilen die Hafenbehörden und die zuständige Verwaltung mit, dass ein Warenumschlag auf unbestimmte Zeit nicht mehr möglich ist. Europaweit beginnen Planungen, wie die Warenströme umgeleitet werden können. Problematisch wird dies vor allem beim Containerumschlag.[65] Zudem bedarf es eines extrem hohen logistischen Aufwands, um den Weitertransport zu organisieren.

Da jetzt die Dimension des Stromausfalls absehbar ist, fahren wartende Binnenschiffe weiter stromauf- oder -abwärts, damit die Güter nach Möglichkeit dort umgeschlagen werden können (EBP 2010, S. 142).

---

65 Beispielsweise könnten die Kapazitäten des Hamburger Hafens (10 Mio. Container pro Jahr) nicht kurzfristig von den anderen europäischen Seehäfen übernommen werden.

EIN BLICK IN WOCHE 2

Ein regulärer Betrieb der vom Stromausfall betroffenen Seehäfen ist nicht mehr möglich.[66] Die auf dem Seeweg transportierten Güter werden nach Möglichkeit zu anderen Häfen in nichtbetroffene Regionen umgeleitet und dort umgeschlagen. Die Folgen des Stromausfalls sind somit auch in den nichtbetroffenen Häfen an der Nord- und Ostsee zu spüren.

Das Gelände der betroffenen Binnenhäfen, die nach wie vor ihren Betrieb eingestellt haben, wird so gut wie möglich gesichert. Nahezu alle wartenden Schiffe haben die Häfen verlassen und sind auf andere, vom Stromausfall nichtbetroffene Häfen ausgewichen (EBP 2010, S. 142 f.). Die Reedereien versuchen, ihre Schiffe in andere Häfen umzuleiten. Schiffe, die weiterhin auf Reede liegen, da keine alternativen Häfen angesteuert werden können, haben Probleme sich mit (frischen) Nahrungsmitteln und ggf. auch mit Frischwasser zu versorgen.

FAZIT

Die Infrastrukturen in deutschen Häfen, die für den Umschlag von Gütern und Containern sowie für die Personenbeförderung und den Fährbetrieb erforderlich sind, fallen entweder umgehend (z. B. Kräne, Förderbänder) oder nach einigen Stunden (z. B. EDV und Kommunikationsmittel) aus. Bei einem Ausfall des Netzes, über das die Häfen gespeist werden, ist es nicht möglich, den für einen Normalbetrieb erforderlichen Strom über Netzersatzanlagen zu erzeugen (EBP 2010, S. 139). Der daraus folgende Stillstand der Häfen hat massive Auswirkungen vor allem auf den Güterverkehr.

In den Häfen selbst sind Schäden an Kaimauern, Kanälen sowie Flurschäden an Flüssen zu verzeichnen, wenn sich die Schiffe stauen, Manövrierfehler begehen und/oder längere Zeit vor Ort ankern. Wasserverschmutzungen sind möglich, wenn auf Reede liegende Schiffe ihre Abwässer direkt ins Meer bzw. Binnengewässer entsorgen. Treten aufgrund von nicht mehr sachgemäßer Lagerung Schadstoffe aus, kann dies zu Umweltverschmutzung und Gesundheitsgefahren führen (EBP 2010, S. 143).

Seehäfen sind zentrale Knotenpunkte insbesondere des Güterverkehrs. Durch den Güterstau wird es mit zunehmender Dauer des Stromausfalls zu Engpässen bei bestimmten Produkten kommen (EBP 2010, S. 148). Während der Ausfall

---

66 Im Fall des Hamburger Hafens könnte es Möglichkeiten geben, durch einen Notbetrieb eine Grundfunktion des Hafens (Kühlung von Containern, Funktionalität von Sicherungsanlagen, Abfertigung weniger Schiffe, sodass diese den Hafen verlassen können) zu erhalten. Hamburg verfügt über eigene Kraftwerke, die mit Kohle oder Gas betrieben werden können. Wäre ein entsprechender Betrieb möglich, so könnte Hamburg einschließlich des Hafens temporär mit Strom versorgt werden (EBP 2010, S. 142). Durch die weiter bestehenden Ausfälle auf Straße und Schiene wird es aber nicht möglich sein, Container planmäßig weiterzutransportieren.

der Binnenhäfen sich vor allem regional auswirken wird, sind die Ausfälle der Seehäfen deutschland- und sogar europaweit zu spüren. So wird der Ausfall des Hamburger Hafens – neben Rotterdam und Antwerpen größter europäischer Containerhafen – weitreichende Auswirkungen auf die volkswirtschaftliche Wertschöpfung, den überregionalen Güterfluss und die Logistikketten haben.[67] Die vollständige Wiederherstellung der normalen Abläufe und des reibungslosen Ineinandergreifens der Versorgungsketten sowie der davon abhängigen Produktion wird lange über das Ende des Stromausfalls hinausgehen.

WASSERVERSORGUNG UND ABWASSERENTSORGUNG 2.3

Wasser ist als nichtsubstituierbares Lebensmittel und Garant für hygienische Mindeststandards eine unverzichtbare Ressource zur Deckung menschlicher Grundbedürfnisse. Zugleich ist Wasser auch für Gewerbe, Handel, Industrie und öffentliche Einrichtungen von substanzieller Bedeutung. Es ist zum Beispiel als Kühl-, Lösch- und Prozessmittel sowie als Rohstoff ein notwendiger Input- und Produktionsfaktor.

Wasserinfrastruktursysteme, also Systeme zur Wasserver- und Abwasserentsorgung, sind komplexe technische Systeme zur simultanen Erbringung verschiedener Dienstleistungen. Sie dienen u. a. der Bereitstellung von Trink- und Löschwasser sowie der Ableitung von Schmutz- und Regenwasser aus privatem und öffentlichem Raum, der Siedlungshygiene und dem Gewässerschutz. Die im vergangenen Jahrhundert in Deutschland errichteten Wasserinfrastrukturen sind in der Regel Systeme von zentralem Aufbau. Verteilung und Ableitung erfolgen über weitverzweigte Leitungsnetze. Die Dimensionierung des Versorgungsleitungsnetzes richtet sich am Bedarf aus, der durch Verbrauch an Trinkwasser und der vorzuhaltenden Löschwasserreserve gegeben ist.

WASSERVER- UND ABWASSERENTSORGUNGSINFRASTRUKTUR 2.3.1

In Deutschland standen im Jahr 2007 ca. 5.100 Mio. m^3 Wasser (exklusive 52,3 Mio. m^3 aus dem Ausland) für die öffentliche Trinkwasserversorgung zur Verfügung. Im Mittel werden 122 l Trinkwasser je Einwohner und Tag verbraucht, wobei der Verbrauch zwischen den Bundesländern stark variiert. Der

---

67 Eine erhebliche Zahl von Arbeitsplätzen ist direkt oder indirekt den wirtschaftlichen Abläufen in Häfen zuzuordnen. So sind allein im Hamburger Hafen rund 100.000 Arbeitsplätze vom Containerverkehr abhängig (www.hafen-hamburg.de/de/content/hpa-investiert-langfristig-wettbewerbsf%C3%A4higkeit-des-hamburger-hafens-westerweiterung-eurogat). Bundesweit sollen 276.000 Arbeitsplätze mittelbar mit dem Hamburger Hafen verknüpft sein (EBP 2010, S. 148 ff.).

Grad der Versorgung durch die öffentliche Trinkwasserversorgung beträgt 99,2 % der Bevölkerung (Statistisches Bundesamt 2009).

Die Gesamtmenge Wasser, die der Natur pro Jahr insgesamt entnommen wird, liegt weit höher als die in der öffentlichen Trinkwasserversorgung bereitgestellte Menge. Eine Übersicht über die Verwendung und Aufteilung gibt Abbildung 15.

| ABB. 15 | WASSEREINSATZ BEI WIRTSCHAFTLICHEN AKTIVITÄTEN (2007) |

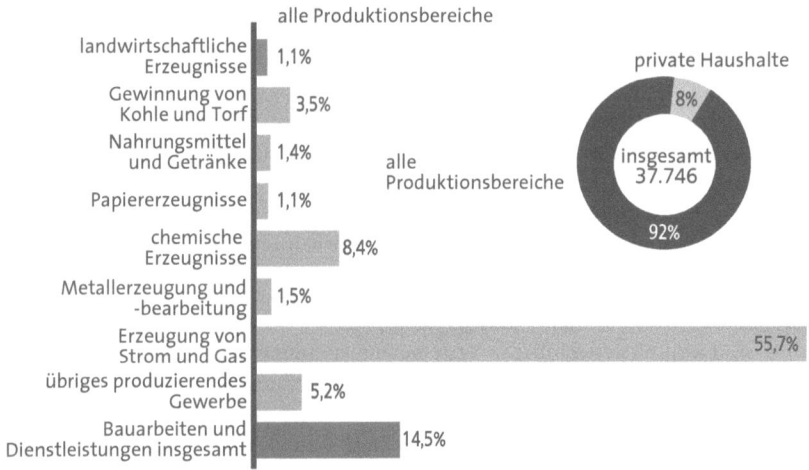

Quelle: Statistisches Bundesamt 2009; die Angaben beziehen sich auf die der Natur entnommene Gesamtmenge von 40,5 Mrd. m^3

Wasserversorgung und Abwasserentsorgung sind im Rahmen der Daseinsvorsorge Aufgabe der kommunalen Selbstverwaltung. Dazu ist eine Infrastruktur notwendig, die sowohl technische Einrichtungen wie Wasserwerke und Verteilungsnetze als auch organisatorische Konzepte, Sicherheits- und Risikokonzepte, Personaleinsatz, Tarifgestaltung und Serviceangebote umfasst. Die Kommunen haben bei den institutionellen und organisatorischen Strukturen Gestaltungsfreiraum. Es besteht die Möglichkeit, private Unternehmen zu beteiligen. In den meisten Fällen sind die Wasserversorgung und die Abwasserentsorgung institutionell getrennt.

Im Folgenden werden sowohl unmittelbare Auswirkungen des Stromausfalls auf die Infrastruktur selbst (Kap. III.2.3.3 u. III.2.3.4) als auch exemplarische, von ihr ausgehende und damit mittelbare Auswirkungen des Stromausfalls auf abhängige Systeme betrachtet. Zusätzlich werden unmittelbare Konsequenzen für die Bevölkerung dargestellt (Kap. III.2.3.5). Zuvor werden die Funktionen und die technischen Elemente der Wasserver- und Abwasserentsorgungsinfrastruktur unter besonderer Berücksichtigung ihrer Stromabhängigkeit dargestellt sowie ein Überblick über die gesetzlichen Regelungen gegeben.

WASSERVERSORGUNG 2.3.1.1

Wasserversorger haben die Aufgabe, Privathaushalte, Industrie, Dienstleister und öffentliche Einrichtungen mit Wasser hoher Qualität zu versorgen (Mutschmann/Stimmelmayr 2007). Dazu ist eine Infrastruktur notwendig, die technische Einrichtungen wie Wasserwerke und Verteilungsnetze umfasst (Abb. 16).

ABB. 16   ÜBERSICHT DER TECHNISCHEN ELEMENTE IN DER WASSERVERSORGUNG UND DER STROMABHÄNGIGKEIT

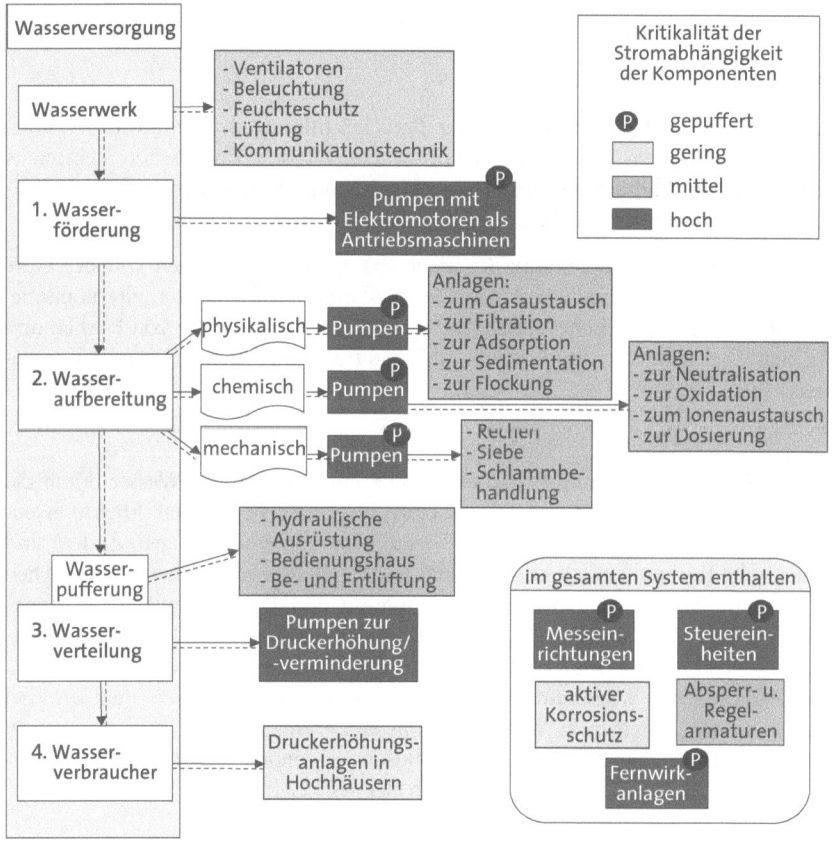

Quelle: eigene Darstellung

WASSERFÖRDERUNG

In Deutschland wird der überwiegende Teil des Trinkwassers (61,9 %) aus Grundwasser gewonnen (Statistisches Bundesamt 2009). Bei der Förderung des Wassers kommen in Wasserwerken elektrische Pumpen verschiedenen Typs zum Einsatz (BOKU 2008). Zur Sicherung einer fortlaufenden Wasserförderung ist eine ständige Überwachung und Regelung z. b. des Drucks, der Drehzahl und des Durchflusses notwendig (Ebel 1995; Grombach et al. 2000; LfU Bayern 2010). Dies erfolgt über Fernwirkanlagen oder über Mess-, Steuer- und Regelungstechnik (MSR-Technik) vor Ort (Mutschmann/Stimmelmayr 2007).

Stromabhängigkeit

Pumpen und MSR-Technik als integrale Bestandteile der Förderung beziehen ihren Strom aus dem öffentlichen Netz, wobei häufig Notstromanlagen zur Überbrückung von Ausfällen zur Verfügung stehen.

WASSERAUFBEREITUNG

In der Wasseraufbereitung wird unter Berücksichtigung der Trinkwasserverordnung (TrinkwV) das Rohwasser zu Trinkwasser veredelt. Dazu gehören einerseits die Reinigung, Enthärtung, Entsalzung, Enteisenung, Entmanganung und Entkeimung und andererseits die Justierung von Eigenschaften wie dem pH-Wert.

Welche Verfahren zum Einsatz kommen, hängt im Allgemeinen von der Güte und Qualität des Rohwassers ab. Die Aufbereitung beinhaltet physikalische, chemische und biologische Verfahren, wie z. B. die Verwendung von Rechen und Sieben, Sedimentation, Oxidation und Neutralisation (Mutschmann/Stimmelmayr 2007).

Stromabhängigkeit

In der Wasseraufbereitung bilden elektrische Pumpen, die das Wasser durch die einzelnen Verarbeitungsstufen führen, einen integralen Bestandteil. Ebenso essenziell sind die Überwachungs-, Kontroll- und Steuerungseinrichtungen. Zudem sind elektrische Komponenten in den Absetz- und Sandfangbecken, den mechanischen Flockungsanlagen, Mischern, Schlammräumern und Flotationsanlagen, Luftverdichtern und Schaumräumern im Einsatz. Ebenfalls benötigen Membranfilteranlagen sowie die Elektrodialysefilter elektrische Energie (Grombach et al. 2000). Prozessstoffe zur Wasseraufbereitung werden per Förderbänder, Pumpen und hydraulischen Systemen in Verbindung mit Dosieranlagen zum Einsatz transportiert (Ebel 1995). Wird Ozon zur Desinfektion verwendet, ist durch die notwendigen Ozongeneratoren ein hoher Bedarf an elektrischer Energie vorhanden.

WASSERVERTEILUNG

Das Wasserverteilungssystem fungiert als Verbindung zwischen wasserbereitstellenden Wasserwerken und Wasserverbrauchern und umfasst die Verteilung, die Speicherung und die Aufrechterhaltung des Betriebsdruckes.

Die Verteilung als solche geschieht über ein festinstalliertes Rohrleitungssystem, dessen Struktur zwischen den Regionen in Deutschland stark variiert (z. B. verästelte oder vermaschte Netzstruktur). Das Rohrleitungsnetz wird mithilfe eines Drucks zwischen 4 und 6 bar betrieben, zu dessen Aufrechterhaltung entweder Hochbehälter und/oder Pumpen zum Einsatz kommen.

In der Verteilung spielt die Wasserspeicherung eine sehr große Rolle, da sie eine ständige Versorgung trotz Spitzenbelastungen oder temporärer Ausfälle sichert (Grombach et al. 2000; Sattler 1999). Die Speicherung erfolgt in Hochbehältern oder Wassertürmen, die so beschaffen sein müssen, dass die Trinkwasserqualität nicht beeinträchtigt wird. Im Regelfall sind Wasserspeicher für den Tagesausgleich dimensioniert, sodass bei Stromausfällen die Dauer der Versorgung vom Füllstand im Moment des Ausfalls abhängt (Finkbeiner 2009).

Stromabhängigkeit

Elektrische Pumpen bilden einen wesentlichen Bestandteil des Verteilungsnetzes. Überwachungs-, Kontroll- und Steuerungseinrichtungen sind in einem ausgedehnten Netz von besonderer Bedeutung. So benötigen die Fernwirkanlagen zur Datenspeicherung und MSR-Technik elektrische Energie (Sattler 1999). Insofern bestehen auch Abhängigkeiten von öffentlichen Telekommunikationsnetzen, die bei einem Stromausfall nach gewisser Zeit nicht mehr zur Verfügung stehen (Kap. III.2.1).

WASSERVERBRAUCHER

Wasserverbraucher sind Wirtschaft, private Haushalte und öffentliche Einrichtungen. Die Zusammensetzung des privaten Verbrauchs ist in Abbildung 17 dargestellt.

Zur Entnahme des Trinkwassers aus dem Verteilungsnetz wird ein Leitungsdruck benötigt, der eine Entnahme auch in höher gelegenen Gebäuden oder Stockwerken von Gebäuden erlaubt, wobei 1 bar einer Höhe von ca. 10 m entspricht.

Stromabhängigkeit

Bei Druckerhöhungsanlagen, z. T. eingesetzt in Hochhäusern, ist Strom für den Betrieb der Pumpen essenziell. Darüber hinaus ist Strom nur noch bei der Vorbereitung des Wassers für weitere Nutzungen notwendig (z. B. Erwärmung mit Durchlauferhitzern).

| ABB. 17 | ZUSAMMENSETZUNG DES PRIVATEN VERBRAUCHS |

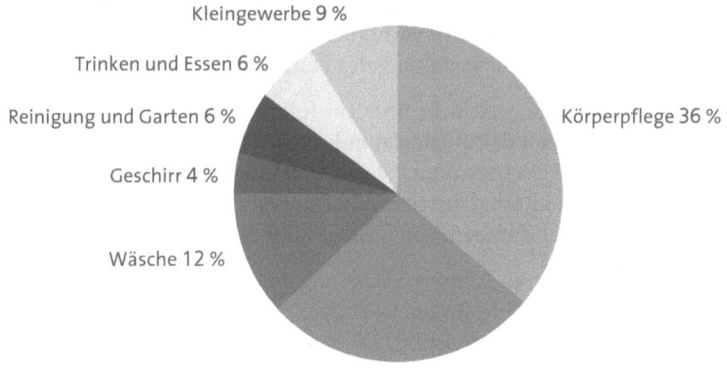

Quelle: DVGW 2008b

SONSTIGES

Aufgrund der hohen Luftfeuchtigkeit in Wasserwerken bedarf es eines Feuchteschutzes. Es werden Trockenmittel und Feuchtekondensation und u. U. Ventilatoren eingesetzt. Ebenso bedarf es eines Korrosionsschutzes, dessen Fremdstromkathoden elektrische Energie benötigen. Die zunehmende Automatisierung der Wasserwerke erfordert den Einsatz von Fernwirk-, Informations- und Kommunikationstechnik, damit die Primärprozesse auch räumlich entfernt überwacht und gesteuert werden können. Dies führt zu einer zunehmenden Stromabhängigkeit (Ebel 1995).

ABWASSERENTSORGUNG 2.3.1.2

Die Abwasserentsorgung erfolgt über die Sammlung und Ableitung des Abwassers über die Kanalisation zu zentralen Behandlungsanlagen und die Einleitung des gereinigten Abwassers in Oberflächengewässer. Das zu entsorgende Wasser ist gleichzeitig Transportmedium, sodass die Funktion des Fäkaltransports in der Kanalisation notwendigerweise eine funktionsfähige Wasserversorgungsinfrastruktur voraussetzt (Kap. III.5.2). Eine Übersicht über die technischen Elemente gibt Abbildung 18. In Deutschland gibt es ca. 10.000 Kläranlagen, in denen die Jahresabwassermenge von rund 10 Mrd. m³ fast ausschließlich mithilfe biologischer Verfahren behandelt wird. Der Anschlussgrad der Haushalte beträgt ca. 96 %.

2. FOLGENANALYSEN AUSGEWÄHLTER SEKTOREN KRITISCHER INFRASTRUKTUREN

ABB. 18 ÜBERSICHT DER TECHNISCHEN ELEMENTE IN DER ABWASSERENTSORGUNG UND DER STROMABHÄNGIGKEIT

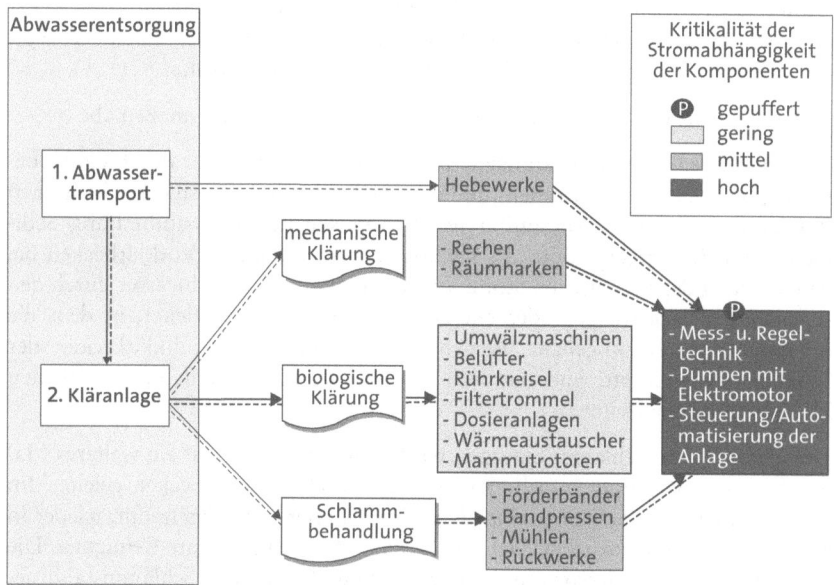

Quelle: eigene Darstellung

ABWASSERSAMMLUNG

In Deutschland betrug die Länge des öffentlichen Kanalnetzes im Jahr 2007 ca. 541.000 km. Mit 44 % hatte die Mischwasserkanalisation den größten Anteil, gefolgt von Trennkanalisation (35 %) und Regenwasserkanälen (21 %) (Statistisches Bundesamt 2009). Darin enthalten sind auch Sonderentwässerungssysteme wie Druck- oder Vakuumentwässerung, die bei besonderen Randbedingungen, wie sehr flachem Gelände und/oder geringer Siedlungsdichte, zum Einsatz kommen. Die verschiedenen Entwässerungssysteme weisen Vor- und Nachteile auf, die sie für jeweilige Randbedingungen prädestinieren. Regenwasser kann im Fall der Mischwasserkanalisation zur Spülung der Kanäle dienen und Ablagerungen abtragen.

Stromabhängigkeit

Die relevanten, stromabhängigen Systeme in der Freigefällekanalisation sind Hebeanlagen und Messeinrichtungen (z. B. Durchflussmessung). In Druck- bzw. Unterdrucksystemen ist elektrische Energie zur Aufrechterhaltung des Abwassertransports essenziell.

ABWASSERBEHANDLUNGSANLAGEN

Abwasserbehandlungsanlagen (auch Kläranlagen) haben die Aufgabe der Aufbereitung des Abwassers, mit dem Ziel der Rückführung in die natürlichen Fließgewässer. In Deutschland wird das Abwasser innerhalb von drei Stufen gereinigt, der mechanischen, der biologischen und einer weiter führenden.

Prinzipiell läuft der Prozess der Abwasserbehandlung folgendermaßen ab:

Zunächst werden in der Kläranlage die gesammelten Abwässer durch ein Hebewerk geleitet und in der Rechen- und/oder Siebanlage einer ersten mechanischen Reinigung unterzogen. Daraufhin werden im sogenannten Sandfettfang Sedimente und Fette abgeschöpft. Als nächster Schritt erfolgt im Vorklärbecken die Abscheidung der organischen Stoffe. Im Anschluss wird das Abwasser durch den sogenannten Tropfkörper oder ein Belebtschlammbecken geleitet, in dem die organischen Stoffe abgebaut werden. Danach wird im Nachklärbecken der Schlamm abgeschöpft, und das nun saubere Wasser wird in die natürlichen Fließgewässer eingeleitet.

Der abgeschöpfte Schlamm hingegen wird über einen Rücklauf ein weiteres Mal durch den Tropfkörper beziehungsweise das Belebtschlammbecken geleitet. Im Anschluss wird der Schlamm eingedickt. Das Wasser wird abgetrennt, wieder in das Vorklärbecken zurückgeleitet und durchläuft so eine erneute Reinigung. Die festeren Bestandteile werden im Faulbehälter durch anaerobe Schlammstabilisierung »ausgefault«. Auf diese Weise wird Gas erzeugt, welches gespeichert und später zur Stromerzeugung genutzt wird. Der ausgefaulte Schlamm wird im Nacheindicker noch weiter entwässert und dann kompostiert.

Eine Eigenversorgung mit Strom und Wärme ist auf Kläranlagen durch die Produktion und Verstromung von Biogas möglich und wird bisher vorwiegend auf großen kommunalen Anlagen durchgeführt. In Deutschland haben derzeit insgesamt etwa 1.200 Kläranlagen (ca. 12 % der Kläranlagen) die Möglichkeit zur Faulgaserzeugung. 63 % der Anlagen verfügen darüber hinaus über BHKW, in denen ca. 80 % der produzierten Gasmenge verstromt wird.

Ein weiterer Beitrag zur Energieautarkie wird durch den Eigenverbrauch des Faulgases für Heizanlagen in den Kläranlagen geleistet. Bundesweit wird bereits 20 % des Faulgases, jedoch in Teilen in rein thermischer Umwandlung, dafür verwendet (UBA 2008). Durch den gleichzeitigen Strom- und Wärmebedarf auf Kläranlagen wird der Einsatz von BHKW durch die vollständige energetische Nutzung des Faulgases besonders sinnvoll.

Eine netzunabhängige Stromversorgung durch Eigenenergieerzeugung bei Abwasserbehandlungsanlagen kann auch aus Gründen der Robustheit gegenüber Stromausfällen sinnvoll sein, wobei auf eine Möglichkeit zur störungsfreien Umstellung auf Eigenenergie geachtet werden sollte (Kap. IV.6).

GESETZLICHE REGELUNGEN 2.3.2

Die Rahmenbedingungen der Wasserwirtschaft werden in Deutschland durch EU-, Bundes- und Landesgesetzgebung und entsprechende Rechtsverordnungen bestimmt. Dazu gehören die Europäische Wasserrahmenrichtlinie, die bundesgesetzliche TrinkwV auf der Basis des Wasserhaushaltsgesetzes, das Abwasserabgabegesetz (AbwAG) und das Wassersicherstellungsgesetz (WasSiG) sowie die Landeswasser- und Landesabwassergesetze. Im Rahmen der Daseinsvorsorge wird dieses Recht in der Landes- und vor allem in der Kommunalgesetzgebung konkretisiert. Nach § 4 Abs. 1 der TrinkwV müssen bei der Wasserversorgung die allgemein anerkannten Regeln der Technik eingehalten werden. Diese werden z.B. in den Regelwerken der DVGW ausgearbeitet und gelten damit als Maßgabe bei der Umsetzung gesetzlicher Vorschriften. Im Bereich der Abwasserentsorgung hat das DWA-Regelwerk diese Funktion.

Die *TrinkwV* soll den Schutz der menschlichen Gesundheit, die Gewährleistung der Genussfähigkeit und die Reinheit von Wasser für den menschlichen Gebrauch garantieren. Darüber hinaus verpflichtet die TrinkwV die Wasserversorger, Maßnahmenpläne für Fälle von akuter Gesundheitsgefährdung, z.B. durch Grenzwertüberschreitungen, in Abstimmung mit den Gesundheitsämtern zu erarbeiten. Gemäß DVGW Arbeitsblatt W 300 halten Wasserspeicher in den Versorgungsgebieten eine Wassermenge für eine Versorgung von mindestens 24 Stunden vor (DIN/DVGW 2005). Für Notfälle, z.B. ausgelöst durch Sabotageakte oder Naturkatastrophen, galt bis zur Vorlage der Hinweise W 1001 und W 1002 im Jahr 2008 die Technische Mitteilung Hinweis W 1050 »Vorsorgeplanung für Notstandsfälle in der öffentlichen Trinkwasserversorgung« der DVGW. Im neuaufgelegten, nachfolgenden Hinweis W 1002 »Sicherheit in der Trinkwasserversorgung – Organisation und Management im Krisenfall« sind einige Konkretisierungen vorgenommen worden. Allerdings unterscheiden sich beide Regelwerke bezüglich praxisrelevanter Gegenmaßnahmen wenig.

Die *Verordnung über Allgemeine Bedingungen für die Versorgung mit Wasser* (AVBWasserV) verpflichtet die Wasserversorgungsunternehmen, Wasser im vereinbarten Umfang jederzeit am Ende der Anschlussleitung zur Verfügung zu stellen. Ausnahmen sind im Wesentlichen durch Fälle höherer Gewalt und/oder Umstände, deren Beseitigung dem Unternehmen wirtschaftlich nicht zuzumuten ist, gegeben. Spezifikationen zu Bereitstellung von Notstromerzeugungskapazitäten sind – wie auch in der TrinkwV – nicht enthalten. Die Ausrüstung mit Notstromanlagen wird im DVGW Arbeitsblatt W 610 »Pumpsysteme in der Trinkwasserverordnung« thematisiert (DVGW 2010). Danach sollen »Pumpensysteme mit hoher geforderter Verfügbarkeit« mit Notstromanlagen ausgerüstet werden, deren Treibstoffbehälter »ausreichend« zu dimensionieren sind. Alternativ können nach dem Arbeitsblatt Pumpsysteme auch mit einer Anschlussmöglichkeit für mobile NSA versehen werden. Allerdings wird nicht weiter spezifiziert, welche Pumpen als kritisch für das Funktionieren der Infrastruktur gelten, und es wird auch nicht ausgeführt, wie diese ermittelt werden können.

Das *WasSiG* mit zugehörigen Ausführungsverordnungen (AVWasSG) regelt die Sicherstellung der Versorgung der Zivilbevölkerung und der Streitkräfte mit Trinkwasser, Betriebswasser und Löschwasser im Verteidigungsfall. Die in dessen Rahmen geschaffenen Anlagen dürfen auch in anderen Krisen- und Katastrophenfällen in Friedenszeiten genutzt werden (BBK 2008c). Außerdem erfasst das WasSiG auch die Ableitung und Behandlung des Abwassers zur Abwendung gesundheitlicher Gefahren, wobei keine konkreten Vorgaben oder Empfehlungen existieren. Die Bundesregierung ist auf der Basis des WasSiG mit Zustimmung des Bundesrates u. a. ermächtigt, Vorschriften über die Ausstattung von Wasserver- und Abwasserentsorgungsanlagen zu erlassen. Explizit sind dabei Pumpen, NSA und Einrichtungen zur Wasserverteilung und -aufbereitung genannt. Zum Zweck der Versorgung in Katastrophenfällen wurde u. a. bundesweit ein System von etwa 5.200 Notwasserbrunnen eingerichtet (Kap III.2.3.5).

Grundsätzlich gelten im Katastrophenfall im Bereich der Wasserversorgung die gleichen rechtlichen Anforderungen wie auch im Normalbetrieb. Die Gesundheitsbehörden der Länder können im Katastrophenfall Anordnungen zur Gefahrenabwehr auf Grundlage des Infektionsschutzgesetzes und der TrinkwV treffen. Ferner haben Polizei und Ordnungsbehörden auf Grundlage des Polizei- und Ordnungsrechts der Länder Befugnisse zum Eingriff im Eilfall (DVGW 2008c).

FOLGEN FÜR WASSERINFRASTRUKTUR UND NOTBETRIEB 2.3.3

Es werden im Folgenden die unmittelbaren Auswirkungen eines Stromausfalls für die Ver- und Entsorgungsinfrastruktur anhand eines Zeitschemas dargestellt.[68] Ein Großteil der in den Netzen und auf Anlagen vorhandenen Speicher, sowohl für elektrische Energie als auch für Trink- und Abwasser, ist auf die Überbrückung kurzer, d.h. im Subtagesbereich liegender, Versorgungsstörungen ausgelegt. Um die Vorgänge zeitlich zu erfassen, ist deshalb eine Aufteilung mit Konzentration auf die ersten Stunden sinnvoll. Die Zeitfenster für die Darstellung sind null bis vier Stunden, vier bis acht Stunden, acht bis 24 Stunden und mehr als 24 Stunden (s. dazu die folgenden Tabellen 5 u. 6).

---

68 Zur Bearbeitung des Themenfeldes wurden explorative, leitfadengestützte Interviews geführt. Die Interviewpartner stammen aus den Bereichen Katastrophenschutz (Bundesamt für Bevölkerungsschutz und Katastrophenhilfe) und Unternehmen der Wasserver- und Abwasserentsorgung. Bei der Auswahl der Interviewpartner in den Betrieben wurde versucht, unterschiedliche Versorgungsstrukturen und unterschiedliche Unternehmensgrößen abzudecken.

Die Auswirkungen eines Stromausfalls auf die Wasserinfrastruktursysteme und die Krisenbewältigungspotenziale der Wasserver- und Abwasserentsorger sind in Deutschland örtlich sehr heterogen und lassen sich schwer prototypisch erfassen und beschreiben. Dies liegt zum einen begründet in der Struktur der gesetzlichen Regelungen, die die Verantwortung für die Erarbeitung von Notfallplänen und Sicherstellung der Versorgung den Städten und Kommunen zuweisen. Zum anderen hängt die Ausprägung der direkten Auswirkungen eines Stromausfalls auf die Ver- und Entsorgung stark von örtlichen Gegebenheiten ab. So spielen z. B. die Ausstattung mit Notstromerzeugungskapazitäten, die Vorbereitung von Notstromeinspeisestellen, die Ausstattung mit netzunabhängiger Kommunikationstechnik und auch topografische Parameter, wie Gefälle im Leitungssystem, bei der Reaktionsfähigkeit eine Rolle. Eine Verallgemeinerung von stichprobenartigen Interviewergebnissen mit Betreibern auf die insgesamt über 6.200 Versorger und 6.900 Entsorger in Deutschland (Statistisches Bundesamt 2009) ist aufgrund der Heterogenität daher nicht ohne Weiteres möglich.

AUSWIRKUNGEN AUF DIE WASSERVERSORGUNG 2.3.3.1

Der Betrieb der Wasserversorgung ist ohne elektrische Energie auf Dauer nicht möglich. Es kann lediglich eine vergleichsweise kurze Zeitdauer von wenigen Stunden bis zu einem Tag durch Hochbehälter, sofern diese im Netz vorhanden sind, zur Druckerzeugung überbrückt werden. Die Speichervolumina, die auf den Tagesverbrauch des Versorgungsgebiets und der Löschwasserreserve ausgelegt sind, differieren von Versorger zu Versorger. Im Mittel können damit Versorgungsstörungen im Subtagesbereich abgefangen werden. Grundsätzlich kann eine Versorgung jedoch mithilfe von Notstromerzeugern ermöglicht werden. An neuralgischen Punkten im Netz, wie den Wasserwerken (und den Abwasserbehandlungsanlagen), sind dazu häufig Notstromeinspeisevorrichtungen vorgesehen und oftmals auch Notstromerzeugungskapazitäten installiert. Welches Leistungsniveau erreicht werden kann, hängt einerseits von der zur Verfügung stehenden Notstromerzeugungskapazität und andererseits von der Skalierbarkeit der Anlagen und Prozesse (d. h. der Möglichkeit, diese auf einem anderen, in diesem Fall niedrigeren, Leistungsniveau betreiben zu können) ab. Das Leistungsniveau und damit die Energieaufnahme von Wasserwerken ist nach Experteneinschätzung vergleichsweise gut reduzierbar, auch wenn die technischen Elemente bei verringerter Leistung nicht unbedingt effizienzoptimal arbeiten. Ein Notbetrieb auf einem Niveau von 30 bis 60 % ist durchaus realisierbar. Dieser wird von den befragten Betreibern nach Möglichkeit angestrebt, um z. B. der Entstehung größerer Hygieneprobleme in Ballungszentren entgegenzuwirken.

TAB. 5 AUSWIRKUNGEN VON STROMAUSFÄLLEN AUF DIE WASSERVERSORGUNG

Wasserversorgung	0 bis 4 Stunden	4 bis 8 Stunden	8 bis 24 Stunden	mehr als 24 Stunden
Pumpen	Ausfall nicht-notstromversorgter Pumpen			NSA-Treibstoffmangel[1]
MSR-Anlagen im Wasserwerk	Ausfall nicht-notstromversorgter MSR-Anlagen		Ausfall batteriegepufferter MSR-Anlagen[2]	
Aufbereitungsanlagen	Ausfall nicht-notstromversorger Aufbereitungsanlagen			
Heizung/Licht/Lüftung/etc.	Ausfall, falls nicht notstromversorgt		Ausfall des internen Funknetzes	
Verteilung/Verbrauch/Speicherung	Ausfall nicht-notstromversorgter Druckerhöhungsanlagen	Abfall des Wasserdrucks, Ausfall der Wasserversorgung in den Außenbereichen des Netzes	stehendes Trinkwasser verliert an Trinkwasserqualität, Wasserpuffer laufen leer	Speicheranlagen können nicht mehr gefüllt werden
Fernwirkanlagen im Netz	Ausfall nicht-notstromversorgter Fernwirkanlagen		Ausfall batteriegepufferter Betriebstelefonanlagen[2]	

1 Vorrat reicht für etwa 5 Tage
2 Verfügbarkeit ca. 10 Stunden
Quelle: eigene Darstellung

Auch wenn nicht die volle Trinkwasserqualität garantiert werden kann, steht das Wasser für eine Reihe von Verwendungsmöglichkeiten auf Abnehmerseite zur Verfügung. Die Trinkbarkeit lässt sich in vielen Fällen zusätzlich auf Abnehmerseite durch Entkeimungsmittel oder durch »Abkochen« herstellen. Allerdings sind eine entsprechende Kommunikationsstrategie zur Information der Bevölkerung und bei Rückkehr in den Normalbetrieb u. U. aufwendige Reinigungsmaßnahmen des Rohrleitungssystems notwendig.

MSR-Systeme zu Fernwirkzwecken, sofern im Netz vorhanden, sind häufig elektrisch gepuffert, sodass deren Betrieb über einige Stunden aufrechterhalten

2. FOLGENANALYSEN AUSGEWÄHLTER SEKTOREN KRITISCHER INFRASTRUKTUREN 133

werden kann. Anschließend müssen notwendige Daten für den Betrieb des Netzes, wie Füllstand der Hochbehälter und Leitungsdruck manuell erhoben und in die Leitzentrale kommuniziert werden.

Ein Stromausfall wirkt sich unmittelbar auf alle elektrisch betriebenen Elemente der Infrastruktur aus. Gerätschaften und Systeme, die keine Pufferung durch eine USV haben, versagen unmittelbar. Ist eine USV vorhanden, können Systeme geregelt heruntergefahren und möglicherweise irreversible Schäden, z. B. durch Datenverlust bei IT-Systemen, vermieden werden.

In Abhängigkeit vom Anschlussgrad stromabhängiger Komponenten der Anlagen und der Erzeugungskapazität des Notstromnetzes kann die Infrastruktur in Teillast weiter betrieben werden. Pumpstationen zur Druckerhöhung im Verteilungsnetz, sofern vorhanden, beziehen ihre Energie häufig aus dem öffentlichen Stromnetz. Auch ist oftmals keine direkte Möglichkeit zur Notstromeinspeisung vorgesehen; diese muss möglicherweise im Bedarfsfall erst installiert werden. Bei Ausfall dieser Pumpen ist grundsätzlich ein Betrieb mit verringertem Druck möglich. Allerdings verringert sich dadurch möglicherweise die Verfügbarkeit des Wassers im Verteilungsnetz (z. B. obere Stockwerke in Hochhäusern werden nicht mehr erreicht). Bei zeitweisem Verlust des Netzdrucks ist die Gefahr von Lufteinschlüssen im Netz oder von Schäden durch Druckstöße gegeben.

AUSWIRKUNGEN AUF DIE ABWASSERENTSORGUNG 2.3.3.2

In der Abwasserentsorgung und -behandlung zeigt sich die Stromabhängigkeit hauptsächlich bei den Pump- und Hebewerken in der Kanalisation und beim Betrieb der Kläranlagen mit allen elektrischen Komponenten, wie Pumpen, Rührwerke, Belüftungsanlagen, sowie der gesamten MSR-Technik. Hebepumpen im Abwasser sind oftmals nicht notstromgepuffert, sodass anfallendes Abwasser aus den Kanälen bei fehlender Pumpleistung austreten kann. Allerdings zeigte sich im Fall des Münsterländer Stromausfalls 2005, dass bei kleinerem und mittlerem Anfall von Abwasser auch unkonventionelle Lösungen funktionieren können. Mit mobilen NSA und Pumpen wurden die Abwasserbehälter an den Hebewerken entleert und der Inhalt mithilfe von Güllefässern zum nächstliegenden Kanaleinspeisepunkt transportiert. Von dort aus hat das Leitungsgefälle den Transport zum Klärwerk ermöglicht.

Es ist zu erwarten, dass die bei einem Stromausfall anfallende Schmutzwassermenge sinkt, da die Wasserversorgung wahrscheinlich nicht auf dem Niveau des Normalbetriebs gehalten werden kann und der Bevölkerung zum größten Teil nur Kaltwasser zur Verfügung steht. Außerdem wird sich die Zusammensetzung des Schmutzwassers vermutlich ändern. Da bei der Verwendung von Wasser für die Körperpflege ein Rückgang zu erwarten ist, fehlt der Verdünnungseffekt durch das Duschwasser, was zu einem stark konzentrierten Abwasser führt. Damit besteht die Gefahr der verstärkten Bildung von Ablagerungen in der Kanalisation und der damit einhergehenden Probleme durch Verstopfungen, Geruchsbildung und Krankheitsüberträger, wie z. B. Ratten. In der Mischwasserkanalisation wirkt ggf. Regenwasser als zusätzliches Verdünnungsmittel und Transportmedium.

TAB. 6 AUSWIRKUNGEN VON STROMAUSFÄLLEN AUF DIE ABWASSERENTSORGUNG

Abwasserentsorgung und -klärung	0 bis 4 Stunden	4 bis 8 Stunden	8 bis 24 Stunden	mehr als 24 Stunden
Kanalisation	Ausfall nicht-notstromversorgter Hebepumpen			NSA-Treibstoffmangel[1]
MSR- und IuK-Technik im Klärwerk	Ausfall nicht gepufferter Technik	Ausfall batteriegepufferter Technik[2]		NSA-Treibstoffmangel[1]
Reinigungsstufen im Klärwerk	Ausfall nicht-notstromversorgter Geräte und Anlagen (z.B. zur mechanischen Reinigung und Belüftung		Temperaturunterschreitung in der Nitrifikation	NSA-Treibstoffmangel[1]

1 Vorrat reicht für etwa 5 Tage
2 Verfügbarkeit ca. 10 Stunden

Quelle: eigene Darstellung

Wegen der sinkenden Abwassermenge kann die Leistung der Abwasserbehandlungsanlage reduziert werden, wobei eine höhere Konzentration des Abwassers möglicherweise zu einem gegenläufigen Trend führen kann. Eine geringere Leistungsaufnahme reduziert den Bedarf an Notstromkapazität und Treibstoff. Eine Skalierung der Leistung ist bei Anlagen mit Mehrstraßensystemen, d.h. die Abwassermenge wird auf parallel betriebene Prozessstraßen aufgeteilt, leicht möglich, da einzelne Straßen unabhängig abgeschaltet werden können.

Kläranlagen sind in der Regel mit Notstromerzeugungskapazitäten ausgerüstet, die einen Volllastbetrieb erlauben. Sollte die Notstromversorgung versagen, ist der Betrieb nicht aufrechtzuerhalten. Die elektrischen Pumpen als integrale Bestandteile machen einen stromlosen Betrieb unmöglich. Abwassermengen sind zwar teilweise in Misch- und Ausgleichsbecken speicherbar, die zur Nivellierung der Tagesschwankungen und der gleichmäßigen Beschickung der Anlage dienen, jedoch nicht in Größenordnungen, die weit über einen Tag hinausgehen. Im Fall des Stillstands werden die Abwassermengen, ohne das Klärwerk zu passieren, direkt und in die Oberflächengewässer geleitet. Damit sind unmittelbare Umweltschäden verbunden.

PROBLEME UND STRATEGIEN BEI DER WIEDERAUFNAHME DES BETRIEBS 2.3.4

Im Folgenden wird ein Überblick über die Strategien und vermutlich auftretende Probleme bei der Wiederaufnahme des Betriebs der Wasserinfrastruktursysteme gegeben. Das Wiederanfahren der Systeme kann aus technischen und organisatorischen Gründen eine lange Zeit in Anspruch nehmen. Ein schneller und effizienter Recoveryprozess ist besonders im Fall der Wasserinfrastruktursysteme anzustreben, um mit einer funktionsfähigen Wasserver- und Abwasserentsorgung andere Infrastruktursysteme und die Bevölkerung nach dem Ende des Stromausfalls bei der Rückkehr zu einem geregelten Leben zu unterstützen.

WASSERVERSORGUNG

Bezüglich des Wasserverteilungssystems werden von Experten im Normalfall keine irreversiblen Schäden an Struktur und Gerätschaften erwartet. Allerdings ist beim Wiederanfahren der Versorgungsinfrastruktur wegen Lufteinschlüssen und der Gefahr einer zwischenzeitlich auftretenden Verkeimung mit hoher Wahrscheinlichkeit eine umfangreiche, zeit- und personalaufwendige Desinfektions- und Spülprozedur erforderlich (Wricke/Korth 2007). Heutzutage werden zwar in den Netzen weniger Spülungen vorgenommen, da mit Messsonden mittlerweile die Wasserqualität fortwährend an vielen Stellen im Netz überprüft und damit prophylaktische Spülungen vermieden werden können. Trotzdem liegt nach Aussage aller Betreiber ausreichend Erfahrung vor.

Beim Wiederanfahren ist darauf zu achten, dass die Belastungen des Netzes nicht zu stark werden, da sonst Rohrbrüche drohen.[69] Hier müssen die Bevölkerung und die Wasserverbraucher in eine Kommunikationsstrategie einbezogen werden.

ABWASSERENTSORGUNG UND -BEHANDLUNG

In der Kanalisation ist mit verstärkten Ablagerungen durch Sand und Fäkalien zu rechnen, sodass Spülmaßnahmen bei der Wiederaufnahme des Normalbetriebs notwendig werden können. Entsprechende Erfahrungen liegen für solche Maßnahmen bei den Entsorgungsunternehmen vor. Spülmaßnahmen aufgrund rückgängigen Wasserverbrauchs und demografischen Wandels sind schon jetzt immer häufiger Bestandteil von Betrieb und Unterhaltung.

---

69 Dies war im Juli 2007 nach Ausfall der Wasserversorgung in Teilen Hamburgs infolge eines Störfalls im Kernkraftwerk Krümmel der Fall (persönliche Mitteilung eines Mitarbeiters der BBK, 6.7.2010)

Mit irreversiblen Schäden an Betonrohren durch z. B. entstehende Schwefelwasserstoffkorrosion ist in einem Zeitraum von vier bis sechs Wochen nicht zu rechnen. In Abwasserbehandlungsanlagen sind Stromausfälle in der Größenordnung sechs bis acht Stunden für den Recoveryprozess unkritisch. Die Zeitdauer bis zur Wiederherstellung der vollen Betriebsbereitschaft liegt dann in der Größenordnung von einer Stunde. Robuste Kläranlagen können auch nach vier bis fünf Tagen des Stillstands (ohne Strom und weiter zugeführtes Klärgut) ohne erhebliche Schwierigkeiten wieder aktiviert werden, da die im Einsatz befindlichen Bakterienkulturen derartige Zeiträume überstehen können. Übersteigt der Stillstand jedoch diese Zeitdauer, müssen die Bakterienkulturen neu kultiviert und eingebracht werden. Es wird jedoch nicht mit irreversiblen Schädigungen der technischen Elemente gerechnet, sodass der Betrieb grundsätzlich beim Einsetzen der Abwasserzuführung nach einem Stromausfall erfolgreich organisiert werden kann. Die Anlagen sind im Allgemeinen auf große Schwankungen in der Menge des Klärguts ausgelegt, sodass ein Wiederanfahren des Betriebs im Fall einer intakten, wenn auch dezimierten Bakterienpopulation als ein Extremfall solcher Schwankungen angesehen und erfolgreich überwunden werden kann.

MITTELBARE AUSWIRKUNGEN AUSGEHEND VON DER
WASSERVER- UND ABWASSERENTSORGUNG 2.3.5

Ein Ausfall der Stromversorgung hat neben den unmittelbaren Auswirkungen in der Wasserinfrastruktur selbst auch mittelbare Auswirkungen – ausgehend von den Wasserinfrastruktursystemen – zur Folge. Eine Störung oder eine Unterbrechung wirkt sich in solchen Infrastruktur- und Gesellschaftsbereichen aus, die auf zuverlässig erbrachte Dienstleistungen der Wasserinfrastruktur angewiesen sind. Am Beispiel drei wichtiger Funktionen der Ressource Wasser werden im Folgenden mittelbare Auswirkungen dargestellt: Wasser als Lebensmittel, Wasser als Löschmittel und Wasser als Transportmittel in der Kanalisation.

WASSER ALS LEBENSMITTEL

Bei einem längeren Stromausfall ist die Sicherstellung der Trinkwasserversorgung der Bevölkerung essenziell. In welchem Umfang und über welchen Zeitraum die leitungsgestützte Versorgung mit Trinkwasser aufrechterhalten werden kann, hängt von vielen Bedingungen ab, nicht zuletzt von der Versorgung mit Treibstoff für die Notstromerzeugung.

Wird die leitungsgebundene Trinkwasserversorgung auf niedrigerem Leistungsniveau aufrechterhalten, kann es erstens bei einem Betrieb mit geringerem Leitungsdruck zu einer Reduktion der Anzahl der versorgten Haushalte kommen und zweitens – bei einer Reduktion der Qualitätsansprüche bei der Rohwasseraufbereitung – zur Auslieferung von Wasser unterhalb des Trinkwasserstandards.

Im ersten Fall sind alternative Wasserquellen zur Versorgung zu erschließen. Im zweiten Fall sind auf Abnehmerseite Maßnahmen zur Aufbereitung zu trinkbarem Wasser möglich (Abkochen und die Zugabe von Chlor und/oder Silberionen).

Eine Unterbrechung der Wasserversorgung wirkt sich umfassend auf das häusliche Leben aus: Die Körperpflege ist in gewohntem Umfang nicht durchführbar, das Zubereiten von Speisen und Getränken ist nur eingeschränkt möglich, das Spülen von Geschirr und andere Raumreinigungsarbeiten sind nicht oder nur eingeschränkt machbar, Waschmaschinen stehen still und die Toilettenspülung ist ohne Funktion. Pflanzen können nicht mehr gegossen werden. Mit fortschreitender Dauer des Ausfalls ist mit einer Verschärfung der Probleme zu rechnen. Saubere Kleidung gibt es bald nicht mehr, Toiletten sind möglicherweise verstopft und die Körperhygiene wird weiter abnehmen. Die Gefahr der Ausbreitung von Krankheiten steigt z. B. durch die Vermehrung von Krankheitsüberträgern, Parasiten und Schädlingen, die deshalb auch häufiger in Wohnräume eindringen können.

Wasser bekommt unter solchen Umständen mit hoher Wahrscheinlichkeit eine derart basale Bedeutung, dass dessen Bereitstellung zu den wichtigsten Aufgaben im Katastrophenfall gehört. Die Bedeutung alternativer Wasserquellen steigt stark an.

> In Deutschland existieren ca. 5.200 Brunnen zur Trinkwassernotversorgung der Bevölkerung in Krisen und Katastrophenfällen. Der Bund verwaltet die Notbrunnen und kommt für Investitionen auf. Für Betrieb und Wartung sind die Länder zuständig und erfüllen diese Aufgabe auf der kommunalen Verwaltungsebene. Die Brunnen sind von öffentlichen Netzen autark und so angelegt, dass sie vor Zerstörung und Verschmutzung geschützt sind. Das Wasser kann an zugehörigen Zapfstellen zur Verfügung gestellt und von der Bevölkerung mit Eimern oder Kanistern abtransportiert werden. Zur gleichzeitigen Deckung minimaler hygienischer Bedürfnisse und zur Zubereitung von Mahlzeiten werden in Deutschland bei der Auslegung von Notbrunnen ca. 15 l je Tag und Mensch veranschlagt, wobei die Betriebsdauer eines Notbrunnens auf 15 Stunden am Tag bei einer durchschnittlichen Entnahme von 6 m^3 pro Stunde ausgelegt ist. Es sind jedoch auch zahlreiche Brunnen mit einer Förderleistung von 20 m^3 pro Stunde und mehr vorhanden. Bei Brunnen mit ausreichendem Grundwasserstand und einer Förderleistung von 3 m^3 pro Stunde sind nach der 2. Wassersicherstellungsverordnung hauptsächlich Handpumpen vorzusehen. Sonst ist eine Pumpe-Motor-Kombination einzusetzen. Bei Elektromotoren ist für Notstromeinspeisevorrichtungen zu sorgen. Die Wasserqualität der Notbrunnen wird regelmäßig untersucht. Im Bedarfsfall erfolgt eine Desinfektion mit Chlortabletten, die für alle Brunnen vorgehalten werden (BBK 2008c).

> Des Weiteren gibt es zur nichtleitungsgebundenen Versorgung der Bevölkerung Möglichkeiten des Wassertransports per Lkw in Form von »verpacktem« Wasser. Beispielsweise verfügen die Berliner Wasserwerke über eine Anlage zur Konfektionierung von Trinkwasser in Schlauchbeuteln, in denen das Wasser längere Zeit haltbar ist. Allerdings ist für den Betrieb der Maschine elektrische Energie notwendig, sodass verpacktes Wasser für den Katastrophenfall immer vorgehalten und nach Ablauf der Haltbarkeit ausgetauscht werden müsste.
> Ähnlich diesem Konzept könnten Ressourcen von Tafelwasserproduzenten und Getränkeabfüllbetrieben genutzt werden. In Zusammenarbeit mit Wasserwerken wäre die Möglichkeit gegeben, sofern der Betrieb mit Strom versorgt werden könnte oder sich außerhalb des Gebiets befindet, Wasser in Trinkflaschen abzufüllen und die Logistik des Produzenten bei der Auslieferung zu nutzen.

WASSER ALS LÖSCHMITTEL

Die Löschwasserversorgung ist in Deutschland Aufgabe von Städten und Gemeinden und umfasst Einrichtungen zur Bereitstellung von Löschwasser, die vorhandenen Regeln sind im DVGW-Arbeitsblatt W 405 niedergelegt (DVGW 2008a).

Bei der Dimensionierung der Wasserversorgungskapazität des Trinkwassernetzes eines Versorgungsgebiets wird die Brandreserve einbezogen. Bei entsprechenden Berechnungen zeigt sich, dass eine Einwohnerzahl von ca. 15.000 den Umschlagspunkt zwischen der Höhe des Wasserbedarfs der Haushalte und einer vorzuhaltenden Brandreserve markiert. Unterhalb wird im Bedarfsfall mehr Löschwasser als Verbrauchs- und Trinkwasser benötigt; oberhalb verhält es sich umgekehrt. Die im Trinkwasserverteilungssystem gespeicherte Wassermenge ist für einen zweistündigen Löscheinsatz mit mindestens 24 m³ pro Stunde zu kalkulieren (Berufsfeuerwehr Braunschweig 2009; DVGW 2008a). Dabei sollte an keiner Entnahmestelle im Netz ein Druck von 1,5 bar unterschritten werden (Freynik 2009).

Je nach Situation und Anforderung kommen im Brandfall verschiedene Löschmittel zum Einsatz. Dazu gehören Wasser, Schäume, Pulver und Inertgase. Als Löschwasser gilt »Wasser« oder »Wasser mit Zusätzen«, das zum Abkühlen oder Kühlen verwendet wird (DIN 14 011 Teil 2, Entwurf 1991, Pkt. 2.7). Gleichzeitig ist Wasser aufgrund seiner großen Kühlkapazität, der vergleichsweise geringen Kosten und der hohen Verfügbarkeit das wichtigste Löschmittel in der Brandbekämpfung.

Die Löschwasserversorgung wird in eine vom Rohrleitungssystem abhängige und eine unabhängige Versorgung unterschieden. Im Fall der abhängigen Versorgung wird das Löschwasser über Hydranten aus dem Trinkwasserverteilungssystem entnommen, die in Stadtgebieten regelmäßig und dicht verteilt sind. Bei der netzunabhängigen Versorgung greifen die Feuerwehren z. B. auf Entnahmestellen an Fließ- und Stillgewässern sowie auf Entnahmestellen an eigens angeleg-

2. FOLGENANALYSEN AUSGEWÄHLTER SEKTOREN KRITISCHER INFRASTRUKTUREN 139

ten Löschwasserteichen und Zisternen zurück. Als Grundsatz gilt für die Feuerwehren, dass natürlichen Wasserquellen der Vorzug gegenüber der Nutzung des Trinkwassers aus dem Verteilungsnetz zu geben ist. Allerdings müssen z. B. Bachläufe eine Mindesttiefe besitzen, damit die Saugstutzen der Förderpumpen das Wasser erfassen können. In der Praxis steht im städtischen Umfeld in einer Vielzahl der Fälle nur das Trinkwasserversorgungsnetz als Löschwasserquelle zur Verfügung.

Die Förderung von Löschwasser und sein Transport zur Brandstelle sind von der Ausrüstung der Entnahmestationen und der Feuerwehrfahrzeuge abhängig. Im Normalfall werden von den Feuerwehren Pumpen zur Entnahmestelle mitgeführt, deren Energieversorgung zu sichern ist. Für Löschfahrzeuge gilt die Grundregel, dass eine Energiereserve für eine Distanz von etwa 400 km mitzuführen ist. Das entspricht einer Zeitdauer von etwa vier Betriebsstunden der Fahrzeuge im Löschbetrieb.

Ist an der Brandstelle kein oder nur eine unzureichende Menge Löschwasser vorhanden, muss eine Versorgung über ein Schlauch- und Leitungssystem oder Tankwagen im Pendelbetrieb aufgebaut werden. Die Einrichtung langer Zuleitungen ist zeitaufwendig und erfordert, abhängig von der Länge, eine Anzahl zwischengeschalteter Pumpen. In Gebieten, in denen das Leitungssystem nicht ausreichend ausgebaut ist, muss verstärkt auf alternative Wasservorkommen zurückgegriffen werden. Dies erfordert eine ausreichende Kartierung und Information über Anfahrtsmöglichkeiten und Kapazität.

Durch einen Ausfall der allgemeinen Stromversorgung wird wahrscheinlich einerseits die Zahl an Bränden zurückgehen, die durch Kurzschlüsse in elektrischen Geräten im alltäglichen Gebrauch entstehen. Andererseits besteht z. B. im industriellen Bereich die Gefahr von zusätzlichen Bränden durch Ausfall von Kühlungen und Prozessleitsystemen. Bei einem Stromausfall führen alternative stromunabhängige Wege der Wärmeerzeugung zu Heiz- und Kochzwecken und zur Beleuchtung zu einer Erhöhung des Brandrisikos, da viele auf Nutzung von offenen Flammen basieren (Gas- und Spirituskocher, Öfen und Holzkohlegrills, Teelichter, Kerzen oder Öllampen).

Die Brandbekämpfung im ländlichen und städtischen Bereich ist stark auf die Verwendung von Wasser als Kühl- und Löschmittel ohne besondere Verwendung von Hochdruck- und Vernebelungstechnik ausgerichtet. Im ländlichen Bereich ist die Löschwasserversorgung weniger auf die Löschwasserbereitstellung durch das Trinkwasserverteilungssystem als auf alternative Wasserquellen, wie Wasserspeicher, Still- und Fließgewässer abgestellt. Somit sind die Feuerwehren im ländlichen Bereich bei einem Stromausfall weniger vom Funktionieren einer Versorgung durch die Wasserinfrastruktur abhängig. Im städtischen Umfeld ist die Verteilungsdichte alternativer Löschwasserquellen deutlich geringer, sodass die Abhängigkeit von intakter Trinkwasserversorgung vergleichsweise hoch ist. Außerdem ist durch hohe Besiedelungsdichte die Gefahr der Brandausbreitung auf Häuserblöcke und möglicherweise sogar auf Stadtteile gegeben. Löschwasser wird damit im städtischen Bereich zur kritischen Ressource.

WASSER ALS TRANSPORTMITTEL

In der Schwemmkanalisation, die in der Abwasserentsorgung hauptsächlich eingesetzt wird, wird Wasser als Transportmittel benötigt. Die Kanalisation ist im Allgemeinen auf einen Trinkwasserverbrauch von 130 bis 150 l pro Person und Tag ausgerichtet. Ein durch einen Stromausfall verbundener Rückgang des Wasserangebots und damit des Wasserverbrauchs führt zu einem zurückgehenden Trockenwetterabfluss.

Daraus können unterschiedliche betriebliche Veränderungen und Probleme resultieren (BMVBS/BBR 2006; Winkler 2006):

> Ablagerungen und Verstopfungen im Kanalnetz,
> Vorabbau organischer Substanz (»angefaultes« Abwasser),
> Bildung korrosiver Gase (H_2S), Gefahr der Betonkorrosion,
> Geruchsprobleme, Probleme durch Krankheitsüberträger (z. B. Ratten).

Die Bildung von H_2S findet in Kanalnetzen dort statt, wo längere Zeit anaerobe Zustände herrschen. Das ist in der Praxis häufig an Übergabestellen von Druckrohrleitungen in Freigefällekanäle der Fall.

Um Stauungen in den Kanalnetzen und die einhergehenden Hygieneprobleme zu vermeiden bzw. zu verringern, wird seitens der Ver- und Entsorger die durchgängige Aufrechterhaltung der Versorgung angestrebt und zwar auch dann, wenn nicht die volle Trinkwasserqualität unter Normalbedingungen garantiert werden kann.

Für private Haushalte wird die Einschränkung der Entsorgungsleistung von Fäkalien zu einem substanziellen Problem. Die Toilettenspülung ist mangels nachlaufenden Wassers im Spülkasten außer Funktion. Zwar lassen sich Toiletten auch mit Wasser spülen, welches von außen hinzugegeben wird, jedoch reicht die Flüssigkeitsmenge in der Kanalisation nicht aus, um die Transportfunktion zu erfüllen. In der Folge kommt es zu den angesprochenen Stauungen in den Kanalnetzen. Abhilfe für die Bevölkerung kann mit Alternativen geschaffen werden, z. B. mit Trockentoiletten und mobilen Toilettenwagen, wie sie auf Festivals eingesetzt werden, und die direkt an den Kläranlagen entleerbar sind.

FAZIT 2.3.6

Im Bereich der *Wasserversorgung* wird elektrische Energie in der Wasserförderung, -aufbereitung und -verteilung benötigt. Besonders kritisch für die Gewährleistung der jeweiligen Funktion sind elektrisch betriebene Pumpen. Fallen diese aus, kann das Wasser nicht durch die Verarbeitungsstufen und in das Verteilungssystem geführt werden. Nur in wenigen Fällen lässt sich in der *Wasserverteilung* ein freies Gefälle ausnutzen (z. B. in der Fernwasserleitung, die den Ostharz mit Leipzig verbindet). In der *Wasseraufbereitung* gibt es energieintensive Prozesse, auf die zu Energiesparzwecken bei einem Stromausfall möglicherweise verzichtet werden muss. Falls NSA nicht in der notwendigen Leistungsklasse zur Verfügung stehen, kann möglicherweise ein auf Kernprozesse konzentrierter Notbetrieb aufrechterhalten werden.

In der *Abwasserentsorgung* sind ebenfalls elektrisch betriebene Pumpen, sowohl in Hebestationen in der Kanalisation als auch in den Kläranlagen, für den Betrieb der Infrastruktur zwingend notwendig. In der Kläranlage benötigen die Erwärmung des Klärschlammes und der Betrieb der Belüftungsbecken (ca. 50 % des Stromverbrauchs) große (elektrische) Energiemengen.

Die meisten Prozesse der Wasserver- und Abwasserentsorgung sind verstärkt mit dem Einsatz von MSR-Technik verbunden, die ebenfalls auf Strom angewiesen ist.

Ein länger andauernder Stromausfall würde die Wasserinfrastruktur aufgrund dieser signifikanten Stromabhängigkeit in ihren Funktionen drastisch einschränken.

LEBENSMITTELVERSORGUNG 2.4

Der Sektor »Lebensmittelversorgung« umfasst die komplexe Kette von der Rohstoffproduktion bis zur Abnahme von Fertigerzeugnissen durch den Endverbraucher (BLE 2006, S. 3). Ein Stromausfall hat Folgen für den gesamten Sektor der Lebensmittelversorgung. Jedoch sind seine einzelnen Teilsektoren – Landwirtschaft, Fischerei, Lebensmittelindustrie und Lebensmittelhandel – aufgrund ihres heterogenen Charakters in unterschiedlichem Ausmaß betroffen. Die räumliche Differenzierung und Vernetzung von Produktion, Verarbeitung, Verteilung und Konsum (BBK 2005b, S. 23) sowie die Rationalisierung und Dezentralisierung der Lagerhaltung (Prognos 2009, S. 44) bedingen zudem eine erhebliche Abhängigkeit von anderen Sektoren, wie Transport und Verkehr (Kap. III.2.2) sowie Informationstechnik und Telekommunikation (Kap. III.2.1).

Zunächst werden in diesem Kapitel die Strukturen des Sektors (Kap. III.2.4.1) sowie die für die Katastrophenbewältigung (Kap. III.2.4.2) relevanten Rechtsgrundlagen vorgestellt. Daran anschließend werden die Folgen eines Stromausfalls für die Lebensmittelversorgung exemplarisch in den Bereichen Landwirtschaft und Lebensmittelhandel beleuchtet. Dabei wird jeweils eine Betrachtung der Ereignisse innerhalb des ersten Tages und der ersten Woche vorgenommen. Bei der Analyse des Lebensmittelhandels wird die Entwicklung weiter differenziert innerhalb der ersten zwei, zwei bis acht und acht bis 24 Stunden betrachtet (Kap. III.2.4.3).

STRUKTUREN 2.4.1

Die *Landwirtschaft* ist mit der Erzeugung von Nahrungsmitteln und Rohstoffen zur Weiterverarbeitung in der Industrie das erste Glied der Lebensmittelversorgung. Dabei besteht eine Verzahnung mit vor- und nachgelagerten Bereichen, wie Agrartechnik-, Dünge- und Pflanzenschutzmittel- oder Lebensmittelindustrie. Darüber hinaus existiert häufig eine direkte Abhängigkeit von anderen Sektoren. So sind viele Betriebe auf eine zentrale Wasserver- und Abwasserentsorgung angewiesen. Die Leistungsfähigkeit der Landwirtschaft basiert in nahezu allen Produktionsprozessen auf Strom.

ABB. 19   AUSGEWÄHLTE STRUKTUREN DES SEKTORS »LEBENSMITTELVERSORGUNG«

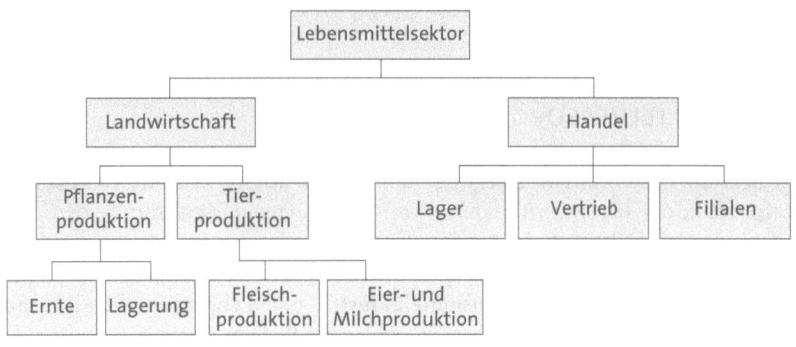

Quelle: eigene Darstellung

Die *Lebensmittelindustrie* verarbeitet in einem breiten Spektrum von Betriebsformen die landwirtschaftlichen Rohstoffe zu Halb- und Fertigerzeugnissen sowie konsumfertigen Produkten weiter. Als direkte Folge des Stromausfalls erliegt die

Produktion der Lebensmittelindustrie weitgehend. Nur wenige Verarbeitungsbetriebe sind mit NSA ausgerüstet (Prognos 2009, S. 49).[70] Der *Lebensmittelhandel* gewährleistet die Versorgung der Bevölkerung mit Nahrungsmitteln. Mit einem Umsatzanteil von etwa 90 % bestimmen Großhandelsketten den deutschen Lebensmittelmarkt (food-monitor 2008; Homepage LZ).

Die folgenden Ausführungen konzentrieren sich exemplarisch auf die Teilsektoren Landwirtschaft und Lebensmittelhandel (Abb. 19).

LANDWIRTSCHAFT 2.4.1.1

Deutschland gehört zu den landwirtschaftlichen Großproduzenten. Innerhalb Deutschlands sind Niedersachsen, Bayern und Nordrhein-Westfalen wichtige landwirtschaftliche Erzeuger. Wirtschaftliche Schwerpunkte der deutschen Landwirtschaft sind die Erzeugung von Milch und Getreide. Der Gartenbau erbringt 10 % der landwirtschaftlichen Verkaufserlöse, obwohl die gartenbauliche Produktion weniger als 1 % der landwirtschaftlichen Nutzfläche ausmacht (BMELV 2008b, 2008c; Homepage destatis a u. d; Homepage eurostat a, b u. c; Homepage Statistik-Portal).

Die landwirtschaftliche Erzeugung von Nahrungsmitteln kann in die Bereiche Pflanzen- und Tierproduktion unterschieden werden.

PFLANZENPRODUKTION

Die Erzeugung pflanzlicher Futter- und Nahrungsmittel erfolgt überwiegend durch Ackerbau, aber auch durch gartenbauliche Freiland- und Unterglasproduktion. Die Pflanzenproduktion ist durch einen *einmaligen* Ernteanfall gekennzeichnet, woraus sich die hohe Bedeutung der Lagerhaltung ableitet (BBK 2005b, S. 23; Prognos 2009, S. 46 f.).

Von einem Stromausfall sind insbesondere betroffen (Prognos 2009, S. 46 f.):

> Ernte und Lagerung
> Sortierung und Verpackung
> Klimatisierung und Bewässerung

TIERPRODUKTION

Die Tierproduktion kann in die Bereiche Milchviehhaltung, Rinder-, Schweine- und Geflügelmast sowie Eierproduktion unterteilt werden. Diese zeichnen sich durch einen *kontinuierlichen* Produktionsanfall aus (BBK 2005b, S. 23; Prognos 2009, S. 45).

---

70 Jedoch beziehen z. B. viele Mühlen einen Teil ihres Strombedarfs aus örtlichen Wasserkraftanlagen, sodass zumindest ein Teilbetrieb möglich wäre.

Die Haltung von *Rindern* ist im sogenannten Außenklimabereich, im ungedämmten oder wärmegedämmten Stall möglich. Zumeist wird die günstige Bauweise des Außenklimastalls gewählt. Das Ausmaß der eingesetzten Haltungsformen variiert regional. Während Milchvieh in den neuen Bundesländern und Norddeutschland hauptsächlich in modernen Laufställen gehalten wird, werden z. B. in Bayern noch überwiegend Anbindeställe verwendet. Die Rindfleischproduktion erfolgt überwiegend mit den Verfahren Bullenmast und Mutterkuhhaltung. Im Jahr 2009 wurden durchschnittlich 71 Rinder pro Betrieb gehalten (Brömmer/Deblitz 2005, S. 51; Gesellschaft für Ökologische Tierhaltung e.V. 2003, S. 2 f.; Homepage destatis c u. d; KTBL 2009e; Prognos 2009, S. 46). *Kälber* werden in der ersten Lebenswoche einzeln, danach zumeist in Gruppen gehalten. Sie stellen keine besonderen Ansprüche an die Stallbeschaffenheit und werden wie ausgewachsene Rinder untergebracht (Gesellschaft für Ökologische Tierhaltung e.V. 2003, S. 10; KTBL 2009e).

Die *Schweinehaltung* erfolgt nahezu ausschließlich in wärmegedämmten und elektrisch belüfteten Stallanlagen. Die Produktionsformen variieren nach Gruppengröße, die von Kleingruppen mit zehn bis 20 Tieren, über Großgruppen mit 20 bis 60 Tieren bis zur Großgruppenbucht mit bis zu 300 Tieren und mehr reicht. 2009 wurden durchschnittlich 398 Schweine je Betrieb gehalten, wobei in Norddeutschland 1.000 Tiere und in Süddeutschland etwa 200 Tiere üblich sind (destatis 2009; KTBL 2009b u. 2009c). Die *Ferkelproduktion* erfolgt in Großgruppenhaltung. Die Ferkel benötigen eine spezielle Zonenheizung, die zumeist mit Fußbodenheizungen und Wärmelampen realisiert wird (Gesellschaft für Ökologische Tierhaltung e.V. 2003, S. 38; KTBL 2009f; Zentner 2006, S. 26).

In der *Geflügelhaltung* werden wärmegedämmte, zwangsbelüftete und zumeist mit gasbetriebenen Brennern oder Infrarotstrahlern beheizte Stallanlagen eingesetzt. Die Geflügelmast erfolgt überwiegend in Bodenhaltung. Die angewendeten Mastverfahren unterscheiden sich durch die Mastdauer, die von 32 bis 60 Tage reicht. Die Eierproduktion erfolgt vor allem in Käfighaltung von Kleingruppen und mit steigenden Anteilen in Boden- und Freilandhaltung. Im Jahr 2007 wurden pro Betrieb durchschnittlich 15.200 Tiere gehalten (destatis 2008; Homepage destatis b; KTBL 2009g).

Von einem Stromausfall sind betroffen (Prognos 2009, S. 45):

> Milchgewinnung (Melkanlagen, Kühlung und Reinigung)
> Gülletechnik/Stallreinigung
> Fütterung/Mahl- und Mischanlagen
> Beleuchtung
> Klimatisierung (Heizung, Kühlung und Lüftung)
> Sortieranlagen

Betriebe sind entsprechend der Tierschutz-Nutztierhaltungsverordnung (TierSch NutzVO) dann mit Notstromkapazitäten auszustatten, wenn Leben und Gesundheit der Tiere von technischen Einrichtungen abhängen. Eine Netzersatzanlage stellt die ausreichende Versorgung mit Futter, Licht, Luft, Wärme und Wasser sicher. Die dafür vorgesehenen Aggregate können stationär oder als mobile, durch einen Traktor angetriebene Zapfwellenanlage ausgeführt sein. Darüber hinaus ist bei elektrisch belüfteten Stallanlagen eine Alarmanlage zur Meldung von Ausfällen vorgeschrieben.

Neben den Fütterungsanlagen ist teilweise auch die Lagerung von Futtermitteln stromabhängig. Beispielsweise muss Heu getrocknet werden, und Kraftfutter bedarf einer kontinuierlichen Belüftung, da es nur bis zu einer Feuchte von 14 % lagerfähig ist. Ein Ausfall der Lüftung führt zur Bildung von Kondenswasser und dem Verkleben des Futters, was eine Entnahme erschwert (FEDARENE 2008, S. 9; KTBL 2009b).

Schließlich gefährdet ein Stromausfall die Wasserversorgung der Tiere. Ausgehend von Temperaturen um den Gefrierpunkt benötigen pro Tag beispielsweise eine Kuh etwa 50 l Wasser, ein Kalb ab 8, ein Schwein etwa 20, tragende oder säugende Sauen bis 30, ein Ferkel ab 1 l Wasser (BayerFarm o.J.; Ewy 2004, S. 49; Kirchhofer 2003; Meyer 2008; Schafzahl 1999).

LEBENSMITTELHANDEL 2.4.1.2

Der Lebensmittelhandel gewährleistet die Versorgung der Bevölkerung mit Nahrungsmitteln. Die Verkaufsinfrastruktur umfasst Supermärkte, Kleineinzelhändler wie Kioske und Tankstellen, Fachgeschäfte, z. B. Metzgereien und Gemüsegeschäfte, sowie Wochenmärkte (Prognos 2009, S. 50). Nach einer Untersuchung[71] verfügt etwa die Hälfte der Filialen des Lebensmittelhandels über eine unabhängige Notstromversorgung. Diese kann die Notbeleuchtung, zumeist auch Kassen- und EDV-Systeme sowie in einigen Fällen das Kühlsystem aufrechterhalten (BMELV 2005, S. 91 f.).

Dem Einzelhandel ist eine Vertriebsinfrastruktur vorgelagert, die entweder über ein Zentrallager oder eine regional verteilte Distributionsstruktur organisiert ist. Diese fungiert als Schnittstelle zwischen Lebensmittelindustrie und Lebensmittelhandel. Hier ist eine allgemeine Entwicklung zum Abbau von Beständen und/oder Logistikknoten festzustellen, wodurch die im Katastrophenfall für eine Versorgung der Bevölkerung verfügbaren Vorräte sinken. Außerdem sind bei einer Unterbrechung der Elektrizitätsversorgung die Steuerung und Kontrolle der Warenströme aufgrund strombasierter Informationstechnik nicht mehr möglich (BMELV 2005, S. 71 u. 98).

---

71 Die Untersuchung (BMELV 2005) basiert auf einer Befragung von acht Unternehmen des Lebensmittelhandels, die etwa 50 % des Gesamtumsatzes im Lebensmittelhandel 2002 erwirtschafteten.

Die Lager des Lebensmittelhandels sind mit elektrischen Flurförderzeugen und Regalbediengeräten sowie elektronischer Informationsverarbeitungs- und Kommunikationstechnik ausgestattet. Bei einem Ausfall der Stromversorgung ist ein manueller Betrieb nur begrenzt möglich, da die Regale oftmals bis zu 30 m hoch sind. Die Lager verfügen über USV, in der Regel über NSA und vereinzelt über eine Eigenstromversorgung. Jeweils etwa 40 % der Lager können den gesamten Betrieb inklusive (Tief-)Kühllager oder zumindest die EDV und einen eingeschränkten Lagerbetrieb aufrechterhalten. Bezüglich der Betriebsdauer der Lagernotstromversorgung liegen die Antworten der Befragten zwischen »2 Stunden« und »Dauerbetrieb«; der Durchschnitt der Zahlenangaben liegt bei 34 Stunden (BMELV 2005, S. 70 u. 102).

STRUKTUR UND REICHWEITE BEVORRATETER LEBENSMITTEL

Nach Rasche et al. (2001, S. 38) wurden in den befragten Haushalten folgende Lebensmittel vorrätig gehalten:

Nudeln	49,3 %
Zucker	41,8 %
Mehl	38,8 %
Reis	38,1 %
Konserven/Eingemachtes	35,1 %
Gemüse	28,4 %
Obst	19,4 %
Fertiggerichte	18,0 %
Kartoffeln	23,9 %
Tiefkühlwaren (v. a. Fleisch)	18,7 %
Mineralwasser	18,0 %
H-Milch	15,7 %
Säfte	15,7 %

Die Reichweite von bevorrateten Lebensmitteln[72] hat eine nichtrepräsentative Umfrage in fünf Orten des Münsterlands im Jahr 2006 erhoben (Gardemann/Menski 2008, S. 6 u. 10):

> 8 Tage	5,4 %
6 bis 8 Tage	9,9 %
3 bis 5 Tage	34,7 %
> 2 Tage	15,6 %
2 Tage	27,4 %
1 Tag	6,1 %

Quelle: Gardemann/Menski 2008, S. 47 f.

---

72 Das BMELV empfiehlt einen Notvorrat für 14 Tage (BMELV 2008a).

2. FOLGENANALYSEN AUSGEWÄHLTER SEKTOREN KRITISCHER INFRASTRUKTUREN 147

Bei einer Gesamtbetrachtung der Lebensmittelversorgung in einem Katastrophenfall spielt auch der Bestand in Haushalten eine wichtige Rolle. Eine repräsentative Studie hat die Vorratshaltung von Haushalten, d. h. das Vorhalten von nicht für den täglichen bzw. sofortigen Verbrauch bestimmten und regelmäßig zu ersetzenden Lebensmitteln, untersucht. Demnach betreiben 71,6 % der Haushalte Vorratshaltung, 15,7 % gaben an, keine Lebensmittel vorrätig zu haben (Rasche et al. 2001, S. 38).

Bei einem Stromausfall wären die bevorrateten Lebensmittel allerdings in Zusammenhang mit den (begrenzten) Möglichkeiten ihrer Zubereitung zu sehen.

RECHTSGRUNDLAGEN 2.4.2

Kritische Situationen im Ernährungsbereich werden auf Bundesebene im Wesentlichen durch zwei Gesetze geregelt, die eine Sicherstellung der Lebensmittelversorgung gewährleisten sollen. Dabei ist zu unterscheiden zwischen auf den Spannungs- und Verteidigungsfall bezogenen Regelungen, die im Ernährungssicherstellungsgesetz[73] (ESG) verfasst sind, und anderen Versorgungskrisen, die durch das Ernährungsvorsorgegesetz[74] (EVG) erfasst werden. Das EVG bestimmt in § 1 Abs. 2 als Versorgungskrise eine Lage, in der die Deckung des Bedarfs an lebenswichtigen Erzeugnissen der Ernährungs- und Landwirtschaft in wesentlichen Teilen des Bundesgebiets ernsthaft gefährdet ist und dies nicht, nicht rechtzeitig oder nur mit unverhältnismäßigen Mitteln zu beheben ist. Eine Versorgungskrise im Sinne des EVG wird durch die Bundesregierung (durch Rechtsverordnung) festgestellt. Im Rahmen von ESG und EVG können durch Rechtsverordnung Vorschriften u. a. zur Herstellung, Verarbeitung, (Ab-)Lieferung, Zuteilung, zeitlichen und räumlichen Lenkung von Lebensmitteln sowie zur Festsetzung ihrer Preise und dem Verbot ihrer gewerbsmäßigen Abgabe erlassen werden (BBK 2008a, S. 22; BLE 2006, S. 3).[75] Ergänzend ermöglicht das VerkLG[76] die Beanspruchung von Verkehrsleistungen oder Verkehrsmitteln zur Beförderung von Gütern.

---

73 Gesetz über die Sicherstellung der Versorgung mit Erzeugnissen der Ernährungs- und Landwirtschaft sowie der Forst- und Holzwirtschaft (Ernährungssicherstellungsgesetz – ESG). In der Fassung der Bekanntmachung vom 27. August 1990. Zuletzt geändert durch Artikel 182 Neunte ZuständigkeitsanpassungsVO vom 31. Oktober 2006 (BGBl. I S. 2407)
74 Ernährungsvorsorgegesetz vom 20. August 1990 (BGBl. I S. 1766), zuletzt geändert durch Artikel 186 der Verordnung vom 31. Oktober 2006 (BGBl. I S. 2407)
75 § 2 Abs. 1 EVG
76 Verkehrsleistungsgesetz vom 23. Juli 2004 (BGBl. I S. 1865), geändert durch Artikel 304 der Verordnung vom 31. Oktober 2006 (BGBl. I S. 2407)

Die wichtigsten Bestimmungen zur Haltung von Nutztieren sind in der TierSchNutzVO[77] niedergelegt. Diese umfasst neben allgemeinen Anforderungen an die Haltung von Tieren auch bauliche Bestimmungen, die eine stets ausreichende Versorgung der Tiere gewährleisten sollen.

Weiterhin ist für die Erzeugung tierischer Produkte die Tierschutz-Schlachtverordnung[78] (TierSchlV) von Bedeutung, die das Betäuben und Töten von Tieren unter den Gesichtspunkten einer Vermeidung von Aufregung, Schmerzen, Leiden und Schäden regelt. Im Lebensmittelrecht liegt der Schwerpunkt auf der Sicherstellung der Hygiene. Es gibt aber Generalklauseln, die auf die Betriebspflichten zur Absicherung kritischer Produktionsbereiche zielen.

FOLGEN 2.4.3

Im Folgenden werden die Auswirkungen eines Stromausfalls während des Winters betrachtet, da die jahreszeitlichen Wetterbedingungen ein maßgeblicher Faktor für die Betroffenheit des Lebensmittelsektors sind.[79]

LANDWIRTSCHAFT 2.4.3.1

NULL BIS 24 STUNDEN

Innerhalb der ersten 24 Stunden entstehen kaum Beeinträchtigungen in der landwirtschaftlichen Produktion. Im Ackerbau und in der Freilandproduktion herrscht über den Winter Ruhezeit, weswegen Feldschäden auszuschließen sind. Dagegen fallen in der gartenbaulichen Unterglasproduktion Klimatisierungs- und Bewässerungsanlagen aus. Ebenso sind Durchlüftungsanlagen in Lagerstätten betroffen, die das Lagergut kühlen, heizen und entfeuchten (Homepage Gut Derenburg; Prognos 2009, S. 46 f.). Die Produktions- und Lagerstätten halten jedoch äußere Einflüsse, wie starke Temperaturschwankungen, für eine gewisse Zeit ab, was größere Produktionsausfälle verhindert.

In der Tierproduktion sichern NSA alle für das Überleben und die Gesundheit der Tiere notwendigen Versorgungsanlagen. Jedoch können je nach Produktionsbereich und verfügbarer Notstromkapazität weitere Funktionsbereiche betroffen

---

77 Tierschutz-Nutztierhaltungsverordnung in der Fassung der Bekanntmachung vom 22. August 2006 (BGBl. I S. 2043), geändert durch die Verordnung vom 1. Oktober 2009 (BGBl. I S. 3223)
78 Tierschutz-Schlachtverordnung vom 3. März 1997 (BGBl. I S. 405), geändert durch Artikel 19 des Gesetzes vom 13. April 2006 (BGBl. I S. 855)
79 Hinsichtlich des entstehenden Schadens wäre es für eine umfassende Vulnerabilitätsanalyse relevant, welche Regionen vom Stromausfall betroffen sind. So ergaben sich besonders schwere Schäden, wenn der sogenannte Nordwestgürtel betroffen wäre, der von Schleswig-Holstein über Niedersachsen nach Nordrhein-Westfalen reicht und die höchste Viehbestandsdichte aufweist.

2. FOLGENANALYSEN AUSGEWÄHLTER SEKTOREN KRITISCHER INFRASTRUKTUREN 149

sein. Hierzu ist die Stallreinigung zu zählen, die technisch unterschiedlich realisiert wird. Während in der Rinderhaltung zumeist elektrische Schieberanlagen eingesetzt werden, sind die in der Schweinehaltung verwendeten Spaltenböden und die in der Geflügelhaltung vorwiegend verwendeten Kotgruben überwiegend stromunabhängig ausgeführt. In der Mastgeflügelhaltung sind Reinigung und Desinfizierung der Stallanlage nur zwischen zwei Mastzyklen erforderlich (Homepage IKL a u. b; Homepage KTBL; KTBL 2009d, 2009f u. 2009g; Pöllinger 2001, S. 35 u. 38 f.; Prognos 2009, S. 45).

Speziell in der Milchviehhaltung können in Abhängigkeit von der Leistungsfähigkeit des NSA Melkanlage und Milchlagerung betroffen sein. Ein Ausfall oder eine Verschiebung der Melkzeit um wenige Stunden kann bei Kühen zu einer Euterentzündung und in der Folge zum Tod führen. Ein Ausweichen auf Handmelken ist nicht möglich, da dies viel Übung und Kraft erfordert. Daher müssen die Tiere trocken gelegt werden (Schweizer Milchproduzenten o. J.; Prognos 2009, S. 45; Steetskamp/von Wijk 1994, S. 12).

Im Bereich der Schweine- und Geflügelmast sowie der Eierproduktion entstehen aufgrund der Notstromversorgung noch keine Beeinträchtigungen.

24 STUNDEN BIS EINE WOCHE

Nach 24 Stunden ist der Treibstoffvorrat der NSA und der Landmaschinen vor Ort erschöpft. Nur dort, wo Kraftstoffvorräte vorhanden sind oder organisiert werden können, kann der Betrieb aufrechterhalten werden.

Im Bereich der *Unterglasproduktion* bedingen einwirkende Kälte und fehlende Bewässerung eine fortschreitende Qualitätsminderung bis hin zum Verlust der Produktion. Ebenfalls wirkt sich die abfallende Temperatur auf eingelagerte Nahrungsmittel aus. So werden kälteempfindliche Lagergüter, wie z. B. Kartoffeln, in ihrer Qualität und Haltbarkeit beeinträchtigt. Ferner begünstigen ausgefallene Lüftungsanlagen und auskühlende Außenwände die Bildung von Kondenswasser. Dadurch werden auch kälteunempfindlichere Güter, z. B. Getreide, in ihrer Qualität und Haltbarkeit beeinträchtigt (Maiwald 2005; Prognos 2009, S. 47). In der *Tierhaltung* fallen Beleuchtung, Belüftung, Heizung und Fütterungsanlagen aus. Je nach Haltungsform reagieren die Tiere auf eine eingeschränkte Versorgung unterschiedlich. So können sie unter Umständen durch ihre Körpereigenschaften oder soziales Verhalten auftretende Beeinträchtigungen kompensieren.

Beleuchtung, Belüftung und Heizung

Der Ausfall der Beleuchtungsanlagen erschwert zahlreiche Arbeitsschritte wie beispielsweise die Kontrolle des Zustands der Tiere. Auch wirkt er sich negativ auf Wohlbefinden, Gesundheit und Leistung der Tiere aus (Prognos 2009, S. 45). Durch die unterbrochene Stromversorgung fallen die Belüftungsanlagen aus, weshalb Frischluft durch automatisch oder von Hand geöffnete Lüftungsklappen zugeführt wird. Als Folge des Einströmens unbeheizter Außenluft fällt die Temperatur in den Ställen stark ab. Zudem führt die mangelnde Durchlüftung zu einer Überschreitung der zulässigen Schadstoffkonzentrationen[80], was die Leistung der Tiere vermindert und Erkrankungen begünstigt (Homepage HBLFA b; SKOV 2008).

Der Ausfall der Heizung hat je nach Tierart und Stallsystem unterschiedliche Auswirkungen. Rinder haben eine hohe Kältetoleranz (auch Hochleistungsrassen). Solange eine wärmegedämmte Liegefläche vorhanden ist, ergeben sich auch bei extrem niedrigen Temperaturen (bis -30 °C) keine gesundheitlichen Beeinträchtigungen (Kramer 2001, S. 29; KTBL 2009e; Zähner 2004). Kälber sind ähnlich robust (KTBL 2009e). In ihren ersten Lebenstagen sollten sie zwar keinen Temperaturen unter 10 (bis zehn Tage nach Geburt) bzw. 5 °C ausgesetzt sein. Doch sind Witterungsschutz und Umstallung zu Kälbergruppen zunächst ausreichende Maßnahmen, um größere Verluste zu vermeiden.

Ebenso widerstehen Schweine den abgesunkenen Temperaturen (MLR o. J.). Demgegenüber sind Ferkel anfälliger gegenüber Kälte. Zwar ist ihre Haltung im Außenklimabereich möglich, diese erfordert aber spezielle bauliche Maßnahmen (KTBL 2009f). Da diese nicht Bestandteil der üblichen Haltungsformen sind, ist ein Tod vor allem der jüngsten Tiere unvermeidlich.

Auch Geflügel übersteht den Temperaturabfall. Jedoch sind Wachstum und Legerate der Tiere deutlich reduziert. Hingegen benötigen Küken konstante Temperaturen zwischen 20 und 35 °C und verenden innerhalb weniger Minuten. Ebenso entsteht nach einigen Minuten ein Totalverlust in Brütereien, da die für die Eier notwendigen Temperaturen nicht mehr gewährleistet werden können.

Fütterung

Probleme ergeben sich auch bei der Futterversorgung der Tiere durch teil- oder vollautomatisierte Misch- und Förderanlagen. Die Bereitstellung und Verteilung der benötigten Futtermengen kann manuell nicht geleistet werden. Die mit dem Ausfall der Notstromversorgung auftretenden Einschränkungen können von ausgewachsenen Tieren (Rinder, Schweine und Geflügel) körperlich zumeist gut verkraftet werden. Jedoch stellt die Situation eine erhebliche Stressbelastung für die Tiere dar: Verhaltensweisen wie Federpicken, gegenseitiges Beißen oder Kannibalismus treten verstärkt auf. Als mögliche Auslöser hierfür gelten u.a. mangelnde Lichtintensität und -qualität (z. B. Farbspektrum), erhöhte Schadgaskonzentrationen und Zugluft oder kurzfristige Temperaturschwankungen (Homepage HBLFA a; KTBL 2009a). Da während eines Stromausfalls alle diese Faktoren zusammenkommen, sind entsprechend stark ausgeprägte Verhaltensänderungen zu

---

80 Die TierSchNutzVO bestimmt Grenzwerte für Ammoniak, Kohlendioxid und Schwefelwasserstoff.

erwarten. Dadurch ergeben sich eine weitere Gefährdung des Tierbestands und hygienische Belastungen, z. B. durch verletzte und verendete Tiere.

Ein weiteres Problem ist die Versorgung der Tiere mit Trinkwasser, insbesondere aus den öffentlichen Leitungsnetzen. Dort, wo die Pumpen ausgefallen sind und nicht mehr in Betrieb genommen werden, versiegt die Zufuhr. Eine Umstellung auf manuelle Wasserversorgung im Stall ist selbst im Winter möglich, da die Tiere mit ihrer Körperwärme ein Mikroklima schaffen und durch häufiges Trinken das Gefrieren von bereitgestelltem Wasser verhindern. Jedoch ist in großen Betrieben eine Wasserversorgung aller Tiere im erforderlichen Umfang voraussichtlich nicht möglich, auch wenn ein Brunnen vorhanden ist.

Mit zunehmender Dauer des Stromausfalls wird die Versorgung der Herden problematisch und kann teilweise nicht mehr geleistet werden. Durch die Leitungen der öffentlichen Wasserversorgung wird fast überall kein Wasser mehr geführt. Die Futtermittelbestände werden vielfach durch Schimmelbildung unbrauchbar. Ausbreitende Erkrankungen, z. B. der Atemwege, gefährden den Bestand ganzer Betriebe.

Insgesamt ist – insbesondere in den Großbetrieben der Schweine- und Geflügelzucht – mit einem Massensterben des Viehs zu rechnen (Reichenbach et al. 2008, S. 25)

LEBENSMITTELHANDEL 2.4.3.2

NULL BIS 24 STUNDEN

Innerhalb der ersten zwei Stunden werden Filialen ohne NSA neue Kunden abweisen, da Beleuchtung, Kassen- und Abrechnungssysteme (sowie die damit verbundene Warenbewirtschaftung), Kühleinheiten, Sicherheitssysteme und Türen ausfallen (Prognos 2009, S. 50). Filialen mit Notstromversorgung können ohne größere Einschränkungen weiterarbeiten, je nach Auslegung der NSA fallen aber die Kühleinheiten aus. Die meisten Menschen versuchen, ihren Einkauf bis zur Wiederherstellung der Stromversorgung aufzuschieben. In den Verteilzentren, deren Notstromversorgung nicht alle Funktionen aufrechterhalten kann, sinkt die Leistung im Warenumschlag stark ab (BMELV 2005, S. 70). Darüber hinaus entstehen aufgrund der Verkehrssituation Verzögerungen im Vertrieb.

Im Zeitraum von zwei bis acht Stunden wird die Möglichkeit eines mehrtägigen Stromausfalls in Betracht gezogen. Deshalb nehmen Filialen ohne NSA einen provisorischen Betrieb auf. Dazu sind zunächst eine Umstellung auf Handkassen sowie später manuelle Bestandsführung und Nachbestellung erforderlich (BMELV 2005, S. 70). Außerdem wird aufgrund der ausgefallenen Beleuchtung der Kassenbereich mit Taschenlampen oder Ähnlichem beleuchtet und als Verkaufstheke benutzt, an der das Personal Waren an die Kunden ausgibt. Zudem werden je nach der verbleibenden Ladenöffnungszeit Sonderangebote auf Tiefkühlwaren erwogen, da diese über Nacht verkaufsunfähig würden. Da in dieser Phase der Treibstoffvorrat der meisten NSA aufgebraucht ist, nehmen die weiteren Filialen vergleichbare Umstellungen vor.

Zwischen acht und 24 Stunden verkürzen die Filialen des Lebensmittelhandels ihre Öffnungszeiten in Abhängigkeit vom Tageslicht. In weiteren Lagern fällt die Notstromversorgung aus. Die für eine derartige Situation vorgesehenen Notfallpläne der Unternehmen sind nicht für großflächige Krisen konzipiert. Sie sind zumeist auf den Ausfall einiger Lager innerhalb einer Region oder auf den Ausfall eines einzigen Lagers zugeschnitten. Die hierzu vorgesehenen Maßnahmen, wie Schichtarbeit im Zwei- oder Dreischichtbetrieb an verbleibenden Standorten oder Genehmigung für Sonntagsarbeit und -fahrten für Lkw, können aufgrund der ausgefallenen Kommunikation und der allgemeinen Beeinträchtigung in weiteren Sektoren nur eingeschränkt realisiert werden (BMELV 2005, S. 70 u. 95 f.).

24 STUNDEN BIS EINE WOCHE

Im Verlauf der ersten Woche verändert sich das Kaufverhalten zunehmend, da der Stromausfall die normalen strombasierten Kochgewohnheiten einschränkt. Eine Zubereitung von warmen Mahlzeiten ist nur noch mit Campingkochern, Gasherden, Grills oder Kaminen möglich (Gardemann/Menski 2008, S. 50). Daher werden vor allem verzehrfertige Nahrungsmittel, wie Brot und Backwaren, Wurstwaren, Cerealien und Obst sowie Konserven (BMELV 2005, S. 71), Grundnahrungsmittel wie Milch, Öl, Zucker und Wasser, aber auch Artikel wie Decken, Taschenlampen, Batterien und Kerzen gekauft. Aufgrund der gesteigerten Nachfrage, die spätestens nach Bekanntwerden der Stromausfalldauer durch intensive Vorratskäufe verstärkt wird, sind diese Produkte vielerorts ausverkauft.

Die wenigsten Geschäfte des Lebensmittelhandels verfügen über nennenswerte Lagerkapazitäten. Eine Nachlieferung erfolgt nur vereinzelt, da der Umschlag in den Lagern eingeschränkt ist und der Treibstoff der Lieferfahrzeuge knapp wird. Deshalb leeren sich die Regale innerhalb von zwei bis fünf Tagen (Prognos 2009, S. 50). Vereinzelt werden Lebensmittel trotz unterbrochener Kühlkette abgegeben oder gelangen durch Diebstähle oder später durch Freigabe in Umlauf. Hiermit sind erhöhte gesundheitliche Risiken verbunden (Prognos 2009, S. 50 f.). Ohne eine weitere Belieferung der Region ist davon auszugehen, dass am Ende der ersten Woche die Vorräte in den Geschäften und Haushalten aufgebraucht sind.

Demgegenüber sind die Bestände in den Lagern deutlich umfangreicher und stehen zur Versorgung zur Verfügung, sofern eine Notstromversorgung der Tiefkühlung besteht oder hergestellt werden kann. Denn ohne aktive Kühlung können die erforderlichen Temperaturen nur etwa 24 Stunden aufrechterhalten werden (BMELV 2005, S. 70).

REICHWEITE DER LAGERBESTÄNDE BEI NORMALEM WARENABFLUSS IN TAGEN

> Tiefkühlwaren   10 bis 50, durchschnittlich 22
> Kühlwaren   1 bis 10, durchschnittlich 5
> Frischwaren   0 bis 10, durchschnittlich 4
> Sonstiges   7,5 bis 30, durchschnittlich 18

Quelle: BMELV 2005, S. 95

Da die Notstromversorgung nicht flächendeckend aufrechterhalten werden kann, fallen zumeist schon während der ersten zwei Tage alle Lager im vom Stromausfall betroffenen Gebiet aus.

Der Lebensmittelhandel erweist sich angesichts der erhöhten Nachfrage als das »schwächste Glied« in der Versorgungskette. Durch ausgefallene Datenleitungen und EDV ist eine Kommunikation über Vorrat und Nachfrage zwischen Zentrale, Lager und Filiale nicht möglich. Aufgrund der defizitären Versorgung der Bevölkerung, wird von den Behörden erwogen, Lagerbestände verfügbar zu machen und für Krisen vorgehaltene Reserven zu aktivieren (BMELV 2005, S. 119 f.). Allerdings rechnen die Verantwortlichen dennoch mit drastischen Versorgungsengpässen bei wichtigen Grundnahrungsmitteln, aber auch bei besonderen Produktgruppen wie Babynahrung. Eintreffende Meldungen über gehäufte Todesfälle in Pflegeheimen und vereinzelt auftretende Auseinandersetzungen um Lebensmittel rücken die Möglichkeit einer Gefährdung der öffentlichen Ordnung durch ausgreifende örtliche Unruhen in das Bewusstsein der Behörden.

FAZIT   2.4.4

Die aufgezeigte Entwicklung offenbart die sich sukzessive aufbauenden Probleme in der Folge eines langandauernden Stromausfalls für den Sektor »Lebensmittelversorgung«. Die erheblichen Schäden an Lagergut und Tierbeständen in der Landwirtschaft, der weitgehende Ausfall der weiterverarbeitenden Industrie und die unzureichende Versorgung großer Teile der Bevölkerung mit Lebensmitteln durch die Strukturen des Handels reduzieren die regionale Funktionsfähigkeit des gesamten Sektors auf ein Minimum. Aufgrund der generell geringen privaten Bevorratung ergeben sich schon am Ende der ersten Woche ernsthafte Engpässe in der Lebensmittelversorgung.

Besonders weniger zentrale Regionen werden unvollständig versorgt. Um Lebensmittellieferungen, ausgegebene Essensrationen oder knappe Lebensmittel in den wenigen noch betriebenen Filialen entbrennen Streitigkeiten und heftige, oft körperliche Auseinandersetzungen, die nicht immer von den Ordnungskräften geregelt werden können. Personen, wie Alte, Kranke oder Kleinkinder, deren

Handlungsfähigkeit eingeschränkt ist oder die auf besondere Lebensmittel angewiesen sind, leiden besonders unter der Situation. Schließlich wird auch die Versorgung der lokalen, insbesondere aber der aus angrenzenden Regionen eingesetzten Kräfte zum Problem.

Eine Stabilisierung der Versorgung mit Lebensmitteln und die Gewährleistung ihrer gerechten Verteilung unter der Bevölkerung entwickeln sich zu vorrangigen Aufgaben der Behörden. Von ihrer erfolgreichen Bewältigung hängen das Überleben zahlreicher Menschen und der Erhalt und die Sicherung der öffentlichen Ordnung ab.

DAS GESUNDHEITSWESEN 2.5

Die wichtigste Funktion des Sektors »Gesundheitswesens« ist die Bereitstellung einer medizinisch-pharmazeutischen Versorgung der Bevölkerung. Der Sektor ist sehr dezentral und hochgradig arbeitsteilig organisiert.

Einführend werden im Folgenden die Strukturen (Kap. III.2.5.1) des Sektors »Gesundheitswesen« und die sektorspezifische Rechtsgrundlagen für die Katastrophenbewältigung vorgestellt (Kap. III.2.5.2). Danach werden die auftretenden Folgen eines Stromausfalls beschrieben, die in Krankenhäusern, Arztpraxen, Apotheken, Dialysezentren, Pflegeheimen, bei Rettungsdiensten sowie bei Herstellern und Handel pharmazeutischer Produkte entstehen. Dabei wird in einem ersten Schritt (Kap. III.2.5.3) eine zeitliche Unterteilung in die ersten zwei Stunden, zwei bis acht und acht bis 24 Stunden nach dem Stromausfall vorgenommen. Im zweiten Schritt (Kap. III.2.5.4) werden mögliche Folgen im weiteren Zeitverlauf vom zweiten Tag bis zum Ende der ersten Woche diskutiert. Abschließend wird ein Fazit gezogen (Kap. III.2.5.5).

STRUKTUREN 2.5.1

Zu den wichtigsten Akteuren (Abb. 20) zählen u. a. die über 2.000 Krankenhäuser mit etwa 21.000 Intensivbetten, 1.200 Dialysezentren, etwa 11.000 Pflegeheime, 21.500 öffentliche Apotheken (sowie 470 Krankenhausapotheken) und zumindest der fachärztlich spezialisierte Teil der mehr als 100.000 Arztpraxen (BBK 2008b; Bundesärztekammer 2006; Frei/Schober-Halstenberg 2008, S. 7; DKG 2009; Wieler et al. 2008, S. 1). Nahezu alle Einrichtungen, die die medizinische und pharmazeutische Versorgung der Bevölkerung gewährleisten, sind von Elektrizität unmittelbar abhängig.

ABB. 20 AUSGEWÄHLTE BASISSTRUKTUREN UND KOMPONENTEN IM GESUNDHEITSWESEN

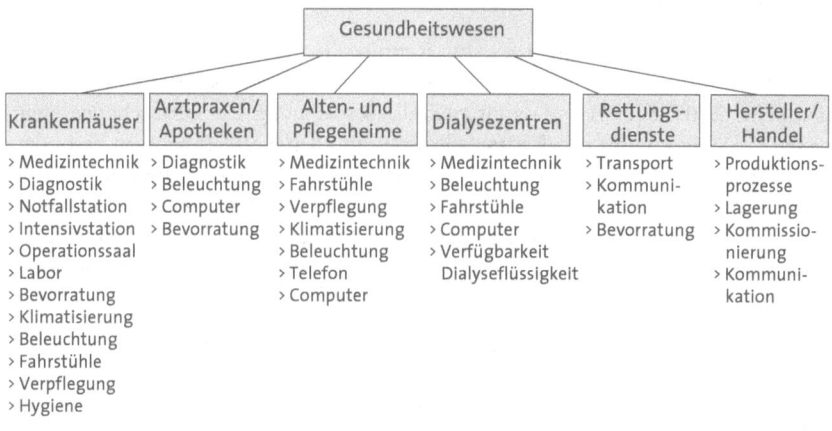

Quelle: eigene Darstellung

RECHTLICHE GRUNDLAGEN 2.5.2

LANDESGESETZE

Den Bundesländern obliegt die Gesetzgebung für den Katastrophenschutz in Friedenszeiten, den Rettungsdienst, den öffentlichen Gesundheitsdienst sowie – unter Beachtung der konkurrierenden Gesetzgebung des Bundes – das Krankenhausrecht. In den *(Brand- und) Katastrophenschutzgesetzen* der Bundesländer finden sich häufig Regelungen, die spezifisch auf Akteure des Gesundheitswesens Bezug nehmen.

Deren Zusammenarbeit und Mitwirkung im friedensmäßigen Katastrophenschutz wird auch in den *Krankenhausgesetzen* der Länder geregelt. Dort (wie auch in § 21 Abs. 4 Nr. 1 ZSKG für den Verteidigungsfall) ist in einigen Bundesländern die Verpflichtung der Krankenhausträger zur Aufstellung von Alarm- und Einsatzplänen sowie entsprechenden Übungen für die Sicherstellung der medizinischen Versorgung niedergelegt (z.B. StMI 2006). Ein wichtiges Ziel ist auch die Ausweitung der Behandlungs- und Aufnahmekapazitäten im Falle eines Großschadens oder einer Katastrophe (Paul/Ufer 2009, S. 148). Krankenhäuser sind zur Zusammenarbeit u.a. mit niedergelassenen Ärzten, Rettungsdienst und Katastrophenschutzbehörden verpflichtet.[81]

---

[81] Regelungen zur Mitwirkung der Apotheken im Katastrophenschutz finden sich nicht in allen Katastrophenschutzgesetzen der Länder und wenn, in sehr unterschiedlicher Weise. Das betrifft u.a. die Funktion und Pflichten im Zusammenhang mit Alarm- und Einsatzplänen (Paul/Ufer 2009, S. 176).

In den *Krankenhausbauverordnungen* der Länder sind verschiedentlich Schutzanforderungen niedergelegt, z. B. für elektrische Anlagen oder die Notstromversorgung (BSI 2005, S. 133).

Die *Landesrettungsdienstgesetze* (bzw. Rettungsdienstgesetze) regeln die präklinische Versorgung medizinischer Notfälle unterhalb der Katastrophenschwelle (Paul/Ufer 2009, S. 134) und damit auch die Bewältigung von Großschadensereignissen.[82] Dabei kommt den Rettungsdiensten und den Krankenhäusern besondere Bedeutung zu. Träger des öffentlichen Rettungsdienstes sind überwiegend Landkreise und freie Städte. Die Träger sind verpflichtet, den Rettungsdienst flächendeckend und bedarfsgerecht zu organisieren. Durchführende des Rettungsdienstes sind entweder die kommunalen Träger mit ihren Feuerwehren oder von ihnen dazu Beauftragte (wie insbesondere die großen Hilfsorganisationen).

Schließlich sind die *Gesetze zum Öffentlichen Gesundheitsdienst* zu erwähnen, die dessen Einbindung in den Katastrophenschutz – allerdings nicht einheitlich und eher unzureichend – thematisieren (Paul/Ufer 2009, S. 132).

BUNDESGESETZE

Durch das Zivilschutzänderungsgesetz vom 2. April 2009 wurde in § 12 ZSKG übergreifend festgelegt, dass die Kapazitäten des Bundes für den Zivilschutz auch den Ländern für ihre Aufgaben im Bereich des Katastrophenschutzes zur Verfügung stehen. Der Bund ergänzt gemäß § 13 Abs. 1 ZSKG die Katastrophenschutzkapazitäten der Länder in zahlreichen Bereichen, darunter auch das Sanitätswesen und die Betreuung (Zivilschutz-Doppelnutzen-Konzept). Dazu gehört beispielsweise nach § 23 ZSKG die ergänzende Bereitstellung von Sanitätsmaterial, das die Länder entsprechend einplanen können.

Hilfeleistungen im Rahmen der »Zivil-Militärischen Zusammenarbeit« durch Rückgriff auf Sanitätsmaterial der Bundeswehr sind als subsidiäre Aufgabe der Bundeswehr möglich. Voraussetzung ist ein Amtshilfeersuchen der zuständigen Behörde.

Das Gesetz über das Apothekenwesen (ApoG) weist den Apotheken die Verpflichtung zur im öffentlichen Interesse gebotenen Sicherstellung einer ordnungsgemäßen Arzneimittelversorgung der Bevölkerung zu (§ 1 Abs. 1 ApoG). Im Weiteren sowie durch die Bestimmungen der Apothekenbetriebsordnung (Apo BetrO) werden die hierfür notwendigen Anforderungen definiert. So regelt die ApoBetrO die Mindestbevorratung der öffentlichen und Krankenhausapotheken sowie die Versorgung des Rettungsdienstes mit Arzneimitteln (Paul/Ufer 2009, S. 168 ff.). In

---

82 Ein Großschadensereignis im Rettungsdienst liegt nach offizieller Lesart vor, wenn die Versorgungserfordernisse oberhalb der regulären Vorhaltungen liegen.

Krankenhausapotheken muss ein Arzneimittelvorrat vorgehalten werden, der mindestens dem durchschnittlichen Bedarf von zwei Wochen entspricht. Das Arzneimittelgesetz (AMG) regelt streng die Zulassung, Herstellung, Beschaffung und Abgabe von Arzneimitteln im Interesse des Schutzes der Verbraucher. In besonderen Notfällen und Gefahrenlagen (z. B. Epidemie) sind hiervon abweichende Regelungen vorgesehen. § 47 Abs. 1 Nr. 5 AMG bestimmt – als Ausnahme vom Apothekenmonopol – dass auch an sogenannte Zentrale Beschaffungsstellen für Arzneimittel für den Eigenbedarf von Behörden, Organisationen und Unternehmen Arzneimittel abgegeben werden dürfen.

Das Betäubungsmittelgesetz (und die Betäubungsmittelaußenhandelsverordnung) sowie das Medizinprodukterecht (und insbesondere deren Ausnahmeregelungen in § 44) seien abschließend erwähnt.

LEITFÄDEN

Für das Gesundheitswesen wurde vom BBK (2007) ein Leitfaden mit dem Ziel entwickelt, die Verwundbarkeit von Katastrophenschutz- und Hilfsorganisationen zu reduzieren. Dazu können Schutzmaßnahmen in relevanten Bereichen mittels einer Checkliste überprüft werden. Unter den auf einen Stromausfall und einzelne Einrichtungen zugeschnittenen Leitfäden (z. B. BBK 2006) ist eine BBK-Veröffentlichung zum Risiko- und Krisenmanagement im Krankenhaus zu nennen (BBK 2008b).

UNMITTELBARE FOLGEN 2.5.3

Bereits unmittelbar nach dem Stromausfall kommt es zu unfallbedingten erhöhten Todes- und Verletztenzahlen, die durch eingeschränkte Rettungs- und Transportmöglichkeiten noch gesteigert werden (Prognos 2009, S. 57, 73 u. 75). Besonders in Krankenhäusern, Alten- und Pflegeheimen befinden sich zahlreiche Personen im kritischen Zustand, die eine Verschlechterung der Behandlungsbedingungen nicht verkraften.

KRANKENHÄUSER 2.5.3.1

Krankenhäuser verfügen über eine Notstromversorgung gemäß DIN-VDE-Richtlinie 0100-710, die für 24 Stunden in Kernbereichen den Betrieb essenzieller Systeme aufrechterhält. Darüber hinaus sind im Krankenhausrecht der einzelnen Bundesländer, in besonderen Verordnungen oder baurechtlichen Einzelfallentscheidungen entsprechende Anforderungen formuliert (Geier et al. 2009, S. 76). Die Treibstoffvorräte müssen für ein bis zwei Tage ausgelegt sein, können aber bei entsprechend niedriger Belastung etwas länger reichen. Die installierten NSA erzeugen einer Studie von Prognos (2009, S. 72 f.) zufolge 5 bis 10 % des mittleren Leistungsbedarfs eines Krankenhauses (BBK 2008b, S. 77). Damit könnten ggf. folgende Einheiten betrieben werden:

> Not-OP-Betrieb inklusive Lüftung
> lebenserhaltende medizinische Systeme der Intensivstation (z. B. Beatmungsgeräte)
> Kühlung von Blutkonserven und Organen
> Heizungs- und Wasserpumpen
> Notbeleuchtung
> Aufzüge zum Patiententransport
> Belüftung in sensiblen Bereichen
> Sterilisation (Prognos 2009, S. 72)

Für die Behandlung Kranker und Verletzter nicht unmittelbar benötigte Bereiche und Geräte würden dagegen nicht mit Strom versorgt:

> Verwaltung, Rechenzentrum
> Physiotherapie und Ähnliches
> Küche
> allgemeine Warmwasserversorgung
> große Diagnosegeräte, wie Kernspin- und Computertomografen (Prognos 2009, S. 73)

In den ersten zwei Stunden nach dem Stromausfall sind vor allem organisatorische Beeinträchtigungen spürbar. Abläufe werden durch den Ausfall von Informations- und Kommunikationssystemen verzögert, die Computer der Verwaltung funktionieren nicht mehr, Patientenakten können nicht bearbeitet werden. Im medizinischen Bereich sind Teile der Diagnostik betroffen, insbesondere apparategestützte Diagnosen können nicht mehr oder nur eingeschränkt erstellt werden (Prognos 2009, S. 74).

Zudem wirken sich die Folgen des Stromausfalls in anderen gesellschaftlichen Sektoren auf den Krankenhausbetrieb aus. So sind vermehrt für Verkehrsunfälle typische Verletzungen zu erwarten, insbesondere wenn der Stromausfall abends erfolgt. Auch können Verletzungen durch Chemikalien, die aus nicht mehr kontrollierbaren Industrieprozessen entweichen, auftreten (Steetskamp/von Wijk 1994, S. 12).

In der Zeit zwei bis acht Stunden nach dem Stromausfall ist mit weiteren Unfallopfern zu rechnen. Deshalb wird versucht, zusätzliches Personal zur Versorgung eintreffender Personen und zur Betreuung verunsicherter oder hilfsbedürftiger Patienten zu aktivieren. Dies bereitet Probleme, da Telefonate nur noch eingeschränkt möglich sind. Mit zunehmender Dauer wird der Ausfall der Bürotätigkeiten für den gesamten Arbeitsablauf zum Hindernis (Steetskamp/von Wijk 1994, S. 59), da Patientendaten und Ähnliches nicht eingesehen und weitergeführt werden können. Ein ernstes Problem sind die nun verstärkt von außen eingehenden Anrufe, die zur Überlastungen der Telefonzentrale führen (Prezant et al. 2005). Die ordnungsgemäße Lagerung von Arzneimitteln und Medizinprodukten ist gefährdet, wenn eine ausreichende Kühlung nicht sichergestellt werden kann. Aufgrund der nicht mehr funktionstüchtigen Küche oder durch die Verkehrssituation entstandener Lieferprobleme muss eine warme Mahlzeit zumindest teilweise durch kalte Speisen ersetzt werden. Trinkbares Wasser wird knapp.

Im Zeitraum von acht bis 24 Stunden nach dem Stromausfall nimmt die Beeinträchtigung der medizinischen Versorgung deutlich zu, und umfassende organisatorische Maßnahmen müssen zur Folgeneindämmung ergriffen werden. Da das Schadensausmaß inzwischen grob erfasst und die zu erwartende Stromausfalldauer öffentlich kommuniziert wurden, werden Alarm- und Notfallpläne in Kraft gesetzt. Diese sehen zumeist die Entlassung möglichst vieler Patienten, z. B. Leichtverletzte und Genesende vor. Auch wird die Einrichtung von sogenannten »Behelfskrankenhäusern«[83] erwogen. Aufgrund der eingeschränkten Heiz- und Beleuchtungsmöglichkeiten werden verbleibende Patienten räumlich konzentriert und zusätzliche Decken verteilt. Des Weiteren muss ein alternativer Dienstplan in Kraft gesetzt werden und das Personal falls nötig im Krankenhaus wohnen. Verwaltungstätigkeiten wie Patientendokumentationen müssen manuell erfolgen (Göbel et al. 2008, S. 24; Prognos 2009, S. 9, 73 f.; Steetskamp/von Wijk 1994, S. 19 u. 59).

Infolge der sich allmählich entspannenden Verkehrssituation treffen einerseits weniger Unfallopfer ein. Andererseits werden aus Fahrstühlen, Staus oder Zügen befreite Personen mit Dehydrierungs-, Entkräftungs- und Unterkühlungserscheinungen eingeliefert. Viele Personen, die zuhause medizinisch versorgt werden, werden von Angehörigen oder Pflegediensten zum Krankenhaus gebracht. Die Zahl der Selbsteinweiser steigt (Prognos 2009, S. 58; Steetskamp/von Wijk 1994, S. 12), auch weil Hausnotrufsysteme und medizinische Apparate zuhause nicht mehr funktionieren (Stahlhut 2010, S. 19).

Die Versorgung der Patienten mit warmen Speisen kann nicht mehr gewährleistet werden. In einige wenige Krankenhäuser können noch vorbereitete Lebensmittel von Zulieferdiensten geliefert werden. Zu befürchten ist, dass die gestörte Speisenversorgung den Gesundungsprozess beeinträchtigen und die Verfügbarkeit von Spezialernährung für Diabetiker, Dialysepatienten und andere zum Problem werden wird (Hye 2000, S. 24).

---

83 2007 wurde das letzte Hilfskrankenhaus in der Bundesrepublik aufgelöst, nachdem bereits in den 1990er Jahren die Hilfskrankenhäuser schrittweise aus der Verpflichtung genommen wurden (Peters 2009, S. 22).

ARZTPRAXEN 2.5.3.2

Arztpraxen verfügen in der Regel über keine, Ärztezentren nur in seltenen Fällen über Notstromkapazitäten. Der Betrieb in allgemeinmedizinischen Praxen kann ohne Elektrizität nur rudimentär aufrechterhalten werden, da viele Diagnosen ohne stromabhängige Apparate möglich sind. Demgegenüber sind Facharztpraxen auf spezialisierte Technik angewiesen und deshalb ohne Strom kaum arbeitsfähig (Prognos 2009, S. 74).

Während der ersten zwei Stunden nach dem Stromausfall können Ärzte in leichten Fällen weiterhin behandeln. Patienten, deren Diagnose und Behandlung apparategestützt erfolgen oder sehr gute Lichtbedingungen erfordern, müssen abgewiesen oder ins Krankenhaus überstellt werden. Einige der einbestellten Patienten verschieben wegen des Stromausfalls oder aufgrund der erheblichen Verkehrsprobleme ihren Besuch. In vielen Praxen werden die Ärzte versuchen, ihre Patienten so gut wie möglich zu betreuen, auch wenn sie auf bestimmte Diagnosegeräte und ihre elektronischen Patienten- und Informationsdateien keinen Zugriff mehr haben.

Im Zeitraum zwischen acht und 24 Stunden nach dem Stromausfall müssen Arztpraxen im Winter aufgrund der einwirkenden Kälte schließen. Die Mobilisierung der niedergelassenen Ärzte zur Unterstützung der Krankenhausversorgung, z. B. gemäß den jeweiligen Landeskatastrophenschutzgesetzen[84], wird deshalb ins Auge gefasst. Ärzte könnten etwa in eingerichteten Sammelstellen oder zur Unterstützung des Rettungsdienstes eingesetzt werden, um die dezentrale medizinische Versorgung aufrechtzuerhalten (Steetskamp/von Wijk 1994, S. 20).

APOTHEKEN 2.5.3.3

Öffentliche Apotheken sind meist nicht mit Notstromkapazitäten ausgestattet (Prognos 2009, S. 74). Deshalb wird in den ersten zwei Stunden nach dem Stromausfall der Betrieb durch den Ausfall von Beleuchtung und Kassensystemen behindert. Verfügen Apotheken über automatisierte Lagersysteme, müssen angelieferte Arzneimittel und andere Produkte durch das Personal eingelagert und ausgegeben werden. Elektronische Bestellungssysteme können nicht mehr genutzt werden.

Im Zeitraum bis zu acht Stunden nach dem Stromausfall kommen weniger Kunden. Zudem werden die Öffnungszeiten der Apotheken als Folge der fehlenden bzw. behelfsmäßigen Beleuchtung in Abhängigkeit vom Tageslicht verkürzt.

---

84 Beispielweise in Baden-Württemberg, § 5 Abs. 3 des Gesetzes über den Katastrophenschutz vom 22. November 1999 (GBl. S. 625), zuletzt geändert durch Artikel 3 des Gesetzes vom 7. März 2006.

Bis zu 24 Stunden nach dem Stromausfall werden kühlungspflichtige Medikamente, die bei einer Temperatur zwischen 2 und 8° C gelagert werden müssen, unbrauchbar. Entsprechend müssen Kunden für die Abgabe dieser Medikamente an Krankenhäuser verwiesen werden (Steetskamp/von Wijk 1994, S. 59). Erste Apotheken kündigen an zu schließen.

DIALYSEZENTREN 2.5.3.4

Dialysezentren befinden sich mehrheitlich nicht in Krankenhäusern – unterliegen also nicht deren baulichen und sicherheitstechnischen Anforderungen. Hiete et al. (2010) gehen davon aus, dass die meisten Dialysezentren nicht über Notstromkapazitäten verfügen.

In Deutschland sind etwa 60.000 bis 80.000 Personen auf eine Dialyse angewiesen. Es gibt im Wesentlichen zwei Arten der Dialyse – Hämodialyse und Peritonealdialyse. Beide Verfahren benötigen große Mengen an Dialysierflüssigkeit, die nicht gefrieren darf. Für die Hämodialyse (ca. 95 % der Patienten) werden bis zu 27 l und für die Peritonealdialyse bis zu 87,5 l pro Woche und Patient benötigt. Der überwiegende Anteil der Hämodialysepatienten lässt die Behandlung aufgrund des Platzbedarfs und der nötigen pflegerischen Unterstützung in Dialysezentren durchführen. Des Weiteren leiten Dialysezentren Bestellungen von Peritonealdialysepatienten, die ihre Dialysierflüssigkeit je nach Kapazität zuhause lagern, an Lieferanten oder zentrale Lager weiter (Baxter 2009; Breuch 2003, S. 247; Toepfer o.J.a u. o.J.b; Homepage open drug database; Homepage Roche; Wieler et al. 2008, S. 2; LIGA.NRW 2005, S. 1).

In den ersten beiden Stunden nach dem Stromausfall ist die Behandlung der Hämodialysepatienten beeinträchtigt. Zwar sind moderne Dialysegeräte mit Akkumulatoren ausgestattet, die wichtige Funktionen für eine gewisse Zeit aufrechterhalten. Ältere Geräte hingegen können dies nicht und die Behandlung muss abgebrochen werden (Breuch/Servos 2006, S. 209 f.). Im Zeitraum zwischen zwei und acht Stunden kommt mit dem Versagen auch der neueren Geräte die medizinische Versorgung im Dialysezentrum nach und nach zum Erliegen.

In der Phase bis zu 24 Stunden nach dem Stromausfall werden deshalb Maßnahmen erforderlich, um die weitere Behandlung der Patienten sicherzustellen und Panik zu vermeiden. Dazu beginnt man, die Verlegung von Patienten, Apparaten und Dialysiermitteln in Krankenhäuser oder in Sammelstellen, sofern dort sterile Bedingungen herstellbar sind, zu organisieren.

ALTEN- UND PFLEGEHEIME 2.5.3.5

Ein Teil der Alten- und Pflegeheime verfügt (gemäß landesspezifischer krankenhausrechtlicher Vorschriften) über eine Notstromversorgung, die einige Stunden vorhält.[85] In der Zeit bis zu zwei Stunden nach dem Stromausfall versucht das Personal, auf den Ausfall elektrischer Apparate zu reagieren. So werden, wo möglich, Sauerstoffkonzentratoren durch Druckgasflaschen ersetzt. Weitere Beeinträchtigungen entstehen durch den Ausfall von Anlagen wie Aufzug, Türöffner und Notfallkommunikation sowie durch eventuelle Personalengpässe (Prognos 2009, S. 75).

In den nächsten sechs Stunden verändert sich die Situation wenig, sofern das NSA ausreichend mit Treibstoff versorgt ist. Wenn das Aggregat keine ausreichende Leistung bereitstellt, um den Betrieb der Küche zu gewährleisten, entstehen Beeinträchtigungen der Speisenversorgung. Kann das NSA nicht mit Treibstoff versorgt werden oder gibt es keine Eigenversorgung, fallen zudem die Notbeleuchtung, die Warmwasserversorgung, die allgemeine Klimatisierung und die Kühlung des Leichenraumes aus. Im Winter wird die Temperatur in den Innenräumen ohne Heizung relativ schnell stark absinken. Je nach Situation müssen medizinische Behandlungen abgebrochen werden und zumindest ein Teil der Patienten wird verlegt (Steetskamp/von Wijk 1994, S. 59; ZVEI o. J.).

RETTUNGSDIENSTE 2.5.3.6

Die Rettungsdienste[86] leisten gemäß den Landeskatastrophenschutzgesetzen und den Rettungsdienstgesetzen[87] die Erstversorgung und den Transport Erkrankter und Verletzter, die Rettung und Befreiung von Personen, die Instandsetzung oder den Ersatz ausgefallener Infrastruktur und die Räumung von Hindernissen. Die Leitstellen sind durch NSA unterbrechungsfrei mit Elektrizität versorgt. Die im Einsatz benötigten Apparate werden über das Bordnetz der Fahrzeuge oder durch Batterien mit Energie versorgt (Homepage Freiwillige Feuerwehr Schwandorf; Homepage THW a, b).

In den ersten zwei Stunden nach dem Stromausfall ereignen sich vermehrt Unfälle (Kap. III.3). Gleichzeitig sind die Notrufmöglichkeiten stark eingeschränkt, da Kommunikationsinfrastrukturen ausfallen oder überlastet sind. Nach einiger Zeit, wenn der Stromausfall länger anzuhalten scheint, setzt verstärkter Verkehr von den Arbeitsplätzen ein. Dies führt zur Behinderung der Rettungswagen, die für Einsätze deutlich mehr Zeit benötigen (Prognos 2009, S. 57 f. u. 81).

---

85 Für Baden-Württemberg wurde festgestellt, dass »nur ca. ein Drittel der Alten- und Pflegeheime über eine Notstromversorgung verfügt« (Hiete et al. 2010, F10).
86 Für die medizinische Versorgung insbesondere: Arbeiter-Samariter-Bund (ASB), Deutsche Lebens-Rettungs-Gesellschaft (DLRG), Deutsches Rotes Kreuz (DRK), Johanniter-Unfall-Hilfe e.V. (JUH), Feuerwehr, Malteser Hilfsdienst (MHD). Der Einsatz dieser Hilfsorganisationen im Katastrophenschutz ist in den Katastrophenschutzgesetzen der Länder geregelt; für das THW gilt das THW-Helferrechtsgesetz.
87 Beispielsweise in Nordrhein-Westfalen das Gesetz über den Rettungsdienst in der Fassung vom 16. Juli 1998 (GBl. 1998, S. 437), zuletzt geändert durch Gesetz vom 10. November 2009 (GBl. S. 643).

In der Zeit zwischen zwei und acht Stunden entspannt sich die Verkehrslage etwas. Not- und Rettungsdienste können nun die Verkehrswege besser nutzen (Prognos 2009, S. 58). Schwerpunkt der Einsätze sind die Versorgung und Auflösung großer Staus sowie die Befreiung von Personen aus Fahrstühlen und Zügen (Steetskamp/von Wijk 1994, S. 12). Die Funkkommunikation wird zunehmend beeinträchtigt, da der BOS-Funk sukzessive ausfällt (Kap. III.2). Die Batterien für die medizinischen Geräte in den Rettungswagen (für Elektrokardiogramme oder Defibrillation) müssen in den Zentralen aufgeladen werden – sofern dort die NSA funktionieren.

HERSTELLER UND HANDEL 2.5.3.7

Die Verfügbarkeit pharmazeutischer Produkte ist für die medizinische Versorgung von zentraler Bedeutung. Benötigt werden

> die richtigen Arzneien,
> in der richtigen Menge,
> zur richtigen Zeit,
> am richtigen Ort,
> für den richtigen Empfänger (Ackermann et al. 2009b, S. 468).

Die pharmazeutische Industrie stellt Arzneimittel dem Bedarf entsprechend her. Der Medikamentenvertrieb erfolgt entweder direkt von den Herstellern an Krankenhäuser und Apotheken oder über den pharmazeutischen Großhandel.[88] Dem pharmazeutischen Großhandel kommt auch eine Lagerfunktion zu. Diese soll den Ausgleich von Produktionsverzögerungen der Industrie ermöglichen und einen eventuell eintretenden Spitzenbedarf an Medikamenten decken. Auch ist die Bevorratung der Apotheken mittlerweile so optimiert, dass – statt einer Einlagerung von Medikamenten – der Großhandel die Funktion einer mehrmaligen täglichen Belieferung und einer zunehmend dezentralisierten Lagerhaltung übernommen hat (Homepage PHAGRO e.V. a, b u. c).

Die Produktion von Arzneimitteln ist vom Stromausfall direkt betroffen und kann nicht im sonstigen Umfang aufrechterhalten werden, auch wenn an vielen Standorten Notstromkapazitäten installiert sein dürften, um Teile der Produktion und die Versorgung kritischer sowie produktionsnaher Prozesse sicherzustellen. Darüber hinaus dürften die Treibstoffvorräte vor Ort aus betriebswirtschaftlichen Gründen begrenzt sein. Der pharmazeutische Großhandel ist ebenfalls erheblich betroffen. Die Lagerhaltung und damit verbundene Tätigkeiten wie Sortieren, Transportieren oder Verpacken sind zu großen Teilen strombasiert. Darüber hinaus ist der bedarfsgerechte Warenfluss auf eine funktionierende

---

88 Der Direktversand an Endverbraucher wäre durch den Ausfall der Produktion, der Kommunikation (z.B. Internet) und des Postwesens so betroffen, dass ein weiteres Funktionieren unwahrscheinlich ist.

Kommunikation zwischen Händler und Apotheke sowie eine intakte Vertriebsinfrastruktur angewiesen.

Innerhalb der ersten zwei Stunden des Stromausfalls kommt die pharmazeutische Produktion zum Erliegen. Ebenfalls wird der pharmazeutische Großhandel stark beeinträchtigt. So fallen maschinelle Kommissionierungsanlagen aus, sodass pharmazeutische Produkte nur nach manueller Kommissionierung bereitgestellt werden können. Dies ist jedoch durch den Ausfall der Beleuchtung und Datenverarbeitungssysteme erheblich erschwert. Dadurch entsteht ein erheblicher Mehraufwand beim Ein- und Ausgang von Waren. Daraus resultieren Verzögerungen im Vertrieb, die durch die Verkehrssituation weiter verstärkt werden.

In der Zeit bis zu acht Stunden nach dem Stromausfall kommt der Betrieb in der Produktion und den Lagern vollständig zum Stillstand. Teile der Beschäftigten verlassen in dieser Phase ihren Arbeitsplatz. Aufgrund der ausgefallenen Kommunikationsanlagen können Bestellungen nur noch über die Lieferanten aufgegeben werden.

Etwa 24 Stunden nach dem Stromausfall ist der zeitlich, lokal und bedarfsgerecht differenzierte Vertrieb pharmazeutischer Produkte nicht mehr gewährleistet. Bestellungen können nicht mehr angenommen, Waren nicht entsprechend abgefertigt und aufgrund des sich zunehmend erschöpfenden Treibstoffvorrats der Fahrzeuge nicht ausgeliefert werden. Zudem verderben temperaturempfindliche Produkte bei den Herstellern und in den Lagern.

WEITERE FOLGEN – EIN BLICK IN WOCHE 1   2.5.4

Bereits nach 24 Stunden zeigt sich, dass der Wegfall der Stromversorgung die arbeitsteilig und dezentral aufgebaute medizinische Versorgung erheblich belastet. Probleme bei einzelnen Einrichtungen verdichten sich zunehmend und beeinträchtigen in wachsendem Maße die Funktion des Sektors, die Bevölkerung mit medizinischen und pharmazeutischen Dienstleistungen zu versorgen.

Zudem wirken sich zunehmend deutlicher die Folgen des Stromausfalls in anderen Bereichen auf die medizinische Versorgung aus:

> Bei der Lebensmittelversorgung gibt es Ausfälle in der Produktion, im Handel sowie beim Transport (Steetskamp/von Wijk 1994, S. 58 ff.). Bei mehrtägiger Dauer des Stromausfalls bricht die Versorgungskette im betroffenen Gebiet nahezu vollständig zusammen. Eine Störung der Versorgung medizinischer Einrichtungen mit Lebensmitteln und Spezialernährungen beeinträchtigt Behandlungsverläufe und bewirkt voraussichtlich die Häufung von Todesfällen.

> Probleme bei der Versorgung mit Trinkwasser sowie der Entsorgung von Abwasser und Müll gefährden die Gewährleistung der hygienischen Mindeststandards.

2. FOLGENANALYSEN AUSGEWÄHLTER SEKTOREN KRITISCHER INFRASTRUKTUREN 165

> Die Beeinträchtigung der Transport- und Verkehrsinfrastruktur erschwert nicht nur Einsätze von Rettungsdiensten, sondern auch Transport- und Verlegungsaktionen sowie die Versorgung mit medizinischen Gütern.
> Der Ausfall der Kommunikation beeinträchtigt wichtige Schnittstellen der medizinischen Versorgung: zwischen Bevölkerung und Einrichtungen des Gesundheitswesens (z. B. Notrufe), zwischen den Einrichtungen des Gesundheitswesens (z. B. Vorinformierung des Krankenhauses durch den Rettungsdienst) sowie innerhalb der Einrichtungen (z. B. zwischen Stationen oder funktionalen Bereichen eines Krankenhauses wie medizinische Versorgung, Pflege, technischer Dienst).
> Durch die Funktionsausfälle im Finanzdienstleistungssektor können Einkäufe nicht mehr getätigt und Rechnungen nicht bezahlt werden. Hiervon sind vor allem der Zugang der Bevölkerung zu Apothekenleistungen und der pharmazeutische Handel betroffen.

In Anbetracht der sich abzeichnenden Folgen einer schweren Beeinträchtigung oder des Ausfalls der funktionalen Interdependenzen dieser Sektoren mit dem Gesundheitswesen, erkennen die Behörden dringenden Handlungsbedarf.

KRANKENHÄUSER

Die Krankenhäuser sind nach nur wenigen Tagen mit Engpässen bei der Versorgung mit Blutprodukten, Insulin und Spezialernährungen konfrontiert. Da die meisten Krankenhäuser nicht über eine eigene Krankenhausapotheke verfügen, werden einzelne Medikamente knapp. Im weiteren Zeitverlauf führen auch nichtentsorgter (Sonder-)Müll und die fehlende Verfügbarkeit von Sterilgut und frischer Wäsche zu hygienischen Problemen (Göbel et al 2008, S. 22 f.; Steetskamp/von Wijk 1994, S. 68). Zunehmend verschärfen sich Probleme mit spezialisierten Einheiten wie Intensivstationen. Andere Bereiche, wo die Raumluft besonders zu steuern oder geregelter Unterdruck erforderlich ist, müssen geschlossen werden. Auch die Krankenhausapotheken, die Arzneimittel und Medizinprodukte für etwa 14 Tage vorrätig halten, können den Bedarf nicht befriedigen. Einige Medikamente können nur noch vereinzelt oder gar nicht mehr ausgegeben werden. Versuche, auf die Medikamentenvorräte von Apotheken, Handel und Herstellern zurückzugreifen, erweisen sich bereits nach wenigen Tagen als ungenügend.

Die Trinkwasserversorgung ist nur noch in reduziertem Umfang möglich; teilweise muss auf in der Nähe befindliche Trinkwassernotbrunnen zurückgegriffen werden (Kap. III.2.3).

ARZTPRAXEN

Arztpraxen werden innerhalb der ersten Tage geschlossen. Eine vollwertige dezentrale Versorgung ist nicht mehr existent. Die Ärzte unterstützen die medizinische Versorgung in Krankenhäusern und Sammelstellen. Vereinzelt werden größere Arztpraxen – bei Vorliegen entsprechender Voraussetzungen – als Anlaufstation für Hilfesuchende und zur Unterstützung von Krankenhäusern vorgesehen.

APOTHEKEN

Einer kleinen Zahl von Apotheken kommt eine Verteilerfunktion für Medikamente zu, sofern sie mit NSA ausgestattet sind und eine ausreichende Bevorratung bzw. eine kontinuierliche Belieferung sichergestellt werden können.

DIALYSEZENTREN

Da zunächst keine dauerhafte Verlegung von Patienten, Apparaten und Dialysiermitteln in Krankenhäuser oder Sammelstellen erfolgt, müssen Notstromkapazitäten in Dialysezentren eingerichtet werden. Ist keine der beiden Möglichkeiten realisierbar, ist ein Überleben von Patienten mit vollständigem Nierenversagen ohne Dialysebehandlung nur für Tage bis wenige Wochen möglich (ÄKV o. J.).[89] Den Verantwortlichen ist klar, dass in diesem Fall eine Verlegung der betroffenen Personen zu organisieren ist.

ALTEN- UND PFLEGEHEIME

Wenn Patienten, die intensiv medizinisch betreut werden müssen, verlegt werden können und Notstrom vorhanden ist, werden Alten- und Pflegeheime weiter betrieben. Allerdings werden dann der Ausfall der Toiletten, ausreichendes Frischwasser sowie die Versorgung mit medizinischen Gütern, Medikamenten oder sauberer Wäsche zu kritischen Faktoren für die Qualität der Pflege (Steetskamp/ von Wijk 1994, S. 59). Da aber viele Einrichtungen nicht weiterarbeiten oder nicht angemessen versorgt werden können, müssen die Patienten in Krankenhäuser oder Sammelstellen verlegt werden, die allerdings selbst mit Problemen zu kämpfen haben.

RETTUNGSDIENSTE

Die Arbeit der Rettungsdienste bleibt durch die reduzierten Notrufmöglichkeiten der Bevölkerung sowie aufgrund der begrenzten internen Kommunikationsmöglichkeiten erschwert. Das in den Rettungswagen vorhandene medizinische Material nimmt rapide ab. Wären zudem Orte durch starke Schneefälle und/oder geringe Einsatzfähigkeit der Straßenräumdienste abgeschnitten, müssten geländegängige Fahrzeuge der Bundeswehr im Rahmen der Amtshilfe eingesetzt werden.

---

89 Dauert der Stromausfall mehrere Wochen, ist mit fünfstelligen Opferzahlen zu rechnen (Reichenbach et al. 2008, S. 2).

HERSTELLER UND HANDEL

Im betroffenen Gebiet bleibt die Produktion medizinischer und pharmazeutischer Produkte durch die Hersteller eingestellt. Es erfolgen auch keine Lieferungen durch den dortigen Handel. Soweit wie möglich werden die gelagerten Bestände an temperaturempfindlichen Produkten außerhalb des betroffenen Gebiets gebracht. Für die längerfristige Versorgung mit pharmazeutischen Produkten wird die Organisation von Transporten aus nichtbetroffenen Gebieten erwogen.

FAZIT 2.5.5

Die dezentral und hocharbeitsteilig organisierte medizinische und pharmazeutische Versorgung kann den Folgen eines Stromausfalls nur kurz widerstehen. Bereits nach 24 Stunden ist die Funktionsfähigkeit des Gesundheitswesens erheblich beeinträchtigt. In den nächsten Tagen müssen Dialysezentren sowie Alten- und Pflegeheime zumindest teilweise geräumt werden. Arztpraxen und Apotheken sind zumeist geschlossen. Hausnotrufsysteme sind ebenso nicht mehr einsatzfähig wie medizinische Apparate der häuslichen Pflege. Die Produktion und der Vertrieb pharmazeutischer Produkte im Gebiet sind nicht mehr möglich. Die Bestände der noch geöffneten Apotheken sowie die Vorräte der Krankenhausapotheken werden ohne eine kontinuierliche Belieferung zunehmend lückenhaft.

Negativ schlagen die ausgeprägten Interdependenzen mit anderen Infrastrukturen durch. Es zeigt sich die existenzielle Abhängigkeit des Sektors beispielsweise von Lebensmitteln, Treibstoff, Wasser und Kommunikationsmitteln. Die nur notdürftig zu leistende Versorgung mit diesen Gütern und die Erschöpfung der internen Bewältigungskapazitäten offenbaren die Grenzen der Resilienz des Gesundheitssystems. Die wenigen zentralen Krankenhäuser, deren Eigenstromversorgung aufrechterhalten werden kann oder in denen Stromersatzanlagen unterbrechungsfrei laufen, sind auf die Dauer überfordert, den kompletten Ausfall der ambulanten Versorgung und der häuslichen Pflege zu kompensieren. Innerhalb einer Woche verschärft sich die Situation des Sektors derart, dass trotz eines intensiven Einsatzes von regionalen Hilfskapazitäten vom völligen Zusammenbrechen der medizinischen und pharmazeutischen Versorgung auszugehen ist. Die katastrophalen Zustände und die damit einhergehende Häufung von Todesfällen machen die Zuführung externer Unterstützung zwingend erforderlich.

FINANZDIENSTLEISTUNGEN 2.6

In einer modernen Volkswirtschaft ist eine schnelle und sichere Abwicklung verschiedener Finanzdienstleistungen von zentraler Bedeutung. Dazu gehören:

> Durchführung bargeldlosen Zahlungsverkehrs,
> Annahme und Verwaltung von Publikumseinlagen,
> Gewährung von Krediten,
> Verwaltung und Bewirtschaftung von Anlagen (z. B. Wertpapiere, Devisen) sowie
> Betrieb eines multilateralen Handelssystems (Börsen).

STRUKTUREN 2.6.1

Der »Finanzdienstleistungssektor« ist in hohem Maße von einer kontinuierlichen und stabilen Stromversorgung abhängig. Der Grund sind die für Kommunikation, Datenhaltung, Verfolgung und Regelung der Waren- und Geldströme sowie für den Zahlungs- und Datenverkehr genutzten strombasierten Informations- und Kommunikationsinfrastrukturen. Diese bilden das »Nervensystem« des Sektors. Ein Ausfall dieser Infrastrukturen und die damit einhergehende erschwerte oder verhinderte Erbringung der wesentlichen Finanzdienstleistungen hätten gravierende Auswirkungen auf Wirtschaft und Gesellschaft (EBP 2010, S. 34).

Die Finanzdienstleistungen werden von verschiedenen Akteuren erbracht, u. a.:

> Banken, Versicherungsgesellschaften, andere Finanzgesellschaften und weitere bankähnliche Organisationen (z. B. Postbank, Kreditkartenorganisationen)
> Zentralbanken (Europäische Zentralbank, Deutsche Bundesbank)
> Clearingorganisationen (z. B. Clearstream, SIX Group, weitere Gironetze/Girokreise[90])

Im Folgenden werden drei Bereiche des Gesamtsystems »Finanzdienstleistungen« näher betrachtet: Das System für Publikumseinlagen und Kreditvergabe (Bankdienstleistungssystem), das System des elektronischen Zahlungsverkehrs und der damit verbundenen Elemente (Zahlungs- und Datenverkehrssystem) sowie das System zur Verwaltung und zum Handel von Anlagen aller Art (Börsensysteme).

Alle Teilsysteme basieren auf umfangreichen Informations- und Kommunikationssystemen.

---

90 In Deutschland existieren für Überweisungen zwischen den Banken fünf sogenannte *Gironetze* oder *Girokreise*, die ihrerseits ebenfalls vernetzt sind und auch Zahlungen mit dem Ausland abwickeln. Dies sind das Netz der Deutschen Bundesbank, das Postgironetz der Deutschen Postbank, das Netz für den Privatgiroverkehr der Groß-, Regional- und Privatbanken, das Spargironetz der Kommunalbanken und Sparkassen sowie das Netz für den Ringgiroverkehr der Genossenschaftsbanken.

BANKDIENSTLEISTUNGSSYSTEM

Das System für Publikumseinlagen und Kreditvergabe (Abb. 21) umfasst im Wesentlichen die folgenden Elemente:

> Arbeitgeber (Lohnzahlende)
> Erwerbstätige (Lohnempfänger, Sparer)
> Banken (Bank, Versicherungs- und Vorsorgeeinrichtung, andere bankähnliche Organisationen (z. B. Post)
> Kreditnehmer (Unternehmen und Firmen, Einzelpersonen)

ABB. 21 BANKDIENSTLEISTUNGSSYSTEM (VEREINFACHTE DARSTELLUNG)

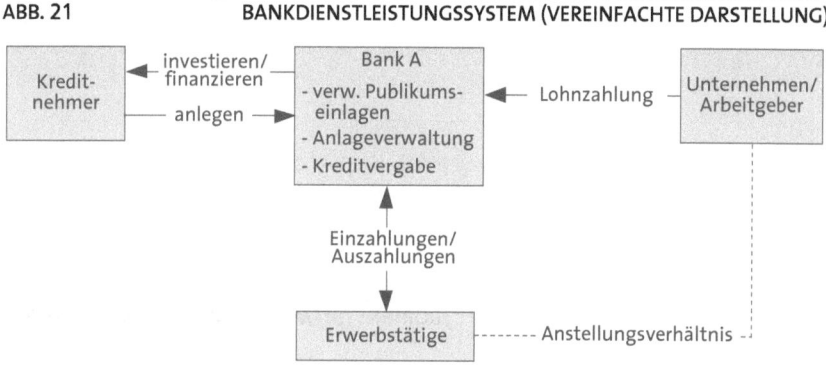

Quelle: EBP 2010, S. 36

ZAHLUNGS- UND DATENVERKEHRSSYSTEM

Im Wesentlichen besteht ein Zahlungs- und Datenverkehrssystem (Abb. 22) aus den folgenden Elementen:

> Zahlungsleistende
> Zahlungsempfänger
> Banken (eigentliche Zahlungsintermediäre: Banken, Postbank, Dritte)
> Clearingorganisationen (Gironetze/Girokreise)
> Zentralbanken (Europäische Zentralbank, Deutsche Bundesbank)

BÖRSENSYSTEME

Das Börsensystem (Abb. 23) besteht vor allem aus folgenden Elementen:

> Auftraggeber für Kauf bzw. Verkauf
> ausführende Banken der jeweiligen Auftraggeber
> Handelsplattformen (plattformbetreibende Organisation, z. B. Börse)
> Clearingorganisationen
> Zentralbanken

170   III. FOLGEN EINES LANGANDAUERNDEN UND GROSSRÄUMIGEN STROMAUSFALLS

ABB. 22   ZAHLUNGS- UND DATENVERKEHRSSYSTEM (VEREINFACHTE DARSTELLUNG)

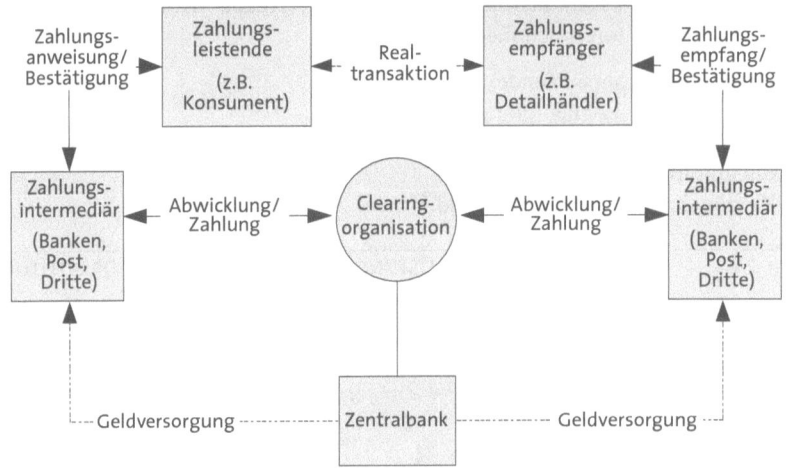

Quelle: EBP 2010, S. 37

ABB. 23   BÖRSENSYSTEM (VEREINFACHTE DARSTELLUNG)

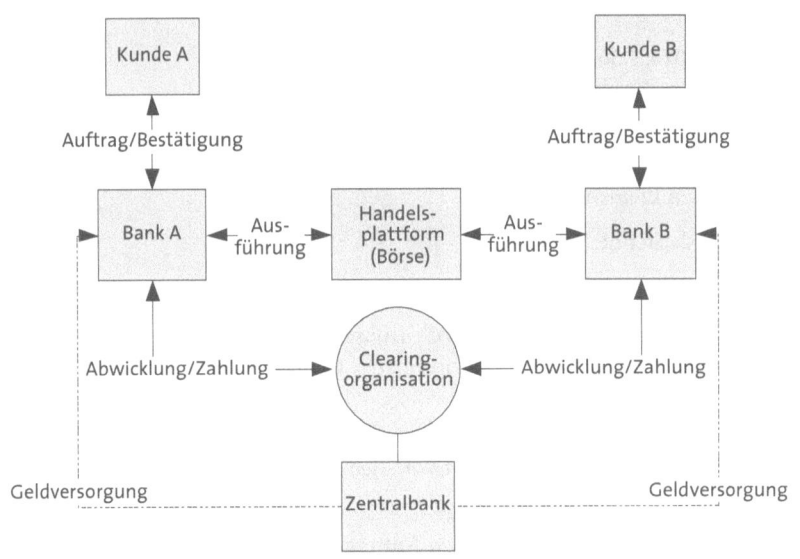

Quelle: EBP 2010, S. 38

RECHTLICHE GRUNDLAGEN 2.6.2.

Die relevanten rechtlichen Grundlagen dieses Sektors werden analog der zuvor beschriebenen Unterteilung in die Teilsektoren Bankdienstleistungssystem, Zahlungs- und Datenverkehrssystem und Börsensysteme dargestellt.[91]

BANKDIENSTLEISTUNGSSYSTEM

Für diesen Teilsektor liegt kein gesetzlich ausdifferenziertes Vorsorgeinstrumentarium vor, das z.B. explizit zwischen speziellen Vorsorgepflichten, Sicherheitskonzepten, Sicherheitsbeauftragten und Ähnlichem unterscheidet. Der Gesetzgeber statuiert hier vielmehr Generalklauseln mit Organisations- und Sicherungspflichten, die durch Normenauslegung bzw. durch behördliche Konkretisierung auszufüllen sind (BSI 2005, S. 73). Ein Beispiel ist § 25a Abs. 1 Kreditwesengesetz (KWG), der besondere organisatorische Pflichten für Kredit- und Finanzdienstleistungsinstitute benennt. Diese Pflichten betreffen nicht nur strom- und/ oder IT-bezogene Aspekte (z.B. Sicherheitsvorkehrungen für die EDV), sondern auch Aspekte der internen Revision, der Dokumentation der Geschäftstätigkeiten u.Ä. Explizite Aussagen zu IT-spezifischen Pflichten enthält § 25 in Abs. 1 Nr. 3, wonach das Risikomanagement die Festlegung eines angemessenen Notfallkonzepts, insbesondere für IT-Systeme, einschließen muss. Neben dem KWG enthält auch das Wertpapierhandelsgesetz (WpHG) Generalklauseln mit einem IT-spezifischen Sicherheitsbezug (beispielsweise § 33 Abs. 1 WpHG) (BSI 2005, S. 75).

Die gesetzlichen Vorgaben müssen so umgesetzt werden, dass sie alle EDV-spezifischen Risiken abdecken – und insofern auch die Folgen eines Stromausfalls. Hierbei sind die Rundschreiben, Verlautbarungen und Richtlinien der zuständigen Bundesanstalt für Finanzdienstleistungsaufsicht (BaFin) einschlägig. Obwohl diese untergesetzlichen Vorsorgeinstrumente keinen rechtlich bindenden Charakter haben, betrachten die Adressaten die jeweiligen Vorgaben als verbindlich und setzen diese um (EBP 2010, S. 9).

ZAHLUNGS- UND DATENVERKEHRSSYSTEM

Für die Ausgestaltung des unbaren (d.h. elektronischen) Zahlungsverkehrs bilden die Regelungen im Bundesbankgesetz (BBankG) (insb. § 3 u. § 19 Abs. 1 Nr. 2) die gesetzliche Grundlage. Demnach obliegen die bankmäßige Abwicklung des Zahlungsverkehrs im Inland und mit dem Ausland ebenso wie die Wahrung von Effizienz und Sicherheit im Zahlungsverkehr der Bundesbank. Da aber das Bundesbankgesetz zur Wahrnehmung dieser Befugnisse keine hoheitlichen Eingriffsbefugnisse statuiert, setzt die Bundesbank auf Kooperation mit den

---

91 Die nachfolgenden Ausführungen stützen sich im Wesentlichen auf das Gutachten zur rechtlichen Analyse des Regelungsumfangs zur IT-Sicherheit in kritischen Infrastrukturen, das im Jahr 2002 vom BSI erarbeitet und 2005 aktualisiert wurde (BSI 2005).

anderen relevanten Teilnehmern im Zahlungsverkehrssystem (BSI 2005, S. 83) – sowohl auf nationaler als auch auf internationaler Ebene.[92] Die hierbei entstandenen Richtlinien der Spitzenverbände der Kreditwirtschaft fließen als wesentliche Bestandteile in das Business Continuity Management (BCM)[93] der verschiedenen Akteure ein und zielen auf die Wahrung von Effizienz und Sicherheit im Zahlungsverkehr (Deutsche Bundesbank 2009a). So wurden beispielsweise umfangreiche organisatorische, technische und personelle Maßnahmen getroffen, um die Abwicklung des Großbetragszahlungsverkehrs, aber auch die Bargeldversorgung, die Refinanzierung der Kreditwirtschaft und das Management der Währungsreserven zu gewährleisten (BBK 2008a, S. 120).

BÖRSENSYSTEM

Maßgebend für die gesetzlichen Sicherungspflichten der Börsen sind das Börsengesetz (BörsG), z. B. § 1 Abs. 3, der Vorkehrungen zum sicheren Börsenbetrieb verlangt, und das WpHG) sowie vor allem die untergesetzlichen Regelungen wie die vom jeweiligen Börsenrat[94] erlassene Börsenordnung. So enthält z. B. der 5. Abschnitt der Börsenordnung der Frankfurter Wertpapierbörse Bestimmungen zum elektronischen Handelssystem, die wiederum durch spezielle Durchführungsbestimmungen über technische Einrichtungen konkretisiert werden. Von der Frankfurter Wertpapierbörse erlassene spezielle Durchführungsbestimmungen umfassen Vorschriften über technische Anforderungen, (personelle) Erreichbarkeit und Informationspflichten der Handelsteilnehmer. So müssen beispielsweise sämtliche vom Handelsteilnehmer eingesetzten Hardwarekonfigurationen von der Frankfurter Wertpapierbörse zuvor genehmigt werden. Auch darf nur von ihr zur Verfügung gestellte Software benutzt werden. Zudem sind Handelsteilnehmer dazu verpflichtet, eine Notfallplanung zu erstellen und die dafür notwendigen infrastrukturellen und personellen Ressourcen bereitzuhalten (BSI 2005, S. 88 ff.).

Obwohl die Normierung für IT-Schutzmaßnahmen im Wesentlichen in untergesetzlichen Regelwerken erfolgt, gilt der Regelungsumfang im Börsenbereich als

---

92 So wirkt die Bundesbank auf nationaler Ebene z. B. in den Gremien des Zentralen Kreditausschusses (ZKA) mit und hat somit die Möglichkeit, die Gestaltung von Zahlungsverkehrsabkommen und damit den technisch-organisatorischen und rechtlichen Rahmen des deutschen Zahlungsverkehrs zu beeinflussen. Auf europäischer bzw. internationaler Ebene wirkt die Bundesbank als integraler Bestandteil des Europäischen Systems der Zentralbanken (ESZB) und als Mitglied im Ausschuss für Zahlungsverkehrs- und Abrechnungssysteme (Committee on Payment and Settlement Systems, CPSS) der Zentralbanken der G10-Länder aktiv an der Entwicklung entsprechender Leitlinien und Prinzipien zu operationellen Risiken im Zahlungsverkehr mit (EBP 2010, S. 40).
93 Das BCM umfasst die Maßnahmen, die ergriffen werden sollten, um in einem Krisen- oder Katastrophenfall den Betrieb möglichst aufrechtzuerhalten.
94 Der Börsenrat ist ein Kontroll- und Aufsichtsorgan und hat verschiedene Aufgaben, u. a. den Erlass der oben erwähnten Börsenordnung.

ausdifferenziert und gut auf typische IT-Bedrohungslagen ausgerichtet (BSI 2005, S. 96).

FOLGEN 2.6.3

BANKDIENSTLEISTUNGSSYSTEM 2.6.3.1

Größere Banken, Versicherungs- und Vorsorgeeinrichtungen und andere bankähnliche Organisationen haben sich auf Stromausfälle vorbereitet. Ihr BCM für den Fall eines Stromausfalls variiert zwar, zeigt aber auch zahlreiche Gemeinsamkeiten (EBP 2010, S. 42). In der Regel definieren die einzelnen Geschäftsbereiche innerhalb eines Unternehmens (z. B. Zahlungsverkehr, Anlageverwaltung), welches die kritischen Geschäftsprozesse sind und legen fest, wie sie diese im Fall eines länger andauernden Stromausfalls fortführen wollen. Kritische Geschäftsprozesse sind insbesondere Tätigkeiten rund um Zahlungs- und Datenverkehr, Datenhaltung und Kontenbewegungen, Handel und Wertpapierabwicklung sowie die Versorgung mit liquiden Mitteln (u. a. Bargeldversorgung) (Bankenverband 2004, S. 20 ff.).

Eine grundlegende technische Option, dies sicherzustellen, ist eine entsprechende Notstromversorgung für die essenziellen Informations- und Kommunikationsinfrastrukturen (Server und Datenleitungen), aber auch für die Arbeitsplätze und wichtige Einrichtungen (z. B. Tresore). Zudem ist vielerorts vorgesehen, im Fall eines großflächigen und/oder langandauernden Ereignisses sowohl die Daten als auch die Belegschaft an einen nichtbetroffenen Standort zu verlagern (z. B. in das Ausland, häufig London). Einige Kreditinstitute unterhalten zu diesem Zweck Ausweichstandorte mit der entsprechenden Kommunikations- und Informationsinfrastruktur in geografisch z. T. weitentfernten Regionen. Zudem verfügen Banken in der Regel über eine gesicherte Notstromversorgung (dieselbetriebene Netzersatzanlage) für etwa eine Woche, wobei für länger dauernde Stromausfälle entsprechende Lieferverträge mit Zulieferern bestehen, die eine Versorgung garantieren sollen. Innerhalb dieses Zeitraums könnten die kritischen Geschäftsprozesse in nichtbetroffene Regionen ausgelagert werden (EBP 2010, S. 12 ff.).

Die jederzeitige Verfügbarkeit von Bargeld ist eine der wichtigsten Finanzdienstleistungen. Eine Nichtverfügbarkeit in einer Krisensituation wird bei der betroffenen Bevölkerung die ohnehin schon vorhandene Unsicherheit weiter erhöhen. Die Nachfrage nach Bargeld dürfte in einer Krisensituation schnell zunehmen, durchschnittlich soll ein Bürger in Deutschland 118 Euro mit sich tragen (Deutsche Bundesbank 2009b, S. 40). Es ist damit zu rechnen, dass bei einem länger andauernden Stromausfall die Verteilung des Bargelds durch Banken und private Wertdienstleister nicht über die ganze Zeit gewährleistet ist. Die Bundesbank gibt aber an, dass zur »Bewältigung eines Not- oder Katastrophenfalls ... spezielle Vorkehrungen im Rahmen einer Krisenmanagementorganisation« getroffen worden sind (BBK 2008a, S. 120).

BARGELDVERSORGUNG IN DEUTSCHLAND

Bargeld hat in Deutschland eine hohe Bedeutung – 65 % der Zahlungen im Einzelhandel erfolgen bar (BBK 2008a, S. 119).

Die Deutsche Bundesbank bringt das Bargeld in den Wirtschaftskreislauf. Dazu unterhält sie ein über ganz Deutschland verteiltes Filialnetz, in dem sie auch die zentralen strategischen Reserven vorhält (Vorratshaltung von Bargeld). Die Bundesbank stellt durch geeignete Maßnahmen sicher, dass dieses Filialnetz auch im Fall einer schweren Krise funktionsfähig bleibt, d. h., dass die Auszahlung von Bargeld in der von den Banken benötigten Größenordnung jederzeit gewährleistet ist (BBK 2008a, S. 119). Die großflächige Verteilung der Banknoten (Transport des Bargelds von den Bundesbankfilialen zu den Banken) ist Aufgabe der Kreditwirtschaft, d. h. der Banken und der von ihnen beauftragten privaten Werttransportunternehmen (Fabritius 2009).

Das von den Bundesbankfilialen bereitgestellte Bargeld wird durch spezialisierte Transportfirmen zu den jeweiligen Bankhäusern transportiert. Die Banken wiederum stellen ihren Kunden Bargeld über Geldautomaten oder über bediente Schalter zur Verfügung. Weil dieser Prozess auch in Krisenzeiten funktionieren muss, bestehen neben allgemeinen Notfallplänen auch technische Vorkehrungen zur Absicherung dieses Geschäftsprozesses, die eine gewisse Zeit des Stromausfalls überbrücken können (EBP 2010, S. 44).

Null bis zwei Stunden

Der plötzliche Stromausfall führt bei Banken dazu, dass sofort damit begonnen wird, die für das BCM vorgesehenen Maßnahmen umzusetzen. Größere Banken haben in der Regel Vorkehrungen dafür getroffen, dass die zentralen Finanzdienstleistungen (kritische Geschäftsprozesse) durch eine entsprechende Notstromversorgung der dafür notwendigen Informations- und Kommunikationssysteme weiter garantiert werden können. Bei allen Kreditinstituten sind die kritischen Server (mit Daten zu Zahlungsverkehr, Anlageverwaltung u. Ä.) gegen Stromausfall gesichert, sodass essenzielle Daten nicht verloren gehen.

Größere Banken verfügen zudem über eine ausreichende Notstromversorgung, um auch die Arbeitsplätze (Backoffice, Schalter) der Angestellten zu versorgen. Diese können zunächst wie gewohnt weiterarbeiten. Bei kleineren Banken, die nicht über entsprechende Vorkehrungen verfügen, kann hingegen ein Großteil der Angestellten nicht mehr weiterarbeiten. Da zunächst nicht bekannt ist, wie lange der Stromausfall dauern wird, bleiben die Angestellten vorerst im Gebäude (EBP 2010, S. 45 ff.).

Die Schalter sind zunächst noch besetzt, und die Kundschaft wird weiter bedient. Bargeld ist genügend vorhanden. Noch erreichen Bargeldtransporte, die zum Zeitpunkt des Stromausfalls unterwegs waren, ihren Bestimmungsort, wenn auch mit Verspätungen aufgrund aufkommender Verkehrsprobleme wie Staus und Sperrungen (Kap. III.2.2). Bei einigen kleineren Banken sind keine Vorkehrungen für den Weiterbetrieb der Schalter getroffen, diese müssen ihre Schalter schließen.

Die reine Verwaltung von Publikumseinlagen und von (Finanz-)Anlagen ist zu Beginn des Stromausfalls nicht tangiert, sofern die betreffende Bank die entsprechenden Arbeitsplätze im Backoffice mit Notstrom versorgen kann. Die Daten sind gesichert, und Aufträge, die vor dem Stromausfall an die entsprechende Handelsplattform abgeschickt wurden, können noch ausgeführt werden. Auch Kredite können nach Beginn des Stromausfalls noch vergeben werden.

Die Bevölkerung hat in großen Teilen des betroffenen Gebiets keine Möglichkeit mehr, Geld an Geldautomaten abzuheben oder einzuzahlen. Diese verfügen in der Regel weder über eine USV noch eine Netzersatzanlage und sind demnach gleich zu Beginn außer Betrieb. Dies gilt nicht für Automaten, die direkt an Bankgebäuden angebracht und an die dortige interne Netzersatzanlage angeschlossen sind. Die Zahl dieser Geldautomaten ist allerdings sehr klein (EBP 2010, S. 46). In der Folge stehen die Kunden an den Schaltern ihrer Banken an, um Bargeld abzuheben, da mittlerweile ersichtlich geworden ist, dass auch die elektronische Bezahlung mit Debit- oder Kreditkarten in den Geschäften nicht mehr möglich ist.

Lohnzahlungen, die ein Arbeitgeber schon in Auftrag gegeben hat und für die bei der entsprechenden Bank Deckung besteht, werden noch ausgeführt. Lohnzahlungen neu in Auftrag zu geben, ist teilweise schon schwierig: Bei vielen kleineren und mittleren Unternehmen sind die Informations- und Kommunikationsinfrastrukturen ausgefallen (EBP 2010, S. 47).

Zwei bis acht Stunden

Der Betrieb in größeren Banken bleibt im Wesentlichen aufrechterhalten. Insbesondere die kritischen Geschäftsprozesse sind sichergestellt. Allerdings macht sich in einigen Bereichen nun bemerkbar, dass Kommunikationsanlagen, die auf dem öffentlichen Telefonnetz basieren, nach und nach ausfallen.

Die Schalter bleiben besetzt, und es wird, falls möglich und gemäß BCM vorgesehen, noch bedient. Es ist schon deutlich mehr Kundschaft an den Schaltern, die Geld von ihrem Konto abheben möchte, da die Geldautomaten nicht mehr funktionieren. Bargeld ist genügend vorrätig; auch werden noch Bargeldtransporte durchgeführt. Bei einigen kleineren Banken sind die USV ausgefallen oder die Schalter sind von vornherein geschlossen. Es kommt gelegentlich zu Unmutsäußerungen seitens der Kundschaft. Einige Vorgänge werden angesichts der unklaren Situation zunächst schriftlich auf Papier festgehalten, um diese später zu verbuchen (EBP 2010, S. 47).

Während ein Teil der Angestellten (insbesondere im Backoffice von kleineren Banken) nachhause geschickt wird, müssen andere am Arbeitsplatz bleiben. Sie werden vor allem an den Schaltern eingesetzt, um die allmählich zahlreicher werdende Kundschaft soweit möglich zu bedienen. Insbesondere die Ausgabe von Bargeld ist vermehrt nachgefragt, aber auch besorgte Fragen nach Lohnzahlungen, Überweisungen und Ähnliches müssen beantwortet werden. In Banken, in denen das Personal zu wenig vorbereitet ist und/oder die Ausgabe von Bargeld nicht richtig funktioniert, spielen sich teils chaotische Szenen ab. An einigen Orten ist der Einsatz von Polizeikräften notwendig. Diese Banken entscheiden, früher zu schließen und – in der Annahme, dass der Strom dann wieder da ist – am nächsten Tag die (unerledigten) Geschäfte wieder aufzunehmen (EBP 2010, S. 47 f.).

Spätestens acht Stunden nach Beginn des Stromausfalls wird das Tagesgeschäft soweit möglich abgeschlossen. Informationen über die absehbare Dauer des Stromausfalls fehlen. Dennoch machen sich in einigen größeren Banken die Geschäftsleitung und die Verantwortlichen des BCM erste Gedanken über nächste Schritte im Fall eines länger andauernden Stromausfalls. Es wird geprüft, ob kritische Geschäftsprozesse in nichtbetroffene Landesteile oder sogar in das Ausland verlegt werden sollen. Zudem müssen bei größeren Banken einige Angestellte über Nacht im Gebäude bleiben, um sicherzustellen, dass die kritischen Geschäftsprozesse auch am nächsten Tag weitergeführt werden können, wenn bis dahin Strom immer noch nicht verfügbar sein sollte (EBP 2010, S. 48).

Die Verwaltung der Publikumseinlagen und der Anlagen ruht dort, wo die Banken ihren Angestellten keine notstromversorgten Arbeitsplätze zur Verfügung stellen können. Dies ist insbesondere bei den kleineren Banken der Fall. Größere Institute verwalten in ihren wichtigsten Filialen wie gewohnt bis zum Ende des Arbeitstages und überführen – sofern möglich – die Verwaltung der Publikumseinlagen und der Finanzanlagen über ihre gegen Stromausfall gesicherten Datenleitungen[95] in nichtbetroffene Filialen.

Die Kunden im betroffenen Gebiet haben zunehmend Schwierigkeiten, mit ihren Banken zu kommunizieren. Sowohl Anweisungen über Telefon (mobil und Festnetz) als auch über das Internet sind zum großen Teil nicht mehr möglich. In der Folge erleiden Investoren und Unternehmen wirtschaftliche Verluste infolge entgangener Gewinne (EBP 2010, S. 48). Kreditverhandlungen werden zunehmend weniger geführt, sofern sich die Beteiligten trotz des Verkehrschaos überhaupt

---

95 Solche Datenleitungen basieren meistens auf Glasfaserkabeln, für deren Betrieb der Notstrom in den jeweiligen angeschlossenen Rechenzentren in der Regel ausreicht.

treffen können. Überweisungen von Konto zu Konto innerhalb des Bankensektors funktionieren noch. Verhandlungen über Telefon sind bereits wenige Stunden nach Beginn des Stromausfalls nicht mehr möglich.

Acht bis 24 Stunden

Auch am Tag nach dem Stromausfall bleibt der Betrieb der kritischen Geschäftsprozesse in den größeren Banken im Wesentlichen aufrechterhalten. Allerdings verschlechtern sich die Arbeitsbedingungen, da in den meisten Banken beispielsweise die Kantinen nicht mehr betrieben werden können, Aufzüge nicht funktionieren und Heizungen ausgefallen sind. Beleuchtung und Arbeitsplätze sind nach wie vor verfügbar. Etwa zwei Drittel der Angestellten, die zum Erscheinen verpflichtet sind, erscheinen an ihren Arbeitsplätzen (EBP 2010, S. 19). Zusammen mit den Teams, die über Nacht im Gebäude geblieben sind, müssen sie die kritischen Geschäftsprozesse aufrechterhalten und z. T. die Schalter besetzen. Kommuniziert werden kann nun nur noch über die gesicherten Datenleitungen (Zahlungsverkehrssysteme, Verbindungen zu Clearingorganisationen und Handelsplätzen, Verbindungen zu anderen größeren Banken) (EBP 2010, S. 49).

Die Schalter sind in größeren Banken besetzt, und Bargeld kann weiterhin ausgegeben werden. Auch werden noch Geldtransporte durchgeführt. Immer mehr Menschen möchten Bargeld abheben, da nur noch mit Bargeld eingekauft werden kann.[96] Auch Fragen zu Lohnzahlungen und Rechnungen müssen beantwortet werden. Kleinere Banken öffnen erst gar nicht und betreiben nur noch das Backoffice bzw. die kritischen Geschäftsprozesse (EBP 2010, S. 49).

Die Verwaltung der Publikumseinlagen und der Finanzanlagen ruht nunmehr vor allem bei kleineren Banken, wo keine notstromversorgten Arbeitsplätze verfügbar sind. Größere Institute verwalten weiter, allerdings mit allen resultierenden Einschränkungen (verschlechterte Arbeitsbedingungen, kaum/keinen Kontakt zu Kunden/Investoren). Sie leiten aber erste Schritte ein, um diese Tätigkeiten in nichtbetroffene Gebiete auszulagern.

Investoren und Unternehmen im betroffenen Gebiet haben nun fast keine Möglichkeiten mehr, mit ihren Banken zu kommunizieren. Sowohl Anweisungen über Telefon (mobil und Festnetz) als auch über das Internet sind nicht mehr möglich, auch wenn die betreffenden Investoren/Unternehmen über funktionierende Endgeräte verfügen sollten. In der Folge erleiden sie wirtschaftliche Verluste. Verhandlungen über Kreditvergaben werden nur noch in äußerst dringenden Fällen durchgeführt.

---

96 Zwar bestünde noch die Möglichkeit, mit Schecks zu bezahlen, diese sind heute aber weitgehend aus dem privaten Gebrauch verschwunden. Zudem akzeptieren nur sehr wenige Geschäfte Schecks.

Da nach wie vor davon ausgegangen wird, dass die Stromversorgung bald wiederhergestellt wird, und vielerorts die Tragweite des Ereignisses noch nicht bekannt ist, werden von den Geschäftsleitungen und den Verantwortlichen des BCM erst am Ende des Tages nach dem Stromausfall die ersten Schritte für den Fall eines länger dauernden Stromausfalls eingeleitet (wie kritische Geschäftsprozesse in nichtbetroffene Regionen verlegen) (EBP 2010, S. 50).

24 Stunden bis eine Woche

In der Woche nach dem Stromausfall bleibt in den größeren Bankhäusern weiterhin ein eingeschränkter Betrieb (d. h. Aufrechterhaltung der kritischen Geschäftsprozesse sowie – eingeschränkt – Bedienung an den Schaltern) möglich. Gegen Ende der ersten Woche sind die kritischen Geschäftsprozesse in nichtbetroffene Regionen ausgelagert. Dazu wurden die dafür notwendigen Arbeitskräfte mit Bussen aus nichtbetroffenen Gebieten zu den für solche Fälle vorgehaltenen Ausweichstandorten[97] transportiert. Dort realisieren sie die kritischen Geschäftsprozesse mittels der von einem vorausgeschickten Team in Betrieb genommenen redundanten Informations- und Kommunikationsinfrastrukturen. Allerdings müssen zusätzlich aus nichtbetroffenen Regionen weitere Arbeitskräfte hinzugezogen werden, da nicht alle erforderlichen Angestellten bereit waren, ihre Familien und ihren Wohnraum im betroffenen Gebiet zurückzulassen (EBP 2010, S. 51).

Auszahlungen von Bargeld an den Schaltern sind nach einigen Tagen praktisch nicht mehr möglich, da insbesondere die Geldtransporte durch Private von den Bundesbankfilialen zu ihren Bestimmungsorten nicht mehr in der notwendigen Anzahl durchgeführt werden. Zwar werden die für eine solche Situation vorgesehenen Maßnahmen (Verteilung der Geldnoten unabhängig von privat durchgeführten Geldtransporten) durch die Bundesbank in Angriff genommen, nachdem absehbar geworden ist, dass der Stromausfall längere Zeit dauert. Sie wird dabei von weiteren staatlichen Stellen (wie der Polizei) unterstützt (BBK 2008a, S. 119). Doch angesichts der Größe des betroffenen Gebiets bleibt Bargeld knapp. Verschärfend kommt hinzu, dass aufgrund von Transportproblemen und Hamsterkäufen die Preise für Grundnahrungsmittel und andere Güter steigen. Die Bevölkerung ist mittlerweile stark verunsichert, da zunehmend klarer wird, dass der Stromausfall weiter andauern wird (EBP 2010, S. 51 ff.).

Am Ende der ersten Woche haben nun auch die größeren Banken Probleme, ihre Notstromversorgung aufrechtzuerhalten. Die Treibstoffvorräte für die Netzer-

---

97 Ein Ausweichstandort ist ein von dem jeweiligen Kreditinstitut unterhaltenes Gebäude an einem anderen Ort, wohin sowohl die Daten als auch Teile der Belegschaft verlagert werden können. Solche Gebäude sind mit der entsprechenden redundanten Kommunikations- und Informationsinfrastruktur ausgestattet, um die kritischen Geschäftsprozesse übernehmen zu können.

satzanlagen gehen zur Neige, und es gibt Probleme bei Nachschublieferungen. In der Folge werden die meisten Schalter geschlossen. Kritische Geschäftsprozesse sind davon nicht tangiert, da diese in nichtbetroffene Regionen ausgelagert wurden.[98] Kleinere Banken stellen ihre kritischen Geschäftsprozesse ein und versuchen, Datenverluste zu vermeiden (EBP 2010, S. 52). Die Verwaltung der Publikumseinlagen und der Finanzanlagen wurde entweder in nichtbetroffene Regionen ausgelagert oder ruht.

Unternehmen, die ihre Tätigkeiten nicht in nichtbetroffene Regionen verlegt haben oder deren (kleinere) Banken nicht über die Möglichkeit verfügen, mittels Ausweichinfrastruktur die Verwaltung der Finanzanlagen weiterzuführen, haben nun keine Möglichkeit mehr, zu investieren und zu finanzieren. Sie erleiden deshalb größere wirtschaftliche Verluste. Verhandlungen über Kreditvergaben sowie Kreditvergaben selbst sind – innerhalb des betroffenen Gebiets – vollständig zum Erliegen gekommen.

Bei ersten Betrieben treten gegen Ende der Woche Liquiditätsengpässe auf, da einerseits keine Einnahmen mehr getätigt werden können oder Rechnungen aufgrund des Stromausfalls von den jeweiligen Kunden nicht bezahlt werden und andererseits zahlreiche Außenstände dennoch beglichen werden (automatisierte Zahlungen werden von den Banken trotz Stromausfall dennoch ausgeführt) (EBP 2010, S. 53).

Ein Blick in Woche 2

Die kritischen Geschäftsprozesse der größeren Banken bleiben dank der Ausweichstandorte weiter gewährleistet. Nachdem zu Anfang ein Personalengpass für den Betrieb der Ausweichstandorte bestand, ist dieser nun mittels Arbeitskräften aus nichtbetroffenen Regionen behoben worden.

In den Hauptfilialen einiger Banken bestehen zwar Planungen, zu bestimmten Zeiten zu öffnen und eine begrenzte Zahl von Schaltern zu besetzen, allerdings haben die meisten Verantwortlichen in der zweiten Woche entschieden, die Schalter zu schließen. Gründe sind mangelnde Sicherheit für das Personal (unzufriedene und z. T. aggressive Kundschaft), Mangel an Bargeld, gefährdete Versorgung mit Notstrom sowie die Tatsache, dass sehr viele Angestellte ihren Arbeitsplätzen fernbleiben, um sich um ihre Familien und Wohnungen zu kümmern. Banken, die in Schließfächern Wertsachen einlagern, sind einem erhöhten

---

98 Die gegenseitige Unterstützung von Instituten in solch einem Krisenfall durch Übernahme kritischer Geschäftsprozesse eines Teils der Banken durch andere mit den entsprechenden Voraussetzungen wird im schweizerischen Finanzsektor als eine Option angedacht (Steuerungsgremium BCP Finanzplatz Schweiz [September 2009]): »Business Continuity Planning im schweizerischen Finanzsektor: Eine Bestandsaufnahme.« (www.snb.ch/de/mmr/reference/bcp_2009/source).

Einbruchsrisiko ausgesetzt und müssen ggf. von privaten Sicherheitsfirmen oder von der Polizei bewacht werden.

Die Bargeldversorgung der Bevölkerung wird durch Maßnahmen der Bundesbank nur mühsam aufrechterhalten.

Investoren und Unternehmen, die ihre Tätigkeiten nicht verlegen konnten oder nicht über die Möglichkeit einer Ausweichinfrastruktur verfügen, haben nun keine Möglichkeit mehr, zu investieren und zu finanzieren und erleiden wirtschaftliche Verluste. Bei einer Vielzahl an Unternehmen, deren Verpflichtungen trotz des Stromausfalls weiterlaufen, treten Liquiditätsengpässe auf.

ZAHLUNGS- UND DATENVERKEHRSSYSTEM 2.6.3.2

Wie zuvor gezeigt, ist das Zahlungs- und Datenverkehrssystem zwischen den Finanzintermediären (Banken und bankähnliche Organisationen), den Handelsplattformen und den Zentralbanken gegen einen großflächigen und langandauernden Stromausfall weitgehend gesichert.

Nicht gesichert ist dagegen der (elektronische) Zahlungs- und Datenverkehr zwischen dem Zahlungsempfänger bzw. dem Zahlungsleistenden und deren jeweiligem Zahlungsintermediär. Bei einem Stromausfall wird es in vielen Geschäften umgehend nicht mehr möglich sein, mit einer Debit- oder einer Kreditkarte zu zahlen, da die Endgeräte nicht mehr funktionieren. Dort, wo ein Geschäft über eine USV verfügt, dürften elektronische Zahlungen noch so lange erfolgen, wie die Leitungen des Festnetztelefons funktionieren (etwa bis zu acht Stunden).

Null bis zwei Stunden

Nach dem Ausfall der Stromversorgung stellen sowohl bei Zahlungsintermediären als auch bei den entsprechenden Clearingorganisationen zunächst die USV und später die Netzersatzanlagen die Funktion der Systeme sicher. Hierdurch wird der Verlust der Daten für den elektronischen Zahlungsverkehr verhindert. Auch die Kommunikationsinfrastrukturen (gesicherte Datenleitungen) funktionieren, sodass der (automatisierte) Austausch zwischen den Zahlungsintermediären, Clearingorganisationen und Zentralbanken über die gesamte Dauer des Stromausfalls weiter stattfinden kann (EBP 2010, S. 62).

Auch die Tätigkeiten der Europäischen Zentralbank und der Deutschen Bundesbank sind nicht eingeschränkt, da auch diese gegen einen Stromausfall gesichert sind. Das gesamteuropäische Zahlungsverkehrssystem ist vom Stromausfall grundsätzlich nicht betroffen und funktioniert über die gesamte Dauer des Stromausfalls.[99]

Probleme gibt es allerdings bei den Zahlungsleistenden und den Zahlungsempfängern: In vielen Geschäften ist es bereits unmittelbar nach dem Stromausfall nicht mehr möglich, elektronische Zahlungen mit Debit- und Kreditkarten durchzuführen, da die entsprechenden Terminals (Einlesegeräte) nicht mehr funktionieren. Dadurch können sowohl die Karten nicht mehr eingelesen als auch keine entsprechenden Zahlungsanweisungen an die Zahlungsintermediäre geschickt werden. Käufe können nur noch mit Bargeld durchgeführt werden. Aber auch Anweisungen für Distanzzahlungen (von zuhause mit dem Internet) sind nicht mehr möglich, da die Zahlungsleistenden in den meisten Fällen keine Möglichkeit mehr haben, ihre Computer zu benutzen und entsprechende Anweisungen zu geben. Größere Unternehmen, die sich auf einen Stromausfall vorbereitet und für ihre Rechner eine USV installiert haben, haben in dieser Phase noch die Möglichkeit, Zahlungsanweisungen an Banken zu übermitteln oder Bestätigungen zu empfangen.[100]

Zwei bis acht Stunden

In den Geschäften sind nur noch Barzahlungen möglich. In den ersten Stunden, nachdem die Menschen den Stromausfall zur Kenntnis genommen und akzeptiert haben, stellt dieser Ausfall des elektronischen Zahlungsverkehrs noch kein großes Problem dar. Viele gehen davon aus, dass der Strom in einigen Stunden wieder da sein wird und verschieben ihre Besorgungen. Andere heben bei ihren Banken Geld ab, was noch weitgehend problemlos möglich ist. Privatpersonen verschieben ihre Zahlungsanweisungen, die sie über das Internet machen wollten, auf später, ebenfalls in der Annahme, dass der Strom bald wieder da sein wird. Größere Unternehmen, die sich auf einen Stromausfall vorbereitet haben, übermitteln ihre Zahlungsanweisungen so lange, wie die Kommunikationsleitungen, auf denen das Internet basiert, noch funktionieren.

Acht bis 24 Stunden

Einige Geschäfte haben trotz des Stromausfalls geöffnet und bieten z. T. reduzierte Sortimente gegen Barzahlung an. Viele Menschen gehen nach wie vor davon aus, dass der Strom in den nächsten Stunden wieder da sein wird. Aus diesem Grund werden Einkäufe auf später verschoben. Andere heben mangels funktionierender Geldautomaten in den Banken ab. Kleinere Banken schließen

---

99 Dies könnte zurückzuführen sein auf die Maßnahmen, die in den letzten Jahren von der 2002 eingerichteten Arbeitsgruppe »Krisenmanagement Zahlungs- und Verrechnungssysteme« definiert und umgesetzt wurden (EBP 2010, S. 62).
100 Allerdings nur so lange, wie die Kommunikationsleitungen, auf denen das Internet basiert, noch funktionieren. Dies dürfte zumindest in den ersten beiden Stunden nach dem Stromausfall noch der Fall sein (EBP 2010, S. 63).

allerdings. Nun können auch größere Unternehmen keine Zahlungsanweisungen mehr durchführen. Zudem arbeiten jetzt – wenn überhaupt – die meisten Betriebe nur noch eingeschränkt, viele haben sogar ganz geschlossen.

24 Stunden bis eine Woche

In den ersten Tagen ist die Bargeldversorgung der Bevölkerung an den geöffneten Schaltern der Banken noch möglich; auch ist die Nachfrage nach Bargeld noch moderat, da die meisten Menschen von einem baldigen Ende des Stromausfalls ausgehen. Besorgungen werden auf später verschoben.

Sobald kommuniziert wird, dass ein Ende des Stromausfalls nicht absehbar ist, steigt nicht zuletzt aufgrund mangelnder Bezahlmöglichkeiten in der Bevölkerung die Sorge vor Versorgungsengpässen. In einigen Banken und Einzelhandelsgeschäften spielen sich teilweise chaotische Szenen ab, da die Menschen versuchen, an Bargeld oder an Güter des täglichen Gebrauchs zu gelangen. Die Situation verschärft sich, da einige Lieferanten die Geschäfte nicht mehr beliefern (können) – teils aus Mangel an Transportmöglichkeiten, teils aus Furcht, dass die Lieferungen unbezahlt bleiben. Diebstähle und Plünderungen treten vereinzelt auf (EBP 2010, S. 64).

Ein Blick in Woche 2

Die von der Bundesbank ergriffenen Maßnahmen zur Versorgung der Bevölkerung mit Bargeld greifen nur bedingt, da die Geschäfte leer geräumt sind und die Preise besonders nachgefragter Güter in die Höhe schnellen. Zudem nimmt die Zahl der mobilen Händler zu, die Güter des alltäglichen Bedarfs zu stark überhöhten Preisen verkaufen. Personen, die Bargeld vorrätig hatten oder über die Maßnahmen der Bundesbank zu Bargeld gekommen sind, nutzen dieses, um bei Bauern und anderen Nahrungsmittellieferanten (z. T. Schwarzmarkthändler) einzukaufen. Der Tausch von Wertgegenständen gegen Gebrauchsgüter und Lebensmittel bleibt eher die Ausnahme (EBP 2010, S. 65).

BÖRSENSYSTEM 2.6.3.3

Börsen und Handelsplattformen haben sich heute zu einem Netz weltweiter, vernetzter Umschlagplätze entwickelt. Da die gesamte Volkswirtschaft in hohem Maße vom Börsengeschehen abhängt, haben die Börsen und ihre Betreiber hohe Anforderungen an die Ausfallsicherheit ihrer Informations- und Kommunikationsinfrastrukturen zu erfüllen. Börsensysteme sind gegen einen Stromausfall weitgehend gesichert (EBP 2010, S. 70).

Null bis zwei Stunden

Die wichtigste Börse in Deutschland, die Frankfurter Wertpapierbörse, ist aufgrund ihrer umfangreichen Vorkehrungen vom Stromausfall zunächst nicht betroffen und arbeitet wie gewohnt weiter. Ebenso sind die Regionalbörsen gegen einen Stromausfall gewappnet und können vorerst den Handel aufrechterhalten (EBP 2010, S. 71). Ausführende Banken und die Clearingorganisationen halten ihren Betrieb aufrecht, da die Informations- und Kommunikationsinfrastrukturen, die die entsprechenden kritischen Prozesse sicherstellen, über Netzersatzanlagen mit Notstrom versorgt werden. Auch die dazu notwendigen Datenleitungen (Verbindungen zwischen Bank, Handelsplattform und Clearingorganisation) bleiben ebenso funktionsfähig wie die dazugehörigen Arbeitsplätze.

Einige Minuten nach dem Stromausfall wird die Verbindung zwischen privaten Auftraggebern und den ausführenden Banken problematisch. Personen, die von zuhause oder vom Arbeitsplatz aus Börsenaufträge aufgeben möchten, können dies nicht mehr tun, da ihre Kommunikationsinfrastrukturen aufgrund ihrer Endgeräte, die vom Strom abhängig sind, ausfallen. Börsenaufträge können praktisch nur noch vor Ort in der Bank oder über ein analoges Telefon übermittelt werden.

Unternehmen, die professionell mit Finanzanlagen handeln und die Anlagen für eine Notstromversorgung installiert haben, können nach wie vor Aufträge an ihre Banken geben.

Zwei bis acht Stunden

Nachdem der Strom auch einige Stunden nach Stromausfall nicht wieder verfügbar ist und sich die Auswirkungen außerhalb der Börsen bemerkbar machen (Verkehrschaos, früher schließende Betriebe) entscheiden die Geschäftsleitungen der Hauptbörse und der betroffenen Regionalbörsen, den Handelstag früher als üblich zu schließen, um dem Personal die Möglichkeit zu geben, trotz des sich abzuzeichnenden Verkehrschaos' rechtzeitig nach Hause zu kommen.[101] Einzig die Verantwortlichen für das BCM sowie kleine Teams bleiben über Nacht im Gebäude, um die Fortführung des Handelbetriebs am nächsten Tag sicherzustellen.

Ausführende Banken und die Clearingorganisationen können weiterhin ihren Betrieb aufrechterhalten und stehen wie gewohnt mit sämtlichen Handelsplätzen in Verbindung (auch mit den ausländischen).

Personen, die von zuhause aus oder vom Arbeitsplatz aus Börsenaufträge aufgeben möchten, haben nun Schwierigkeiten, dies zu tun, und müssen u. U. persönlich zu ihrer Bank. Allerdings sind die Absichten, in den ersten Stunden nach dem Stromausfall Börsenaufträge durchführen zu lassen, angesichts der übrigen Auswirkungen dieses Stromausfalls eher verhalten.

Unternehmen und Firmen, die professionell mit Anlagen handeln, können bis zum Schluss des Tages nach wie vor Aufträge an ihre Banken geben – sofern sie

---

[101] Dies war die Reaktion einiger Börsen während des Blackouts 2003 in Nordamerika (www.bis.org/publ/joint17.pdf, S. 19 ff.).

die dafür notwendigen, gegen Stromausfall gesicherte Kommunikationsinfrastrukturen zu ihrem Handelsplatz (Börse) haben. Die Unternehmen, bei denen dies nicht der Fall ist, erleiden finanzielle Einbußen. Auch wird in einigen Unternehmen ersichtlich, dass nicht daran gedacht wurde, dass mit dem Ausfall der öffentlichen Telefonleitungen auch die Verbindungen zu ihren Banken betroffen sind (EBP 2010, S. 71 f.).

Acht bis 24 Stunden

Auch am Tag nach dem Stromausfall öffnet die Hauptbörse. Allerdings sind nicht mehr alle Angestellten zur Arbeit erschienen (Verkehrschaos, Sorge um die eigene Familie/Wohnung). Der Betrieb der Börse ist deshalb aber vorerst nicht eingeschränkt.

Auch die Regionalbörsen eröffnen den Handel. Allerdings ist bei einzelnen nach einigen Stunden die Notstromversorgung nicht mehr gewährleistet, was zur Folge hat, dass die Händler wie früher mit Stift und Papier auf das Parkett kommen und sich die Orders zurufen müssen. Andere Regionalbörsen verfügen über eine robuste Netzersatzanlage und können weiterarbeiten. Da allerdings das Handelsvolumen besonders bei den Regionalbörsen immer kleiner wird und auch nicht mehr alle Angestellten zur Arbeit erschienen sind, beschließen die Börsenleitungen, den Handel früher auszusetzen und die Angestellten nach Hause zu schicken.

Personen, die Börsenaufträge aufgeben möchten, haben nun keine Möglichkeiten mehr, dies zu tun. Einige entschließen sich, persönlich am Schalter ihrer Bank die Aufträge zu erteilen. Unternehmen und Firmen, die professionell mit Anlagen handeln, haben ebenfalls kaum noch die Möglichkeit, ihren Tätigkeiten nachzugehen und erleiden teils empfindliche Einbußen.

24 Stunden bis eine Woche

Die Hauptbörse bleibt dank der umfangreichen Maßnahmen im Rahmen des BCM weiterhin in Betrieb, wenn auch in einem etwas reduzierten Umfang. Der Grund dafür sind teils abwesende Angestellte sowie die Tatsache, dass nicht alle Arbeitsplätze weiterbetrieben werden können. Die Kernfunktionen (d. h. Betrieb Handelsplatz) sind aber – auch auf längere Sicht – gewährleistet. Probleme tauchen gegen Ende der Woche dort auf, wo der Brennstoff für die Notstromaggregate nicht rechtzeitig eintrifft. Einige Regionalbörsen beschließen, ihre Handelsplattformen auf andere Börsenplätze (im Ausland) zu übertragen, die vom Stromausfall nicht betroffen sind. Auch eine zeitweise Schließung wird erwogen.

Personen, die persönlich Börsenaufträge erteilen möchten, können dies größtenteils nur noch bei größeren Banken tun. Auch diese werden gegen Ende der Woche ihre Filialen im betroffenen Gebiet nach und nach schließen.

2. FOLGENANALYSEN AUSGEWÄHLTER SEKTOREN KRITISCHER INFRASTRUKTUREN 185

Ein Blick in Woche 2

Auch in der folgenden Woche bleibt die Hauptbörse weiterhin in Betrieb, wenn auch in einem reduzierten Umfang. Dennoch wird der Betrieb zusehends schwieriger: Angestellte setzen nun andere Prioritäten und bleiben zuhause. Zudem sind viele Mitarbeiter zu Verwandten und Bekannten gereist, um das Ende des Stromausfalls außerhalb des betroffenen Gebiets abzuwarten. Alle Regionalbörsen haben spätestens ab der zweiten Woche nach dem Stromausfall geschlossen und ihre Handelsplattformen auf andere Börsen (im Ausland) übertragen, die vom Stromausfall nicht betroffen sind. Ausführende Banken und Clearingorganisationen halten ihren Betrieb aufrecht, zum größten Teil von Regionen aus, die nicht vom Stromausfall betroffen sind.

Personen, die normalerweise Börsenaufträge erteilen, haben andere Prioritäten, als sich um ihre persönlichen Finanzanlagen zu sorgen. Personen, die bei Verwandten und Bekannten außerhalb des betroffenen Gebiets untergekommen sind, versuchen von dort aus, auf ihre Finanzanlagen zuzugreifen.

FAZIT	2.6.4
BANKDIENSTLEISTUNGEN	**2.6.4.1**

Sämtliche kritischen Geschäftsprozesse sind in diesem Teilsektor durch USV bzw. eine über längere Zeit hinweg funktionierende Netzersatzanlage gewährleistet. Diese hält in der Regel so lange vor, dass die kritischen Geschäftsprozesse in ein nichtbetroffenes Gebiet ausgelagert werden können.

Gemäß BCM werden sofort nach dem Stromausfall die entsprechenden Teams eingesetzt, um die Aufrechterhaltung der kritischen Geschäftsprozesse zu gewährleisten. Teilweise müssen Angestellte deshalb über Nacht im Gebäude verbleiben. Spätestens wenn nach zwei Tagen das Ausmaß des Ausfalls deutlich wird, werden Maßnahmen zur Auslagerung bzw. zur längerfristigen Sicherstellung der kritischen Geschäftsprozesse umgesetzt. Der Daten- und Zahlungsverkehr, die Datenhaltung und weitere kritische Geschäftsprozesse sind deshalb über die ganze Zeit des Stromausfalls hinweg sichergestellt. Banken, die in Schließfächern Wertsachen eingelagert haben, müssen besondere Maßnahmen zur Sicherung ergreifen. Auch für die (Not-)Bargeldversorgung werden Schritte unternommen, wozu ebenfalls der Einsatz von Polizeikräften notwendig ist.

Das Weiterarbeiten der Angestellten ist in begrenztem Umfang bis zu einer Woche möglich, und die Schalter in größeren Banken können besetzt werden. Die Angestellten haben aber unter verschlechterten Arbeitsbedingungen zu leiden. Spätestens nach einer Woche muss der Betrieb nach und nach überall eingestellt werden. Schäden an den Bankgebäuden sind keine zu erwarten, außer, wenn in einzelnen Filialen dringend erforderliche Reparatur- und Instandsetzungsarbeiten nicht mehr vorgenommen werden (z. B. aufgrund von Frostschäden).

Nach und nach fallen die Kommunikationsverbindungen zwischen den Banken und den Kunden aus. Bereits nach wenigen Stunden, wenn sowohl Mobil- als auch Festnetztelefonie nicht mehr nutzbar sind, können Kunden nur noch physisch mit der Bank in Verbindung treten. Die Bargeldausgabe über Automaten fällt sofort bei Beginn des Stromausfalls aus und wird über die ganze Dauer nicht wieder hergestellt (auch elektronische Zahlungen in Geschäften sind nicht mehr möglich). Damit droht die Bargeldversorgung der Bevölkerung zusammenzubrechen. Da beim Einkauf auch nicht mehr bargeldlos bezahlt werden kann, wachsen Unsicherheit und Aggression in der Bevölkerung.

ZAHLUNGS- UND DATENVERKEHR

Der Zahlungsverkehr zwischen Banken, Clearingorganisationen und Zentralbanken ist dank technischer Maßnahmen (Notstromversorgung) über die ganze Dauer des Stromausfalls gewährleistet. Vorbereitete Notfallpläne werden umgesetzt. Ausgewähltes Bankpersonal in Banken hält kritische Geschäftsprozesse aufrecht. Dies bedeutet für die eingesetzten personellen Ressourcen der Banken eine große Belastung.

In Geschäften, die mit USV und/oder Netzersatzanlagen ausgerüstet sind, ist die elektronische Bezahlung noch für die ersten Stunden möglich. Sobald aber die Festnetztelefonverbindungen ausfallen, ist dies nicht mehr möglich. In anderen Geschäften bleibt nur die Bezahlung mit Bargeld.

BÖRSE

Die im Börsensektor vorbereiteten Maßnahmen in technischer, personeller und organisatorischer Sicht sind ausreichend, um den Betrieb einer Börse (und der Clearingorganisationen) im Wesentlichen über die gesamte Dauer des Stromausfalls sicherzustellen: USV und Netzersatzanlagen halten den Betrieb der Handelsplätze aufrecht. Das Personal stellt den Weiterbetrieb sicher. Vorbereitete Notfall- und Alarmpläne werden im Rahmen des BCM umgesetzt. Da die Verbindungen zwischen Privatpersonen/Unternehmen einerseits und Banken (Auftragsausführende) andererseits aufgrund des Ausfalls der Festnetz- und Mobiltelefonie größtenteils unterbrochen sind, können kaum mehr Börsenaufträge aufgegeben werden. Zusammen mit den übrigen Auswirkungen eines Stromausfalls und da die Möglichkeiten, Börsenaufträge aufzugeben, eingeschränkt sind, führt dies zu einem Einbruch beim Handelsvolumen und entsprechenden wirtschaftlichen Schäden. Wenn sich die professionellen Anleger mit der neuen Situation arrangiert und ihre Geschäftstätigkeiten ggf. in nichtbetroffene Regionen ausgelagert haben, wird sich der Handel nach und nach normalisieren.

Ein großflächiger Stromausfall beeinträchtigt das Bankdienstleistungssystem an sich also nur begrenzt. Insbesondere größere Banken können in der Regel die Publikumseinlagen über die gesamte Dauer des Stromausfalls bewirtschaften sowie ihre Verbindungen mit Clearingorganisationen, der Zentralbank und den Börsenplätzen aufrechterhalten. Möglich ist dies dank Notstromversorgung und aufgrund der Auslagerung kritischer Geschäftsprozesse in nichtbetroffene Regionen. Auch der elektronische Zahlungs- und Datenverkehr zwischen den Banken, Clearingorganisationen und Handelsplätzen ist gegen einen länger dauernden Stromausfall gesichert und kann weiter erfolgen. Ebenso ist der Betrieb der Handelsplätze, namentlich der Hauptbörse in Frankfurt, auch bei einem länger dauernden Stromausfall gesichert, und die Handelstätigkeiten sind grundsätzlich nicht beeinträchtigt. Ausnahmen bilden allenfalls Regionalbörsen (EBP 2010, S. 78).

Als Achillesferse erweisen sich dagegen die unterbrochenen Kommunikationswege zwischen den Banken, Clearingorganisationen und Handelsplätzen einerseits und den Personen und Unternehmen, die Finanzdienstleistungen nachfragen, andererseits. Deshalb können Finanzdienstleistungen von den Nachfragern größtenteils nicht mehr in Anspruch genommen werden. Nach einer gewissen Zeit sind also Bargeldauszahlungen, Lohnüberweisungen, Kreditaufnahme oder Ähnliches, aber auch Kartenzahlungen nicht mehr möglich.

ÖFFENTLICHE EINRICHTUNGEN – FALLBEISPIEL »GEFÄNGNIS« 2.7

ÖFFENTLICHE BEHÖRDEN UND EINRICHTUNGEN – VORBEMERKUNG 2.7.1

Auch die Einrichtungen des Staates sind in ihrer Funktionsfähigkeit von einem Stromausfall betroffen. Die öffentliche Verwaltung, das Bildungswesen, Forschung, Kultur, aber auch die Hilfsorganisationen und die Organe der öffentlichen Sicherheit sehen sich z. T. extremen Herausforderungen gegenüber, auf die viele Akteure nicht vorbereitet sind (zum Folgenden Prognos 2009, S. 70 ff.).

So wird die Nutzung von Gebäuden für behördliche und schulische Zwecke oder für Forschung und Lehre an Universitäten zunehmend eingeschränkt und in der Regel bald nicht mehr möglich sein. Sanitäre Anlagen fallen aus, Wasser kommt nur noch spärlich an, Fahrstühle, Heizung, Klimaanlage, Lüftung und Kommunikation funktionieren überwiegend nicht. In den Hochhäusern und mehrstöckigen Gebäuden intensivieren sich diese Probleme so, dass sie bald nicht mehr genutzt werden können. In Hochschulen werden Forschungsvorhaben unterbrochen oder gar unbrauchbar. Vorhaben können um Jahre zurückgeworfen werden, da beispielsweise die Klimatisierung und Anlagen zur Sicherstellung von Sonderbedingungen wie Reinraumkonditionen oder sonstiger genau einzuhaltender Umgebungsbedingungen ausfallen. Materialien und Geräte können beschädigt werden, in Bereichen hochspezialisierter Forschung könnten damit Standort- und Wettbewerbsnachteile verbunden sein.

In Museen und Archiven besteht die Gefahr, dass durch den Ausfall der erforderlichen Umgebungsbedingungen Exponate und archivierte Objekte beschädigt oder unbrauchbar werden. Durch den Ausfall der elektrisch betriebenen Sicherheitssysteme entsteht ein erhebliches Diebstahl- und Plünderungsrisiko bei wertvollen Kultur- und Wissenschaftsgütern.

Insbesondere aufgrund der starken Abhängigkeit von IuK-Systemen kann die öffentliche Verwaltung (wie Schulbehörden, Meldedienste, Gesundheitsämter) ihre Leistungen vielfach nicht mehr erbringen. Während der Zeit des Stromausfalls sind relevante Vorgänge nur erschwert zu bearbeiten und nicht durchgehend zu dokumentieren (z. B. Geburten, Todesfälle, schwere Krankheitsfälle, Unfälle). Aufgrund der Ausstattung zumindest von Serversystemen mit USV kann allerdings verhindert werden, dass es durchgängig zu großen Verlusten von Datenbeständen kommt. Wesentliche negative Auswirkungen hat der Ausfall der IuK-Systeme auch auf die Aufgabenwahrnehmung der Sicherheitsbehörden und Hilfsorganisationen. Zentrale Funktionen der Einsatzleitstellen können aufgrund von Überlastung durch eingehende Telefonate nicht mehr erbracht werden (Kap. III.2.1). Obwohl durch die Notstromgeräte abgesichert, können manche Leitstellen ihre Funktionen nicht erfüllen, da das Aggregat nicht funktioniert oder kein Treibstoff bevorratet wurde.

Die Polizeien sehen sich punktuell mit Einbrüchen und Vandalismus konfrontiert. Sie müssen dafür sorgen, dass angeordnete Sperrungen oder Fahrverbote eingehalten werden. Evakuierungen müssen u. U. gegen den Willen der Betroffenen durchgeführt werden.

Die öffentliche Sicherheit wird beeinträchtigt durch den Ausfall von Feuer- und Rauchmeldern, wodurch Brände länger unentdeckt bleiben. Wegen der Überlastung der Telefonnetze oder des Ausfalls der Kommunikationssysteme dauert es länger, bis die Feuerwehr alarmiert werden kann. Ihr Eintreffen verzögert sich, und die Bekämpfung von Bränden wird schwieriger. Fällt zudem das Löschwasser aus (aufgrund des Ausfalls der Wasserversorgung), können sich solche Gefahrenherde auswachsen (Kap. III.2.3).

Die öffentliche Beleuchtung fällt großflächig aus, ebenso Sensorsysteme wie beispielsweise Alarmanlagen und Überwachungskameras. Kriminelle Aktivitäten nehmen, durch die Dunkelheit gefördert, zu. Es gibt Schwierigkeiten, die Täter zu entdecken und in Gewahrsam zu nehmen. Erschwert wird aber nicht nur die Verhinderung von Verbrechen und Festnahmen von Verdächtigen oder Tätern, sondern auch deren Verwahrung in den Gefängnissen. Im Folgenden soll das Fallbeispiel »Gefängnis« vertieft behandelt werden.

FALLBEISPIEL »GEFÄNGNIS« 2.7.2

In Deutschland gibt es laut Daten des Statistischen Bundesamtes (Stand 31.3.2009) (nach Dünkel 2010) 195 JVA, in denen 73.592 Gefangene inhaftiert sind. Es befinden sich damit etwa 90 von 100.000 Personen in Haftanstalten. Insgesamt sind die Anstalten zu 93 % belegt. Lediglich in den Bundesländern Bayern und Rheinland-Pfalz wird die Kapazität leicht überschritten. Der Frauenanteil liegt bei ca. 5 %. Nach Möglichkeit werden die Gefangenen nach der Schwere der Tat, der Länge der Strafe oder der Anzahl der Verurteilungen getrennt. Der offene Vollzug, bei dem es den Gefangenen erlaubt ist, während des Tages die Haftanstalt zu verlassen, kommt in knapp 20 % der Fälle zur Anwendung (EBP 2010, S. 153).

Die Art des Strafvollzugs unterteilt sich in Freiheitsstrafe (53.334 Personen), Jugendstrafe (6.180), Untersuchungshaft (11.385) und Sicherheitsverwahrung (476), d. h. die Verwahrung von gefährlichen Straftätern zum Schutze der Allgemeinheit. Rund 2.000 Personen waren in Zivilhaft oder Abschiebungshaft. In der Mehrzahl der JVA ist – sofern man eine 85%ige Belegung als Standard definiert – eine Überbelegung zu konstatieren (Dünkel 2010).

Eine häufige Form der Inhaftierung ist die temporäre Inhaftierung von Personen, beispielsweise auf der Polizeiwache. Gefangenensammelstellen werden er- oder eingerichtet, wenn zu erwarten ist, dass die regulären Kapazitäten infolge des Umfangs von Gewahrsamnahmen bei einem besonderen Anlass (große Demonstration, Sportveranstaltung) nicht ausreichen. Eine weitere Form ist der Hausarrest.[102]

RECHTLICHE GRUNDLAGEN 2.7.2.1

Die wesentliche rechtliche Grundlage für den Strafvollzug bildet das Strafvollzugsgesetz (StVollzG) vom 16. März 1976. Es umfasst Regelungen zum allgemeinen Vollzug der Freiheitsstrafe, zur Organisation und Zuständigkeit sowie zu weiter gehenden besonderen Bestimmungen freiheitsentziehender Maßnahmen.

Die Sicherungsverwahrung ist im 3. Abschnitt geregelt. Dort wird vorgegeben, dass die Sicherungsverwahrung getrennt vom Vollzug der Freiheitsstrafe in eigenen Anstalten oder in getrennten Abteilungen zu erfolgen hat (§ 140 StVollzG). Für Gefangene mit psychischen Problemen oder ausgeprägtem Suchtverhalten ist gemäß §§ 136 bis 138 die Unterbringung in speziell dafür eingerichteten Anstalten vorzunehmen. Das Ziel ist neben dem Vollzug der Haftstrafe die Heilung oder die weitestmögliche Verbesserung des Zustands. Dazu wird die nötige Auf-

---

102 Eine Möglichkeit zur Überwachung böte zukünftig die elektronische Fußfessel, bei der die Position der betreffenden Person über das Mobilfunknetz laufend der zuständigen Behörde übermittelt wird – mit entsprechenden Problemen bei überlasteten Netzen.

sicht, Betreuung und Pflege bereitgestellt. Der Vollzug erfolgt in geschlossenen Anstalten.

§§ 151 bis 153 StVollzG regeln die Aufsicht über die JVA. Die Führung der Aufsicht liegt bei der Landesjustizverwaltung. Die Aufsichtsbefugnisse können auf Justizvollzugsämter übertragen werden. Die Landesjustizverwaltung regelt die örtliche und sachliche Zuständigkeit der JVA in einem Vollstreckungsplan.

Eine explizite Rechtsgrundlage für Sicherheits- und Vorsorgemaßnahmen für den Fall eines langandauernden Stromausfalls konnte nicht gefunden werden.

FOLGEN 2.7.2.2

Ein zentrales Ziel von JVA ist der Schutz der Allgemeinheit vor weiteren Straftaten. Aus diesem Grund ist die Weiterführung des Freiheitsentzugs der Gefangenen auch in einem Katastrophenfall geboten. Gelänge dies nicht, wären die Auswirkungen auf das Vertrauen der Bevölkerung in die Autorität des Staates erheblich (EBP 2010, S. 156).

GEFÄNGNISALLTAG

Ein Tag im Gefängnis beginnt mit dem Wecken der Gefangenen und dem Aufschluss um 6 Uhr morgens. Eine Stunde später beginnt in der Regel der erste Arbeitsblock bis um 12 Uhr. Die Arbeiten können beispielsweise in Wäscherei, Schreinerei, Bäckerei, Küche oder Reinigung erfolgen. Von 12 bis 13 Uhr gibt es Mittagessen, das häufig gemeinsam in größeren Räumen stattfindet. Der zweite Arbeitsblock dauert in der Regel von 13 bis 16 Uhr. Im Anschluss beginnt für die Gefangenen die Freizeit. Diese gestaltet sich als sportliche Betätigung, Hofgang oder Umschluss. Bei Letzterem kann sich ein Gefangener in die Zelle eines Mithäftlings einschließen lassen. Die sportliche Betätigung gestaltet sich häufig als Mannschaftssport. Dann befindet sich für einen bestimmten Zeitraum eine größere Anzahl Gefangener auf engerem Raum. Nach dem Abendessen erfolgt spätestens um 21 Uhr der Einschluss.

Quelle: EBP 2010, S. 153 f.

Grundsätzlich eröffnen sich nach einem Stromausfall zwei Möglichkeiten: Die erste ist die Fortführung des Gefängnisbetriebs in reduzierter Form. Dies setzt eine funktionierende Notstromversorgung voraus. Damit sind zumindest noch die wichtigsten Sicherungsfunktionen (z. B. Schließsysteme, Bewegungsmelder, Überwachungskameras) gewährleistet. Weiter werden die Beleuchtung reduziert, nur kalte Mahlzeiten zubereitet und Fernseh-/Radiogeräte abgeschaltet. Die zweite Möglichkeit – sofern eine dauerhafte Notstromversorgung nicht gesichert ist – besteht, nach ersten Sicherungsmaßnahmen, in der Verlegung der Gefangenen in andere JVA mit intakter Stromversorgung.

Bei einer funktionierenden Notstromversorgung spielt die Verfügbarkeit des Treibstoffs (Diesel) für die NSA die entscheidende Rolle. Deren Betriebsdauer ist vom eingelagerten Treibstoffvorrat oder von der Möglichkeit externer Lieferungen abhängig. Sind Einspeisepunkte am Gebäude vorhanden, besteht grundsätzlich die Möglichkeit, eine ausreichende Versorgung mithilfe externer, mobiler Generatoren der EVU oder des THW zu gewährleisten.

Null bis zwei Stunden

Unmittelbar nach dem Stromausfall beginnt die Netzersatzanlage zu arbeiten. Sie stellt sicher, dass die Sicherheitselemente (Schließsysteme, Sensoren, Alarmierung) und die Grundversorgung (Beleuchtung, Lüftung) funktionieren. Voraussetzung sind regelmäßige Kontrollen der Funktionsbereitschaft der NSA sowie ausreichende Treibstoffvorräte.

Die erste Zeit nach dem Stromausfall ist die chaotischste und unkontrollierbarste Phase. Das Personal wie auch die Gefangenen müssen sich auf die neue Situation einstellen. Im Mittelpunkt steht die Wahrung bzw. Wiederherstellung der ordnungsgemäßen Abläufe. In dieser ersten Phase sind u.a. die Einstellung der nicht dringend erforderlichen Tätigkeiten, der Abbruch der Freizeitaktivitäten sowie der Einschluss der Gefangenen prioritär. Besucher werden aufgefordert, das Gebäude zu verlassen.

Die Folgen eines Stromausfalls in dieser ersten Phase sind stark von der Tageszeit abhängig. Findet der Stromausfall in der Nacht statt, sind die Gefangenen bereits in den Zellen eingeschlossen. Aufgrund der Technik moderner Schließsysteme bleibt auch bei einem Stromausfall die Verriegelung gewährleistet. Problematischer ist ein Stromausfall während des Tages. So hält sich am Mittag und am Abend eine größere Anzahl Gefangener im Speisesaal auf. Am Nachmittag kommt es zu größeren Gefangenenansammlungen bei sportlichen Betätigungen (insbesondere bei Mannschaftssportarten). Dadurch besteht für das Sicherungspersonal eine erhöhte Gefahr, die Kontrolle über die Gefangenen zu verlieren.

Computerbasierte administrative und organisatorische Tätigkeiten sind zunehmend dort nicht mehr möglich, wo die Computer nicht mit Notstrom versorgt werden und infolgedessen ausfallen. Dies macht beispielsweise den Zugriff auf die Daten der Gefangenen nicht mehr möglich. Folgen sind Probleme bei der Zuordnung der Häftlinge zu den Zellen oder organisatorische Schwierigkeiten bezüglich der Aufnahme, Entlassung und Betreuung von Gefangenen. Auch sonstige administrative Tätigkeiten, die zum Betrieb einer JVA notwendig sind (z.B. Bestellung von Nahrungsmitteln und anderen Gütern, Tätigkeiten im Personalwesen usw.), können eingeschränkt sein (EBP 2010, S.155 f.). Die Kommunikation mittels Telefonie ist noch weitgehend möglich.

Zwei bis acht Stunden

Der Einschluss der Gefangenen wird weitergeführt. Die Sicherung der Zellen und der Bereiche nimmt längere Zeit in Anspruch, da aufgrund der angespannten Situation und einer wachsenden Aufgabenfülle sowohl Personalknappheit herrscht als auch Sicherungselemente nur reduziert oder verlangsamt (z. B. elektronische, nun aber mechanisch zu bedienende Schließanlagen) funktionieren.

Die Sicherstellung des Betriebs der NSA hat nun die höchste Priorität. Nur dadurch sind ein (reduzierter) Betrieb und eine adäquate Überwachung der Gefangenen möglich. Neben der Überprüfung der NSA gehören auch erste Abklärungen zu Lieferungen von zusätzlichen Treibstoffmengen zu den prioritären Aufgaben. Solche Bemühungen werden mit fortschreitender Zeit problematisch, da Festnetz- und Mobiltelefonie nur noch für begrenzte Zeit möglich sind.

Sofern Gefangene in den Gemeinschaftsräumen über einen längeren Zeitraum versammelt sind, kann dies problematisch werden. Infolge von Gerüchten und Falschinformationen, veränderter Haftbedingungen und abgesagter Aktivitäten (Sport, Arbeit) kommen Unruhe und Hektik auf.

Es stellt sich heraus, dass viele Gefangene im offen Strafvollzug nach der Arbeit nicht zur JVA zurückgekehrt sind.

Dort, wo der Betrieb der JVA nicht oder nur mit erheblichen Schwierigkeiten aufrechterhalten werden kann, müssen erste Schritte für eine Verlegung der Gefangenen in Angriff genommen werden. Kommunikation und Koordination sowie die Mobilisierung externer Unterstützung sind aber als Folge ausfallender Kommunikationsnetze (Mobil- und Festnetztelefonie, Internet) sehr schwierig.

Acht bis 24 Stunden

Durch den langandauernden Wegschluss und die Verschlechterung der Haftbedingungen steigt die Unruhe der Gefangenen weiter. Das Personal steht unter großer nervlicher Anspannung. Sportliche Aktivitäten der Gefangenen und nicht dringend erforderliche Arbeiten werden nicht mehr durchgeführt. Größere Ansammlungen von Gefangenen werden weitgehend vermieden. Der Einschluss der Gefangenen in den eigenen Zellen zur Gewährleistung der Sicherheit in der JVA stellt die beste Option dar. In der Nacht steht nur eine reduzierte Beleuchtung zur Verfügung. Zusätzliches Sicherheitspersonal wird für den reduzierten Betrieb mit Notstromversorgung und für eine mögliche Verlegung der Gefangenen aufgeboten. Mit der Unterstützung der Polizei kann aufgrund der übrigen Auswirkungen des Stromausfalls nicht gerechnet werden.

Die Versorgung der Gefangenen mit Nahrungsmitteln wird nun zu einem zusätzlichen, dringlichen Problem. Es werden behelfsmäßig provisorisch kalte Mahlzeiten aus den vorhandenen Beständen zubereitet. Trinkwasser ist dort vorhanden, wo die Wasserverteilung mittels der Leitungsnetze noch funktioniert (EBP 2010, S. 159) (Kap. III.2.3).

Es stellt sich die Frage nach der Sicherstellung von ausreichendem Personal. Auch muss damit gerechnet werden, dass das Personal der nachfolgenden zweiten Schicht aufgrund von Behinderungen in ÖPNV und MIV verspätet oder nicht zur Arbeit erscheint. Die infolge der Auswirkungen des Stromausfalls bereits angespannte personelle Situation verschärft sich dadurch zunehmend.

24 Stunden bis eine Woche

Der Betrieb des Gefängnisses wird in nahezu allen Bereichen von externer Unterstützung abhängig – so die Versorgung der Gefangenen mit Nahrungsmitteln, die Unterstützung bei der Sicherung des Gefängnisses durch weitere Sicherheitskräfte sowie Treibstofflieferungen für die Notstromversorgung. Der Zusammenbruch der Telefonie erschwert Kommunikation mit externen Unternehmen, Stellen und Behörden.

Die medizinische Versorgung wird bereits nach zwei bis drei Tagen kritisch. Ebenso werden die hygienischen Bedingungen – vor allem aufgrund defizitärer oder zusammenbrechender Wasserver- und Abwasserentsorgung – problematisch. Die Anlieferung frischer Wäsche findet nicht mehr statt. Zusammen mit der sich stetig verschlechternden Lebensmittelversorgung führt dies zu ständiger Unruhe unter den Gefangenen.

Die Gefahr von Befreiungsaktionen und Ausbrüchen steigt. Aus diesem Grund erhalten die Sicherung und Überwachung der Gefangenen einen höheren Stellenwert. Da mit Befreiungsversuchen von außen gerechnet werden muss, wird die JVA vermehrt nach außen geschützt.[103] Da die Polizei zur Wahrung der öffentlichen Ordnung zahlreiche Verhaftungen (z. B. von Plünderern) vornimmt sowie diese aus Kapazitätsgründen bald in die JVA überführt, wachsen deren Probleme weiter an.[104]

Beim Personal ist mit zunehmendem Stress und Übermüdung zu rechnen. Erschwerend kommt die Situation rund um die JVA hinzu: Personal der nächsten Schicht hat aufgrund von Verkehrsproblemen (Staus, Ausfall des ÖPNV) Mühe, zum Arbeitsplatz zu kommen und bleibt diesem teilweise fern. Aufgrund der

---

103 Diese Aufgabe könnte von der Polizei oder – abhängig von entsprechenden Entscheidungen der Katastrophenschutzbehörden – im Rahmen einer generellen Sicherung der besiedelten Gebiete von der Bundeswehr vorgenommen werden. Dies ginge vermutlich über die technische Amtshilfe hinaus und basierte dann auf Artikel 35 Abs. 2 und 3 GG. In diesem Fall hätte die Bundeswehr Zwangs- und Eingriffsbefugnisse.
104 Wie Beispiele aus der Vergangenheit gezeigt haben (z. B. Stromausfälle in den USA von 1977 und 2003 oder Stromausfall in Brasilien von 1999) kann die Kriminalität während eines Stromausfalls unter bestimmten Randbedingungen zunehmen. Erste Inhaftierte kann die Polizei meist in den Zellen auf den Polizeiwachen unterbringen. Wenn die Belegungskapazität jedoch überschritten wird, muss die Überführung der Gefangenen in die JVA vorgenommen werden. Die dort entstandenen Probleme werden damit weiter verschärft (EBP 2010, S. 160).

übrigen Auswirkungen des Stromausfalls auf andere Sektoren ist nicht zu erwarten, dass Polizeikräfte und andere Dienste, die ebenfalls einer sehr großen Belastung ausgesetzt sind, die JVA wirksam unterstützen können.

Die Lage in den einzelnen JVA hängt vor allem von der Versorgung der Gefangenen mit Nahrungsmitteln und Trinkwasser, von der Hygiene und von der Sicherheit (Verfügbarkeit Personal) ab. Eine Verlegung der Gefangenen wird aufgrund der schlechten Haftbedingungen vielerorts in Betracht gezogen, da die betroffenen JVA trotz externer Hilfe ihre Situation nur unwesentlich verbessern können.

FAZIT 2.7.2.3

Ist die Notstromversorgung funktionsfähig,[105] können für einen begrenzten Zeitraum die Basisfunktionen des Betriebs aufrechterhalten werden. Dies sind vor allem die Sicherung der Gefangenen und die Grundversorgung (z. B. Beleuchtung, Lüftung, Heizung). Sämtliche nicht vom Notstrom versorgte Sicherheitselemente, Komponenten der Gebäudetechnik sowie EDV-Anlagen und Kommunikationsmittel stehen nicht mehr zur Verfügung. Funktioniert eine Notstromversorgung nicht oder versiegen die in den Haftanstalten selbst gelagerten Treibstoffreserven, muss die JVA geräumt werden.

Selbst dort, wo eine funktionierende Notstromversorgung zu bewerkstelligen ist, steigt der Problemdruck rapide an: Aufgrund des notwendig gewordenen Dauereinschlusses der Gefangenen sind diese einer hohen psychischen Belastung ausgesetzt, da sie auf Freizeitaktivitäten, Arbeiten und Kommunikation mit anderen Gefangenen verzichten müssen. Zudem führen stetig sich verschlechternde Hygieneverhältnisse, ungenügende Nahrungsmittelversorgung sowie ausfallende Heizungen zu Unruhen, gesundheitlichen Problemen und Krankheiten. Diese Situation wird insofern verschärft, als die medizinische Versorgung mit dem Andauern des Stromausfalls immer kritischer wird. Insbesondere dann, wenn über die Zeit die Zahl der Häftlinge aufgrund der wachsenden Kriminalität im betroffenen Gebiet (vermehrte Verhaftungen) zunimmt, steigt die Gefahr von Unruhe und Gehorsamsverweigerung unter den Gefangenen. Deshalb muss gegen Ende der ersten Woche aufgrund sich dramatisch verschlechternder Haftbedingungen eine Verlegung der Gefangenen in Betracht gezogen werden (EBP 2010, S. 160).

---

105 Es könnte für die Katastrophenbewältigung von erheblicher Bedeutung sein, ob die Notstrominfrastruktur weitgehend intern oder von einem externen Dienstleister gewartet und bei extremer Belastung ggf. ertüchtigt wird. Der Service, z. B. eines externen Liegenschaftsmanagements, wäre bei einem umfassenden Stromausfall sicher überfordert, u. a. weil er sich mit einer Fülle von Anfragen konfrontiert sähe.

VERHALTENSBEZOGENE FOLGEN EINES STROMAUSFALLS UND IHRE BESTIMMUNGSFAKTOREN 3.

Die sichere und störungsfreie Versorgung mit Strom gehört zu den nahezu selbstverständlichen und kaum reflektierten Voraussetzungen des Alltags. Moderne Haushalte beispielsweise sind mit einer großen Zahl von strombasierten technischen Geräten durchsetzt: Werkzeuge, Maschinen, Apparate und Aggregate unterschiedlicher Funktionalitäten. Die Alltagstechnik, mit der wir interagieren, sind Geräte der Handwerks-, Haushalts- und Gartentechnik, der Kommunikations- und Unterhaltungstechnik; es sind Rechner und Computer, Heizungs-, Lüftungs- und Kühlanlagen. Einige der Systeme sind miteinander vernetzt, mit Kontroll- und Steuerungseinheiten versehen und an externe Netze der Versorgung (Energie, Information) angeschlossen.

Zahllose Alltagshandlungen wie Heizen, Lüften, Kühlen, Kochen und Waschen wurden durch gerätetechnische Operationen gewährleistet, welche menschliche sensomotorische Handlungen weitgehend ersetzt haben, aber auch Funktionalitäten anbieten, die sonst nicht realisierbar wären. Aber auch nahezu alle Handlungsvollzüge jenseits des Privathaushalts, wie das Mobilitätsverhalten, die Erwerbsarbeit, die Freizeit sowie sämtliche damit verbundene Wirtschaftssektoren sind an Technik gebunden und damit von Strom abhängig.

Bricht die umfassende Versorgung zusammen, sind alltägliche Handlungsvollzüge infrage gestellt und von den technischen Systemen abgekoppelt. »Die damit verbundenen Gefährdungen«, so schreiben Vierboom und Härlen (2009, S. 3) in einem Gutachten für das TAB, betreffen nicht nur die materielle Daseinsvorsorge. »Auch die psychische Daseinsvorsorge, i.S. einer umfassenden, medial und dinglich vermittelten Konstituierung des eigenen Ich, ist betroffen.« Ins Wanken gerät angesichts des in den vorangegangenen Kapiteln beschriebenen Kollapses technischer Strukturen auch die Überzeugung des Bürgers von der »Kontrollierbarkeit seiner Lebensbedingungen« (Dombrowsky et al. 2009, S. 256).

Über das Verhalten der Bevölkerung bei einem – kurzen – Stromausfall gibt es eine überschaubare Zahl von Berichten und Analysen (Hinweise dazu bei Lorenz 2010). Es gibt aber keine empirisch validen Erkenntnisse zum Verhalten von Menschen angesichts der Folgen eines *langandauernden* Stromausfalls. Die weiteren Überlegungen zielen deshalb auf die Entwicklung von Thesen zu den psychologischen Bestimmungsfaktoren sowie den verhaltensbezogenen Folgen eines länger andauernden Stromausfalls. Überlegungen und Thesen sollen zugleich Grundlage für Forschungsfragen sein, die durch vertiefende Analysen aufgegriffen und beantwortet werden könnten. Dieses zurückhaltende Herangehen an den Gegenstand ist auch dem unzureichenden Wissensstand zum Verhalten von Menschen während einer Gefahrenlage geschuldet: So stellen Ungerer/Morgenroth (2001, S. 15 ff.) fest, dass Forschungsergebnisse und insbesondere konkrete, detaillierte Aussagen über das menschliche Verhalten in realen Gefahrensituationen – und solche wird ein langandauernder Stromausfall mit sich bringen – »kaum« vorliegen. Während der »menschliche Faktor« bei der Beschreibung und Analyse des Zustandekommens einer Katastrophe häufig (oft als Ursache) thematisiert werde, werde weniger danach gefragt, »wie sich Menschen in solchen Krisensituationen fühlen«.

PSYCHOLOGISCHE BESTIMMUNGSFAKTOREN 3.1

Jeder Bürger (ver)braucht Strom – jeden Tag, jede Nacht. Über Produktion und Bereitstellung, physikalische und technische Aspekte dessen, was »aus der Steckdose kommt« ist ihm in der Regel wenig bekannt. Wie viele Geräte und Prozesse davon abhängen und die dadurch bedingte Abhängigkeit des Alltagshandelns, dies wird selten reflektiert.[106] Entsprechend sind Stromausfälle für die Bevölkerung »kein Thema«, wie beispielsweise eine (nicht repräsentative) Befragung von Bürgern in Zürich ergeben hat: Kleinere Stromausfälle werden bald vergessen, prägen sich nicht ein. Von den befragten Bürgern werden Stromausfälle nicht als bedeutende Bedrohung, gerade auch für Leib und Leben, angesehen. Deshalb finden auch keine Vorbereitungen für einen Stromausfall statt (Stiftung Risiko-Dialog 2007, S. 14; s. a. Palm 2009).[107] Dass Bürger zudem wenig Neigung verspüren, mehr Geld für mehr Sicherheit zu bezahlen, ist deshalb auch nicht überraschend (Silvast/Kaplinsky 2007, S. 46; s. a. Brayley et al. 2005, S. 4; Palm 2009).

Eine weitere Facette des Bildes ist der Umstand, dass Menschen allgemein dazu neigen, sich als gut vorbereitet für einen Katastrophenfall zu sehen. Ein Grund hierfür ist, dass ganz allgemein das Gefährdungspotenzial von Risiken und Gefahren unterschätzt wird. Dies kommt auch beim Stromausfall und seinen Konsequenzen zum Tragen: Nach einer Umfrage des DRK glaubt die Mehrheit der Deutschen in der Lage zu sein, sich auch bei einem zweiwöchigen Stromausfall selbst zu versorgen (Emnid 2008).

Eine solche Haltung setzt eine Erwartung an Versorgungssicherheit voraus, die so verinnerlicht ist, dass jeder Gedanke an ihre Gefährdung »Gefühle von Ohnmacht« erzeugt und abgewehrt werden muss. Vierboom und Härlen (2009, S. 7) verwenden hier den Begriff der kollektiven Verdrängung: Diese hängt zum einen

---

106 »Das Wissen und Bewusstsein um die Stromversorgung ist sehr gering. Es gibt die beiden ›Enden‹ Produktion und Verbrauch. Die dazwischen liegenden Netzwerke bilden eine Leere in der Wahrnehmung.« (Stiftung Risiko-Dialog 2007, S. 22; s. a. Palm 2009)

107 In den persönlichen Berichten zum »Schneechaos« im Münsterland 2005 mit der Folge eines Stromausfalls von bis zu fünf Tagen kommt dieser Fatalismus ebenfalls zum Tragen: »Die nächste Katastrophe wird uns wieder völlig überraschend und in ganzer Form treffen.« (Cantauw/Loy 2009, S 119 u. 184); allerdings auch gegenteilige Reaktionen: »Wollen wir hoffen, dass so was nicht wieder passiert, aber das Thema ›Notstromversorgung‹ wird noch zu diskutieren sein.«

damit zusammen, dass man sich die Abhängigkeit und Ohnmacht nicht eingestehen darf, zum anderen damit, dass Strom in seiner Reinform gefährlich ist und daher kultiviert werden muss. Die Verbraucher befinden sich zu ihren Energieversorgern in einer fast schon kindlich zu nennenden Abhängigkeit, die sie sich nicht eingestehen wollen.[108] Daneben ist für Stromversorgung und -nutzung charakteristisch, dass sie allenfalls selten direkt erfahrbar ist, »sondern nur mittels der Geräte, die Strom verbrauchen, wobei die Tatsache der Stromverwendung im Moment des Gebrauchs unbewusst bleibt und erst im Moment eines Stromausfalls bzw. Stromunfalls bewusst wird«.

In PC, Handy oder TV-Geräten manifestiert sich die Bedeutung von Strom als »konstituierende(r) Betriebsenergie für Alltag und Alltagskultur« (Vierboom/ Härlen 2009, S. 8). Durch die über Strom betriebenen Geräte fühlt man sich nicht allein und ist gleichsam ständig vernetzt mit dem »Strom« der Gesellschaft. Beispiele hierfür sind die ständige Erreichbarkeit via E-Mail, Telefon und Handy, das Chatten im Internet oder die bewegten Bilder auf großformatigen Bildschirmen. In einer Untersuchung der Stiftung Risiko-Dialog hat sich ergeben, dass der Ausfall der Kommunikation »mit außen« eine zentrale Vorstellung der befragten Bürger zu den Folgen des Stromausfalls ist: »Für viele Personen stellen Strom und die damit betriebenen Technologien (Fernseher, Radio, Telefonie, Internetkommunikation) eine Verbindung zur Außenwelt dar. Wenn diese gekappt wird, fühlt man sich abgeschnitten und isoliert. Man ist weder informiert, was passiert ist und was getan wird, noch könnte man bei Bedarf Hilfe holen. Dieses ›Nicht-Kommunizieren-Können‹ führt zu Ungewissheit, die stark verunsichert.« (Stiftung Risiko-Dialog 2007, S. 16) Fehlende Kommunikationsmöglichkeiten per Telefon, Handy, Internet und Rundfunk sind auch eines der dominanten Themen in den über 40 Erlebnisberichten zum Stromausfall im Münsterland 2005, die die Volkskundliche Kommission für Westfalen gesammelt hat. Die dadurch ausgelöste Verunsicherung wird vielfältig belegt (Cantauw/Loy 2009).

Vierboom und Härlen vertreten die These, dass die zunehmende Technik- und Medienprägung des Handelns mit einer abnehmenden Ichstärke[109] großer Teile unserer Gesellschaft einhergehe. Somit komme ein Stromausfall, je nach Dauer und individueller Konstitution des Stromverwenders, »einer Gefährdung der eigenen Identität gleich« (Vierboom/Härlen 2009, S. 8). Die Abhängigkeit von etwas Fremden wird unvermittelt spürbar. »Das mediale Korsett, das uns durch das Leben trägt und durch Strom gespeist wird, entfällt. Man ist ab dem nächsten Moment auf einfache, archaische und leibnahe Formen des Alltagsvollzuges

---

108 Im Rahmen einer Befragung der Bevölkerung zu ihren Erfahrungen und Einschätzungen bezüglich des Stromausfalls in London 2003 gaben 55 % der Befragten an, über eine mögliche Wiederholung eines solchen Ereignisses nicht besorgt zu sein (Brayley et al. 2005, S. 3).
109 Ichstärke bedeutet hier vor allem eine (relativ) geringe Abhängigkeit von Umweltbedingungen.

angewiesen.« (Vierboom/Härlen 2009, S. 9) Wie die massenmediale Vermittlung das eigene Erleben – mitten in der Katastrophe – mit Bedeutung auflädt, kommt auch im folgenden Zitat zum Ausdruck: »Im Fernsehen wurde dann das ganze Ausmaß der Katastrophe sichtbar.« (Cantauw/Loy 2009)

Die sozialen Folgen eines Stromausfalls kommen einem »Kulturausfall« gleich: Traditionell eingeübte Erlebens- und Verhaltensmuster sind infrage gestellt; bisherige Ordnungsprinzipien strukturieren und orientieren nicht mehr. Wichtig dabei ist, in Rechnung zu stellen, dass »Ordnung« *als Prinzip* nicht aufhört zu existieren, was aber verschwindet, sind »bisher bestehende samt ihrer eingeübten Binde- und Durchsetzungskräfte« (Dombrowsky et al. 2009, S. 262). Im Unterschied zu anderen Katastrophen (wie einer Pandemie) hat der Stromausfall zudem eine einzigartige Zeitstruktur: Er tritt plötzlich, ohne jede Vorwarnung ein, *und* seine Dauer ist vollständig ungewiss. Beides erschwert den Umgang mit dieser Situation.

Fällt der Strom nur *kurzzeitig* aus, sind eine Auseinandersetzung mit dem wiederkehrenden »Verdrängten«, eine Bewusstwerdung von Abhängigkeiten, eine Aktivierung des eigenen Selbst nicht erforderlich.[110] Paradoxerweise wirkt die Kurzfristigkeit wie ein Beweis von letztlich doch funktionierender Versorgungssicherheit.

Dagegen könnte bereits ein *mehrstündiger oder ein bis zwei* Tage dauernder Stromausfall Abhängigkeiten und Konsequenzen eines Ausfalls bewusster machen (zum Folgenden Vierboom/Härlen 2009, S. 11):

> Die unhinterfragte Erwartungsstabilität bezüglich bisher funktionierender Versorgung ist außer Kraft gesetzt. Spätestens dann, wenn man das Radio oder das Fernsehgerät einschaltet oder im Festnetz telefonieren will und feststellt, dass diese Geräte ohne Strom nicht funktionieren, bekommt man eine Ahnung davon, dass nun weite Bereiche des gewohnten Alltagsbetriebs brach liegen. Insbesondere vermisst man Informationen (beispielsweise zur erwartbaren Dauer) (Palm 2009).

> Das plötzliche Verstummen und Stummbleiben der Medien- und Kommunikationstechnik (Radio, TV, PC, Mobilfunksysteme), der Haushaltsgeräte (Kaffeemaschine, Herd, Spülmaschine, Kühlschrank und Kühltruhe), der Geräte zur Körperpflege (Rasierer, Fön) und der Haustechnik (Heizanlage, Alarmanlage, Lichtversorgung, Türklingel, elektrisch betriebene Rollläden) verdeutlicht unmittelbar, dass die moderne Lebenswelt in umfassendem Sinne medial vermittelt ist, dass der »Strom des Alltags« auch einer der Geräusche

---

110 In einer Befragung holländischer Bürger zu einem Stromausfall 2007 gaben 40 % an, ihren Alltag normal weitergeführt zu haben, etwa ein Viertel versuchte, Informationen zu bekommen. Niemand gab an, in Panik geraten zu sein (Helsloot/Beerens 2009, S. 66).

ist. Es wird aber auch erfahrbar, dass nur noch wenige Alltagsverrichtungen wirklich manuell bewerkstelligt werden können.
> Die gewohnte Strukturierung des Alltags beizubehalten ist ohne Strom nur schwer möglich. Selbstverständlich genutzte Funktionen entfallen: Das Garagentor öffnet sich nicht mehr, Tauwasser läuft aus der Kühltruhe, Überwachungskameras fallen aus, gerätebasiertes Heizen, Kochen und Kühlen entfallen.
> Manche halten die plötzliche Erfahrung von Abhängigkeit und den in seiner Dauer ungewissen Zwang zur umfassenden Neuorientierung nicht lange aus. Dies findet in mehr oder weniger aggressiven, körpernahen Spielarten der »Entregelung« durch Alkoholkonsum und Gewalttätigkeiten sowie archaische Formen der Gruppenbildung durch Zusammenrottungen seinen Ausdruck.
> Die Erfahrung des Auseinanderfallens der Alltagsorganisation führt aber auch zu Prozessen und Strukturbildungen, in denen sozialer Zusammenhalt zwischen engeren Bezugspersonen oder familiäre Bindungen[111] gesucht und gefunden wurde. Man versucht, die Familie zusammenzubringen und zusammenzuhalten. Ist es erforderlich, die gewohnte Umgebung zu verlassen, tut man dies nur zusammen mit den Angehörigen.
> Die Erfahrungen eines zeitlich begrenzten Stromausfalls sind auch ambivalent: Man ist nicht nur verunsichert und irritiert, sondern auch fasziniert (Vierboom/Härlen 2009, S. 12 u. 13).

Im Zuge eines viele Tage oder Wochen dauernden Stromausfalls ist einerseits damit zu rechnen, dass – vermittelt durch Stress, Emotionen, Affekte, kognitive Blockaden – der Prozess der Zivilisierung »rückwärts läuft« (Dombrowsky et al. 2009, S. 257). Manche Individuen und Gruppen werden rücksichtsloser, aggressiver und gewaltbereiter, fallen also in diesem Sinn hinter die etablierten Normen gesellschaftlicher Interaktion zurück.[112] Andererseits werden auch Reaktions- und Verhaltensformen zutage treten, die es Menschen ermöglichen, sich selbst von extremen Lagen und Ereignissen so zu »distanzieren«, dass potenziell aggressive, panische oder apathische Reaktionen ausbleiben oder durch die Betroffenen überwunden werden. Werden Selbstbeherrschung, Kooperation, Empathie und Hilfsbereitschaft manifest, »gewinnen die Betroffenen ihre Souveränität zurück und es entsteht ein Gefühl für die Bewältigbarkeit des Überwältigenden« (Dombrowsky et al. 2009, S. 263; s. a. Schutzkommission 2006, S. 45).

---

111 Die Rolle der Familie bzw. des sozialen Netzwerks, das sie repräsentiert, ist in der Katastrophenforschung zumeist positiv beschrieben worden, auch im Sinne eines positiven Beitrags zu »disaster preparedness« (dazu Kirschenbaum 2006). Dies ist auch der Tenor der Erlebnisberichte bei Cantauw/Loy (2009).
112 Ende der 1930er Jahre hat der Soziologe Norbert Elias seine Untersuchungen zum »Prozess der Zivilisation« vorgelegt (Elias 1989). Darin rekonstruiert er, wie sich seit dem Mittelalter zunehmend eine Zivilisierung menschlichen Verhaltens einstellt. Die Menschen lernen, ihre Affekte zu zügeln, sie bedenken die Folgen ihres Tuns, die Gewaltbereitschaft sinkt (ohne je ganz zu verschwinden), Essen, Trinken und der Umgang miteinander werden nach und nach weniger ungehemmt und roh.

Alle Maßnahmen der Behörden und Hilfsorganisationen, jedwede technische Unterstützung und Hilfeleistung ebenso wie menschliche Zuwendung müssen letztlich darauf abzielen, durch Linderung materieller Mangellagen und psychischer Bedrängnis, den Menschen diese Überzeugung zu ermöglichen. Damit wäre auch ein Beitrag geleistet, das »soziale Kapital« in der Gesellschaft (Murphy 2007), d. h., das Hilfepotenzial nichtprofessioneller Helfer zu aktivieren.

THESEN ZU DEN VERHALTENSBEZOGENEN FOLGEN EINES LANGANDAUERNDEN STROMAUSFALLS 3.2

Im Folgenden werden mögliche Erlebnis- und Verhaltensformen unter den Bedingungen eines länger andauernden Stromausfalls[113] in thesenartiger und zugespitzter Form erörtert. Die Ausführungen folgen dabei weitgehend dem Gutachten von Vierboom/Härlen (2009, S. 15 ff.) und stellen dessen Thesen zur Diskussion.

Eine erste Dimension des langandauernden Stromausfall ist die manifeste Gefährdung des gewohnten »Alltagsbetriebs«. »Leibnahe« Handlungen wie Kochen, Essen und Körperpflege geraten ebenso aus dem Tritt wie die Kulturtechniken der Kommunikation. Unter den Bedingungen des Stromausfalls müssen solche Handlungen neu bedacht und geübt werden. Face-to-Face-Kommunikation beispielsweise wird zum Substitut technisch vermittelter Kommunikation und erhält einen neuen Stellenwert. Die Suche nach und die Vermittlung von Neuigkeiten und Informationen manifestiert sich in Gerüchten, die unter den obwaltenden Bedingungen als »intensivierte Informationssuche« Geltung bekommen (Turner 1994). Weiterhin können durch Zivilisation und Recht hervorgebrachte und gewährleistete Grenzen fragwürdig und gefährdet werden: »Entgrenzungen brechen sich Bahn; Beispiele dafür sind etwa Gewalttätigkeiten, Alkoholkonsum, Sexualisierungen, Raubzüge, Zusammenrottungen, Bandenbildung. Die Macht der Entdifferenzierung aber erstreckt sich auch in subtilere Bereiche hinein: Haus und Wohnung reduzieren sich ›abnehmend‹ auf einen Raum, Schulunterricht fällt aus bzw. wird mit ›bordeigenen Mitteln‹ durchgehalten, körperliche Distanzen werden aufgehoben, Schamgrenzen fallen, Hygienestandards sind nicht mehr aufrechtzuerhalten, besondere Könnensformen und berufliche Fähigkeiten sind nicht mehr gefragt, Geschmacksvorlieben und Extravaganzen werden zurückgewiesen usw. Die erlebte Entgrenzung wird verstärkt durch die Tatsache, dass der Stromausfall die Betroffenen unvorbereitet und unter der Bedingung der zeitlichen Unbestimmtheit trifft. Somit gerät das Zeiterleben selbst in eine Entdifferenzierung.« (Vierboom/Härlen 2009, S. 16)

---

113 Ungerer/Morgenroth (2001, S. 112) bezeichnen das Verhalten von Menschen in einer Bedrohungssituation als »Offenbarungsdokumentation der emotional-affektiven, kognitiven und ethisch-moralischen Dispositionen« des Menschen.

3. VERHALTENSBEZOGENE FOLGEN EINES STROMAUSFALLS

Ohnmachtsgefühle entstehen trotz Anstrengungen, Ordnung aufrechtzuerhalten, trotz Hoffnung, der Stromausfall könne nicht ewig dauern. Es erfolgen »Erklärungsversuche, Beruhigungsversuche, Durchhalteparolen, Einholen von Informationen, Kontaktaufnahme, Aufstellen von Organisationsplänen und Rollenverteilungen für Besorgung von Lebensmitteln, Kochen, Essen, Körperpflege«. Es bleibt aber die Erkenntnis, dass man den Bedingungen und Folgen eines länger dauernden Stromausfalls nahezu ohnmächtig ausgesetzt ist (Vierboom/Härlen 2009, S. 16 f.). Dennoch ist der Mensch als hilfloses Opfer von Katastrophen eine irreführende Vorstellung – alleine schon deshalb, weil die Erfahrungen mit Katastrophen gezeigt haben, dass mehr Menschen durch nichtprofessionelle Helfer als durch Mitglieder der Hilfsorganisationen gerettet werden.

Die daraus resultierenden Folgen für das Spannungserleben der Menschen und ihre Bewältigungsformen sind keinesfalls homogen: »Einerseits werden durch aufgelassene Ordnungen und durch das Aussetzen gewohnter Funktionen und Verrichtungen Energien freigesetzt, die ungebunden flottieren und in Ängste und psychotische Reaktionen umschlagen können. Andererseits treten an die Stelle der gewohnten Einheiten neue Einheitsbildungen und Ausrichtungen, z. B. in Form umständlicher und langwieriger, viele Energien bindender Prozesse der Nahrungsbeschaffung.« Die auf einen funktionierenden Alltag zielende Neubildung von Ordnung ist eher anspruchslos – »man ist froh, wenn überhaupt etwas wieder zu funktionieren beginnt« (Vierboom/Härlen 2009, S. 17).

Die angesprochenen Prozesse der Entgrenzung intensivieren sich im Zuge der Entfaltung der Katastrophe über die Zeit: »Zu Beginn ist ein Stromausfall allenfalls lästig, unbequem, für manche vielleicht beunruhigend, für andere unterhaltsam und wohltuend irritierend. Dann aber beginnt die öffentliche Ordnung zusammenzubrechen.« Trinkwassermangel, Nahrungsknappheit, aggressive Auseinandersetzungen, gehäufte Todesfälle in Krankenhäusern und Altenheimen sind Zeichen der scheiternden Bemühungen um Bewältigung und Hilfe. Die Potenzierung solcher Umstände »wirkt wie ein Strudel, in den alles mitgerissen wird. Im Zustand extremer Entdifferenzierung eröffnet sich ein großflächiges Konglomerat von Katastrophen, die mit Todesgefahren drohen und die erhöhte Schutzaufwände und Aufrüstungsbemühungen provozieren.« (Vierboom/Härlen 2009, S. 17)

Die bisherigen Überlegungen sollen abschließend zu hypothetisch beschriebenen Bewältigungsstrategien und Verhaltensweisen verdichtet werden, wie sie im Verlauf eines länger dauernden Stromausfalls auftreten könnten. Diese Typisierung dient der Aggregation einer großen Vielfalt an Verhaltensformen,[114] die auf interpersonelle und intrapersonelle Unterschiede hinweist. Strukturiert wird die

---

[114] In der Notfallpsychologie wird diese Tatsache auf ein Set unterschiedlicher biologischer, soziokultureller und psychologischer Faktoren zurückgeführt (Lasogga/Gasch 2008). Seitens der (empirisch gestützten) Katastrophenforschung wird dies bestätigt.

Darstellung entlang der Dimensionen angepasstes versus abweichendes Verhalten jeweils in Kombination mit Ichstärke und Ichschwäche (nach Vierboom/ Härlen 2009, S. 17 ff.).[115]

ICHSTÄRKE IN KOMBINATION MIT ANGEPASSTEM VERHALTEN

Dieser Typus des Verhaltens ist vom selbstgesetzten Ziel geprägt, die eingetretene Unordnung durch eine neugestaltete, aber an tradierten Regeln orientierte Ordnung zu ersetzen. Dabei ist ihnen der Schutz von Familienangehörigen oder Schutzempfohlenen wie Partner, Freunde, nahe Bekannte ein besonderes Anliegen und motiviert sie.

> *Festhalten an Kultur* bezeichnet den Typus, der auch in der Katastrophe Haltung bewahrt, Verantwortung übernimmt (Wallenius 2001, S. 158) sich nicht gehen lässt und seine Zielvorstellungen konsequent verfolgt. Hierunter fallen etwa Menschen, die durch Ichstärke und lebensbejahende Haltung auch ausweglos scheinende Situationen überlebt haben.
> *Bewahrung der Ordnung und aktive Bewältigung der Katastrophe* ist die Richtschnur für das Verhalten von Personen, die versuchen, Ruhe und Übersicht zu bewahren sowie aktiv zu handeln. Ihnen ist ein großes Maß an Kontrollüberzeugung zu eigen. Dieses könnte sich darin manifestieren, dass sie verantwortlich und überlegt Führungsaufgaben übernehmen. Auch eine Ausprägung als selbsternannter »Ordnungshüter« – eine eher problematische Rolle – wäre möglich (Vierboom/Härlen 2009, S. 19).
> Als *rustikales Survival* bezeichnen Vierboom und Härlen (2009, S. 20) eine ichstarke Sonderform. Hierunter fallen Individualisten, die eine Zeit lang ohne zivilisatorisches Umfeld zurechtkommen können, wie Personen mit Pfadfinder- und Campingerfahrung, Einzelkämpferausbildung, Survivaltraining sowie vielfältiger technischer Ausrüstungen und ihrer geübten Handhabung.

ICHSTÄRKE IN KOMBINATION MIT ABWEICHENDEM VERHALTEN

Bewältigungsstrategien aus dem kriminell-devianten Formenkreis sind ebenfalls zielgerichtet, jedoch durch abweichendes Verhalten geprägt, das den Gefährdungszustand der öffentlichen Ordnung für aggressive Handlungen und kriminelle Aktivitäten ausnutzt:

> *Subversion*: Bei dieser Bewältigungsform ist die Abweichung von den gesellschaftlich anerkannten Normen am stärksten. Hierzu zählen Formen der Sabo-

---

115 Angepasstes Verhalten soll bedeuten, an den Regeln der Moral, des Rechts und der öffentlichen Ordnung orientiertes Verhalten; abweichendes Verhalten verletzt diese Maßstäbe. Ichstärke bezeichnet eine relativ geringe Abhängigkeit von Umfeldbedingungen aufgrund kontinuierlicher Charakterentwicklung; Ichschwäche bezeichnet »Halt- und Strukturschwäche« und relativ große Abhängigkeit von den Bedingungen der Umgebung.

tage, organisierter und schwerer Landfriedensbruch, Terrorismus. Planvolles Vorgehen mit dem Ziel, die vorhandene Gesellschaftsordnung zu untergraben, macht diese Form gefährlich.

> *Intelligente Formen der Kriminalität* nutzen die Situation des Stromausfalls aus, z. B. in Form gezielter Einbrüche etwa in Banken oder Geschäfte.
> *Gelegenheitskriminalität* nutzt ebenfalls die Umstände, jedoch weniger planvoll (Taschendiebstahl, Ausrauben von Kiosken).

ICHSCHWÄCHE IN KOMBINATION MIT ANGEPASSTEM VERHALTEN

Hilflosigkeit kann ausgelöst werden durch den Eindruck, man habe keinen Einfluss auf die Geschehnisse. Hilflosigkeit, die Führung durch andere braucht, kann eine Bewältigungsform sein.

> *Überforderung und Passivität*: Viele Menschen sind von den Folgen eines umfassenden Stromausfalls überfordert. Sie wissen sich nicht zu helfen, neigen zu panikartigen Reaktionen[116] oder ziehen sich passiv zurück (»freezing«). Bei ausgeprägtem Leidensbewusstsein haben sie zugleich einen starken Führungsbedarf. Auch orientieren sie sich stark an anderen und verhalten sich so wie diese (»passive following«) (Wallenius 2001, S. 163).
> *Apathie und Depression*: Stress und Überforderung können in mehr oder weniger starke Formen der Traumatisierung münden. Die Traumatisierten haben gleichsam »zu tief in den Abgrund geschaut«. Sie sind ohne Antrieb und neigen zur Selbstaufgabe.[117]

ICHSCHWÄCHE IN KOMBINATION MIT ABWEICHENDEM VERHALTEN

Umgangsformen, die durch destruktiv-aggressive Verhaltensweisen gekennzeichnet sind und ins Psychotische hineinspielen, gehen meist mit Ichschwäche einher. Auch sie sind eine Form der Bewältigung einer Situation, in der es nur noch wenig Halt gibt.

> *Plünderungen, Vandalismus*: Gruppen wie Hooligans oder sogenannte Autonome lassen sich vom Chaos treiben und treiben das Chaos weiter (Vierboom/Härlen 2009, S. 21). Spontane Zusammenrottungen, Plünderungen und Unruhen sind Ausdruck und Folge einer ungeordneten und unsicheren Situation.
> *Sexuell-aggressive Bemächtigung*: Formen sexuell-aggressiver Verhaltensweisen, die vor allem dann auftreten, wenn das »Korsett« der Kultivierung nicht mehr hält, sind aus Extremsituationen wie Krieg und Katastrophen als »Kulturausfälle« bekannt.

---

116 Insbesondere in der amerikanischen Literatur wird sehr stark betont, dass Panikreaktionen eher selten auftreten (»Panikmythos«).
117 Ungerer/Morgenroth (2001, S. 121) sprechen von »mentalem Fremdgehen«, wenn keine Auseinandersetzung mit der Gefahrensituation erfolgt.

> Auch *psychotische Auflösungszustände* dürften bei länger dauerndem Ausfall der Stromversorgung auftreten. Sie spiegeln in gesteigerter Form einen allgemeinen Zustand der Unsicherheit großer Teile der Bevölkerung.

Abbildung 24 fasst die vorausgegangen Ausführungen zusammen.

ABB. 24 VIER IDEALTYPISCHE VERHALTENSFORMEN

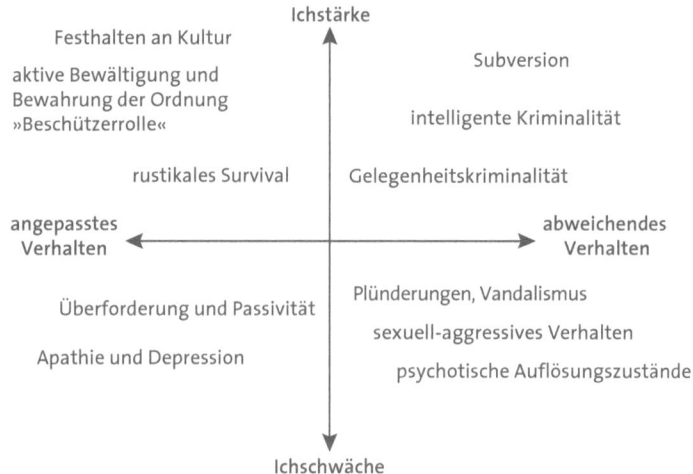

Quelle: nach Vierboom/Härlen 2009, S. 19

Die vorangegangenen Ausführungen haben – thesenhaft zugespitzt – vier idealtypische Verhaltenscluster beschrieben. Als übergreifende These lässt sich formulieren, dass die beschriebenen Formen abweichenden Verhaltens wahrscheinlich nur bei einem geringen Teil der Bevölkerung zu finden sein werden. Die Formen angepassten Verhaltens (ichschwache wie ichstarke Formen) werden die Mehrzahl der Bewältigungsstrategien ausmachen (Vierboom/Härlen 2009, S. 21). Sogenannte soziale Ressourcen, also die Möglichkeit der Unterstützung durch eine oder mehrere Personen in emotionaler Hinsicht, dürfte erheblich dazu beitragen, einzelne kritische Situationen und den dauerhaften Stress zu bewältigen (Lasogga/Gasch 2008, S. 144). Diese Vermutung lässt sich durch Ergebnisse der Katastrophenforschung stützen. Diese lassen es plausibel erscheinen, dass weitverbreitete Annahmen zum Verhalten von Menschen in gefährlichen Situationen – häufig auch durch Medien vermittelt – nicht pauschal zutreffen (Dombrowsky/Schuh 2008). Beispielsweise meint Quarantelli (1985, S. 8 ff.), dass die Erfahrungen zeigen, dass individuelles Verhalten und Handeln in Katastrophen nicht vorwiegend als panisch, unsozial und passiv gekennzeichnet werden können. Die Wirklichkeit zeige vielmehr ein anderes Bild: Relativ kontrolliertes (was eine rationale Entscheidung zur Flucht einschließt), uneigennütziges, helfendes und aktives Handeln seien weitaus typischer und häufiger als panisches und asoziales Handeln (s.a. Wallenius 2001, S.158; Nye 2010). In vielen Fallstudien zu Gefahrenlagen wie Erdbeben, Bränden in U-Bahnen oder Schiffskatastrophen (z.B. Cornwell et al. 2001) wird betont, wie ausgeprägt die Bereitschaft zu helfen selbst unter kritischen Randbedingungen gewesen sei. Einzelne vorliegende Berichte belegen dies auch für Stromausfälle (z.B. Nye 2010 für New York; s.a. Murphy 2007, Yuill 2004).

Ein solches Verhalten muss aber nicht zwangsläufig in Selbstaufgabe und Vernachlässigung des eigenen Schutzes und eigener Interessen führen. Eine Phase des Helfens kann deshalb mehr oder weniger abrupt in eine Phase ausschließlich egoistischen Handelns übergehen, wenn die Umstände und das Geschehen für die Helfer lebensbedrohlich werden (Wallenius 2001, S.182).

Die zuvor vorgestellten Überlegungen und Hypothesen müssten ohne Zweifel überprüft und fortentwickelt werden, will man – besser fundiert – die Psychodynamik des Umgangs von Menschen mit einer sich schrittweise entfaltenden Katastrophe angemessen verstehen.

INFORMATIONS- UND FORSCHUNGSBEDARF 3.3

Einstellungen und Verhalten von *Gruppen und Individuen* in Katastrophen sind ein noch nicht ausreichend erschlossener Untersuchungsgegenstand. Zugleich existiert hierzu aber eine Reihe von Annahmen – insbesondere zu erwartbarem unsozialem, apathischem oder panikartigem Verhalten der Bevölkerung (»Panikmythos«) –, die einer Überprüfung wahrscheinlich nicht standhalten dürften. Auch für den Katastrophentyp Stromausfall wäre deshalb weitere Aufklärung erforderlich, die auf den wenigen vorliegenden Berichten und Analysen zu Stromausfällen in Amerika und Europa aufbauen könnten (z.B. Nye 2010).

Ein Ansatz könnten psychologische Vertiefungsstudien sein (Vierboom/Härlen 2009, S.24 ff.). Hierzu könnten Intensivbefragungen auf der Basis der vorgestellten Thesen mit drei Gruppen durchgeführt werden:

> Betroffene, die bereits einen mehrtägigen Stromausfall erlebt haben (z.B. aus der Region Münsterland oder aus den Niederlanden),
> Bevölkerung ohne Erfahrung mit einem großräumigen Ausfall der Stromversorgung sowie
> Personen aus dem Katastrophenmanagement (Leitungspersonen, Einsatzkräfte vor Ort) mit und ohne Erfahrung eines (längeren) Stromausfalls.

Mit einem solchen Untersuchungsansatz – aber auch andere Methoden kämen infrage – könnte am Beispiel Stromausfall ein Beitrag zur Analyse des in der Katastrophenforschung wenig thematisierten menschlichen Bedrohungs- und Fehlverhaltens und seiner Ursachen (Ungerer/Morgenroth 2001, S. 272) geleistet werden. Es könnte aber auch untersucht werden, ob und unter welchen Umständen der bei Katastrophen häufig erkennbare Altruismus, die Bereitschaft, anderen zu helfen, gestärkt werden könnten, auch um die Aktivitäten der professionellen Helfer zu unterstützen (Murphy 2007).

Die Mitglieder der verschiedenen *Hilfsorganisationen und Unterstützungskräfte* werden die Folgen des Stromausfalls als ein Kontinuum extremen Stresses erleben. Die Widrigkeiten der Umstände, der Zwang, unter Ungewissheit schnell entscheiden zu müssen, die Vielzahl von Hilfeanforderungen, die Erfahrung von Hilflosigkeit, der Ausfall von Kommunikationsstrukturen bewirken hohe körperliche und psychische Belastungen. Erfahrungen legen die Einsicht nahe, dass Probleme aber weniger bei Engagement und Loyalität der Hilfeleistenden zu erwarten sind (z. B. Dynes 1990). Vielmehr ist zu vermuten, dass vor allem unterschiedliche Organisationskulturen[118] fehlerhaftes Gefahrenverhalten verursachen sowie einer effizienten Kommunikation und Zusammenarbeit in und zwischen den Einsatzkräften im Weg stehen könnten (Drabek/McEntire 2002; s. a. Drabek 2010; Lasogga/Gasch 2008, S. 403 ff.). Bei größeren Notfällen, bei denen es zu einem Zusammentreffen und zur Zusammenarbeit so unterschiedlicher Gruppen wie Polizei, Feuerwehr, den Rettungsorganisationen, dem THW und den psychosozialen Nothelfern kommt, können deshalb auch Konflikte zwischen den Helfern entstehen (Lasogga/Gasch 2008, S. 142).

Vorurteile und Kommunikationsbarrieren treten insbesondere dann zutage, wenn sich Einsatzkräfte nicht kennen. Umgekehrt sprechen viele Indizien dafür, dass Blockaden reduziert werden können, wenn die Beteiligten durch lokale Nähe, gemeinsame Übungen oder Einsatzerfahrungen ein besseres gegenseitiges Verständnis von den jeweiligen Aufgaben und Rollen gewinnen. Auch hinsichtlich dieser Aspekte wären Bemühungen der Forschung angezeigt: Welches fördernde und hemmende Faktoren der Kommunikation sind, sollte durch verstärkte sozialwissenschaftliche und interdisziplinäre Analysen weiter erhellt werden.

---

118 Dazu gehören unterschiedliche Ziele, Konzepte, Sprachen, Hierarchien und Führungsstile.

VERLETZBARKEIT, BEWÄLTIGUNGSOPTIONEN UND HANDLUNGSBEDARF – SCHLUSSFOLGERUNGEN IV.

Im vorstehenden Kapitel II wurden das deutsche System des Krisenmanagements sowie daran anschließend in Kapitel III für sieben ausgewählte Sektoren die Folgen eines Stromausfalls beschrieben (Kap. III.2.2). In diesem Kapitel soll nun ein Fazit gezogen werden. Dazu werden die Ausführungen zu den jeweiligen Sektorenanalysen zu einer Beurteilung ihrer Verletzbarkeit sowie der Möglichkeiten und Grenzen der Katastrophenbewältigung zusammengeführt (Kap. IV.1 bis IV.7). Im Anschluss an diese sektorspezifischen Betrachtungen gilt das weitere Fazit einigen sektorübergreifenden Schlussfolgerungen (Kap. IV.8 bis IV.13). Zudem erfolgen jeweils Ausführungen zu Informations- und Forschungsbedarf sowie möglichen Handlungsperspektiven.

INFORMATIONSTECHNIK UND TELEKOMMUNIKATION 1.

Der Sektor »Informationstechnik und Telekommunikation« (IT/TK) wird durch einen Stromausfall massiv beeinträchtigt. Bereits nach kurzer Zeit sind Festnetz- und Mobiltelefonie, die Nutzung des Internets sowie zum Teil auch der Rundfunkempfang nicht mehr möglich. Auch satellitengestützte Telefone können nur so lange betrieben werden, wie der Energiespeicher der Endgeräte reicht. Lediglich an den Rändern des vom Stromausfall betroffenen Gebiets ist eine Einwahl in die Mobilfunknetze noch möglich. Bereits in den ersten Tagen zeigt sich, dass das für einen Katastrophenfall vorgesehene und gesetzlich geforderte Mindestangebot an Telekommunikationsleistungen durch die TK-Anbieter nicht erbracht werden kann. Die für zentrale Kommunikationseinrichtungen vorgehaltenen Reservekapazitäten wie USV und NSA sind nach wenigen Stunden oder Tagen erschöpft bzw. aufgrund ausgefallener Endgeräte wirkungslos.

VERLETZBARKEIT UND BEWÄLTIGUNGSKAPAZITÄTEN

Zwar können in den verschiedenen Teilsektoren einzelne Infrastrukturelemente (z. B. Endgeräte, Netze, Vermittlungsstellen) eine gewisse Zeit überbrücken. Diese sind jedoch nicht aufeinander abgestimmt, sodass die Durchhaltefähigkeit einer Infrastruktur vom jeweils schwächsten Glied bestimmt wird:

> Im Bereich der *Festnetztelefonie* sind Fernvermittlungsstellen mit Notstromkapazitäten bis zu einigen Tagen ausgestattet, die jedoch aufgrund des Ausfalls untergeordneter Vermittlungsstellen und der Endgeräte wirkungslos bleiben.
> Demgegenüber könnten die Endgeräte des *Mobilfunks* durch entsprechende Nutzung über mehrere Tage bis zu einigen Wochen eingesetzt werden und

auch die zentralen Vermittlungsstellen wären für einige Tage betriebsfähig. Als Schwachpunkt dieser Infrastruktur erweisen sich die Basisstationen, die – bedingt durch das erhöhte Gesprächsaufkommen – nur wenige Minuten bis Stunden weiterarbeiten können.

> Deutlich robuster ist die *Satellitentelefonie*, die je nach Kapazität und Nutzung der Endgeräte eine Kommunikation für Stunden bis Tage erlaubt. Allerdings ist die Verbreitung von Satellitentelefonen eher gering und damit für die Aufrechterhaltung der allgemeinen Kommunikation von geringer Bedeutung.
> Das *Internet* wird über das gut abgesicherte Fernübertragungsnetz betrieben. Eine Einwahl ist aber aufgrund der strombasierten End- und Zugangsgeräte nur bedingt und höchstens für kurze Zeit möglich, wenn mobile Computer oder Smartphones funktionierende Ortsvermittlungsstellen bzw. Basisstationen anwählen können.
> Die Sendeanstalten des *Rundfunks* haben aufgrund ihres gesetzlichen Versorgungsauftrags für Notfallkommunikation und -information vorgesorgt und können über mehrere Tage weiterarbeiten. Jedoch fallen Fernsehgeräte sofort aus, sodass das (batteriebetriebene) Radio als Empfangsgerät verbleibt. Diese sind millionenfach vorhanden und können prinzipiell Stunden bis Wochen (z. B. Autoradio) empfangsbereit bleiben.
> *Printmedien* sind trotz vorhandener NSA in den Druckereien aufgrund der logistischen Herausforderungen und der Einschränkungen der redaktionellen Arbeit nur sehr begrenzt für Informations- und Kommunikationszwecke einsetzbar.

Damit entfällt innerhalb sehr kurzer Zeit für die Bevölkerung die Möglichkeit zur aktiven und dialogischen Kommunikation. Die Netzwerkstruktur von vielen mit Strom betriebenen Netzwerkknoten, Vermittlungsstellen und Funkantennen der Festnetz- und Mobiltelefonie sowie des Internets macht ihre flächendeckende Wiederinbetriebnahme praktisch unmöglich, da Tausende von Batteriespeichern bzw. Treibstofftanks versorgt werden müssten. Allenfalls an den Rändern des vom Stromausfall betroffenen Gebiets ist eine teilweise Reaktivierung einzelner Infrastrukturelemente denkbar. Darüber hinaus betrifft der Ausfall der Kommunikationsinfrastrukturen auch die Behörden und Einsatzkräfte, die verbleibende Möglichkeiten zur Kommunikation prioritär in Anspruch nehmen.

INFORMATIONSBEDARF UND HANDLUNGSPERSPEKTIVEN

Eine nachhaltige Absicherung der Kommunikationsnetze, die es ermöglicht, über Wochen ein umfassendes Angebot an Dienstleistungen für die Bevölkerung stabil zu halten, dürfte wirtschaftlich und technisch nicht zu realisieren sein. Konzepte, die im Fall eines längeren andauernden Stromausfalls zumindest ein definiertes minimales Versorgungsniveau bieten, sind soweit ersichtlich noch nicht entwickelt. Dazu wären auch umfassende und detaillierte Informationen über die vorhandenen Bewältigungskapazitäten bei Behörden und Privaten erforderlich. Für den Sektor fehlen insgesamt relevante Daten und konkrete Verletzbarkeitsanalysen. Es werden in den Kapiteln IV.9 und IV.10 einige Überlegungen zum weiteren Forschungsbedarf zur Diskussion gestellt.

TRANSPORT UND VERKEHR 2.

Im Sektor »Transport und Verkehr« fallen die strombasierten Elemente der Verkehrsträger Straße, Schiene, Luft und Wasser sofort oder nach wenigen Stunden aus. Erhebliche Einschränkungen der individuellen Mobilität sowie des Gütertransports und damit der Versorgung der Bevölkerung ergeben sich aus einer Vielzahl von Unfällen und Staus, liegengebliebenen Zügen und U-Bahnen, umzulenkenden Flügen sowie Lkw- und Güterstaus in Häfen. Ein Ausfall der Stromversorgung über einen langen Zeitraum – und damit eine weitgehende Blockade der Verkehrsträger und Verkehrsflüsse – hätte für Deutschland als Transitland, als Produktionsstandort und Exportnation bedrohliche Konsequenzen (BBK 2008a, S. 18).

VERLETZBARKEIT UND BEWÄLTIGUNGSKAPAZITÄTEN

Insbesondere in den ersten Stunden nach dem Stromausfall akkumulieren sich in den großen Städten sowie in Ballungsräumen die Probleme für die Behörden und Hilfsorganisationen. Brandbekämpfung, Notrettung, Einsätze zur Sicherstellung der Notstromversorgung sowie eine Vielzahl weiterer Aktivitäten der allgemeinen Schadensbewältigung sind massiv beeinträchtigt. Nahezu alle Tankstellen sind ausgefallen. Zudem wirken sich die zunehmenden Probleme im Bereich der Telefonie immer stärker aus. Darüber hinaus drohen erhebliche Engpässe bei der Versorgung der Bevölkerung, beispielsweise mit Lebensmitteln oder medizinischen Bedarfsgütern.

Dementsprechend sind die Behörden mit komplexen Herausforderungen konfrontiert. So muss vor Ort eine ausreichende Versorgung der Einsatzkräfte sowie der NSA von besonders sensiblen Komponenten der Kritischen Infrastrukturen (wie Leitstellen, BOS, Krankenhäuser) mit Treibstoff sichergestellt werden. Auch müssen durch Räumungen, Sperrungen und Fahrverbote wichtige Trassen für die Einsatzkräfte freigemacht und freigehalten werden. Schließlich gilt es, (über-)regionale) Transportachsen einzurichten sowie Transportkapazitäten bereitzustellen, um die Versorgung mit essenziellen Gütern zu ermöglichen.

Die Systeme der verschiedenen Verkehrsträger müssen zumindest so weit wieder ertüchtigt werden, dass die infrastrukturellen Voraussetzungen zur Erreichung der genannten Ziele gegeben sind. Dabei zeigen sich durchaus Unterschiede bei Resilienz und Bewältigungskapazitäten.

Im Teilsektor *Straße* müssen insbesondere in den großen Städten und dichtbesiedelten Gebieten Straßen und Schienenwege geräumt werden, damit die Einsatzkräfte mit ihren Fahrzeugen ihren Aufgaben nachkommen können. Mit Bussen wird versucht, einen rudimentären öffentlichen Personenverkehr zu sichern. Autobahnen und Fernstraßen lassen sich als Transportachsen nutzen. Innerhalb und außerhalb des vom Stromausfall betroffenen Gebiets können Lkw und Busse auf Grundlage des VerkLG für Versorgungs- und Evakuierungsmaßnahmen eingesetzt werden.

Im Teilsektor *Schiene* sind die verfügbaren Einsatzkräfte sowie das Bahnpersonal in den ersten Stunden im Großeinsatz, um U-Bahnen und liegengebliebene Personenzüge zu evakuieren sowie Bahnhöfe zur räumen und die betroffenen Menschen zu versorgen. Hierzu werden die Kapazitäten der Feuerwehr, des THW und der Polizei benötigt. Wenige Stunden nach Beginn des Stromausfalls können erste Diesselloks zur Bergung liegengebliebener Züge zum Einsatz gebracht werden. Beheizbare Weichenteile sind im Winter nicht mehr eisfrei zu halten und werden festgeschraubt. Stellwerke und Weichen müssen durch das Bahnpersonal manuell bedient werden. Wie hier ist auch in den Rangierbahnhöfen mit erhöhtem Personalbedarf zu rechnen.

Zeitdruck und widrige Umstände bedeuten eine große Belastung für die Helfer, aber auch für das Bahnpersonal in den Rangierbahnhöfen, Stellwerken und bei der Leit- und Sicherungstechnik. Insbesondere ist nach einigen Tagen bzw. ab der ersten Woche mit Stress- und Erschöpfungssymptomen zu rechnen. Die Koordination der Maßnahmen und der Einsatzkräfte ist aufgrund ausgefallener Kommunikationsstrukturen mit nahezu unlösbaren Schwierigkeiten konfrontiert.

Eine zentrale Bedeutung hat der Schienenverkehr für die Versorgung der Bevölkerung. Zentrale Eisenbahntrassen können nach Räumung der Gleise und dem Verschrauben von Weichen befahrbar gemacht und mit Dieselfahrzeugen bedient werden, sodass Güter und Personen im größerem Umfang transportiert werden können. Die zuständigen Behörden müssen im Verlauf des Stromausfalls zusammen mit den Bahnbetreibern über Strecken und Maßnahmen für einen Notbetrieb entscheiden.[119]

Im Sektor *Luft* erweisen sich die Flughäfen als relativ robust, da sie über eine aufwendige Notstromversorgung verfügen. Ein Teil der anstehenden Starts und Landungen kann noch abgewickelt werden; ein Teil der Flugbewegungen wird untersagt (EBP 2010, S. 22). Nachdem bekannt wird, dass es sich um einen langanhaltenden Stromausfall handelt, passen die Krisenstäbe ihre Pläne und Maßnahmen den neuen Rahmenbedingungen an. Flugsicherung und Fluggesellschaften lenken Flüge um und planen neu. Priorität geht es dann darum, alle noch war-

---
119 Die DB AG hat als »operatives Instrument und Organisationsmittel für die Krisen- und Arbeitsstäbe« das DB Lagezentrum eingerichtet (BBK 2008a, S. 122).

tenden Fluggäste zu versorgen, den Grundbetrieb aufrechtzuerhalten und die Sicherheit des Flughafens zu gewährleisten. Zudem wird geprüft, inwiefern Versorgungsflüge, ggf. als Sichtflug, möglich sind.

Die Beeinträchtigungen im Teilsektor *Wasser* kumulieren in den See- und Binnenhäfen, deren Betrieb nahezu vollständig zum Stillstand kommt. Die jeweiligen Hafenbehörden werden ihre Notfallpläne umsetzen und versuchen, in eigener Verantwortung den Hafenbetrieb zu reduzieren, Staus aufzulösen, Kontakt zu den Schiffen und den verantwortlichen Behörden aufzunehmen. Während des Stromausfalls wird die Polizei keine Sicherungsaufgaben für Hafenanlagen übernehmen können. Die Feuerwehr und das THW kommen ggf. zum Einsatz, beispielsweise um eine Stromversorgung mit mobilen Aggregaten aufzubauen, oder wenn es zu Gefahrenlagen im Zusammenhang mit gefährlichen Gütern kommt.

Sobald klar ist, dass es sich um einen langandauernden Stromausfall handelt, versucht man, den noch ankommenden oder geplanten Güterverkehr umzulenken und über Straße und Schiene abzuwickeln. Dies erfordert Absprachen zwischen den zuständigen Stellen und den Unternehmen, den nichtbetroffenen Häfen in Deutschland und Europa. Aufgrund der Ausfälle in der Informations- und Kommunikationstechnologie kann es dabei zu erheblichen Schwierigkeiten kommen.

WASSER UND ABWASSER 3.

Die Wasserinfrastruktursysteme sind auf Dauer ohne elektrische Energie nicht zu betreiben. Wie bei der Wasserversorgung sind auch in der Abwasserentsorgung elektrische Pumpen die neuralgischen Stellen im System. Ihr dauerhaftes Versagen hätte insbesondere für die Versorgung der Bevölkerung mit Trinkwasser katastrophale Folgen. Auch ist bei einer längeren Dauer des Stromausfalls zu befürchten, dass in Städten Löschwasser so knapp würde, dass Brände und Brandkaskaden nicht effektiv verhindert werden könnten.

VERLETZBARKEIT UND BEWÄLTIGUNGSKAPAZITÄTEN

Wie die Analysen der unmittelbaren und mittelbaren Folgen eines Stromausfalls für die Wasserinfrastruktursysteme gezeigt haben, wird man – bei den heute vorhandenen Strukturen und Technologien in der Wasserver- und Abwasserentsorgung – fast nur auf Behelfslösungen mit hohem personellem, organisatorischem, zeitlichem und materiellem Aufwand zurückgreifen können. Dazu gehören die Versorgung der Bevölkerung durch Nutzung von Notbrunnen und der Einsatz von Tankwagen sowie mobiler Sanitärwagen. Eine Option ist ferner die Aufrechterhaltung eines Betriebszustands der Ver- und Entsorgungsnetze auf einem niedrigen Leistungsniveau durch Überbrückung und funktionellen Ersatz von einzelnen stromabhängigen Komponenten und Anlagen. Dies erfordert vor allem den Einsatz von mobilen NSA. Diese müssten, wahrscheinlich in zu geringer Zahl zur Verfügung stehend, an wechselnden Positionen betrieben werden, wie z. B. an Wasserwerken[120] oder Hebeanlagen in der Kanalisation. Hinzu kommt die Initiierung von Spülungen der Kanalnetze, z. B. durch Wasser aus Tankwagen.

INFORMATIONSBEDARF, HANDLUNGSPERSPEKTIVEN

Da zum jetzigen Zeitpunkt in Deutschland hohe Investitionen in den Erhalt, Um- und Neubau der Wasserinfrastruktursysteme notwendig werden, eröffnet sich die Möglichkeit, Aspekte der Vulnerabilität und Resilienz in Planungen und Konzeptionen für zukünftige Systeme zu integrieren und Synergien in Richtung *systemischer* Lösungen für Katastrophenfälle zu erschließen.

Zum Beispiel ergeben sich Synergien im Bereich der *Abwasserbehandlungsanlagen*. Es wird bereits verstärkt Forschung und Entwicklung mit dem Ziel einer Steigerung der Energieeffizienz und der Eigenenergieproduktion durch Faulgasverstromung in BHKW – auch aus ökonomischen Gründen – betrieben (MUFV Rh-Pf. 2007; UBA 2008). Durch einen weiteren Ausbau der Faulgasverstromung mit BHKW und einer gleichzeitigen Steigerung der Energieeffizienz wäre bei heutigem Stand der Technik eine autarke Energieeigenversorgung denkbar (UBA 2008). Derzeit liegt der Eigenversorgungsgrad von großen Kläranlagen, die diese Technik nutzen, zwischen 25 und 30 %. Allerdings sind die Energieerzeugungsanlagen nicht ohne Weiteres im Inselbetrieb einsetzbar.[121] Inselnetztauglichkeit erfordert eine Leistungselektronik, die eine Versorgung eines abgegrenzten Kleinstnetzwerks (einzelne Anlagen oder auch Häusergruppen) durch dezentrale Anlagen ermöglicht (Kap. IV.12).

Energieautarkie durch Eigenenergieproduktion sowie Inselnetztauglichkeit der dezentralen Stromerzeuger würden im Katastrophenfall einen Beitrag zur Versorgung nach einem Stromausfall leisten. Ziel solcher Systeme könnte sein, die Kläranlagen sicher und unkompliziert in einen autarken Betriebszustand zu versetzen, ohne aufwendige Improvisationsmaßnahmen durchzuführen oder Personal und mobile Ressourcen zu binden. Dieses Ziel wäre auch für die *Wasserwerke* als zentrale Elemente der Infrastruktur durch Integration in eine inselnetztaugliche Versorgungsstruktur anzustreben.

---

120 Wasserwerke verfügen zwar häufig direkt über eigene NSA oder haben Zugriff auf Aggregate z. B. der Stadtwerke oder der Kommune. Allerdings ist fraglich, ob diese im Bedarfsfall tatsächlich zur Verfügung stehen und ob der Übergang in einen Notbetrieb, möglicherweise behindert durch Transportprobleme oder Konkurrenzsituation um NSA, reibungslos durchführbar ist.
121 In Baden-Württemberg können ca. 40 % der Kläranlagen, die mit einem BHKW betrieben werden, auch netzunabhängig arbeiten (Keicher et al. 2008).

3. WASSER UND ABWASSER

Eine weniger umfassende Option der Katastrophenbewältigung könnte die Aufnahme eines stromsparenden *Minimalbetriebs* der Wasserinfrastruktur sein. Die bei der Bearbeitung des TAB-Projekts befragten Betreiber streben einen solchen Betriebsmodus an. Der Minimalbetrieb muss sich nach den zur Verfügung stehenden Ressourcen richten und die vorhandenen Infrastrukturelemente in optimaler Weise kombinieren und nutzen, wie z. B. durch Abschaltung paralleler Abwasserbehandlungsstraßen in der Kläranlage zur Energieeinsparung oder dem mobilen und flexiblen Einsatz von NSA an Hebeanlagen in der Kanalisation.

Für private Haushalte kann dies u. a. bedeuten:

> Versorgung mit vermindertem Druck, obere Stockwerke werden nicht erreicht;
> Versorgung fokussiert auf ausgewählte Teile des Versorgungsnetzes;
> Versorgung mit Wasser verminderter Qualität, sodass der Fäkaltransport aus den Wohnungen und in der Kanalisation weiterhin gewährleistet bleibt, jedoch Lebensmittelqualität nur durch weitere Aufbereitung auf Abnehmerseite erreicht wird (z. B. Desinfektion).

Es besteht schließlich noch erheblicher Bedarf, Verbesserungen an den einfachen, d. h. nichtsystemischen Sicherheitskonzepten, z. B. der Kläranlagen, vorzunehmen. Keicher et al. (2008) identifizieren für Baden-Württemberg bei Kläranlagen noch ein erhebliches Potenzial in der Ausstattung mit Systemen zur unterbrechungsfreien Stromversorgung, bei der Bevorratung von Betriebsmitteln (z. B. Diesel) für NSA (meist nur für ca. 24 Stunden vorhanden), aber auch in der Ausarbeitung von Notfallplänen, die helfen, notwendige Prioritäten zu setzen.

Im Bereich *Brandschutz* ergeben sich Möglichkeiten der Vulnerabilitätssenkung beispielsweise durch die Entwicklung und den Einsatz neuer Technologien, die durch effektiveren Löschwassereinsatz zu einer Senkung des Wasserbedarfs führen. Dazu gehören mobile Hochdrucklöschsysteme an Bord der Feuerwehrfahrzeuge und stationäre Löschsysteme in Wohnhäusern, Bürogebäuden und Industrieanlagen, wie z. B. installierte Hochdrucklöschsysteme, die mit feinem Wassernebel gleichzeitig kühlen und ersticken. Sie können notstromgepuffert oder mit Gas aus Druckflaschen betrieben werden und sehen Wasserspeicher mit kleinen Volumina in den Gebäuden vor. Diese Systeme stellen bezüglich der Dimensionierung der Wasserinfrastruktur eine Effizienz- und Kostenverbesserung dar und werden derzeit Gegenstand der Forschung.

Angesichts der überragenden Bedeutung, die das System der Wasserinfrastruktursysteme hat, sollten verstärkt Maßnahmen zur Verbesserung seiner Robustheit in Erwägung gezogen werden. Die zuvor genannten systemischen und nichtsystemischen Ansätze könnten nützliche Beiträge zur Stärkung der Resilienz der Wasserversorgung im Fall eines langandauernden Stromausfalls liefern.

SICHERHEITSKONZEPTE, FORSCHUNG ZUR VULNERABILITÄT

Die WHO veröffentlichte im Jahr 2004 neue Leitlinien zur Trinkwasserqualität und empfahl die Aufstellung eines sogenannten Trinkwassersicherheitskonzeptes (Water Safety Plan, WSP) zur Sicherung der Trinkwasserqualität. Dieses beinhaltet umfassende Risikobewertungs- und Managementansätze, die alle Stufen von der Wassergewinnung bis zur Auslieferung einschließen sollen (WHO 2009).

ABB. 25 ELEMENTE EINES TRINKWASSERSICHERHEITSKONZEPTS IN AUSGEWÄHLTEN TEILEN DES DVGW-REGELWERKS

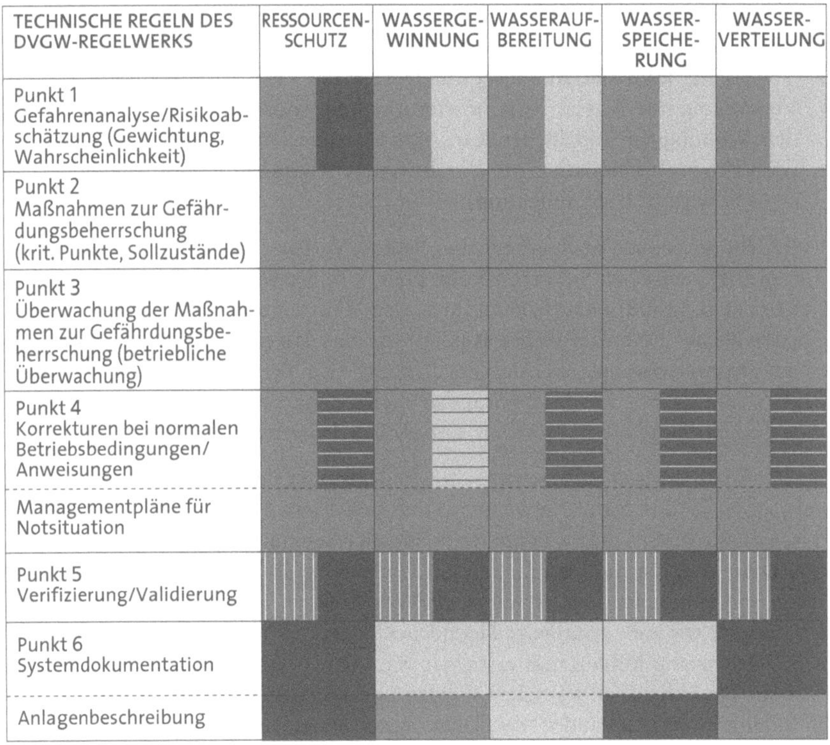

TECHNISCHE REGELN DES DVGW-REGELWERKS	RESSOURCEN-SCHUTZ	WASSERGE-WINNUNG	WASSERAUF-BEREITUNG	WASSER-SPEICHE-RUNG	WASSER-VERTEILUNG
Punkt 1 Gefahrenanalyse/Risikoabschätzung (Gewichtung, Wahrscheinlichkeit)					
Punkt 2 Maßnahmen zur Gefährdungsbeherrschung (krit. Punkte, Sollzustände)					
Punkt 3 Überwachung der Maßnahmen zur Gefährdungsbeherrschung (betriebliche Überwachung)					
Punkt 4 Korrekturen bei normalen Betriebsbedingungen/ Anweisungen					
Managementpläne für Notsituation					
Punkt 5 Verifizierung/Validierung					
Punkt 6 Systemdokumentation					
Anlagenbeschreibung					

Die Bewertung der Ergebnisse erfolgte anhand der drei folgenden Kategorien
- vorhanden/geregelt, gegebenenfalls kleinere Ergänzung erforderlich
- teilweise vorhanden, Ergänzungen erforderlich
- kaum/nicht vorhanden, umfangreiche Ergänzungen erforderlich
- Erfordernis für das Technische Regelwerk infrage gestellt
- in Deutschland durch gesetzliche Vorgaben (z.B. TrinkwV) geregelt

Quelle: Bethmann et al. 2006

Bethmann et al. (2006) zeigen, dass wesentliche Elemente des WHO-Trinkwassersicherheitskonzeptes bereits im DVGW-Regelwerk enthalten sind. Eine grafische Übersicht gibt Abbildung 25. Allerdings geht aus der grafischen Darstellung auch hervor, dass der Aspekt der Risikoabschätzung in den Bereichen Wassergewinnung, -aufbereitung, -speicherung und -verteilung kaum implementiert ist. Hier besteht Bedarf an umfangreichen Ergänzungen, da erst auf Grundlage von Risikoabschätzungen Priorisierungen bezüglich zu entwickelnder Maßnahmen möglich werden.

Für Risiko- und Vulnerabilitätsanalysen von großtechnischen Systemen wie den Wasserinfrastruktursystemen werden u. a. Ansätze gestützt durch Simulationsmodelle verfolgt. Zu den dabei häufiger untersuchten Bedrohungen gehören die Kontamination des Trinkwassers und Ausfälle einzelner Komponenten oder Systemteile (entweder durch intendierte Handlungen, Unfälle oder Naturereignisse hervorgerufen). Auswirkungen eines langanhaltenden Stromausfalls auf die Wasserinfrastruktur sind bisher nicht modellgestützt untersucht worden. Modellbildung wird im Bereich Infrastruktursysteme auf verschiedenen Detailebenen mit ebenfalls unterschiedlichen Zielrichtungen und Perspektiven durchgeführt, wie z. B. die Analyse von Eintrittswahrscheinlichkeiten und die Simulation von Schadensereignissen und deren Fortpflanzung. Gegenstand der Modelle sind z. B. relevante physikalische Vorgänge, wie hydraulische Prozesse in den Rohrleitungssystemen. Modelle dieser Art werden oft zur Beantwortung von sehr spezifischen technischen Fragestellungen im Bereich der Betriebsoptimierung oder der Planung verwendet. Zu technisch detaillierten Modellen der Wasserversorgungsinfrastruktur zählt z. B. EPANET, eine Softwareentwicklung der Environmental Protection Agency (USA), mit dem Ziel, die Versorgung zu verbessern. EPANET wird in einer Reihe von Veröffentlichungen auch als Grundlage von Vulnerabilitätsanalysen unter unterschiedlichen Bedrohungslagen verwendet. Navarro-Roa et al. (2008) führen z. B. probabilistische Fehleranalysen durch Simulation von Ausfällen einzelner technischer Elemente durch. Tidwell et al. (2005) wie auch Thompson et al. (2007) analysieren die Bedrohungen, die aus einer Kontamination des Wassers resultieren können.

Genutzt werden aber auch abstrakte Modelle, die das Wasserinfrastruktursystem als einen Bestandteil eines Geflechts von interagierenden Infrastrukturen (»system of systems«) auffassen. Dementsprechend werden Ansätze verfolgt, die besonders auf die Vernetzung zwischen den einzelnen Infrastruktursystemen und deren In- und Outputfaktoren zielen. Die Bedeutung der System-of-Systems-Perspektive wird z. B. von Kröger (2008) unterstrichen, der auch den Bedarf neuer, für diesen Zweck geeigneter Modellierungsmethoden ableitet. Der entstehende Erkenntnisgewinn in Bezug auf die gegenseitigen Abhängigkeiten der Infrastrukturen könnte beim Aufbau eines vorbeugenden Katastrophenmanagementsystems hilfreich sein (Dombrowsky 2007).

4. VERSORGUNG MIT LEBENSMITTELN

Der Lebensmittelsektor zeichnet sich durch eine hohe Verletzlichkeit aus. Innerhalb einer Woche entstehen erhebliche Schäden in der Pflanzen- und Tierproduktion. Es ist insbesondere zu erwarten, dass schon während der ersten beiden Tage die Versorgungskette von den Lagern des Lebensmittelhandels zu den Filialen und damit zum Verbraucher stark gestört wird und bald danach zusammenbricht. Da alle Datenleitungen ausgefallen sind, gibt es keinen Informationsfluss mehr, um auf die jeweiligen lokalen Erfordernisse zu reagieren und Lieferungen dahin, wo sie benötigt werden, zu veranlassen.

VERLETZBARKEIT UND BEWÄLTIGUNGSKAPAZITÄTEN

Die Versorgung der Bevölkerung mit Lebensmitteln ist eine der zentralen Funktionen des Systems Kritischer Infrastrukturen; mehr noch: Sie ist überlebenswichtig (BSI 2005, S. 137). Im Katastrophenfall ist die Sicherstellung der Lebensmittelversorgung Teil der Schutzpflicht des Staates nach Artikel 2 Abs. 2 Satz 1 GG.

Mit dem Ziel der Katastrophenbewältigung können die Behörden – teilweise in Zusammenarbeit mit dem Handel – u. a. folgende Maßnahmen ergreifen:

> Auf Grundlage des Ernährungsvorsorgegesetzes wird die rationierte Freigabe der Bestände der »Zivilen Notfallreserve« und der »Bundesreserve Getreide« veranlasst. In der »Bundesreserve Getreide« lagern Getreide, wie Weizen und Hafer, sowie in der »Zivilen Notfallreserve« Reis, Hülsenfrüchte, Vollmilchpulver und Kondensmilch. Diese werden, wo möglich, weiterverarbeitet und über Sammelverpflegungseinrichtungen ausgegeben (BLE 2006, S. 3 u. 7). Auf Basis des VerkLG wird logistischen Problemen bei der Verteilung der Reservebestände durch Hinzuziehung weiterer Transportkapazitäten entgegengewirkt. Ergänzend wird durch den Handel eine intensivierte übergebietliche Belieferung der betroffenen Region in Gang gesetzt (BMELV 2005, S. 71). Dort, wo Lebensmittellieferungen erfolgen, wird teilweise vor den Filialen direkt vom Lkw verkauft (BMELV 2005, S. 120).
> In ausgewählten Filialen des Lebensmittelhandels werden Ausgabestellen für Lebensmittel eingerichtet. Diese werden mit NSA ausgestattet und – soweit möglich – bei der Treibstoffzuteilung berücksichtigt. Die entsprechenden Unternehmen in nichtbetroffenen Teilen Deutschlands oder dem Ausland koordinieren in Abstimmung mit den Behörden die erforderliche Logistik.
> Da ein großer Teil der Bevölkerung über keine Möglichkeit zur Zubereitung warmer Mahlzeiten verfügt, werden, z. B. durch THW, DRK und Bundeswehr, Großküchen errichtet bzw. warme Mahlzeiten ausgegeben.

Gleichwohl könnten am Ende der ersten Woche im vom Stromausfall betroffenen Gebiet die Lebensmittelbestände in Haushalten, Filialen und Lagern des Lebens-

4. VERSORGUNG MIT LEBENSMITTELN

mittelhandels zur Neige gehen. Deshalb wird erwogen, auch auf die deutschen Bestände der EU-Interventionsreserve zurückzugreifen. Diese umfasst Getreide, Reis, Olivenöl und Tafeloliven, Milch und Milcherzeugnisse, Rind-, Schweinesowie Schaf- und Ziegenfleisch. Infrage käme auch, Bestände aus anderen EU-Staaten anzufordern. Da aber große Teile des Lagerguts nur bedingt für die Ernährung verwendet werden können (z. B. Gerste) und die Lagerung normalerweise nicht in der Nähe von Erzeugerstandorten erfolgt, wird diese Option verworfen (Rasche et al. 2001, S. 63).

Trotz größter Anstrengungen kann aber mit großer Wahrscheinlichkeit die flächendeckende und bedarfsgerechte Versorgung mit Lebensmitteln nur ungenügend gewährleistet werden. Hindernisse dürften vor allem die teilweise schlecht vernetzten Akteure und die nicht vorhandenen Kommunikationsmittel sein. Ein einheitliches Lagebild fehlt, sodass eine länderübergreifende Abstimmung der Maßnahmen größten Schwierigkeiten begegnet.

INFORMATIONSBEDARF, HANDLUNGSPERSPEKTIVEN

Teilt man die zuvor erfolgten Einschätzungen, wären Ansatzpunkte für eine vorsorgende Steigerung der Resilienz des Sektors vor allem die regionalen Zentrallager des Handels sowie u. U. ausgewählte Filialen. Diese könnten mit einer robusten Notstromversorgung ausgestattet werden. Hierzu käme es beispielsweise infrage, zur Versorgung vorhandener NSA Absprachen zur Belieferung mit dem Mineralölhandel zu treffen. Sind Stromeinspeisepunkte vorhanden, wäre der Einsatz mobiler Aggregate (durch EVU, THW, ggf. Bundeswehr) eine Option, die dann aber für längere Zeit sichergestellt werden müsste.

Weiter gehende Konzepte im Rahmen einer öffentlich-privaten Sicherheitspartnerschaft könnten geprüft werden. Im Rahmen einer Absprache mit dem Handel könnte beispielsweise angestrebt werden, je 10.000 Einwohner eine katastrophentaugliche Filiale und in jedem Bundesland ein Lebensmittellager vorzusehen, die mit vergrößertem Lager, Kommunikationsmitteln und NSA ausgestattet werden. Diese würden in eine zentrale Datenbank aufgenommen, mit deren Hilfe im Katastrophenfall Behörden und Unternehmen Lieferungen koordinieren.

Die spezifischen Bedingungen eines Stromausfalls geben auch Anlass, darüber nachzudenken, ob die Art der staatlich bevorrateten Lebensmittel sowie die vorgesehene Weiterverarbeitung und Verteilung situationsangemessen sind: So wäre vielfach die Herstellung von Mehl in Mühlen nicht realisierbar. Auch fehlen in den privaten Haushalten Wärmequellen zur Zubereitung. Aspekte wie diese sollten deshalb in aktuelle Überlegungen zu einer verbesserten Bevorratung einfließen.

Eine weitere Handlungsperspektive läge in einer auf regenerativen Energien basierenden Eigenstromversorgung der Zentrallager des Handels, mit der ein hohes Maß an Autarkie zu erreichen wäre. Da Zentrallager eine große Dachfläche haben und zumeist am Rande oder außerhalb der Städte liegen, können regenerative Energieträger wie Solar und Wind unter Nutzung entsprechender Speichertechnologien und nach gründlicher Planung ebenso eingesetzt werden wie (KWK-)Dieselgeneratoren.

Da sich gezeigt hat, dass bei einem Stromausfall wahrscheinlich eine große Zahl von Tieren nicht nur gesundheitlich beeinträchtigt wird, sondern verendet, sollte geprüft werden, ob eine Notstromversorgung einschließlich einer Bevorratungspflicht für Treibstoff zum Betrieb eines Notstromaggregats rechtlich konkreter gefasst werden könnte (z. B. in der TierSchNutzVO).

GESUNDHEITSWESEN 5.

Durch die hochgradige Arbeitsteilung des dezentral strukturierten Sektors und dessen ungenügende Absicherung durch Notstromversorgung ist dieser schon nach wenigen Tagen mit der eigenständigen Bewältigung der Folgen des Stromausfalls überfordert. Die Leistungsfähigkeit des Gesundheitswesens wird neben der zunehmenden Erschöpfung der internen Kapazitäten auch durch die Beeinträchtigung der Funktionen anderer Kritischer Infrastrukturen reduziert. Insbesondere die Defizite bei der Versorgung mit Energie, Lebensmitteln, Kommunikation, Wasser und Transportdienstleistungen verstärken die Einbrüche bei Umfang und Qualität der medizinischen Versorgung. Spätestens am Ende der ersten Woche wären die gesundheitliche Schädigung oder Gefährdung bzw. der Tod sehr vieler Menschen sowie eine mit lokal bzw. regional verfügbaren Mitteln und personellen Kapazitäten nicht mehr zu bewältigende Problemlage zu erwarten.

VERLETZBARKEIT UND BEWÄLTIGUNGSKAPAZITÄTEN

Die internen, insbesondere materiellen Kapazitäten des regionalen Gesundheitswesens sind bereits in der ersten Woche weitgehend erschöpft. Es besteht ein Mangel an Insulin, Blutkonserven, Blutprodukten, Sterilgut und frischer Wäsche. Maßnahmen, wie vereinzelte Blutspendeaktionen oder die Aufbereitung der Wäsche in Feldwäschereien, können den Bedarf nur unzureichend decken. Auch die Versorgung mit Medikamenten ist zunehmend nicht mehr möglich, da die Vorräte der Krankenhausapotheken aufgebraucht sind[122] und eine bedarfsgerechte Belieferung durch Hersteller und Handel ausbleibt. Deshalb kann auch eine Ver-

---

122 Krankenhausapotheken müssen gemäß Apothekenbetriebsordnung den durchschnittlichen Bedarf an Arzneimitteln und Medizinprodukten für 14 Tage vorrätig halten. Zudem sollten sie grundsätzlich in der Lage sein, Arzneimittel selbst herzustellen. Aufgrund knapper Finanzmittel oder fehlenden Lagerraums ist dies nicht durchgängig gewährleistet. In einigen Bundesländern sind von den Landesgesundheitsbehörden benannte Krankenhausapotheken für die Betreuung und Ausgabe von Basisarzneimitteln für Katastrophen zuständig (Paul/Ufer 2009, S. 165).

5. GESUNDHEITSWESEN

sorgung bestimmter Patientengruppen mit erforderlichen Spezialerzeugnissen, wie Sondennahrung oder für Dialysepatienten geeignete Produkte, nicht gewährleistet werden. Dies bedingt eine deutlich erhöhte Sterblichkeit.

Einige Krankenhäuser können ein Mindestmaß an Handlungsfähigkeit bewahren und sind dadurch zentrale Knotenpunkte im Netzwerk der medizinischen Versorgung. Sie verfügen noch über einen gewissen, aber schwindenden Bestand an Medikamenten sowie ausreichend Personal und Treibstoff. Jedoch führt diese verhältnismäßig gute Ausstattung auch dazu, dass dann, wenn andere Einrichtungen evakuiert werden müssen, auf diese Krankenhäuser ausgewichen wird. Dadurch sind sie mit sich gegenseitig verstärkenden Problemen konfrontiert: einerseits schwindende Reserven und ein weitreichender Ausfall spezialisierter Einheiten; andererseits eine durch steigende Belegung bedingte tendenzielle Überforderung der noch vorhandenen Kapazitäten. Durch Entlassungen von Patienten wäre kaum eine Entlastung erreichbar, da dies allenfalls bei Personen verantwortbar wäre, die sich selbst versorgen könnten. Die Trinkwasserversorgung wird zunehmend problematisch. Daher muss auf Notbrunnen zurückgegriffen werden.[123] Allerdings ergeben sich hier Probleme, das Wasser in die Krankenhäuser und Pflegeheime zu transportieren (Geier et al. 2009, S. 76).

Vereinzelt können Alten- und Pflegeheime mit Unterstützung von Hilfsorganisationen noch eine Grundversorgung bereitstellen, beispielsweise eine ausreichende Versorgung mit Speisen und aufbereiteter Wäsche. Eine darüber hinausreichende Betreuung medizinisch versorgungsbedürftiger Patienten ist aber nicht möglich. Weitere Überforderungssymptome zeigen sich durch vermehrte Anfragen von Personen, die im häuslichen Umfeld gepflegt werden.

Die Rettungsdienste können zwar nach wie vor für zahlreiche Transport- und Evakuierungseinsätze eingesetzt werden. Auch THW und Feuerwehr können an vielen Orten Infrastrukturen, wie Stromerzeuger oder Pumpen ersetzen bzw. bereitstellen. Jedoch sind die Rettungsdienste durch die Beeinträchtigungen der Kommunikationsinfrastruktur von Notrufen der Bevölkerung weitgehend abgeschnitten bzw. erhalten diese mit erheblicher Verzögerung. Die präklinische medizinische Versorgung wird dadurch massiv beeinträchtigt.

Am Ende der ersten Woche hat der Stromausfall zur nahezu völligen Einstellung der Leistungen der Basisinfrastrukturen des Sektors geführt. So sind die meisten Arztpraxen und Apotheken nicht arbeitsfähig und können durch zur Neige gehende Vorräte auch der Funktion als Medikamentenverteiler nicht mehr nachkommen. Dialysezentren sind geschlossen, Patienten und verbleibende Behandlungskapazitäten wurden in Krankenhäuser überstellt. Produktion und Vertrieb pharmazeutischer Produkte sind im durch den Stromausfall betroffenen Gebiet

---

123 Diese wurden in den 1970er Jahren schwerpunktmäßig in der Nähe von Krankenhäusern und Pflegeheimen erstellt (Geier et al., 2009, S. 75; s. a. Kap. III.2.3.4).

vollständig ausgefallen. Die Mitwirkung von Herstellern und Handel im Katastrophenschutz ist in den Landeskatastrophenschutzgesetzen nicht ausdrücklich vorgesehen und nur vereinzelt in Alarm- und Einsatzplänen von Krankenhäusern verankert. Deshalb müssten mit Vertretern von Herstellern und Handel Absprachen über Produktion und Logistik getroffen werden.

Erste Hilfeleistungen seitens der Bundeswehr im Rahmen der »Zivil-Militärischen Zusammenarbeit« sorgen allenfalls punktuell für Entlastung (Ackermann et al. 2009a, S. 71; Wagner 2009a, S. 407 u. 2009b, S. XXXVI). Der Zusammenbruch der in Krankenhäusern konzentrierten medizinischen Versorgung droht.

Führt man gedanklich die spätestens am Ende der ersten Woche zutage getretenen Entwicklungen und Zustände fort, lässt sich erkennen, dass die zentrale Funktion des Gesundheitssektors, die Menschen mit den erforderlichen medizinischen Dienstleistungen zu versorgen, kaum noch gewährleistet werden könnte. Die Risiken für Leib und Leben würden exponentiell ansteigen, sodass der Staat insgesamt seiner Schutzpflicht nicht mehr gerecht werden kann. Ohne eine Zuführung von medizinischen Gütern, Infrastrukturen und Fachpersonal von außen ist die medizinisch-pharmazeutische Versorgung nicht mehr möglich.

INFORMATIONSBEDARF, HANDLUNGSPERSPEKTIVEN

Krankenhäuser spielen als Ankerpunkte der medizinischen Versorgung der Bevölkerung eine zentrale Rolle. Zwar kann ihnen eine gewisse Robustheit zugebilligt werden, diese wird aber nicht ausreichen, um die Ausfälle aller weiteren Einrichtungen – insbesondere die dezentrale ambulante Versorgung – zu kompensieren. Sind Dieselaggregate für die Notstromversorgung vorgesehen, muss eine kontinuierliche Nachführung von Treibstoff sichergestellt werden. Dazu käme in begrenztem Umfang die Vorhaltung von Treibstoff auf dem Gelände oder Vereinbarungen mit Lieferanten (die Lieferungen angesichts der allgemeinen Folgen des Stromausfalls wahrscheinlich kaum realisieren könnten) infrage.

Einspeisepunkte für Notstromversorgung waren grundsätzlich bereits bei der Planung von Krankenhausbauten vorzusehen. Schließlich wären Krankenhäuser als prioritär Berechtigte für die Zuteilung von Treibstoff durch die Katastrophenschutzbehörde festzulegen. Ein weiter gehender Ansatzpunkt ist die Gewinnung eines möglichst hohen Grades an Energieautarkie und Inselnetzfähigkeit, wie in Kliniken im Ansatz bereits vielfach im Rahmen von Umweltschutzbemühungen und Maßnahmen zur Energieverbrauchssenkung realisiert wurden. Zur Sicherstellung der Trinkwasserversorgung von Krankenhäusern sollten verstärkt Möglichkeiten zur Aufbereitung bzw. zum Transport des Wassers aus Notbrunnen zu den Krankenhäusern bzw. Behelfskrankenhäusern geprüft werden (Schutzkommission 2006, S. 83).

Die derzeitigen ökonomischen und politischen Rahmenbedingungen sind für eine verbesserte Bevorratung in Krankenhäusern nicht gerade förderlich. Die Sektorenanalyse hat aber gezeigt, dass dies zur Stärkung der Widerstandsfähigkeit erheblich beitragen könnte. Es könnte auch erwogen werden, im Arzneimittelgesetz für Notfälle und Katastrophen weiter gehende Ausnahmeregelungen vorzusehen. Ziel müssten praxisnahe Regelungen zur Versorgung der Bevölkerung für den langandauernden Katastrophenfall sein (Paul/Ufer 2009, S. 157 ff.).

Eine weitere Option könnte sein, Hersteller und Handel sowie Apotheken in die Katastrophenbewältigung einzubeziehen. Anzustreben wäre dabei, dass die genannten Akteure Vorsorge für Herstellung und Verteilung bei einem längeren Stromausfall zu treffen hätten. Angesichts allgemein reduzierter Vorratshaltung sowie einer ausgefeilten Just-in-time-Logistik müsste geprüft werden, welche wirtschaftlichen Folgen hier zu bedenken wären und in welcher (rechtlichen) Form dies umsetzbar sein könnte.

FINANZDIENSTLEISTUNGEN 6.

Während der Zahlungs- und Datenverkehr den Banken und die Handelsaktivitäten an der Börse trotz des Stromausfalls relativ robust erscheinen, sind die Bankdienstleistungen für die Kunden aufgrund der ausgefallenen Kommunikationswege bald vom Zusammenbruch bedroht.

VERLETZBARKEIT UND BEWÄLTIGUNGSKAPAZITÄTEN

Die Kunden könnten keine Geschäfte mit der Bank via Telefon oder Internet tätigen. Bargeldauszahlungen an Automaten erfolgen nicht mehr; ebenso wenig kann der Kunde in Geschäften bargeldlos bezahlen. Die Nachfrage nach Bargeld dürfte deshalb schnell zunehmen, auch weil ein Bürger in Deutschland durchschnittlich nur 118 Euro mit sich tragen soll (Deutsche Bundesbank 2009b, S. 40). Der sofortige Ausfall der Bargeldversorgung über Geldautomaten und später auch an den Schaltern der Banken sowie der Zusammenbruch der bargeldlosen Bezahlung führen in Geschäften und Banken nach einer Phase der Gelassenheit mit der Zeit zu Unmutsäußerungen und teils zu aggressiven Auseinandersetzungen. Sobald klar ist, dass der Stromausfall noch lange andauern wird, verstärkt sich die Unsicherheit in der Bevölkerung. Die Menschen haben Angst, sich nicht mehr mit Nahrungsmitteln und anderen Gütern des täglichen Bedarfs versorgen zu können, da sie über kein Bargeld und keine bargeldlosen Zahlungsmöglichkeiten mehr verfügen. In der Folge kommt es zu z. T. gewaltsamen Auseinandersetzungen, Diebstahl und Einbruch. Zeitweise muss die Polizei eingreifen. Zudem wird mit zunehmender Dauer des Stromausfalls die Bewachung einzelner Geschäfte notwendig. Der Umsatz in den Geschäften bricht ein. Es ist auch nicht auszuschließen, dass die Preise für Güter des alltäglichen Bedarfs bereits im Verlauf der ersten Woche steigen. Die Information der Kunden und eine angemessene Risikokommunikation in Abstimmung mit den Katastrophenschutzbehörden werden deshalb immer wichtiger.

In den Fokus rückt die Bargeldversorgung der Bevölkerung. Der Deutschen Bundesbank zufolge sind zur »Bewältigung eines Not- oder Katastrophenfalls ... spezielle Vorkehrungen im Rahmen einer Krisenmanagementorganisation« getroffen worden (BBK 2008a, S. 120). Ob aber in einem großen Gebiet kontinuierlich und über längere Zeit Bargeld bedarfsgerecht durch private Wertdienstleister transportiert, verteilt und durch die Banken ausgegeben werden kann, dies scheint doch zweifelhaft.

Die Wirtschaft nimmt aufgrund weitgehend fehlender Möglichkeiten für die Bevölkerung und die Unternehmen, bargeldlos einzukaufen, Kreditverhandlungen durchzuführen, Lohnzahlungen zu tätigen, Börsenaufträge zu erteilen sowie wegen bald auftretender Liquiditätsengpässe Schaden.

INFORMATIONSBEDARF, HANDLUNGSPERSPEKTIVEN

Als besonderer Schwachpunkt hat sich in den Folgenanalysen die Bargeldversorgung der Bevölkerung erwiesen. Deshalb steht insbesondere die Deutsche Bundesbank vor der Aufgabe, in Zusammenarbeit mit anderen Organisationen und Einsatzkräften des Bevölkerungsschutzes sowie den Banken, die Bargeldversorgung der Bevölkerung zumindest rudimentär sicherstellen (EBP 2010, S. 79). Um hierfür bessere Voraussetzungen zu schaffen, wäre zu prüfen, ob die Bundesbank in den Kreis der Bevorrechtigten für die Anforderung von Transportkapazitäten gemäß VerkLG aufgenommen werden sollte. Für den Katastrophenfall müsste wahrscheinlich ein erweitertes Logistik- und Sicherheitskonzept zum Tragen kommen, da beispielsweise nicht zu erkennen ist, ob und wie die privaten Dienstleister die intensivierte Auslieferung von Bargeld ausreichend absichern könnten.

Geplant ist die Schließung von zahlreichen Filialen der Deutschen Bundesbank in den nächsten Jahren. Es wäre zu reflektieren, ob und inwiefern diese Einschnitte in die Infrastruktur Auswirkungen auf die Bargeldversorgung im Katastrophenfall hätten.

FALLBEISPIEL »GEFÄNGNISSE« 7.

Durch eine funktionierende Notstromversorgung kann in den Justizvollzugsanstalten (JVA) zunächst ein reduzierter Betrieb aufrechterhalten werden. Dadurch können u. a. der Einschluss der Gefangenen, ausreichende Beleuchtung und Belüftung, Heizung und Überwachungssysteme gewährleistet werden. Gleichwohl wird nach wenigen Tagen eine erhebliche Problemüberlast zutage treten: Hygiene sowie medizinische und Lebensmittelversorgung sind nicht überall und nicht ausreichend sicherzustellen. Unruhe und Aggressivität unter den Gefangenen steigen; das Personal steht unter kontinuierlich wachsendem Stress.

VERLETZBARKEIT UND BEWÄLTIGUNGSKAPAZITÄTEN

Die Treibstoffreserven der JVA reichen voraussichtlich nur für wenige Tage. Für die weitere Sicherstellung der Notstromversorgung sind die Bereitstellung mobiler NSA bzw. die Lieferung zusätzlicher Treibstoffmengen zwingend notwendig.[124] Ist die Notstromversorgung gefährdet, scheint eine Verlegung der Gefangenen in andere JVA, die sich außerhalb des betroffenen Gebiets befinden und deren Belegungskapazitäten nicht überschritten sind, nahezu unumgänglich. Unter Umständen könnte dort – wo nötig – die Belegungskapazität durch gemeinsame Unterbringung anstelle der Einzelunterbringung temporär erhöht werden.

Es wäre auch die kurzfristige Unterbringung (eines Teils) der Gefangenen in geeigneten größeren Gebäuden (z. B. Kasernen) in Gebieten mit funktionierender Stromversorgung in Betracht zu ziehen. Problematisch wären dabei jedoch die eingeschränkte Kontrolle der einzelnen Gefangenen, die Sicherstellung der Hygiene und der Versorgung mit Nahrungsmitteln sowie die Bereitstellung des für die Bewachung und Versorgung notwendigen Personals.

Aber auch bei Aufrechterhaltung der Notstromversorgung wäre mit großer Wahrscheinlichkeit ein geordneter Betrieb nicht zu gewährleisten – zu groß wären die Probleme bei der Versorgung und Sicherung der Gefangenen. Sollten Häftlinge aus den JVA fliehen oder gar befreit werden, ist mit einer erheblichen Verunsicherung der Bevölkerung zu rechnen; auch würden die zuständigen Behörden und politisch Verantwortlichen unter Druck geraten (EBP 2010, S. 162). Die JVA-Leitung sowie die Verantwortlichen der Krisenstäbe müssen je nach Situation in den einzelnen JVA entscheiden, ob eine Verlegung der Häftlinge angebracht ist und wie diese durchzuführen wäre. Dabei könnten massive Koordinationsprobleme aufgrund ausgefallener Festnetz- und Mobilfunktelefonie auftreten (Kap. IV.1). Es ist ferner fraglich, ob ausreichend geeignete Transportkapazitäten einschließlich des hierfür erforderlichen Sicherungspersonals abrufbar sind.

INFORMATIONSBEDARF, HANDLUNGSPERSPEKTIVEN

Gefängnisse sind hinsichtlich ihrer Funktionen nicht kritisch im Sinne von »überlebenswichtig«. Gelänge es aber den Verantwortlichen nicht, den Betrieb auf-

---

124 Zwar kann dies im Vorfeld eines Stromausfalls vertraglich mit entsprechenden Lieferanten organisiert werden, es ist aber fraglich, ob solche Lieferverträge angesichts der übrigen Auswirkungen des Stromausfalls (z. B. Verkehrschaos, Treibstoffknappheit, Ausfall von Festnetz und Mobilfunk) auch eingehalten werden können. Insofern wäre die Zuweisung von Treibstoff durch die zuständigen Krisenstäbe bzw. Einsatzleitungen mit hoher Priorität erforderlich.

rechtzuerhalten oder in geordneten Bahnen die Gebäude zu räumen, würde dies voraussichtlich das Vertrauen der Bevölkerung in die Bewältigungsfähigkeit staatlicher Stellen erheblich beeinträchtigen. Die Erwartung, dass die Behörden in der Lage sind, die öffentliche Sicherheit zu gewährleisten, sollte auf keinen Fall enttäuscht werden. Deshalb gehören JVA zu den Objekten, die durch entsprechende vorsorgende Maßnahmen über eine robuste Notstromversorgung verfügen und bei der Zuteilung von Netzersatzanlagen und/oder Treibstoff bevorzugt berücksichtigt werden sollten.

Wie in anderen Sektoren konnte auch für das Fallbeispiel »Gefängnisse« nicht zweifelsfrei geklärt werden, ob, wie und für welche Zeiträume eine Notstromversorgung sichergestellt ist. Unklar ist ferner, ob ein länger andauernder Stromausfall Teil von Notfallplänen der JVA oder von Alarm- und Einsatzplänen der unteren Katastrophenschutzbehörde ist und ob entsprechende Übungen unter Einbezug externer Unterstützung stattfinden. Explizite gesetzliche Regelungen zur Notstromversorgung in JVA sind nicht erkennbar. Ob auf der Ebene der Verwaltungsvorschriften, als Folge der Katastrophenschutz- und Hilfeleistungsgesetze der Bundesländer, einschlägige Maßgaben vorliegen, konnte nicht sicher geklärt werden. Wie hier ergibt sich weiterer Informations- sowie rechtlicher Klärungsbedarf für möglicherweise notwendig werdende Maßnahmen, wie die Nichtaufnahme von Freigängern oder sogenannter »Hafturlaub« für ausgewählte Gruppen von Gefangenen.

BEREICHS- UND ORGANISATIONSÜBERGREIFENDES KATASTROPHENMANAGEMENT 8.

Wie die sektoralen Analysen verdeutlicht haben, führen die durch den Stromausfall induzierten Folgen und Folgeketten zu einer Situation, in der das Leben, die körperliche Unversehrtheit und Sicherheit der Bevölkerung hochgradig gefährdet sind sowie großer materieller Schaden entsteht. Die lokalen Behörden und Hilfsorganisationen und die dort verfügbaren Ressourcen reichen zur Katastrophenbewältigung nicht aus. Angesichts dieser Gefahren- und Schadenslage müssen überregionale Ressourcen mobilisiert werden, damit der Staat seiner Schutzpflicht genügen kann.

RECHTSGRUNDLAGEN

Auf rechtlicher und administrativer Ebene sind – wie in Kapitel II dargelegt – durch den Gesetz- und Verordnungsgeber entsprechende Voraussetzungen geschaffen worden. Auf der Grundlage von Artikel 35 GG (Amtshilfe) oder auf Basis verschiedener Vorsorgegesetze können externe Bewältigungskapazitäten

8. ÜBERGREIFENDES KATASTROPHENMANAGEMENT

und ein überregionaler Handlungsverbund zur Unterstützung regionaler Kapazitäten aktiviert werden. Eröffnet würden dann beispielsweise folgende Optionen:

> Im Rahmen der »Zivil-militärischen Zusammenarbeit« lassen sich Kräfte der Bundeswehr mobilisieren. Dadurch würden neben personeller Unterstützung, z. B. für die Polizeien, Katastrophenschutzbehörden und Hilfsorganisationen vor Ort, Einrichtungen des Gesundheitswesens, auch materielle Ressourcen verfügbar. So können etwa Krankenhäuser und Sammelstellen mit Feldbetten und Zelten ausgestattet, Großküchen errichtet oder Fahrzeuge der Bundeswehr für Transport- und Evakuierungsmaßnahmen eingesetzt werden.

> Auf der Basis des PTSG und einer entsprechenden Rechtsverordnung durch das BMWi kann bestimmten, im Wesentlichen öffentlichen, Aufgabenträgern ein bevorrechtigter Zugang zu Telekommunikations- und Postdienstleistungen gewährt werden. Dadurch könnte ergänzend zu Rundfunk- und Lautsprecherdurchsagen zumindest örtlich auch das Fest- und Mobilnetz genutzt werden. Dies ermöglicht eine bessere Koordinierung der Behörden und unter bestimmten Umständen eine verbesserte Information der Bevölkerung.

> Zur Sicherstellung der Lebensmittelversorgung kann gemäß Ernährungsvorsorgegesetz und entsprechender Landesverordnungen auf die »Zivile Notfallreserve« sowie die »Bundesreserve Getreide« zurückgegriffen und ihre Verteilung organisiert werden (BMELV 2005, S. 95).

> Das Krisengebiet könnte nach Feststellung der besonderen Notlage durch die Bundesregierung auf Grundlage des VerkLG mit Transportkapazitäten privater Unternehmen unterstützt werden. Durch das Bundesamt für Güterverkehr werden Vorbereitungen getroffen, dass den anfordernden Stellen diese Transportkapazitäten zur Verfügung gestellt werden. Zur Entlastung der Verkehrswege könnte durch die Katastrophenschutzbehörden ergänzend ein allgemeines Fahrverbot verhängt werden. Darüber hinaus ließen sich eine vorrangige Räumung von Korridoren und Übergangsstellen zu Regionen mit intakter Stromversorgung sowie die Bereitstellung von Aufnahmekapazitäten vereinbaren.

> Zur Sicherstellung der Kraftstoffversorgung schließlich könnte das BMWi auf Grundlage des Erdölbevorratungsgesetzes eine Verordnung zur Freigabe der Bestände erlassen. Größere Mengen Kraftstoff würden regional über das Schienennetz oder mittels dieselbetriebener Fahrzeuge verfügbar gemacht.

Zusammen mit weiteren Gesetzen und Verordnungen auf Landesebene sowie behördlichen Ausführungsbestimmungen sind umfassend und differenziert für spezifische und sektorenübergreifende Erfordernisse notwendige Voraussetzungen für die Mobilisierung von Bewältigungskapazitäten, insbesondere rückwärtiger Kräfte und Ressourcen geschaffen.

Zugleich erscheinen diese Vielfalt der Rechtsmaterien und die darin angelegten Handlungsmöglichkeiten in gewisser Weise überkomplex und wenig abgestimmt.

Beispielsweise sind die rechtlichen Grundlagen für das Katastrophenmanagement im Sektor »Gesundheitswesen« in mindestens elf Bundes- und Landesgesetzen sowie zehn Verordnungen bzw. Verwaltungsvorschriften zu finden. Hier wird, ebenso wie in weiteren Sektoren Kritischer Infrastrukturen deutlich, dass statt durch einen einheitlichen Rechtsrahmen »die Rechtsverhältnisse von Personen und Institutionen bei Katastrophen« durch »unterschiedlich strukturierte, kaum aufeinander abgestimmte Regelungen auf mehreren Verwaltungsebenen« gesteuert werden (Stober 2008, S. 44). Deshalb ist man geneigt, Unger (2008, S. 101) zuzustimmen, der angesichts von überholten Vorgaben und zersplitterten Kompetenzen kritisch konstatiert, dass »unsere tatsächlichen Vorbereitungen auf Katastrophen und die rechtlichen Grundlagen sich Stück für Stück voneinander« entfernen.

Für die Verantwortlichen des Katastrophenmanagements wird dadurch ihre ohnehin schon schwierige Aufgabe noch schwieriger: Die Vielzahl von Instrumenten muss von den zuständigen Akteuren auf den verschiedenen Ebenen sachlich angemessen, zum richtigen Zeitpunkt und aufeinander abgestimmt eingesetzt werden. Die Bewältigung einer solch anspruchsvollen Aufgabe durch ein bereichs- und organisationsübergreifendes Krisenmanagement ist hochgradig davon abhängig, dass in allen Krisenstäben kompetentes Fachpersonal agiert, ein gemeinsam geteiltes Verständnis der Regelungsmaterien herrscht sowie »vorausschauend beurteilt wird und die entsprechenden Vorkehrungen getroffen werden, dass die Gesetze und Verordnungen zum optimalen Zeitpunkt angewendet werden können« (Hiete et al. 2010, C 15).[125]

So zutreffend diese Herausforderung beschrieben ist, so schwierig dürfte ihre Bewältigung werden. Dass die Voraussetzungen noch deutlich verbessert werden müssten, hat sich bei LÜKEX 2004 gezeigt:

> eine professionell bedingte Fokussierung der unterschiedlichen Organisationen auf eigene Aufgaben statt Einbeziehung der komplexen Situation,
> fehlende Kenntnisse der Rechtsmaterien,
> zögerlicher Einbezug der Akteure auf Bundesebene seitens der Länder sowie
> mangelnde Berücksichtigung der psychologischen Auswirkungen des Stromausfalls.

PRIVATE SICHERHEITSPARTNER

Die Aufgabe eines gutkoordinierten Notfall- und Krisenmanagements wird noch komplexer dadurch, dass relevante nichtbehördliche Akteure einbezogen werden müssen. Dazu zählen neben den EVU weitere Unternehmen, beispielsweise die

---

125 Alle Akteure im internationalen Hilfesystem sollten also »einheitliche Führungsregeln beherrschen« um »durch regelmäßige Übungen auf gemeinsame Einsätze vorbereitet zu sein« (Schutzkommission 2006, S. 44).

Informations- und Kommunikationsunternehmen, die Lebensmittelwirtschaft oder das Sicherheitsgewerbe. Bei der Entwicklung von praktikablen Konzepten ist die Vielzahl und Heterogenität der Betreiber Kritischer Infrastrukturen und weiterer Unternehmen und Einrichtungen zu beachten. So sind im Bereich der Stromversorgung etwa 1.100 Anbieter, im Sektor »Wasserinfrastruktursysteme« 6.200 Versorger und 6.900 Entsorger sowie im Sektor »IT/TK« 3.000 Anbieter von Telekommunikationsleistungen zu verzeichnen. Diese Unternehmen sind äußerst heterogen. Sie operieren teils lokal, teils national oder international. Auch sind sie hinsichtlich ihrer Kompetenzen und Kapazitäten bezüglich der Katastrophenbewältigung ganz unterschiedlich einzuschätzen. Deshalb ist zu vermuten, dass noch weiterer Optimierungsbedarf bei der Gewinnung von privaten Sicherheitspartnern auf Kreis- und Landesebene besteht (Hiete et al. 2010, D 25), um die private und behördliche Katastrophenprävention und -bewältigung besser zu vernetzen. Hier ist auch an private Sicherheitsdienstleister zu denken, die sich mittlerweile als ein wesentliches Element der Sicherheitsarchitektur in Deutschland etabliert haben. Sie sind für die Sicherheit von Flughäfen und Bahnhöfen ebenso zuständig wie für die von kerntechnischen Anlagen und Einkaufszentren. Faktisch gibt es bereits jetzt teilweise eine enge Zusammenarbeit zwischen privaten Sicherheitsdiensten und der Polizei (Schönbohm 2010, S. 51). Da damit zu rechnen ist, dass sich die Einsatzfelder privater Dienstleister weiter ausdehnen, wäre zu klären, inwieweit es rechtlich,[126] technisch und organisatorisch möglich ist, für den Katastrophenfall Voraussetzungen für eine funktionierende öffentlich-private Sicherheitspartnerschaft zu schaffen.

VERNETZTE KATASTROPHENBEWÄLTIGUNG – OHNE NETZ   9.

Die Behörden sind zur Gewinnung eines Lagebilds, bei der Verbreitung von Informationen, zur Organisation von Ressourcen sowie zur Alarmierung und Koordination von Einsatzkräften auf funktionierende Kommunikationsinfrastrukturen angewiesen. Bereits nach kurzer Zeit können aber die Krisenstäbe, die Einsatzleitungen, die Hilfsorganisationen und die Unterstützungskräfte kaum noch auf die öffentlichen Kommunikationsinfrastrukturen zugreifen (Kap. IV.1). Alarmierung und Aufwuchs könnten nur noch schleppend erfolgen.[127] Die zur Verfügung stehenden Bewältigungskapazitäten und die behördeneigenen Kommunikations-

---

[126] »Aus Gründen der Rechtssicherheit und zur Wahrung des Gesetzesvorbehalts« schlägt beispielsweise Stober (2008, S. 49) vor, die einschlägigen Fachgesetze zu ergänzen.
[127] Nach Weinheimer (2008, S. 165) könnten innerhalb von fünf Minuten die ständig präsenten Kräfte der Feuerwehren von etwa beispielsweise 8.000 Personen auf 400.000 aufwachsen; innerhalb einer Stunde könnten weitere 200.000 Feuerwehrleute einsatzbereit sein. Davon stünden innerhalb von acht Stunden 60.000 für überregionale Einsätze zur Verfügung. Dass eine Mobilisierung bei Ausfall der Telekommunikationsstrukturen in dieser Weise gelingen könnte, muss bezweifelt werden.

netze sind nicht für einen langandauernden Stromausfall ausgelegt. Letztere setzen sich zumeist aus historisch gewachsenen, unterschiedlichen leitungsgebundenen Netzen und Funknetzen zusammen und können nur wenige Stunden oder Tage ohne Strom überbrücken.

SCHWACHSTELLEN UND OPTIONEN

> Die Kommunikationsnetze des Bundes, etwa der IVBB oder der IVBV, können in der Regel 48 Stunden mit NSA betrieben werden. Für funktionierende Kommunikation reicht dies allerdings nicht. Es kommt zusätzlich darauf an, dass die Kommunikationstechnik der jeweils angeschlossenen Institutionen das gleiche Sicherungsniveau aufweist. Dies, so eine erste Einschätzung, ist bei den Kerninstitutionen in Bonn und Berlin durchaus der Fall, nicht unbedingt aber bei allen Bundesbehörden im gesamten Bundesgebiet.
> Die Kommunikation der BOS erfolgt über das nichtöffentliche Netz des BOS-Funks, das beispielsweise von Polizeien, THW, Zollbehörden, Katastrophenschutzbehörden, Feuerwehren und Rettungsdiensten verwendet wird. Es basiert auf Relaisstationen (automatisch arbeitende Funkstation meist an exponierten Standorten), die eine Übertragung über größere Strecken ermöglichen. Aufgrund der veralteten Technik, Kanalknappheit und der fehlenden oder zu schwachen Verschlüsselungsmöglichkeiten im Analogfunk wird derzeit und in den folgenden Jahren (bis 2012) flächendeckend ein digitales Funknetz im BOS-Funk eingeführt. Hierbei kommt der TETRA-25-Standard zum Einsatz. Das digitale Funknetz in Deutschland soll sich im Wesentlichen aus ca. 4.300 Basisstationen sowie einem Kernnetz mit 62 Vermittlungsstationen zusammensetzen (Hiete et al. 2010). Erste Netzabschnitte und Teilnetzabschnitte sind bereits aufgebaut. Jedoch bedeutet die Modernisierung des BOS-Funks unter dem Gesichtspunkt der Stromabhängigkeit eine Erhöhung der Vulnerabilität bei einem Stromausfall. Während die analogen Relaisstationen noch über eine USV von vier bis acht Stunden verfügten, sind die Basisstationen bei TETRA nur noch auf eine batterieversorgte Überbrückung von zwei Stunden ausgelegt (Hiete et al. 2010, F30).
> Vergleichbare Probleme treten bei einem Einsatz von Kräften der Bundeswehr auf. Diese operiert mit dem digitalen TETRAPOL-Funk, der zellular aufgebaut ist und mobile Sprach- und Datenkommunikation ermöglicht. Dieser ist nicht direkt mit dem digitalen BOS-Funk kompatibel, sondern muss über Vermittlungsstellen verbunden werden. Da ein Einsatz der Bundeswehr erst nach einigen Tagen zu erwarten ist, funktioniert der BOS-Funk bereits nicht mehr. Vermutlich trifft dies auch auf die TETRAPOL-Anlagen zu. Überdies ist fraglich, ob genügend Endgeräte für die Einbindung ziviler Einsatzkräfte vorhanden sind.
> Die Krisenstäbe vor Ort hätten auch die Option, auf mobile, stromnetzunabhängige Funkstationen zurückzugreifen. Die Telekommunikationsunterneh-

men sowie THW und Bundeswehr verfügen über eine Netzersatzausstattung, mit der sie in der Lage sind, im Krisenfall Sprach- und Datendienste zu etablieren sowie mit NSA zu versorgen. Es handelt sich dabei z. b. um mobile Richtfunkantennen, die gegebenenfalls auch W-Lan- und ISDN-fähig sind. Die Kapazitäten z. B. des THW sind aber diesbezüglich begrenzt und nicht darauf ausgerichtet, in einer größeren Region für einen breiten Nutzerkreis Sprach- und Datendienste einzurichten. Gedacht sind sie in erster Linie für die Kommunikation der Krisenstäbe und Einsatzleitungen. Welche Kapazitäten bei den Telekommunikationsunternehmen vorhanden sind, ist nicht bekannt. Zudem dürfte ihre Bereitstellung mit logistischen Problemen verbunden sein. Selbst wenn es gelänge, frühzeitig ein Ersatznetz zu errichten, müssten die Akkus der Endgeräte regelmäßig getauscht oder geladen werden.[128]

> Weitere Optionen bei einem Stromausfall sind die Errichtung provisorischer Feldkabelnetze, die Unterstützung durch Funkamateure gemäß § 2 Abs. 2 Amateurfunkgesetz sowie der Rückgriff auf Satellitenkommunikation. Die Kommunikation mittels Feldkabel erfolgt mithilfe mobiler Stromerzeuger, die nach kurzer Zeit mit Treibstoff versorgt werden müssen. Dagegen sind die energietechnischen Anforderungen an Amateurfunkgeräte sehr gering. Der Amateurfunk wird unabhängig von einer bestehenden – und mit Strom versorgten – Funkinfrastruktur ausgeübt. Übliche Funkgeräte sind mit Batterien, Autobatterien oder Solarzellen auch über große Entfernungen zu betreiben. Auch Satellitentelefonie und satellitengestützte Internetanbindung bieten ausreichende Übertragungswege, sofern die benötigten terrestrischen Elemente (z. B. die Bodenstationen) mit Strom versorgt sind. Problematisch könnten jedoch Verbindungen zwischen den verschiedenen Satellitennetzen werden, da diese Schnittstellen in der Regel auf terrestrische Einrichtungen angewiesen sind.

Ein übergreifendes Problem ist jedoch das Laden und Tauschen der Akkus von Funkgeräten und Satellitentelefonen. Somit stellt sich die Frage, inwiefern diese Rückfalllösungen bei einem Stromausfall überhaupt längerfristig nutzbar sind.

Damit verbleibt den Behörden noch die Möglichkeit der gezielten Wiederherstellung einzelner Infrastrukturen. Eine Option besteht in der zumindest stundenweisen Versorgung einer Basisstation des Mobilfunks sowie der zugehörigen Fernvermittlungsstelle (MSC) mit Notstrom bzw. Treibstoff. Sofern eine Verbindungskette über weitere MSCs errichtet werden kann, wären Verbindungen zwischen den Teilnehmern in Reichweite sowie in das vom Stromausfall nichtbetroffene Gebiet möglich. Ergänzt durch den Einsatz von Meldeträgern wäre dann zumindest eine rudimentäre lokale Koordinierung von Hilfsmaßnahmen möglich. Jedoch sind die Herausforderungen einer *dauerhaften* Versorgung dieser

---

128 Legt man die Angaben verschiedener Hersteller zugrunde, ist bei Standard- bzw. Hochleistungsakkus – je nach Nutzungsintensität – eine Nutzungsdauer von zwischen zwölf bis 16 bzw. 18 bis 26 Stunden zu erwarten.

Infrastrukturen sowie die *Vernetzung* mit weiteren MSCs innerhalb und außerhalb des vom Stromausfall betroffenen Gebiets nicht zu unterschätzen.

Folgt man diesen Überlegungen, so fehlen auf technischer Ebene kurzfristig realisierbare Ansatzpunkte, um eine größere Robustheit dieses Sektors für die Zwecke der Katastrophenbewältigung zu erreichen. Die bestehenden öffentlichen und behördlichen Kommunikationsinfrastrukturen könnten nur mit erheblichem Aufwand auf einen langandauernden großflächigen Stromausfall vorbereitet werden. Durch die Netzwerkstruktur des Systems ist es zumeist unmöglich, dieses durch punktuelle Aufrüstung gegenüber einem Stromausfall widerstandsfähig zu machen, da insbesondere Kommunikation und Koordination in der Fläche von funktionierenden Endgeräten abhängig sind. Wiederum erweisen sich die Akkus bzw. Batterien der Empfangsgeräte als Problem, da sie innerhalb des vom Stromausfall betroffenen Gebiets regelmäßig nachgeladen oder getauscht werden müssen.

Welche technische Lösung im Einzelfall zu realisieren ist, hängt maßgeblich von den örtlichen Gegebenheiten und verfügbaren Ressourcen ab, aber auch von der subjektiven Einschätzung der Verantwortlichen vor Ort. Dadurch und aufgrund des hohen Handlungsdrucks besteht die Gefahr, dass vielerorts zwar einzelne Infrastrukturelemente, wie Radiosender oder Mobilfunkstationen, wieder funktionstüchtig gemacht werden. Diese bleiben jedoch isoliert und wären nicht zu einer flächendeckenden Kommunikationsinfrastruktur vernetzt. Um dies zu erreichen, wäre ein gutgeplantes, abgestimmtes und koordiniertes Vorgehen erforderlich. Es müssten prioritäre Einrichtungen und ggf. Kernbetriebszeiten benannt werden, um auch bei knappen Ressourcen die Errichtung eines Verbundes beispielsweise aus Mobilfunkstationen und damit Kommunikation in das vom Stromausfall nichtbetroffene Gebiet zu ermöglichen. Festgelegt werden müsste auch, wann Ressourcen für eine Richtfunkverbindung aufgebracht werden sollten oder ob beispielsweise Meldeträger vorzuziehen sind. Dadurch könnte ein errichtetes Kernnetz entsprechend der vorhandenen Kapazitäten zu einer zumindest regional funktionierenden Infrastruktur erweitert werden.

Insgesamt ist davon auszugehen, dass trotz intensiver Bemühungen zur Wiederherstellung der Kommunikationsinfrastrukturen kein einheitliches Lagebild gewonnen werden kann. Die noch realisierbaren technischen Optionen sind improvisiert, eher von kurzer Reichweite und Zeitdauer, ihre Versorgung ist problematisch und eine Koordinierung der Kräfte und Maßnahmen wahrscheinlich nur unzureichend zu leisten. Eine besondere Herausforderung in einem Schadensfall wie einem überregionalen Stromausfall besteht darin, dass ortsfremde Einheiten oft über große Entfernungen herangeführt werden müssen. Die Einrichtung fachlicher und räumlicher Einsatzabschnitte sowie von Führungsstellen wird ohne angemessene Kommunikationsmittel nicht möglich sein (Rechenbach 2005, S. 200). Aus all diesen Gründen wird die behördliche Katastrophenbewältigung hochgradig defizitär bleiben.

INFORMATIONS- UND HANDLUNGSPERPEKTIVEN

Die in Kapitel IV.1 sowie vorstehend vorgenommene Einschätzung der Verletzbarkeit sowie der Bewältigungskapazitäten des Sektors »Informationstechnik und Telekommunikation« im Fall eines langandauernden großflächigen Stromausfalls ist mit zahlreichen Unsicherheiten behaftet. Weiterer Informations- und Forschungsbedarf ist deshalb offensichtlich.

> Grundsätzlich wäre eine Abschätzung des für den zugrundegelegten Fall minimalen Kommunikationsniveaus erforderlich, um darauf aufbauend die technischen Randbedingungen verschiedener Versorgungsniveaus ermitteln zu können. Entsprechende Teilfragen würden eine Abschätzung der üblicherweise anfallenden Kommunikations- und Datenströme sowie die Erhebung von vorhandenen Redundanzen und betriebskritischen Netzabschnitten und -knoten umfassen. Ziel dieser Bemühungen wäre die quantitative Abschätzung des Versorgungsgrads mit Kommunikationsdiensten bei einem Stromausfall nach wenigen Stunden, Tagen und Wochen.

> Ferner könnten vorhandene Konzepte zur Notstromversorgung von IT- und TK-Infrastrukturen überprüft und verbesserte Ansätze entwickelt werden. Hierzu müsste ein Überblick über die Notstromversorgung bei den verschiedenen Kommunikationsnetzen und -diensten sowie ihren Komponenten und Akteuren erarbeitet werden. Gleiches gilt für die Kapazitäten und Einsatzoptionen mobil einsetzbarer und mit Notstrom zu versorgender Netzersatzanlagen der Telekommunikation. Hierdurch wären die technischen Randbedingungen spezifizierbar, die beispielsweise für ein auf größere Städte und zentrale Knotenpunkte reduziertes Netz zur Krisenkommunikation erforderlich sind.

> Darüber hinaus wären mögliche Anpassungen der gesetzlich vorgeschriebenen Vorsorgemaßnahmen zu prüfen. Ziel entsprechender rechtswissenschaftlicher Analysen sollte die Identifikation von Ansätzen zur Erhöhung der Resilienz des Sektors »Informationstechnik und Telekommunikation« bei einem Ausfall der Stromversorgung sein. Eine Bestandsaufnahme und Bewertung der für den Fall eines länger andauernden Stromausfalls relevanten Rechtsgrundlagen und die Prüfung des Anpassungsbedarfs sollten auch den bisher kaum berücksichtigten Bereich des Internets und der Tele- und Multimediadienste einschließen. Dadurch wäre eine Grundlage für die Konkretisierung des Änderungsbedarfs bezüglich der Vorgaben für die Telekommunikationsanbieter für eine »ausreichende« Vorsorge gegeben.

> Schließlich wären prospektive Analysen der Rahmenbedingungen des Sektors zu erwägen. Einbezogen werden sollten technologische Innovationen (»intelligente« Netze, Elektromobilität), aber auch politische (Liberalisierung, Privatisierung und Deregulierung), ökonomische (Vielfalt der konkurrierenden Anbieter, schneller Produktwechsel) oder soziokulturelle Veränderungen (etwa veränderte Formen der Kommunikation und Mediennutzung in der Bevölkerung).

Dabei wäre zu untersuchen, welche technischen Entwicklungen eher zu einer Zunahme und welche eher zu einer Abnahme der (Netz-)Stromabhängigkeit führen und welche Forschungs- und Entwicklungsprozesse gefördert werden könnten, um vom Stromnetz weniger abhängige informationstechnische und telekommunikative Anwendungen zu realisieren.

10. KRISENKOMMUNIKATION OHNE STROM

Einer dialogischen Krisenkommunikation zwischen Behörden und Bevölkerung wird durch die Ausfälle im Sektor »Informationstechnik und Telekommunikation« weitgehend der Boden entzogen. Da die rudimentär verbleibenden oder wieder aufgebauten Kommunikationsmöglichkeiten von den Behörden zur unmittelbaren Schadensbehebung und Katastrophenbewältigung beansprucht werden, sind Information der und Kommunikation mit der Bevölkerung überwiegend auf örtliche batteriegestützte Warnsysteme (z. B. Sirenen, die Sprachdurchsagen ermöglichen), Radiomeldungen, Verteilung von Flugblättern, persönliche Ansprache sowie durch Lautsprecherwagen übermittelte Nachrichten beschränkt. Radiosender verfügen über eine gewisse Notstromkapazität. Da sie sich auch zur Ausstrahlung von Warndurchsagen und Informationen über das satellitengestützte Warnsystem des Bundes SatWaS eignen,[129] versuchen die Behörden, ausgewählte Sendestationen als Mittel der Krisenkommunikation mit Treibstoff zu versorgen. Eingerichtete Anlaufstellen, wie Bürgermeisterämter, Feuerwehrhäuser oder Gemeindehallen, können sich – wie Erfahrungen zeigen – zu Knotenpunkten der Informationsverteilung entwickeln (z. B. Deverell 2003; Scholtens et al. 2008). Hier ist zumeist ein Radio vorhanden, können Aushänge gemacht werden und stehen Ansprechpartner für eine Vielzahl von Personen, die sich hier einfänden, bereit.

Es ist aber offensichtlich, dass eine solch fragmentierte (Einweg-)Kommunikation den üblicherweise in der Literatur und in Leitfäden genannten Ansprüchen an eine »kontinuierlich koordinierte« Krisenkommunikation (BBK 2008a, S. 147) nicht gerecht werden kann. Fällt die strombasierte Kommunikation so weitgehend aus wie beschrieben, wird es äußerst schwierig, ohne wie selbstverständlich funktionierende Kommunikationskanäle, lokal, regional oder gar national Glaubwürdigkeit zu vermitteln und Vertrauen zu schaffen – also wichtigen Grundbedingungen der Krisenkommunikation gerecht zu werden. Wie aber »Aushilfe für diesen Fall« (BBK 2008a, S. 147) vorbereitet und wie alternative stromlose Kommunikation zielgruppengerecht realisiert werden können, wird selten thematisiert. Hier besteht Bedarf an konzeptionellen und praxisfähigen Überlegungen, wie eine nichtstrombasierte Krisenkommunikation gestaltbar sein könnte.

---

129 SatWaS ist ebenso wie deNIS II plus stromabhängig.

Bei der Frage der Warnung und fortlaufenden Information der Bevölkerung ist in den letzten Jahren ein gewachsenes Problembewusstsein zu konstatieren. Da Warnung und Entwarnung adäquate Infrastrukturen benötigen (Schutzkommission 2006, S. 48), sind technische Optionen geprüft und z. T. in die Wege geleitet worden, um die bestehenden »Warnlücken« (Schutzkommission 2006, S. 50 ff.) zumindest teilweise zu schließen sowie die Möglichkeiten der Information der und Kommunikation mit der Bevölkerung zu verbessern. Allerdings dürften manche technische Lösungen zur Warnung und Unterrichtung zwar elegant und anspruchsvoll, bei einem Stromausfall allerdings suboptimal sein. Solche Warnkonzepte basieren häufig auf den Möglichkeiten des Mobilfunks, beispielsweise um Massen-SMS im Cell-Broadcast-Verfahren zu versenden. Weiterhin wurde vorgeschlagen, Autos, Funkuhren oder Rauchmelder mit Rundfunkempfängern auszustatten, um sie für die Alarmierung der Bevölkerung einzusetzen. Angesichts von Beispielen wie diesen wäre zu raten, gerade bei innovativen Lösungen immer auch die besonderen Gegebenheiten eines Stromausfalls, wie den nahezu umfassenden Ausfall der Kommunikationsinfrastrukturen und die begrenzte Reichweite von Batterieladungen zu berücksichtigen. Insbesondere sollte verhindert werden, dass die Verantwortlichen »gut instruiert« sind, die von der Katastrophe betroffene Bevölkerung aber »weitgehend ahnungslos« ist (Schutzkommission 2006, S. 50 f.).

VERSORGUNG MIT TREIBSTOFF, SICHERSTELLUNG EINER ROBUSTEN NOTSTROMVERSORGUNG 11.

Aus Sicht des Katastrophenmanagements ist die Verfügbarkeit der Ressource Treibstoff von zentraler Bedeutung. Unabdingbar ist die Versorgung beispielsweise von

> Einsatzfahrzeugen der Hilfsorganisationen und Unterstützungskräfte;
> dieselbetriebenen Schienenfahrzeugen zur Räumung liegengebliebener Züge und für Transportzwecke sowie Busse des ÖPNV zur Aufrechterhaltung minimaler Transportdienstleistungen;
> NSA, die sensible Infrastrukturkomponenten (wie Einsatzleitstellen, Feuerwehrhäuser, mobile Funkstationen) als Knotenpunkte der Information, Kommunikation und Koordination des Katastrophenmanagements funktionsfähig halten (z. B. Hoffmann 2009, S. 24 ff.).

Trotz der ungünstigen Randbedingungen – wie insbesondere der Ausfall von Tankstellen – bieten die existierenden Bewältigungskapazitäten in Form von Treibstoffvorräten notwendige Voraussetzungen für die erforderliche Mobilität der Akteure des Katastrophenmanagements. Dazu kommt, dass Raffinerien über eigene Stromerzeugungskapazitäten verfügen, die bis 90 % des Strombedarfs decken können, und dass vielfach das eigene Stromnetz im Inselbetrieb gefahren werden kann (Hiete et al. 2010, F20). Daher ist ein (reduzierter) Weiterbetrieb zumindest eines Teils der Raffinerien wahrscheinlich.

Durch die gesetzlich vorgeschriebene Erdölbevorratung stehen erhebliche Treibstoffreserven zur Verfügung, die den Bedarf auch während eines langandauernden Stromausfalls decken könnten. Da Benzin und Diesel vor allem in oberirdischen Tanklagern vorgehalten werden, können dort die Tankwagen oder -züge nach dem Schwerkraftprinzip befüllt werden (Prognos 2009, S. 84), falls Strom für Pumpen nicht verfügbar ist. Die regionale Verteilung der Standorte gewährleistet eine flächendeckende Verfügbarkeit (Homepage EBV a, b, d; ÖGEW/DKGM 2007). Das VerkLG eröffnet die Option, dass Transportkapazitäten privater Unternehmen bereitgestellt werden.

Trotz dieses Potenzials ist es fraglich, inwieweit diese Kapazitäten und Ressourcen bei einem Stromausfall aktiviert und bedarfsgerecht genutzt werden können.

Ein erster Hemmschuh dürfte sein, dass der Erlass der erforderlichen Rechtsverordnung gemäß § 30 Erdölbevorratungsgesetz (ErdölBevG) einige Zeit in Anspruch nehmen dürfte. Vorgesehen ist dann, die bevorrateten Bestände den Mineralölkonzernen durch den Erdölbevorratungsverband (EBV) zur Verfügung zu stellen[130] (Homepage EBV c). Auch kann die gezielte Freigabe für bestimmte Abnehmer vorgesehen werden. Dafür müssten die freigegebenen Bestände per Binnenschiff, Eisenbahn-Kesselwagen[131] oder Tankkraftwagen transportiert werden. Allerdings dürften angesichts der Beeinträchtigungen der Kommunikations- und Verkehrsinfrastrukturen die Transportfahrzeuge nicht so schnell und umfassend einsetzbar sein, dass Treibstoffengpässe verhindert werden. Unsicher ist auch, ob beispielsweise die Mineralölfirmen auf die Situation einer Freigabe vorbereitet wären (Hiete et al. 2010, F21). Möglicherweise müssten auch Bestände von Unternehmen oder Privatpersonen vor Ort beschlagnahmt werden, um den Bedarf von Behörden- und Einsatzfahrzeugen und relevanten NSA solange zu decken, bis Versorgungslieferungen realisiert werden können.

Zudem ist die Koordinierung und bedarfsgerechte Verteilung von Treibstofflieferungen vor Ort eine äußerst komplexe Aufgabe – selbst wenn es gelänge, ausreichend Tankfahrzeuge von Mineralölkonzernen und Logistikdienstleistern auf der Basis des VerkLG einzubinden. Da ein großflächiges Gebiet betroffen ist, sind Probleme bei der Abstimmung von Zuständigkeiten sowie logistische Herausforderungen, beispielsweise bei Bezeichnung, Einrichtung und Betrieb zentraler Umschlags- und Verteilstellen, zu erwarten (EBP 2010, S. 104). Problemverstärkend wirken die defizitären Kommunikationsmöglichkeiten für die Behörden

---

130 Das Rechnernetzwerk des EBV ist nicht notstromversorgt. Bei einem länger als acht Stunden andauernden Stromausfall würde der EBV in ein gesichertes Rechenzentrum umziehen (Hiete et al. 2010, F21).
131 Kesselwagen könnten bei einem Stromausfall nicht ohne Weiteres eingesetzt werden.

und Einsatzkräfte, sodass es vielerorts zu Situationen der Fehl-, Über- oder Unterversorgung kommen wird.

Insgesamt wird deutlich, dass zwar umfangreiche Vorkehrungen zur Gewährleistung von Transportdienstleistungen für die Versorgung mit Treibstoff im Krisenfall bestehen. Jedoch wird unter den spezifischen Bedingungen eines Stromausfalls die zeitnahe und gutkoordinierte Aktivierung der Treibstoffreserven ein kritischer Faktor für die weitere Entwicklung der Situation sowie die Folgenbewältigung sein.

Ein Ansatzpunkt zur Erhöhung der Resilienz des Sektors bestünde in einer Verbesserung der unmittelbar vor Ort verfügbaren Ressourcen, beispielsweise indem ausgewählte Tankstellen mit NSA ausgestattet und kontinuierlich mit Treibstoff versorgt werden. Unter der Prämisse, dass diese prioritär Treibstoff für die Zwecke der BOS und der Hilfsorganisationen zur Verfügung stehen, wären die zeitliche Kritikalität der Zuführung von Treibstoffreserven gemindert und die lokale Mobilität und Handlungsfähigkeit der Einsatzkräfte sowie ggf. auch der Bevölkerung für eine gewisse Zeit sichergestellt.

Zugleich wäre es erforderlich, zum kontinuierlichen Betrieb von NSA an ausgewählten relevanten Standorten zeitgerecht den notwendigen Brennstoff nachzuführen. Um die komplizierte Logistik kontinuierlich ablaufen lassen zu können, ist eine informationstechnische Vernetzung von Mineralöllagern, Tankstellen, den Infrastrukturelementen, die mit NSA und Treibstoff versorgt werden müssen, Voraussetzung. Diese sind aber noch nicht geschaffen.[132]

12. INSELNETZE ALS OPTION ZUR STEIGERUNG DER RESILIENZ DER STROMVERSORGUNG NACH EINEM STROMAUSFALL

In einzelnen Sektoranalysen hat sich gezeigt, dass eine Vielzahl von Infrastrukturelementen mit »Unterbrechungsfreien Stromversorgungsanlagen« (USV) sowie bestimmte Einrichtungen mit Notstromaggregaten (NSA) ausgestattet sind. Diese verfügen zumeist aber über begrenzte Batteriekapazitäten bzw. Brennstoffreserven und haben deshalb eine geringe Durchhaltefähigkeit. Wenn die unmittelbaren Vorsorgemaßnahmen für den Stromausfall erschöpft sind, zeichnet sich insbesondere ein Konkurrenzkampf um mobile NSA und die dafür nötige Dieselversorgung ab. Hierbei konkurriert in allen Sektoren eine erhebliche Anzahl von sensiblen Infrastrukturen (beispielsweise Melkanlagen, Operationssäle in Kranken-

---

[132] Entsprechende technische Optionen erkundet zurzeit das vom Bundesministerium für Bildung und Forschung geförderte Projekt »Energie- und Kraftstoffversorgung von Tankstellen und NSA bei Stromausfall« (TankNotStrom) im Rahmen des Programms »Forschung für die zivile Sicherheit«.

häusern und Mobilfunkmasten) um eine sehr begrenzte Anzahl mobiler Aggregate sowie Treibstoff. Zwar könnten erschöpfte Aggregate durch neue oder aufgeladene ersetzt werden, doch wären erneut nur wenige Stunden gewonnen. Letztlich müssten stationäre und mobile NSA nach Stunden oder wenigen Tagen mit Treibstoff beliefert werden. In Anbetracht der allgemeinen Einschränkungen bei Logistik und Koordination sowie der Vielzahl und Konkurrenz der Nachfrager ist nicht davon auszugehen, dass es gelingt, diese ausreichend zu versorgen.

Zur Steigerung der Robustheit zentraler Infrastrukturelemente wäre es daher lohnenswert, nachhaltigere Optionen zur Bewältigung eines langandauernden und großflächigen Stromausfalls zu entwickeln. Dies könnte beispielsweise durch ein Konzept zur Notstromversorgung auf der Basis dezentraler Stromerzeuger mit Inselnetzfähigkeit erreicht werden,[133] da nur wenige Einrichtungen eine autarke Eigenstromversorgung ermöglichen – beispielsweise Müllverbrennungs- oder Kläranlagen, die über eine »natürliche« Brennstoffversorgung verfügen. Die Grundidee bestünde darin, ausgewählte Elemente Kritischer Infrastrukturen, wie Krankenhäuser, (Einsatz-)Leitstellen, Einrichtungen der BOS oder Lebensmittellager, mit KWK- und/oder Erneuerbare-Energien-Anlagen auszustatten bzw. zu vernetzen, damit sie vom Stromausfall nicht betroffen sind.

Dieses Konzept könnte hinsichtlich technischer und ökonomischer Machbarkeit in regional begrenzten *Modellprojekten* geprüft werden. Ansatzpunkte für eine autarke Stromversorgung durch ein Inselnetz wären vor allem Einrichtungen mit bestehenden NSA oder KWK-Anlagen, die sich in relativer Nähe zu Elementen Kritischer Infrastrukturen befinden. Regenerativen Energieträgern käme zunächst eine ergänzende Funktion zu. Infrastruktureinrichtungen und öffentliche Gebäude wären durch autonome Stromnetze untereinander oder in öffentlich-privaten Partnerschaften mit Industriebetrieben, Heizkraftwerken oder vereinzelt mit Wohngebieten vernetzt. Dadurch könnten während eines langandauernden großflächigen Stromausfalls Behörden und Einsatzkräfte, wie Polizei, Feuerwehr, und Rettungsdienste, nahezu ohne Einschränkungen weiterarbeiten. Die weiterhin funktionierende behördliche Kommunikation ermöglicht eine schnelle Einschätzung der Lage und ein koordiniertes Vorgehen zur Bewältigung der Situation. Zudem stehen Rathäuser, Schulen, Schwimmbäder und Gemeindehallen der Bevölkerung für Aufenthalt, Versorgung und Körperpflege zur Verfügung. Krankenhäuser können alle zentralen Funktionen aufrechterhalten und weiterarbeiten. Zwar kann aufgrund des nur punktuellen Ausbaus eine weiter gehende Versorgung aller Sektoren nicht erbracht werden. Auch müssen viele Inselnetze nach

---

133 Im durch das Bundesministerium für Bildung und Forschung geförderten Forschungsvorhaben »Smart Emergency supply System (SES2)« wird geprüft, wie unter Einbindung regenerativer und dezentraler Stromquellen eine Minimalversorgung bei einem längeren Stromausfall sichergestellt werden könnte (www.bmbf.de/pubRD/Projektinformationen_SES2.pdf).

kurzer Zeit aufgrund von Treibstoffmangel Verbraucher abschalten, um die Versorgung von Behörden, Krankenhäusern und Anlaufstellen für die Bevölkerung weiter gewährleisten zu können. Daher bleiben die meisten an das Inselnetz angeschlossenen Einrichtungen, Betriebe und Haushalte ohne Strom. Allerdings ermöglicht die funktionierende behördliche Kommunikation eine lokale Koordinierung von Hilfslieferungen, sodass die öffentliche Ordnung und Sicherheit gewahrt werden können.

Ziel eines entsprechenden Modellprojekts wäre ferner, die Potenziale technischer Innovationen, Marktmechanismen und öffentlicher Förderprogramme zur Aktivierung von Lernkurven und Degressionseffekten abzuschätzen.

Eine noch vorausschauendere Ausbaustrategie würde – unter Berücksichtigung der Spezifika der Standorte und der zu versorgenden Einrichtungen sowie der Ergebnisse des Modellprojekts – Eigenstrominsellösungen auf Basis erneuerbarer Energien in bestehende Lösungsmöglichkeiten einbeziehen. Dabei übernähme im Katastrophenfall der Inselbetrieb die Versorgung der wichtigsten Systeme und Funktionen der Kritischen Infrastrukturen, ansonsten würde der Netzeinspeisebetrieb gewählt. Bei Planung und Konzeption wäre allerdings zu bedenken, dass eine Reihe zusätzlicher technischer Vorrichtungen zu installieren wäre, um Stromangebot und -nachfrage zu synchronisieren. Bei fluktuierendem Stromangebot sind Stromspeicher einzubinden und Managementsysteme vorzusehen; bei bestimmten KWK-Anlagen ist ein Notkühler für den Betrieb außerhalb der Heizperiode erforderlich. Technikseitig sind zwar keine unüberwindbaren Probleme zu lösen, es dürfen allerdings die Zusatzkosten nicht außer Acht gelassen werden. Vor diesem Hintergrund wäre zu prüfen, ob durch politische Rahmensetzung und Anreize die ökonomisch zurzeit noch bestehenden Restriktionen vermindert werden könnten.

Perspektivisch könnte eine intensivere Ausbaustrategie Kostensenkungen und Leistungssteigerungen ermöglichen und zur Schaffung eines Leitmarktes für Elektro- und insbesondere Batterietechnik beitragen. Durch eine Verknüpfung mit Programmen zur Förderung der Kraft-Wärme-Kopplung, erneuerbarer Energien und der Modernisierung der Stromnetzinfrastruktur könnten Synergieeffekte, etwa bei der Speicherung fluktuierender Energieeinspeisung, realisiert werden.

INFORMATION UND SENSIBILISIERUNG DER BEVÖLKERUNG 13.

Mit den Überlegungen zum Verhalten der Bevölkerung während eines Stromausfalls sind auch weitere Fragen zu ihrer Rolle bei der Katastrophenbewältigung angesprochen. Diese betreffen beispielsweise den Informationsstand der Bevölkerung, ihre Vorbereitung und Selbsthilfefähigkeit sowie die Möglichkeiten und

Grenzen einer Aufklärung der Bürger sowie der Förderung ihrer Selbsthilfefähigkeit.

Hinsichtlich der Informiertheit der Bevölkerung und ihrer Wahrnehmung ist ein erhebliches Defizit zu konstatieren. Die Stromversorgung als Kritische Infrastruktur ist für die Bevölkerung kein Thema, die Möglichkeit von Stromausfällen und die Folgen einer Unterbrechung der Stromversorgung werden ausgeblendet. Es herrscht das sichere Gefühl, dass (größere) Stromausfälle nur in Ländern mit weniger zuverlässiger Stromversorgung aufträten. Erlebte Stromausfälle werden meist schnell vergessen (Kap. III.3, S. 2; Stiftung Risikodialog 2007, S. 14). Die mediale Berichterstattung thematisiert vor allem große, in Deutschland seltene Stromausfälle (Lorenz 2010, S. 18 ff.).

Katastrophen wie Stromausfälle werden meist mit Extremwetterereignissen und Terrorismus assoziiert. Da Naturereignisse als unvermeidbar wahrgenommen werden und dem Terrorismus mit einer Art Fatalismus begegnet wird, ist die Konsequenz die Einstellung, dass man als Privatperson diesen vermeintlich alleinigen Ursachen nicht vorsorgend begegnen könne (Lorenz 2010, S. 22). Dementsprechend gibt es keine nennenswerte Vorbereitung der Bevölkerung auf einen Stromausfall (z. B. Gardemann/Menski 2008), und die Fähigkeiten zur Bewältigung seiner Folgen sind in dieser Hinsicht gering.

Angesichts der wachsenden Abhängigkeit der Gesellschaft von Kritischen Infrastrukturen konstatiert Lorenz (2010, S. 28), dass dieser Prozess »nicht oder zumindest nicht ausreichend risikokommunikativ begleitet wurde«. Die daraus resultierende allgemein geringe Sensibilität für das Risiko und die Gefahren eines Stromausfalls begrenzt die Möglichkeiten der Behörden, die Bevölkerung

> über Gefahren und Risiken zu informieren und Aufmerksamkeit zu wecken,
> bei der Vorbereitung und Bevorratung zu motivieren,
> im Katastrophenfall durch Warnmeldungen zu informieren sowie
> die Fähigkeit zur Selbsthilfe und Hilfe für andere zu aktivieren.

Grundsätzlich gilt, dass Kommunikation über Risiken und mögliche Gefahren im Voraus Vertrauen schaffen sowie das Interesse der Bevölkerung durch Informationen und Beratung aufrechterhalten sollte, um in Krisensituationen die Bürger in geeigneter Weise ansprechen zu können (Geenen 2009, S. 91; Lorenz 2010, S. 26). Wie Risikokommunikation oder eine Sensibilisierungskampagne in Bezug auf das Risiko eines Stromausfalls zu gestalten wären, ist unklar, auch weil es nur wenig wissenschaftliche Literatur über die Meinungen und Einstellungen der Bevölkerung zu diesem Thema gibt. Auch ist wenig über die Wahrnehmung und Wirkung von Informationskampagnen bekannt. Daher wäre zunächst eine wissenschaftlich fundierte Strategie für die Risikokommunikation mit der Bevölkerung vor einem Stromausfall zu erarbeiten. In diesem Zusammenhang käme u. a. eine Bürger- oder Konsensuskonferenz zu Kritischen Infrastrukturen infrage. In Betracht zu ziehen wäre ferner, Bürgergruppen in Notfallplanungen einzubeziehen. Partizipative Verfahren wie diese würden dazu beitragen, von der üblichen Rollenzuweisung an die Bürger als passive Katastrophenopfer wegzukommen und sie vielmehr als kompetente und aktiv handelnde Akteure zu integrieren.

Überhaupt sollte Beachtung finden, dass das überwiegende Desinteresse von Bürgern an der Thematik nicht schlicht auf Lernresistenz oder Unvernunft zurückgeführt werden sollte. Dass sich die Bevölkerung so verhält, ist Ausdruck einer spezifischen Rationalität – angesichts eines Risikos, dessen Folgen zwar erheblich, dessen Eintrittswahrscheinlichkeit aber gering ist. Eine belehrende Attitüde wäre deshalb nicht angebracht.

FAZIT 14.

Die Folgenanalysen haben gezeigt, dass bereits nach wenigen Tagen im betroffenen Gebiet die flächendeckende und bedarfsgerechte Versorgung der Bevölkerung mit (lebens)notwendigen Gütern und Dienstleistungen nicht mehr sicherzustellen ist. Die öffentliche Sicherheit ist gefährdet, der grundgesetzlich verankerten Schutzpflicht für Leib und Leben seiner Bürger kann der Staat nicht mehr gerecht werden. Damit verlöre er auch eine seiner wichtigsten Ressourcen – das Vertrauen seiner Bürger.

Die Wahrscheinlichkeit eines langandauernden und das Gebiet mehrerer Bundesländer betreffenden Stromausfalls mag gering sein. Träte dieser Fall aber ein, kämen die dadurch ausgelösten Folgen einer nationalen Katastrophe gleich. Diese wäre selbst durch eine Mobilisierung aller internen und externen Kräfte und Ressourcen nicht »beherrschbar«, allenfalls zu mildern. In historischer Perspektive mag zutreffen, dass sich das deutsche Hilfeleistungssystem auf Katastrophen gut vorbereitet hat, und es »nichts« gab, was »nicht bewältigt wurde« (Unger 2008, S. 100). Ob dies auch für die »Verbundkatastrophe« eines Stromausfalls zutreffen wird, muss bezweifelt werden.

Weitere Anstrengungen sind deshalb auf allen Ebenen erforderlich, um die Resilienz der Sektoren Kritischer Infrastrukturen kurz- und mittelfristig zu erhöhen sowie die Kapazitäten des nationalen Systems des Katastrophenmanagements zielorientiert weiter zu optimieren. Entsprechende Maßnahmen dürften allerdings nicht immer kostenneutral zu realisieren sein. Dass das Ziel dabei keine absolute, sondern allenfalls relative Sicherheit sein kann, muss betont werden. Stets wären bei der Entwicklung und Implementierung von Konzepten Abwägungsprozesse und Prioritätensetzungen erforderlich: Wie sicher ist sicher genug? Welche Kosten und welche Pflichten sind wem zumutbar? Welches Restrisiko ist hinzunehmen?

Der Stromausfall als ein Paradebeispiel für »kaskadierende Schadenswirkungen« sollte auf der Agenda der Verantwortlichen in Politik und Gesellschaft weiterhin hohe Priorität haben, auch um die Sensibilität für diese Thematik in Wirtschaft und Bevölkerung zu erhöhen. Der hiermit vorgelegte TAB-Bericht soll hierzu einen Beitrag leisten.

LITERATUR   V.

IN AUFTRAG GEGEBENE GUTACHTEN   1.

EBP (Ernst Basler + Partner AG) (2010): Folgen eines großräumigen und lang andauernden Ausfalls der Stromversorgung. Kurzgutachten für die Sektoren Informations- und Kommunikationstechnologie, Finanzdienstleistungen und Verkehr sowie für Justizvollzugsanstalten. Zollikon

Prognos AG (2009): Gefährdung und Verletzbarkeit moderner Gesellschaften – am Beispiel eines großräumigen Ausfalls der Stromversorgung. Basel

Vierboom & Härlen Wirtschaftspsychologen GbR (2009): Themenbereich »Risiko- und kommunikationspsychologische Bestimmungsfaktoren des Umgangs mit einem großräumigen Ausfall der Stromversorgung in der Bevölkerung«. Köln

Vierboom & Härlen Wirtschaftspsychologen GbR (2010): Kurzgutachten zu einer Literaturstudie über Faktoren und Maßnahmenmöglichkeiten der Katastrophenbewältigung auf der Verhaltensebene. Köln

WEITERE LITERATUR   2.

Ackermann, W., Binsack, G., Bonsmann, C., Brandt, D., Diewerge, C., Ensenauer, P., Fügemann, H.-W., Gardemann, J., Giraud, H., Gruner, H., Heckmann, A., Jähnke, R.W.O., Müller, M., Portugal, A., Puteanus, U., Saes, A., Schleiden-Schmid, I., Schneider, T., Seißelberg, S., Wagner, W., Werner, D. (2009a): Pharmazeutisches Notfallmanagement. In: Bundesamt für Bevölkerungsschutz und Katastrophenhilfe: Notfall- und KatastrophenPharmazie II. Pharmazeutisches Notfallmanagement. Bonn, S. 1–337

Ackermann, W., Binsack, G., Brandt, D., Wagner, W., Zimmermann, T. (2009b): Pharmazeutische Notfall-Logistik und Sanitätsmaterialversorgung. In: Bundesamt für Bevölkerungsschutz und Katastrophenhilfe: Notfall- und KatastrophenPharmazie II. Pharmazeutisches Notfallmanagement. Bonn, S. 465–515

ÄKV (Ärztekammer für Vorarlberg) (o.J.): Wenn die Niere versagt. www.gnv.at/aek/dyn/distributor?page=attshow&id=1046; abgerufen am 24.7.2009

ALM (Arbeitsgemeinschaft der Landesmedienanstalten) (2009): Sendebeginn von Fernsehprogrammen in Deutschland (1954 bis 31. Okt. 2009). Stuttgart www.alm.de/fileadmin/forschungsprojekte/GSPWM/Sendestarts_Nov-09.pdf; abgerufen am 19.5.2010

ALM (o.J.): Radio. Stuttgart www.alm.de/52.html; abgerufen am 19.5.2010

Anderson, P.L., Geckil, I.K. (2003): Northeast Blackout Likely to Reduce US Earnings by $6.4 Billion. Anderson Economic Group Working Paper 2003-2, o.O.

BABS (Bundesamt für Bevölkerungsschutz) (2009): Schlussbericht Kritikalität der Teilsektoren. Programm Schutz Kritischer Infrastrukturen. Bern

Baer, W., Hassel, S., Vollaard, B. (2002): Electricity requirements for a digital society. Santa Monica

Bankenverband (2004): Management von Kritischen Infrastrukturen. Berlin https://shop.bankenverband.de/shop/ods/management-von-kritischen-infrastrukturen/09-br0504_infrastruktur.pdf/download; abgerufen am 16.8.2010

Baxter (2009): Monosol. http://www.baxter.de/downloads/fachinformation/monosol.pdf; abgerufen am 19.4.2011

BayerFarm (o.J.): Wasserbedarf beim Geflügel. http://bayer-farm.de/scripts/pages/de/gefluegel/gut_zu_wissen/wasserbedarf_beim_gefluegel_/index.php?print=1; abgerufen am 23.2.2010

BBK (Bundesamt für Bevölkerungsschutz und Katastrophenhilfe) (o.J.): Allgemeine Information. Bonn www.bbk.bund.de/nn_402294/DE/02__Themen/06__Kritische-Infrastrukturen/01__Aufgabenbereiche/Themen__node.html; abgerufen am 29.3.2010

BBK (2005a). KRITIS-Spezial: Stromausfall im Schienennetz. In: Wissenswertes aus dem Zentrum Schutz Kritischer Infrastrukturen. Newsletter 2/2005, S. 7–8

BBK (2005b): Problemstudie: Risiken für Deutschland. Gefahrenpotentiale und Gefahrenprävention für Staat, Wirtschaft und Gesellschaft aus Sicht des Bevölkerungsschutzes. Teil 2, o.O.

BBK (2006): Leitfaden für die Einrichtung und den Betrieb einer Notstromversorgung in Behörden und anderen wichtigen öffentlichen Einrichtungen. o.O.

BBK (2007): Basisschutz für Katastrophenschutz- und Hilfsorganisationen. o.O.

BBK (2008a): Nationales Krisenmanagement im Bevölkerungsschutz. Band 1, Spangenberg

BBK (2008b): Schutz kritischer Infrastruktur: Risikomanagement im Krankenhaus. Leitfaden zur Identifikation und Reduzierung von Ausfallrisiken in kritischen Infrastrukturen des Gesundheitswesens. Rheinbach

BBK (2008c): Trinkwasser Notbrunnen in Deutschland. www.bbk.bund.de/cln_007/nn_399434/SharedDocs/Publikationen__extern/Zivilschutztechnik/Trinkwasser-Notbr__Zeitschrift-bbr,templateId=raw,property=publicationFile.pdf/Trinkwasser-Notbr_Zeitschrift-bbr.pdf; abgerufen am 9.11.2010

Beck, M.-L., Vannier, S. (2008): Stand der Information über die Notstromversorgung der Tankstellen (Juni 2008). Anhang zum Grünbuch des Zukunftsforums Öffentliche Sicherheit, www.zukunftsforum-oeffentliche-sicherheit.de/download/21/; abgerufen am 24.8.2010

Berufsfeuerwehr Braunschweig (2009): Löschwasserversorgung. In: Brandschutzmerkblatt, Nr. 2. Braunschweig

Bethmann, D., Baus, C., Castell-Exner, C. (2006): Das WHO Water Safety-Plan-Konzept. In: DVGW energie|wasser-praxis 4, S. 58–62

Bialek, J.W. (2010): Critical interrelations between ICT and electricity system. In: Lukszo, Z., Deconinck, G., Weijnen, M.P.C (eds.): Securing electricity supply in the cyber age. Exploring the risks of information and communication technology in tomorrow's electricity infrastructure. Dordrecht u.a.O., S. 53–70, hier zitiert nach der Fassung in http://dro.dur.ac.uk/6522/1/6522.pdf; abgerufen am 12.7.2010

2. WEITERE LITERATUR 243

BLE (Bundesanstalt für Landwirtschaft und Ernährung) (2006): Aufgaben der BLE auf dem Gebiet der Ernährungsnotfallvorsorge. o.O.

Bliem, M. (2005): Eine makroökonomische Bewertung zu den Kosten eines Stromausfalls im österreichischen Versorgungsnetz. IHSK Discussion Paper 02/2005, o.O.

BMELV (Bundesministerium für Ernährung, Landwirtschaft und Verbraucherschutz) (2005): Vulnerabilität von Logistikstrukturen im Lebensmittelhandel. Münster

BMELV (2008a): Private Vorsorge. www.ernaehrungsvorsorge.de/de/private-vorsorge/notvorrat/; abgerufen am 8.3.2010

BMELV (2008b): Produktionswert der Landwirtschaft in jeweiligen Preisen. http://berichte.bmelv-statistik.de/SGT-0100080-2008.xls; abgerufen am 1.3.2010

BMELV (2008c): Verkaufserlöse der Landwirtschaft nach Erzeugnissen. http://berichte.bmelv-statistik.de/SGT-0100060-2008.xls; abgerufen am 1.3.2010

BMI (Bundesministerium des Innern) (2005a): Gemeinsamer Bericht der Arbeitsgruppe »Unterstützung durch die Bundeswehr im Katastrophenschutz der Länder« des Bundesministeriums des Innern, des Bundesministeriums der Verteidigung und der Länder Bayern, Nordrhein-Westfalen, Thüringen. Berlin

BMI (2005b): Nationaler Plan zum Schutz der Informationsinfrastrukturen (NPSI). Berlin

BMI (2005c): Schutz Kritischer Infrastrukturen – Basisschutzkonzept. Empfehlungen für Unternehmen. Berlin

BMI (2007): Umsetzungsplan KRITIS des Nationalen Plans zum Schutz der Informationsinfrastrukturen. Berlin

BMI (2008): Schutz Kritischer Infrastrukturen – Risiko- und Krisenmanagement. Leitfaden für Unternehmen und Behörden. Berlin

BMI (2009): Nationale Strategie zum Schutz Kritischer Infrastrukturen (KRITIS-Strategie). Berlin

BMI (2010): System des Krisenmanagements in Deutschland. www.bmi.bund.de/cae/servlet/contentblob/429966/publicationFile/53001/system_krisenmanagement.pdf;jsessionid=4E1C4EBBC038071C7D72E57595189CD8; abgerufen am 11.8.2010

BMI/BBK (Bundesministerium des Innern/Bundesamt für Bevölkerungsschutz und Katastrophenhilfe) (2007): Schutz der Elektrizitätsversorgung in Deutschland. Studie und Handlungsempfehlungen. Management Summary, o.O.

BMVBS (Bundesministerium für Verkehr, Bau und Stadtentwicklung) (2010): Wasserstraßen als Verkehrswege. www.bmvbs.de/SharedDocs/DE/Artikel/LS/wasserstrassen-als-verkehrswege.html?nn=35602; abgerufen am 1.9.2010

BMVBS/BBR (Bundesministerium für Verkehr, Bau und Stadtentwicklung/Bundesamt für Bauwesen und Raumordnung) (Hg.) (2006): Stadtumbau Ost. Anpassung der technischen Infrastruktur. Erkenntnisstand, Bewertung und offene Fragen. Werkstatt: Praxis 41, Bonn

BMVg (Bundesministerium der Verteidigung) (Hg.) (2008): Ministerialblatt des Bundesministeriums der Verteidigung Nummer 1. Bonn

BOKU (Universität für Bodenkultur) (2008): Skriptum zu Siedlungswasserwirtschaft und Gewässerschutz. Wien

Böske, J. (2007): Zur Ökonomie der Versorgungssicherheit in der Energiewirtschaft. Berlin

Bothe, D., Riechmann, C. (2008): Hohe Versorgungszuverlässigkeit bei Strom wertvoller Standortfaktor für Deutschland. In: Energiewirtschaftliche Tagesfragen 58(10), Sonderdruck, S. 31–36, o.O.

Brayley, H., Redfern, M.A., Bo, Z.Q. (2005): The Public Perception of Power Blackouts. In: Transmission and Distribution Conference and Exhibition: Asia and Pacific, 2005 IEEE/PES, S. 1–5

Breuch, G. (2003): Fachpflege Nephrologie und Dialyse. Jena/München

Breuch, G., Servos, W. (2006): Dialyse für Einsteiger. München

Brömmer, J., Deblitz, C. (2005): Produktionssysteme, räumliche Verteilung und Struktur der Rindermast in Deutschland – eine expertengestützte Analyse. Diplomarbeit Fachhochschule Osnabrück, www.agribenchmark.org/fileadmin/freefiles/jb_0511_de.pdf; abgerufen am 18.12.2009

BSI (Bundesamt für Sicherheit in der Informationstechnik) (o.J.): Erläuterungen zu den Kritischen Infrastrukturen. Bonn https://www.bsi.bund.de/cln_192/ContentBSI/Themen/Kritis/Einfuehrung/Kritissektoren/erlaeuterungen.htm; abgerufen am 5.5.2011

BSI (2005): Gutachten zur rechtlichen Analyse des Regelungsumfangs zur IT-Sicherheit in kritischen Infrastrukturen (Holznagel, B., Koenig, C., Koch, A., Schulz, C.). Bonn https://www.bsi.bund.de/cae/servlet/contentblob/476038/publicationFile/30894/Regelungsumfang_ITSich_KRITIS_pdf.pdf; abgerufen am 3.8.2010

StMI (Bayerisches Staatsministerium des Innern) (2006): Hinweise für das Anlegen von Krankenhaus-Alarm- und Einsatzplänen. www.dgkm.org/de/Krankenhaus-Notfallplanung_1081.html; abgerufen am 6.5.2010

Bundesärztekammer (2006): Ärzteschaft gegen Ausbildungsplatzabgabe. www.bundesaerztekammer.de/page.asp?his=0.2.20.1828.2054.2154.2200.2202&all=true; abgerufen am 20.8.2009

Bundesnetzagentur (2008): Informationen zur Sicherstellung der Telekommunikation und des Postwesens. Bonn www.bundesnetzagentur.de/cln_1932/DE/Sachgebiete/Telekommunikation/TechRegTelekommunikation/SicherstellungTKundPost/SicherstellungTKundPost_node.html; abgerufen am 19.5.2010

Bundesnetzagentur (2009): Tätigkeitsbericht 2008/2009 der Bundesnetzagentur – Telekommunikation. Deutscher Bundestag, Drucksache 17/285, Berlin

Bundesnetzagentur (2010a): Notruf (§ 108 TKG, NotrufV. Bonn www.bundesnetzagentur.de/cln_1932/DE/Sachgebiete/Telekommunikation/TechRegTelekommunikation/Notruf/Notruf_Basepage.html; abgerufen am 19.5.2010

Bundesnetzagentur (2010b): Telekommunikationsdiensteanbieter. Bonn www.bundesnetzagentur.de/cae/servlet/contentblob/93396/publicationFile/6895/TKDiensteanbieter100419pdf.pdf; abgerufen am 19.5.2010

Bundesregierung (2010): Gesetzentwurf der Bundesregierung. Entwurf eines Gesetzes zur Neuregelung des Post- und Telekommunikationssicherstellungsrechts und zur Änderung telekommunikationsrechtlicher Vorschriften. Deutscher Bundestag, Drucksache 17/3306, Berlin

Cantauw, C., Loy, J. (Hg.) (2009): Schneechaos im Münsterland in Bildern und Berichten. Münster

Carlsson, F., Martinsson, P., Alpaslan, A. (2009): The Effect of Power Outages and Cheap Talk on Willingness to Pay to Reduce Outages. IZA DP No. 4307, o.O.

Chang, S.E., McDaniels, T.L., Mikawoz, J., Peterson, K. (2007): Infrastructure failure interdependencies in extreme events: power outage consequences in the 1998 Ice Storm. In: Natural Hazards 41(2), S. 337–358

Clausen, L. (2008): Sind Katastrophen beherrschbar? – Modernes Katastrophenmanagement: Erfahrungen und Anforderungen. In: Kloepfer 2008, S. 15–20

Cornwell, B., Harmon, W., Mason, M., Merz, B., Lampe, M. (2001): Panic or Situational Constraints? The Case of the M/V Estonia. In: International Journal of Mass Emergencies 19(1), S. 5–25

Cowie, J. H., Ogielsky, A. T., Premore, B. J., Smith, E. A., Underwood, T. (2004): Impact of the 2003 blackouts on Internet communications. Preliminary report, updated. Hanover, N.H.; Manchester, N.H., www.renesys.com/tech/presentations/pdf/ Renesys_BlackoutReport.pdf; abgerufen am 26.3.2010

destatis (Statistisches Bundesamt Deutschland) (2008): Rückgang der Käfighaltung von Hennen zugunsten alternativer Haltungsformen. Pressemitteilung Nr. 110, www.destatis.de/jetspeed/portal/cms/Sites/destatis/Internet/DE/Presse/pm/2008/03/P D08__110__413,templateId=renderPrint.psml 19.4.2011

destatis (2009): Schweine- und Rinderbestand nahezu unverändert. Pressemitteilung Nr. 309, www.destatis.de/jetspeed/portal/cms/Sites/destatis/Internet/DE/Presse/pm/ 2009/08/PD09__309__413,templateId=renderPrint.psml; abgerufen am 19.4.2011

Deutsche Bundesbank (2009a): Monatsbericht März. www.bundesbank.de/download/ volkswirtschaft/mba/2009/200903mba_zahlungsverkehr.pdf; abgerufen am 9.11.2010

Deutsche Bundesbank (2009b): Zahlungsverhalten in Deutschland. Eine empirische Studie über die Auswahl und Verwendung von Zahlungsinstrumenten in der Bundesrepublik Deutschland. www.bundesbank.de/download/bargeld/pdf/bargeld_studie.pdf; abgerufen am 16.8.2010

Deutscher Feuerwehrverband (Hg.) (2009): Feuerwehr-Jahrbuch 2009. Grundlagen sichern für verlässliche Hilfe. Berlin

Deverell, E. (2003): The 2001 Kista Blackout: Corporate Crisis and Urban Contingency. o.O.

DIN/DVGW (DIN Deutsches Institut für Normung e.V., Deutscher Verein des Gas- und Wasserfaches e.V.) (2005): Technische Regel Arbeitsblatt W 300 – Wasserspeicherung – Planung, Bau, Betrieb und Instandhaltung von Wasserbehältern in der Trinkwasserversorgung. Ausgabe 06, Berlin u. a.O.

DKG (Deutsche Krankenhaus Gesellschaft) (2009): Krankenhausstatistik. Folien, www.dkgev.de/media/file/5431.Foliensatz_Krankenhausstatistik_20090108.pdf; abgerufen am 17.8.2009

Dobrowsky, W.R., Schuh, H. (2008): Sozialwissenschaftliche Aspekte des Krisenmanagements in Übung und Einsatz. In: BBK 2008a, S. 154–156

Dombrowsky, W.R. (2007): Defizite und Stärken der Katastrophenforschung in Deutschland. Walhalla, Notfallvorsorge 1, S. 6–9

Dombrowsky, W.R., Brauner C. (1996): Defizite der Katastrophenvorsorge in Industriegesellschaften am Beispiel Deutschlands. Untersuchungen und Empfehlungen zu methodischen und inhaltlichen Grundsatzfragen. Gutachten im Auftrag des Deutschen IDNDR-Komitees für Katastrophenvorbeugung e.V. (Langfassung). Deutsche IDNDR-Reihe 3b, o.O.

Dombrowsky, W.R., Helmerichs, J., Müller, C.A., Wagner, W. (2009): 4 Menschen und Kastastrophen. In: BBK: Notfall- und KatastrophenPharmazie I, Bevölkerungsschutz und Medizinische Notfallversorgung. Bonn, S. 249–288

Drabek, T.E. (2010): The Human Side of Disaster. Boca Raton u.a.O.

Drabek, T.E., McEntire, D.A. (2002): Emergent Phenomena and Multiorganizational Coordination in Disasters: Lessons from the Research Literature. In: International Journal of Mass Emergencies and Disasters 20(2), S. 197–224

Dünkel, F. (2010): Strafvollzug in Deutschland – rechtstatsächliche Befunde. www.bundestag.de/dasparlament/2010/07/Beilage/002.html; abgerufen am 20.9.2010

DVGW (Deutscher Verein des Gas- und Wasserfaches e.V.) (2008a): Technische Regel Arbeitsblatt W 405 – Bereitstellung von Löschwasser durch die öffentliche Trinkwasserversorgung. Ausgabe 02, Berlin u.a.O.

DVGW (2008b): Technische Regel Arbeitsblatt W 410 »Wasserbedarf – Kennwerte und Einflussgrößen«. Ausgabe 12, Berlin u.a.O.

DVGW (2008c): Technische Regel Hinweis W 1002 Sicherheit in der Trinkwasserversorgung – Organisation und Management im Krisenfall. Ausgabe 08, Berlin u.a.O.

DVGW (2010): Technische Regel Arbeitsblatt W 610 Pumpsysteme in der Trinkwasserversorgung. Ausgabe 03, Berlin u.a.O.

Dynes, R.R. (1990): Community Emergency Planning: False Assumptions and Inappropriate Analogies. University of Delaware Disaster Research Center Preliminary Paper 145, o.O.

Ebel, O.-G. (1995): Lehr- und Handbuch Wasserversorgung. Bd.3, Maschinelle und elektrische Anlagen in Wasserwerken. München

ECORYS Research and Consulting (2009): Strengthening the EU capacity to respond to disasters: Identification of the gaps in the capacity of the Community Civil Protection Mechanism to provide assistance in major disasters and options to fill the gaps – A scenario-based approach. Im Auftrag der Europäischen Kommission, Generaldirektion Umwelt, http://ec.europa.eu/echo/civil_protection/civil/prote/pdfdocs/Final%20Report%20-%20scenario%20study.pdf; abgerufen am 12.8.2010

Elias, N. (1989): Über den Prozess der Zivilisation. Soziogenetische und psychogenetische Untersuchungen. Band 2, Frankfurt a.M.

Emnid (TNS Emnid Medien- und Sozialforschung GmbH) (2008): Selbstversorgung bei Stromausfall. www.drk.de/alt/tops_2008/0924_katastrophenfall/strom1.pdf; abgerufen am 24.11.2010

Enquete-Kommission »Zukunft der Medien in Wirtschaft und Gesellschaft – Deutschlands Weg in die Informationsgesellschaft« (1998): Sicherheit und Schutz im Netz. Vierter Zwischenbericht. Deutscher Bundestag, Drucksache 13/11002, Bonn

2. WEITERE LITERATUR 247

Ewy, A. (2004): Ohne Wasser kein Erfolg! Ein Leitfaden zur Wasserversorgung bei Kälbern. In: UFA-Revue 6, S. 49–52

Fabritius, H.G. (2009): Die zukünftige Bargeldversorgung in Deutschland. Festveranstaltung aus Anlass des 20-jährigen Bestehens der Bundesvereinigung Deutscher Geld- und Wertdienste e.V. (BDGW), Frankfurt a.M.

FEDARENE (European Federation of Regional Energy & Environment Agencies) (2008): Kostenstelle Strom. Stromsparpotentiale in der Landwirtschaft. www.fedarene.org/publications/Projects/EL-EFF_Region/publications/Agriculture/Stromsparpotential_in_LW_Saena.pdf; abgerufen am 22.2.2010

FGSV (Forschungsgesellschaft für Straßen- und Verkehrswesen) (Hg.) (2006): Richtlinien für die Ausstattung und den Betrieb von Straßentunneln. Ausgabe 2006, Köln

Fickert, L., Malleck, H. (2008): Herausforderungen durch Abhängigkeiten der Telekommunikationsinfrastruktur vom öffentlichen Stromnetz. In: Elektrotechnik & Informationstechnik 125(7-8), S. 274–278

Finkbeiner, R. (2009): Fließt unser Wasser auch ohne Strom? Maßnahmen eines örtlichen Wasserwerkes. www.wahrheiten.org/blog/2009/01/20/fliesst-unser-wasser-auch-ohne-strom-massnahmen-eines-oertliches-wasserwerkes/; abgerufen am 3.8.2010

food-monitor (2008): Lebensmittelhandel Deutschland: Comeback der Vollsortimenter? www.food-monitor.de/markt-produkte/2008/04/2008-04-tradedimensions-leh-vollsortimenter.html; abgerufen am 23.2.2010

Frei, U., Schober-Halstenberg, H.-J. (2008): Nierenersatztherapie in Deutschland. Bericht über Dialysebehandlungen und Nierentransplantation in Deutschland 2006 2007, QuaSi-Niere GmbH, o.O.

Freynik, W. (2009): Löschwasserversorgung. Berliner Feuerwehr, www.berliner-feuerwehr.de/ausbildungsunterlage.html; abgerufen am 9.11.2010

Gardemann, J., Menski, U. (2008): Auswirkungen des Ausfalls Kritischer Infrastrukturen auf den Ernährungssektor am Beispiel des Stromausfalls im Münsterland im Herbst 2005. o.O.

Geenen, E.M.: Warnung der Bevölkerung. In: Bundesamt für Bevölkerungsschutz und Katastrophenhilfe (Hg.): Gefahren und Warnung. Drei Beiträge. Schriften der Schutzkommission 1, Bonn, S. 61–102

Geier, W., Gullotta, G., John-Koch, M., Lieflände, B., Peter, H., Wagner, W. (2009): Bevölkerungsschutz. In: Bundesamt für Bevölkerungsschutz und Katastrophenhilfe: Notfall- und KatastrophenPharmazie I, Bevölkerungsschutz und Medizinische Notfallversorgung. Bonn, S. 1–113

Gesellschaft für Ökologische Tierhaltung e.V. (2003): Verhalten, artgerechte Haltungssysteme und Stalleinrichtungen für Rind, Schwein und Huhn. www.org prints.org/8907/; abgerufen am 22.2.2010

Grambs, W., Baach, W., Klink, M. (2006): Strategische Krisenmanagementübungen. Erfahrungen aus der Übungsserie LÜKEX. In: Bevölkerungsschutz 2|2006, S. 19–25

Grombach, P., Haberer, K., Merkl, G., Trueb, E.U. (2000): Handbuch der Wasserversorgungstechnik. DVGW, München/Wien

Helmbrecht, U. (2006): The German National Plan for Information Infrastructure Protection. Folien, Bonn www.cnipa.gov.it/site/_files/2006_01_17NPSI_Rom_Eng.pdf; abgerufen am 31.3.2010

Helsloot, I., Beerens, R. (2009): Research Note Citizens' Response to a Large Electrical Power Outage in the Netherlands in 2007. In: Journal of Contingencies and Crisis Management 17(1), S. 64–68

Hiete, M., Merz, M., Trinks, C. (2010): Krisenmanagement Stromausfall. Krisenmanagement bei einer großflächigen Unterbrechung der Stromversorgung am Beispiel Baden-Württemberg. Langfassung, Karlsruhe

Hoffmann, M. (2009): Wie können Katastrophenschutzbehörden auf einen Stromausfall reagieren? Erstellung eines besonderen Katastropheneinsatzplans für die Stadt Heilbronn. Diplomarbeit Fachhochschule Kehl, Kehl

Hye, N. (2000): Eigenfertigung oder Fremdvergabe der Verpflegung im Krankenhausbereich. Diplomarbeit Universität Wien, Wien

ICF Consulting (2003): The Economic Cost of the Blackout. An issue paper on the Northeastern Blackout, August 14, 2003. Fairfax

IMSH (Innenministerium des Landes Schleswig-Holstein) (2010): Katastrophenschutzplan. des Innenministeriums für besondere Lagen und bei Katastrophen (KatSPlan-IM). Ausgabe B, www.schleswig-holstein.de/cae/servlet/contentblob/164880/publicationFile/kat_plan_b.pdf; abgerufen am 20.9.2010

Jost, U. (2005): Ausfall der Kommunikation beim August-Hochwasser 2005. Besteht Handlungsbedarf? In: 118swissfire.ch Schweizerische Feuerwehr-Zeitung Heft 12, S. 29–31

Keicher, K. Krampe, J., Steinmetz, H. (2008): Eigenenergieversorgung von Kläranlagen. Potential zur energetischen Optimierung und Beitrag zur Versorgungssicherheit. In: KA Korrespondenz Abwasser, Abfall 55, S. 644–650

Kirchhofer, M. (2003): Ohne Wasser keine Milch. www.rgd.ch/RGD.PDF/publikationen/wasser_0312.pdf; abgerufen am 22.2.2010

Kirschenbaum, A. (2006): Families and Disaster Behavior: A Reassessment of Family Preparedness. In: International Journal of Mass Emergencies and Disasters 24(1), S. 111–143

Kloepfer, M. (Hg.) (2008): Katastrophenrecht: Grundlagen und Perspektiven. Baden-Baden

Kramer, A.J. (2001): Außenklimaställe – Erfahrungen und Trends. www.raumberggumpenstein.at/cms/index.php?option=com_docman&task=cat_view&gid=90& Itemid=53; abgerufen am 19.10.2009

Kröger, W., (2008): Critical infrastructures at risk: A need for a new conceptual approach and extended analytical tools. In: Reliability Engineering & System Safety 93, S. 1781–1787

KTBL (Kuratorium für Technik und Bauwesen in der Landwirtschaft) (2009a): Anforderungen in der Geflügelhaltung. www.ktbl.de/index.php?id=485; abgerufen am 18.2.2010

KTBL (2009b): Bauausführung und Haltungstechnik geschlossener Mastschweineställe. www.ktbl.de/index.php?id=560; abgerufen am 27.7.2009

KTBL (2009c): Geschlossene, zwangsgelüftete Mastschweineställe. www.ktbl.de/index. php?id=565; abgerufen am 25.2.2010

KTBL (2009d): Investitionsbedarf für Legehennenställe. www.ktbl.de/index.php?id= 545; abgerufen am 25.2.2010

KTBL (2009e): Kälber und Jungvieh tiergerecht halten. www.ktbl.de/index.php?id=583; abgerufen am 18.2.2010

KTBL (2009f): Stallbaulösungen für die Ferkelaufzucht. www.ktbl.de/index.php?id= 561; abgerufen am 25.2.2010

KTBL (2009g): Stand der Technik in der Junggeflügelmast. www.ktbl.de/index.php?id=544; abgerufen am 18.2.2010

Lasogga, F., Gasch, B. (Hg.) (2008): Notfallpsychologie. Lehrbuch für die Praxis. Heidelberg

Lenz, S. (2009): Vulnerabilität Kritischer Infrastrukturen. Bonn

LfU Bayern (Bayerisches Landesamt für Umwelt) (2010): Wasserförderung. www.lfu. bayern.de/wasser/fachinformationen/trinkwasserverteilung/wasserfoerderung/ index.htm; abgerufen am 22.2.2010

LIGA.NRW (Landesinstitut für Gesundheit und Arbeit des Landes Nordrhein-Westfalen) (2005): Nierenersatztherapie (Dialyse) 1997–2003: Nordrhein-Westfalen im Bundesvergleich. www.loegd.nrw.de/1pdf_dokumente/2_gesundheitspolitik_gesund heitsmanagement/nrw-kurz-und-informativ/dialyse_0501.pdf; abgerufen am 24.7.2009

Lorenz, D.F. (2010): Kritische Infrastrukturen aus Sicht der Bevölkerung. Schriftenreihe Forschungsforum Öffentliche Sicherheit Nr. 3, Berlin

Lüder, S.R. (2009): Recht und Praxis der nichtpolizeilichen Gefahrenabwehr. Berlin

Maiwald, R. (2005): Getreide und Ölsaaten fachgerecht lagern und gesund erhalten. Landesbetrieb Landwirtschaft Hessen. Kassel www.llh-hessen.de/landwirtschaft/ bw_vtec/vtec/getreide.htm; abgerufen am 7.12.2009

Mansmann, U. (2008) Kommunizieren im Dunkeln. Telefon und Internet bei Stromausfall. In: c't 9, S. 88–89

Meyer, E. (2008): Wasserverbrauch von Mastschweinen bei unterschiedlicher Lichtexposition, www.landwirtschaft.sachsen.de/landwirtschaft/download/Meyer_Wasser Licht_Fachinfo.pdf; abgerufen am 19.2.2010

MLR (Ministerium für Ernährung und Ländlichen Raum Baden-Württemberg) (o.J.): Schweine in der Landschaftspflege. www.landwirtschaft-mlr.baden-wuerttemberg. de/servlet/PB/menu/1063511_l1/index.html; abgerufen am 13.1.2010

MUFV Rh-Pf. (Ministerium für Umwelt, Forsten und Verbraucherschutz Rheinland Pfalz) (Hg.) (2007): Ökoeffizienz in der Wasserwirtschaft – Steigerung der Energieeffizienz von Abwasseranlagen. Mainz

Murphy, B.L. (2007): Locating social capital in resilient community-level emergency managment. In: Natural Hazards 41, S. 297–315

Mutschmann, J., Stimmelmayr, F. (2007): Taschenbuch der Wasserversorgung. o.O.

NATO (North Atlantic Treaty Organization) (2001): NATO's Role in Disaster Assistance. www.nato.int/eadrcc/mcda-e.pdf; abgerufen am 8.7.2010

Navarro-Roa, Z., Sens, M., Dalsasso, R., Pizzolatti, B. (2008): Determination of important pipes segments in water distribution systems using the hydraulic vulnerability. Ambiente e Agua: An Interdisciplinary Journal of Applied Science 3, S. 95–104

Nye, D.E. (2010): When the Lights Went Out. A History of Blackouts in America. Cambridge,MA/London

ÖGEW/DGMK (Österreichische Gesellschaft für Erdölwissenschaften/ Deutsche Wissenschaftliche Gesellschaft für Erdöl, Erdgas und Kohle e.V.) (2007): Erdölbevorratung in Deutschland. Folien, www.oegew.org/herbst07/13 %20Woelke.pdf; abgerufen am 29.7.2009

Palm, J. (2009): Emergency Management in the Swedish Electricity Grid from a Household Perspective. In: Journal of Contingencies and Crisis Management 17(1), S. 55–63

Patig, S. (unter Mitarbeit von Zwanziger, A., Herden, S.) (2009): IT-Infrastruktur. In: Kurbel, K., Becker, J., Gronau, N.; Sinz, E.J., Suhl, L. (Hg.): Enzyklopädie der Wirtschaftsinformatik. Online-Lexikon. www.oldenbourg.de:8080/wi-enzyklopae die/lexikon/daten-wissen/Informationsmanagement/IT-Infrastruktur; abgerufen am 30.11.2010

Paul, M., Ufer, M. (2009): Rechtsgrundlagen für den Bevölkerungsschutz und die Pharmazeutische Notfallversorgung. In: Bundesamt für Bevölkerungsschutz und Katastrophenhilfe: Notfall- und KatastrophenPharmazie I, Bevölkerungsschutz und Medizinische Notfallversorgung. Bonn, S. 115–181

Peters, S. (2009): Zukunftsstrategien auch im medizinischen Bereich. In: Bundesamt für Bevölkerungsschutz und Katastrophenhilfe: Bevölkerungsschutz 2|2009. Fit für die Zukunft. Strategien für einen modernen Bevölkerungsschutz. o.O.

Pöllinger, A. (2001): Bewertung von Entmistungsverfahren in Rinderlaufställen, www.raumberg-gumpenstein.at/cms/index.php?option=com_docman&task=cat_view&gid=90&Itemid=53; abgerufen am 23.2.2010

Prezant, D.J., Clair, J., Belyaev, S., Alleyne, D., Banauch, G.I., Davitt, M., Vandervoorts, K., Kelly, K.J., Currie, B., Kalkut, G. (2005): Effects of the August 2003 blackout on the New York City healthcare delivery system: A lesson for disaster preparedness. In: Crit Care Med 2005 33(1) (Suppl.), S. 96–101

Public Safety Canada (2006): Ontario-U.S. power outage – Impacts on critical infrastructure. Incident analysis IA06-002. Ottawa www.publicsafety.gc.ca/prg/em/ _fl/ont-us-power-e.pdf; abgerufen am 6.10.2009

Quarantelli, E.L. (1985): Organizational Behavior in Disasters and Implications for Disaster Planning. The Disaster Research Center Report Series 18, o.O.

Rasche, J., Schmidt, A., Schneider, S., Waldtmann, S. (2001): Organisation der Ernährungsnotfallvorsorge. Zivilschutz-Forschung Neue Folge Band 47, Bundesamt für Bevölkerungsschutz und Katastrophenhilfe (Hg.), Bonn

Rechenbach, P. (2005): Möglichkeiten zur Steigerung der Abwehrbereitschaft des Katastrophenschutzes. In: Bundesamt für Bevölkerungsschutz und Katastrophenhilfe (Hg.): 51. und 52. Jahrestagung der Schutzkommission beim Bundesminister des Innern. Zivilschutz-Forschung Neue Folge Band 55, Bonn, S. 141–225

Reichenbach, G., Göbel, R., Wolff, H., Stokar von Neuforn, S. (2008): Risiken und Herausforderungen für die Öffentliche Sicherheit in Deutschland. Szenarien und Leitfragen. Grünbuch des Zukunftsforums Öffentliche Sicherheit, Berlin

Reinermann, D. (2009): Kritische Infrastrukturen. Folgen von großflächigen Stromausfällen. Vortrag auf der AFCEA-Tagung IKT-Versorgung bei großflächigen Stromausfällen am 3.6.2009, Folien, Bonn www.afcea.de/fileadmin/downloads/Fachveranstaltung/BOS-Tagung%2003.06.09/090603 %20CIIP-Blackout.pdf; abgerufen am 19.8.2009

Riehm, U., Wingert, B. (1995): Multimedia. Mythen, Chancen, Herausforderungen. Mannheim

Sattler, R. (1999): Lehr- und Handbuch Wasserversorgung Bd. 2. Wassertransport und -verteilung. München

Schafzahl, W. (1999): Wasserversorgung beim Schwein. www.raumberg-gumpenstein. at/cms/index.php?option=com_docman&task=doc_view&gid=290&lang=de; abgerufen am 23.2.2010

Scholtens, A., Helsloot, I., Hagen, R., Beerens, R., Martens, S., Stalenhoef-Willemsen, E. (2008): Stroomuitval in de Bommeler- en Tielerwaard in december 2007: Een evaluatie van de hoofdstructuur van de rampenbestrijdingsorganisatie in de regio Gelderland Zuid in termen van effect. Nederlands Instituut Fysieke Veiligheid Nibra, Amsterdam

Schönbohm, A. (2010): Deutschlands Sicherheit. Münster

Schulze, T. (2006): Bedingt abwehrbereit. Schutz kritischer Informationsinfrastrukturen in Deutschland und den USA. Wiesbaden

Schutzkommission (Schutzkommission beim Bundesminister des Innern) (2006): Dritter Gefahrenbericht der Schutzkommission beim Bundesminister des Innern. Bericht über mögliche Gefahren für die Bevölkerung bei Großkatastrophen und im Verteidigungsfall. Zivilschutz-Forschung Neue Folge Band 59, Bundesamt für Bevölkerungsschutz und Katastrophenhilfe (Hg.), Bonn

Schweizer Milchproduzenten (o.J.): Das Melken. www.swissmilk.ch/de/uploads/media/melken_d_1_.pdf; abgerufen am 19.2.2010

Silvast, A., Kaplinsky, J. (2007): Project UNDERSTAND. White Paper on Security of European Electricity Distribution. www.understand.se/docs/White_Paper_EN.doc; abgerufen am 25.10.2010

SKOV (2008): LPV-Geflügel. Spart Energie und trägt zu erhöhter Produktivität bei. www.skov.com/SiteCollectionDocuments/Downloads/LPV-Gefluegel.pdf; abgerufen am 19.4.2011

Stahlhut, B. (2010): Wechselwirkungen. Der Schutz Kritischer Infrastrukturen aus Sicht des DRK. In: Bevölkerungsschutz Heft 3, S. 18–20

Statistisches Bundesamt (2009): Nichtöffentliche Wasserversorgung und Abwasserbeseitigung. Fachserie 19, Reihe 2.2

Steetskamp, I., von Wijk, D. (1994): Stromausfall. Die Verletzlichkeit der Gesellschaft. Die Folgen von Störungen der Elektrizitätsversorgung. Rathenau-Instituut, Den Haag

Stefanini, A., Masera, M. (2008): The security of power systems and the role of information and communication technologies: lessons from the recent blackouts. In: International Journal of Critical Infrastructures 4(1-2), S. 32–45

Stiftung Risiko-Dialog (2007): Risikowahrnehmung Versorgungsqualität. Analyse und Empfehlungen aufgrund von Fokusgruppen-Gesprächen und Einzelinterviews zum Thema Stromausfall. Studie für ewz, www.risiko-dialog.ch/images/RD-Media/PDF/Publikationen/Studien/ewz_risikowahrnehmung_versorgungsqualitaet_2007_0 9_30.pdf; abgerufen am 14.7.2010

Stober, R. (2008): Befugnisse und Kontrolle im Katastrophenschutzrecht – Rechtsgrundlagen und rechtspolitische Vorschläge. In: Kloepfer 2008, S. 43–60

Streitkräftebasis (2007): Basisinformationen zur Neuordnung der Zivil-Militärischen Zusammenarbeit bei Hilfeleistungen/Amtshilfe. Presse- und Informationszentrum der Streitkräftebasis, Bonn

Streitkräftebasis (2007): Basisinformationen zur Neuordnung der Zivil-Militärischen Zusammenarbeit bei Hilfeleistungen/Amtshilfe. Bonn

Thompson, S., Casman, E., Fischbeck, P., Small, M., Van Briesen, J. (2007): Vulnerability Assessment of a Drinking Water Distribution System. In: Proceedings of the Water Environment Ferderation, S. 449–467

Tidwell, V.C., Silva, C.J., Jurado, S., Walton, R. (2005): An Integrated Approach to Vulnerability Assessment. In: ASCE 173, S. 29

Toepfer, M. (o. J.a): Dialyse (Blutwäsche) – Hämodialyse. www.netdoktor.de/Krankheiten/Nierenschwaeche/Therapie/Dialyse-Blutwaesche-Haemodialy-2201.html; abgerufen am 22.7.2009

Toepfer, M. (o. J.b): Dialyse (Blutwäsche) – Peritonealdialyse. www.netdoktor.de/Krankheiten/Nierenschwaeche/Therapie/Dialyse-Blutwaesche-Peritoneal-2204.html; abgerufen am 22.7.2009

Townsend, A.M., Moss, M.L. (2005): Telecommunications infrastructure in disasters: preparing cities for crisis communications. New York www.nyu.edu/ccpr/pubs/index.html; abgerufen am 19.3.2010

Turner, R.H. (1994): Rumor as Intensified Information Seeking: Earthquake Rumors in China and the United States. In: Dynes, R., Tierney, K. (eds.): Disasters, Collective Behavior, and Social Organisation. Newark u.a.O., S. 244–256

UBA (Umweltbundesamt) (2008): Steigerung der Energieeffizienz auf kommunalen Kläranlagen. Texte 11/08. Dessau-Roßlau

Unger, C. (2008): Ist Deutschland auf Katastrophen vorbereitet? In: Kloepfer 2008, S. 89–103

Unger, C. (2009): Die Bedeutung der Kritischen Infrastrukturen für die Funktionsfähigkeit von Wirtschaft, Gesellschaft und Staat. Vortrag auf der AFCEA-Tagung »Sicherstellung der IKT-Versorgung bei einem längerfristigen Stromausfall« am 3.6.2009 in Brühl. Folien, Bonn www.afcea.de/fileadmin/downloads/Fachveranstaltung/BOS-Tagung%2003.06.09/Unger.ppt; abgerufen am 31.3.2010

Ungerer, D., Morgenroth, U. (2001): Analyse des menschlichen Fehlverhaltens in Gefahrensituationen. – Empfehlungen für die Ausbildung –. Zivilschutz-Forschung Neue Folge Band 43, Bundesamt für Bevölkerungsschutz und Katastrophenhilfe (Hg.), Bonn

Wagner, W. (2009a): Sanitätsmaterial. In: Bundesamt für Bevölkerungsschutz und Katastrophenhilfe: Notfall- und KatastrophenPharmazie II, Pharmazeutisches Notfallmanagement. Bonn, S. 371–463

Wagner, W. (2009b): Vorwort. In: Bundesamt für Bevölkerungsschutz und Katastrophenhilfe: Notfall- und KatastrophenPharmazie I, Bevölkerungsschutz und Medizinische Notfallversorgung. Bonn, S. XXXI-XXXVII

Wallenius, C. (2001): Why Do People Sometimes Fail when Adapting to Danger? A Theoretical Discussion from a Psychological Perspective. In: International Journal of Mass Emergencies and Disasters 19(2), S. 145–180

Weinheimer, H.-P. (2008): Bevölkerungsschutz in Deutschland. Kann der Staat seine Bürger schützen? Hamburg u.a.O.

WHO (World Health Organization) (2009): Water Safety Plan Manual. Genf

Wieler, L.H., Biederbick, W., Michels, H., Gottschalk, R. (2008): Auswirkungen eines mehrwöchigen Stromausfalls auf die medizinische Versorgung. Anhang zum Grünbuch des Zukunftsforums Öffentliche Sicherheit, www.zukunftsforum-oeffentlichesicherheit.de/download/20/; abgerufen am 19.8.2009

Winkler, U. (2006): Oben Stadtrückbau – und unten? 6. Göttinger Abwassertage 2006, Technische Akademie Hannover

Wricke, B., Korth, A. (2007): Auswirkungen demografischer Entwicklungen auf die Wasserversorgung. In: Energie/Wasserpraxis 10/2007, S. 30–34

Yamashita, K., Joo, S.-K., Li, J., Zhang, P., Liu, C.-C. (2008): Analysis, control, and economic impact assessment of major blackout events. In: European Transactions on Electrical Power 18(8), S. 854–871

Yuill, C. (2004): Emotions After Dark – a Sociological Impression of the 2003 New York Blackout, www.socresonline.org.uk/9/3/yuill.html; abgerufen am 3.11.2010

Zähner, M. (2004): Milchkühe an der frischen Luft: die neue Art der Milchviehhaltung. In: Medieninfo aus der landwirtschaftlichen Forschung 3(04), S. 2

Zentner, E. (2006): Ursachen verschiedener Ferkelnesttemperaturen in der Praxis und Einflüsse auf das Wohlbefinden. www.raumberg-gumpenstein.at/cms/index.php?option=com_docman&task= doc_download&gid=1366&Itemid=53; abgerufen am 1.3.2010

ZVEI (Zentralverband Elektrotechnik- und Elektronikindustrie e.V.) (o.J.): DIN VDE 0834. www.zvei.org/fileadmin/user_upload/Fachverbaende/Sicherheitssysteme/Lichtrufsysteme/051010_DIN_VDE_0834.pdf; abgerufen am 19.4.2011

INTERNETADRESSEN 3.

destatis (Statistisches Bundesamt Deutschland):
a Bodennutzung – Landwirtschaftlich genutzte Fläche nach Hauptnutzungsarten. www.destatis.de/jetspeed/portal/cms/Sites/destatis/Internet/DE/Content/Statistiken/LandForstwirtschaft/Bodennutzung/Tabellen/Content75/Hauptnutzungsar tenLF.psml; abgerufen am 15.12.2009
b Viehbestand – Betriebe mit Pferden bzw. Geflügel sowie Pferde- und Geflügelbestand. www.destatis.de/jetspeed/portal/cms/Sites/destatis/Internet/DE/Content/Statistiken/LandForstwirtschaft/Viehbestand/Tabellen/Content75/Betriebe PferdeGefluegel,templateId=renderPrint.psml; abgerufen am 15.12.2009
c Viehbestand – Haltungen mit Rindern und Rinderbestand. www.destatis.de/jetspeed/portal/cms/Sites/destatis/Internet/DE/Content/Statistiken/LandForstwirtschaft/Viehbestand/Tabellen/Content75/BetriebeRinderBestand,templateId=renderPrint.psml; abgerufen am 15.12.2009
d Bodennutzung. www.destatis.de/jetspeed/portal/cms/Sites/destatis/Internet/DE/Navigation/Statistiken/LandForstwirtschaft/Bodennutzung/Bodennutzung.psml; abgerufen am 19.12.2009

EBV (Erdölbevorratungsverband):
a Logistik und Bestände. www.ebv-oil.org/cms/cms2.asp?sid=60&nid=&cof=60; abgerufen am 29.7.2009
b NESO-Sekretariat. www.ebv-oil.org/cms/cms2.asp?sid=63&nid=&cof=63; abgerufen am 29.7.2009
c Freigabe. www.ebv-oil.org/cms/cms2.asp?sid=64&nid=&cof=64; abgerufen am 29.7.2009
d Kavernenlagerung. www.ebv-oil.org/cms/cms2.asp?sid=92&nid=&cof=60; abgerufen am 29.7.2009

Eurostat:
a http://nui.epp.eurostat.ec.europa.eu/nui/submitViewTableAction.do?dvsc=6; abgerufen am 7.12.2009
b http://nui.epp.eurostat.ec.europa.eu/nui/submitViewTableAction.do?dvsc=10; abgerufen am 7.12.2009
c http://nui.epp.eurostat.ec.europa.eu/nui/submitViewTableAction.do?dvsc=11; abgerufen am 7.12.2009

Freiwillige Feuerwehr Schwandorf: Leitstelle. www.ffschwandorf.de/cms/_rubric/index.php?rubric=Leitstelle; abgerufen am 19.4.2011

Gut Derenburg: Geitreidelager. www.gut-derenburg.de/html/getreidelager.html; abgerufen am 19.4.2011

3. INTERNETADRESSEN

HBLFA (Höhere Bundeslehr- und Forschungsanstalt Raumberg-Gumpenstein):

    a Kannibalismus in der Ferkelaufzucht. www.raumberg-gumpenstein.at/c/index. php?option=com_content&task=view&id=228&Itemid=356; abgerufen am 19.4.2011

    b Die Auswirkung von Stalltemperatur und Luftqualität. www.raumberg-gum penstein.at/c/index.php?option=com_content&task=view&id=235&Itemid= 356; abgerufen am 19.4.2011

IKL (Informationskreis Legehennenhaltung):

    a www.ikl.info/bodenhaltung.html; abgerufen am 18.2.2010

    b www.ikl.info/freilandhaltung.html; abgerufen am 18.2.2010

KTBL (Kuratorium für Technik und Bauwesen in der Landwirtschaft): http://ktbl-alt.avenit.de/ktbl_arbeitsblatt/tier/NR_1103_S03.pdf; abgerufen am 18.1.2010

LZ (Lebensmittelzeitung): Die Branche auf einen Blick. www.lebensmittelzeitung.net/business/handel/rankings/pages/; abgerufen am 19.4.2011

open drug database: http://ch.oddb.org/de/gcc/resolve/pointer/:!fachinfo,2943; abgerufen am 22.7.2009

PHAGRO e.V.:

    a Branchenportrait: Der vollversorgende pharmazeutische Großhandel in Deutschland. www.phagro.de/portal/alias__phagro/lang__de-DE/tabid__6648/default.aspx; abgerufen am 19.4.2011

    b Rundgang: Der Besuch in der Apotheke. www.phagro.de/portal/alias__phagro/lang__de-DE/tabid__6595/default.aspx; abgerufen am 19.4.2011

    c Entsorgung: Entsorgungsverträge. www.phagro.de/portal/alias__phagro/lang__de-DE/tabid__6628/default.aspx; abgerufen am 19.4.2011

Roche: Dialyse. www.roche.de/pharma/indikation/nephrologie/pages/verlust_der_niere/therapie/dialyse/index.html; abgerufen am 19.4.2011

THW (Bundesanstalt Technisches Hilfswerk):

    a 3250 - Einsatzoptionen des THW bei Massenanfall von Betroffenen. www.thw.de/SharedDocs/Downloads/DE/Mediathek/Dokumente/THW/Einsat zoptionen/Dokumente_EOPt/EOpt_3251_Massenanfall_von_Betroffenen_ Strassen.pdf?__blob=publicationFile; abgerufen am 19.4.2011

    b 3260 - Einsatzoptionen des THW bei schweren Störungen und Schäden in Einrichtungen der Versorgung und Ernährung (Kritische Infrastruktur - Versorgung) www.thw.de/SharedDocs/Downloads/DE/Mediathek/Dokumente/THW/Einsatzoptionen/Dokumente_EOPt/EOpt_3264_Schwere_Stoerungen_ und_Schaeden_in_Einrichtungen_der_Versorgung_und_Ernaehrung_Elektrizi taet.pdf?__blob=publicationFile; abgerufen am 19.4.2011

VDV (Verband Deutscher Verkehrsunternehmen): www.vdv.de/medienservice/presse mitteilungen_entry.html?nd_ref=6076&; abgerufen am 31.8.2010

Statistik-Portal: Landwirtschaft - Ernte. www.statistik-portal.de/Statistik-Portal/de_ jb11_jahrtab21.asp; abgerufen am 25.2.2010

ANHANG VI.

TABELLENVERZEICHNIS 1.

Tab. 1	Anzahl und Mitglieder der Feuerwehren in Deutschland (2007)	60
Tab. 2	Dependenzen der Teilsektoren	78
Tab. 3	Zeitlich gestufte Ausfälle im Sektor »Informationstechnik und Telekommunikation«	92
Tab. 4	Infrastrukturen des DB-Netzes	95
Tab. 5	Auswirkungen von Stromausfällen auf die Wasserversorgung	132
Tab. 6	Auswirkungen von Stromausfällen auf die Abwasserentsorgung	133

ABBILDUNGSVERZEICHNIS 2.

Abb. 1	Überblick der Sektoren Kritischer Infrastrukturen	33
Abb. 2	Beispiele für große Stromausfälle	36
Abb. 3	System des Krisenmanagements von Bund und Ländern	52
Abb. 4	Krisenstäbe der Ressorts auf Bundesebene	53
Abb. 5	Führungsstab Katastrophenschutz des Innenministeriums Schleswig-Holstein	54
Abb. 6	Hilfsorganisationen und Unterstützungskräfte	56
Abb. 7	Territoriales Netzwerk der Bundeswehr zum zivilen Katastrophenschutz	59
Abb. 8	Untersuchte Sektoren und Herausforderungen	69
Abb. 9	Strukturen des Sektors »Informationstechnik und Telekommunikation«	72
Abb. 10	Strukturen des Verkehrsträgers Straße	94
Abb. 11	Strukturen des Verkehrsträgers Schiene	96
Abb. 12	Strukturen des Sektors Flugverkehr	97
Abb. 13	Strukturen eines Flughafens	98
Abb. 14	Strukturen des Verkehrsträgers Wasser	100

Abb. 15 Wassereinsatz bei wirtschaftlichen Aktivitäten (2007) 122

Abb. 16 Übersicht der technischen Elemente in der Wasserversorgung und der Stromabhängigkeit 123

Abb. 17 Zusammensetzung des privaten Verbrauchs 126

Abb. 18 Übersicht der technischen Elemente in der Abwasserentsorgung und der Stromabhängigkeit 127

Abb. 19 Ausgewählte Strukturen des Sektors »Lebensmittelversorgung« 142

Abb. 20 Ausgewählte Basisstrukturen und Komponenten im Gesundheitswesen 155

Abb. 21 Bankdienstleistungssystem (vereinfachte Darstellung) 169

Abb. 22 Zahlungs- und Datenverkehrssystem (vereinfachte Darstellung) 170

Abb. 23 Börsensystem (vereinfachte Darstellung) 170

Abb. 24 Vier idealtypische Verhaltensformen 204

Abb. 25 Elemente eines Trinkwassersicherheitskonzepts in ausgewählten Teilen des DVGW-Regelwerks 214

ABKÜRZUNGSVERZEICHNIS 3.

AG KRITIS	Arbeitsgruppe Kritische Infrastrukturen
AMG	Arzneimittelgesetz
ApoBetrO	Apothekenbetriebsordnung
ApoG	Apothekengesetz
BBK	Bundesamt für Bevölkerungsschutz und Katastrophenhilfe
BCM	Business Continuity Management
BHKW	Blockheizkraftwerk
BKA	Bundeskriminalamt
BMI	Bundesministerium des Innern
BOS	Behörden und Organisationen mit Sicherheitsaufgaben
BPOL	Bundespolizei
BSI	Bundesamt für die Sicherheit in der Informationstechnik
DB	Deutsche Bahn
deNIS	deutsche Notfallvorsorge-Informationssystem
DFN	Deutsches Forschungsnetz
DFS	Deutsche Flugsicherung
DVGW	Deutsche Vereinigung des Gas- und Wasserfaches
DWA	Deutsche Vereinigung für Wasserwirtschaft, Abwasser und Abfall

3. ABKÜRZUNGSVERZEICHNIS

EBV	Erdölbevorratungsverband
ESG	Ernährungssicherstellungsgesetz
EU	Europäische Union
EVG	Ernährungsvorsorgegesetz
EVU	Energieversorgungsunternehmen
GG	Grundgesetz
GMLZ	Gemeinsames Melde- und Lagezentrum
GSM-R	Global System for Mobile Communications-Rail
ISDN	Integrated Services Digital Network
IT	Informationstechnik
IuK	Information und Kommunikation
IVBB	Informationsverbund Berlin-Bonn
IVBV	Informationsverbund der Bundesverwaltung
JVA	Justizvollzugsanstalt
KRITIS	Kritische Infrastruktur(en)
KWK	Kraft-Wärme-Kopplung
LÜKEX	Länder Übergreifende Krisenmanagement-Übung/EXercise
MIC	Monitoring and Information Centre
MIV	motorisierter Individualverkehr
MSC	Mobile-services Switching Centre
MSR-Technik	Mess-, Steuer- und Regelungstechnik
NATO	North Atlantic Treaty Organization
NdB	Netze des Bundes
NPSI	Nationaler Plan zum Schutz der Informationsstrukturen
NSA	Notstromaggregat
ÖPNV	Öffentlicher Personennahverkehr
PTSG	Post- und Telekommunikationssicherstellungsgesetz
SatWaS	Satellitengestütztes Warnsystem
StVollzG	Strafvollzugsgesetz
THW	Bundesanstalt Technisches Hilfswerk
TierSchNutzVO	Tierschutz-Nutztierhaltungsverordnung
TK	Telekommunikation
TKG	Telekommunikationsgesetz
TrinkwV	Trinkwasserverordnung
USV	Unterbrechungsfreie Stromversorgung
VerkLG	Verkehrsleistungsgesetz
VoIP	Voice over IP
WasSiG	Wassersicherstellungsgesetz
WHO	Weltgesundheitsorganisation
WpHG	Wertpapierhandelsgesetz
ZMZ	Zivil-Militärische Zusammenarbeit
ZSKG	Zivilschutz- und Katastrophenhilfegesetz

Ebenfalls bei edition sigma – eine Auswahl

In dieser Schriftenreihe sind zuletzt erschienen:

Christoph Revermann, Bärbel Hüsing
Fortpflanzungsmedizin
Rahmenbedingungen, wissenschaftlich-technische Fortschritte und Folgen
Studien des Büros für Technikfolgen-Abschätzung, Bd. 32
2011   278 S.   ISBN 978-3-8360-8132-0   € 24,90

Michael Friedewald, O. Raabe, P. Georgieff, D. J. Koch, P. Neuhäusler
Ubiquitäres Computing
Das „Internet der Dinge" – Grundlagen, Anwendungen, Folgen
Studien des Büros für Technikfolgen-Abschätzung, Bd. 31
2010   300 S.   ISBN 978-3-8360-8131-3   € 27,90

Christoph Revermann, Katrin Gerlinger
Technologien im Kontext von Behinderung
Bausteine für Teilhabe in Alltag und Beruf
Studien des Büros für Technikfolgen-Abschätzung, Bd. 30
2010   286 S.   ISBN 978-3-8360-8130-6   € 24,90

Ulrich Riehm, Chr. Coenen, R. Lindner, Cl. Blümel
Bürgerbeteiligung durch E-Petitionen
Analysen von Kontinuität und Wandel im Petitionswesen
Studien des Büros für Technikfolgen-Abschätzung, Bd. 29
2009   278 S.   ISBN 978-3-8360-8129-0   € 24,90

Katrin Gerlinger, Thomas Petermann, Arnold Sauter
Gendoping
Wissenschaftliche Grundlagen – Einfallstore – Kontrolle
Studien des Büros für Technikfolgen-Abschätzung, Bd. 28
2008   158 S.   ISBN 978-3-8360-8128-3   € 18,90

Steffen Kinkel, M. Friedewald, B. Hüsing, G. Lay, R. Lindner
Arbeiten in der Zukunft
Strukturen und Trends der Industriearbeit
Studien des Büros für Technikfolgen-Abschätzung, Bd. 27
2008   298 S.   ISBN 978-3-8360-8127-6   € 22,90

---

edition sigma
Leuschnerdamm 13
D-10099 Berlin

Tel. [030] 623 23 63
Fax [030] 623 93 93
verlag@edition-sigma.de

www.edition-sigma.de